한일교섭

청구권문제 연구

한일교섭

초판 1쇄 발행 2008년 6월 30일

저　자　오오타 오사무(太田修)
역　자　송병권·박상현·오미정
펴낸이　윤관백
편　집　장인자·김민희
교정교열　김은혜·이수정
표　지　정안태
펴낸곳　

등록 제5-77호(1998.11.4)
주소 서울시 마포구 마포동 324-1 곶마루빌딩 1층
전화 02)718-6252 / 6257
팩스 02)718-6253
E-mail sunin72@chol.com

정가 · 37,000원
ISBN 978-89-5933-131-4　93900

· 저자와 협의에 의해 인지 생략.
· 잘못된 책은 바꿔 드립니다.

한일교섭

청구권문제 연구

오오타 오사무 著 / 송병권·박상현·오미정 譯

선인

한국어판 서문

　2002년 한일월드컵 공동개최, 일본에서 사회현상이 된 한류, 그 이후의 각계 각층의 다양한 교류 등을 통해서 한일관계는 이전보다 좋아졌다. 그러나 그렇다고 해서 모든 마찰이나 대립이 해소된 것은 아니다. 역사교과서, 야스쿠니신사, 독도문제 등을 둘러싼 충돌과 균열이 여전히 존재하는 것도 또 하나의 현실이다. 그중 많은 충돌과 균열은 과거 식민지 지배의 미청산에서 기인된 것이다.
　이 책에서 다루는 식민지 지배와 전쟁으로 인한 피해 청산문제는 21세기에 들어선 오늘날에도 여전히 해결되지 않은 문제이다. 일본인은 과거의 복잡하고 부정적인 문제를 생각해내고 싶지 않을 것이며, 한국인도 굴욕적이고 수치스러운 문제를 생각하고 싶지 않을 것이다. 사실 많은 사람들이 과거의 역사를 잊어버리고 있는 듯하다. 그러한 망각이 이 문제의 해결을 더욱 어렵게 만들고 있는 현실도 부정할 수 없다.
　한편 많은 피해자가 고령이 되고 세상을 떠났지만, 생존하고 있는 피해자와 유족, 시민들이 진정한 피해의 청산(진실 규명과 이에 따른 사죄, 보상, 역사의 기억)을 요구하고 있다.
　이 피해의 청산문제는, 20세기 초 일본과 한반도 사이의 역사에 기인된 1945년 이후 한일 간의 특수한 문제인 것처럼 보이지만, 사실은 그렇지 않다.

2001년 8월부터 9월까지 남아프리카공화국 다반에서 '인종주의, 인종차별, 외국인배척 및 관련이 있는 불관용을 반대하는 세계회의'가 열렸다. 그 회의에서 아프리카나 중남미 제국 대표들이 식민지 지배의 책임을 묻는 목소리를 높였다. 그리고 그 회의에서 "이 제도와 관행의 영향과 존속이 오늘날 세계 각지에서 사회·경제적 불평등을 계속시키는 요인이 되고 있다"는 선언이 채택되었다. 그러나 이 선언은 미국과 이스라엘이 중간에 빠진 후에야 채택되었으며, 식민지 지배에 대한 보상문제는 끝내 일본을 포함한 '선진'제국의 반대로 삭제되어 버렸다. 그럼에도 불구하고 위와 같은 선언의 채택은 식민지 지배와 식민주의의 청산이 인류의 보편적인 과제로서 남아 있음을 보여줬다.

2000년 12월에 학위논문 「한일 청구권교섭 연구」를 쓴 필자는, 그 후 8개월 뒤에 나온 위 선언문에서 많은 자극을 받아, 학위논문을 바탕으로 일본에서 『일한교섭 – 청구권문제 연구』(太田修, 『日韓交渉 – 請求權問題の研究』, クレイン, 2003년)를 냈다. 이 책에서 필자는 식민지 지배 이후의 한일관계의 역사, 특히 과거의 식민지 지배를 한일 양측이 어떻게 처리했는지, 한국 현대사의 흐름 속에서 그 과정을 밝히려고 했다.

이 주제를 선택한 것은, 무엇보다도 과거의 식민지 지배와 전쟁으로 인한 피해 청산문제가 한일교섭과 한일조약으로 이미 해결되었다고 하는 주장과 역사인식에 의문을 느꼈고 한일 간의 복잡한 문제를 역사적으로 해명하고 싶었기 때문이었다. 동시에 식민지 지배 이후의 한일관계라는 측면에서 한국 현대사를 조명할 수 있을 것이라는 전망을 갖기도 했다. 그것이 이 주제를 선택한 이유이기도 하고 동시에 이 책의 목적이기도 했다. 과연 그 목적이 제대로 이루어졌는지, 아니면 이루어지지 않았는지는 독자들의 판단에 맡겨야 될 것이다.

 그런데 책을 낸 뒤 이 연구와 관련된 몇 가지 중요한 변화가 있었다. 우선 새 연구가 나왔다는 점이다. 특히 요시자와 후미토시의 연구(吉澤文壽, 『戰後日韓關係』, クレイン, 2005년)가 중요하다. 이 연구에서 새로운 사실이 밝혀지고 다른 해석이 제시되어 이 책의 내용도 몇 가지 수정해야 할 부분이 생겼다. 그러나 이 한국어판에서는 원본의 내용을 그대로 번역하는 일을 중요시하고 수정하지 않았다. 수정해야 할 부문은 필자가 별도로 쓴 서평(太田修, 「〈書評〉吉澤文壽著『戰後日韓關係-國交正常化をめぐって』」, 『歷史評論』No. 682, 2007년 2월)을 참고해 주시기 바란다.

 다음으로 한국정부가 2005년 1월에 한일회담 청구권문제 관련 외교문서를, 이어서 같은 해 8월에는 나머지 한일회담 관련 외교문서를 공개했다는 사실이다. 이것은 한국의 식민지 지배·전쟁 피해자가 한일회담문서 공개를 요구한 행정소송의 판결(2004년 2월)을 한국정부가 받아들임으로써 취해진 조치였다. 이 자료의 공개로 인해, 특히 1964년, 1965년의 교섭 과정을 상세하게 알 수 있게 되었다.

 셋째로, 일본에서도 한일회담자료의 공개를 요구하는 운동이 시작되어 일부 자료가 공개되었다는 점이다. 2005년 12월에 결성된 '일한회담문서·전면공개를 요구하는 모임'이 전개하는 자료공개요구운동으로 인해, 북일교섭에 영향이 있다는 등의 이유를 내세워 자료공개를 거부해 왔던 일본 외무성이 일부나마 자료공개를 하지 않을 수밖에 없게 되어, 제4차 회담 본회의 의사록이 처음으로 공개되었다(자료공개의 경위에 대해서는 吉澤文壽, 「日韓會談文書の全面公開がもたらすもの-'日韓會談文書·全面公開を求める會'の運動の背景, 經緯, 意義」, 『反天皇制運動 あにまる』第Ⅶ期 第4號, 通卷

273號, 2007年 4月 10日을 참조).

  이와 같이 책을 낸 이후 새로운 연구나 자료가 나왔으나, 그것들은 기본적으로 이 책에서 서술된 틀에 큰 영향을 끼치지 않아, 『일한교섭-청구권문제 연구』에서 제시된 틀과 그려진 역사상을 견지하는 데는 변함이 없다. 다만 제5장 제3절은 새로운 글로 대신했다. 더 나은 내용으로 보충·수정할 기회가 주어졌기 때문에, 2005년 9월에 『역사문제연구』에 게재한 글(오오타 오사무, 「한일교섭 시기 식민지 지배 피해자의 '저항'」, 『역사문제연구』 14, 2005년 6월)을 넣기로 했다. 양해해 주시기 바란다.

  이 책이 한국의 독자가 식민지 지배와 전쟁으로 인한 피해 청산 문제가 해결되지 않았던 역사적인 원인이 어디에 있는지를 알고 식민지 지배 이후의 한일관계사, 나아가 한국현대사의 한 측면을 이해하는 데 도움이 되기를 기대한다. 그리고 식민지 지배와 식민주의가 그 이후의 인간의 역사에 어떤 영향을 끼치는지에 대해서도 생각하게 하는 재료를 제공할 수 있으면 다행이다.

  마지막으로 일본에서 출판된 나의 책을 번역해 주신 송병권 씨, 박상현 씨, 오미정 씨에게 감사의 마음을 전한다. 특히 송병권 씨에게는 번역작업의 조정, 본인과의 연락 등 이 책의 출판 과정에서 신세를 많이 졌다. 번역서 출판을 수락해 주신 도서출판 선인의 윤관백 사장님과 도움을 주신 많은 분들께도 고마움을 전하고 싶다.

2007년 초여름, 연수중의 서울 안암동에서,
오오타 오사무(太田修)

한국어판 서문 ‖ 5

서론 ‖ 15
  1. 문제 제기와 연구목적 _ 17
  2. 용어와 자료 및 구성 _ 29

제1장 대한민국 수립 전후의 배상문제 ‖ 37

제1절 8·15 직후 민간 보상요구와 남조선과도정부의 대일배상요구 _ 39
  1. 민간보상요구 39
    (1) 노동자의 요구 39
    (2) 전쟁피해자단체의 요구 43
    (3) '전재동포'의 요구 46
  2. 남조선과도정부의 대일배상요구 49
    (1) 미군정하의 대일배상문제 49
    (2) 대일배상요구의 원형 54

제2절 이승만 정권의 대일배상요구 _ 64
  1. 『대일배상요구조서』의 작성 64
  2. 『대일배상요구조서』의 내용과 의의 70
    (1) 『조서』의 내용 70
    (2) 『조서』의 의의 77
  3. 미국과 일본의 대응 79
    (1) 미국의 대응 – 식민지문제의 배제 79
    (2) 일본정부의 '조선근대화공헌'론 85
    (3) 귀환일본인의 '사유재산 보상요구운동' 89

목차

제2장 1950년대 이승만 정권하의 청구권 교섭 ‖ 93

제1절 제1차 교섭 재고 _ 95

   1. 대일강화회의참가 좌절과 한일교섭 개최 95
   2. 기본조약문제를 둘러싼 논의 112
   3. 청구권문제를 둘러싼 논의 120
   4. 제1차 교섭 결렬과 한일 양국의 국내반응 133

제2절 제2차 교섭에서 제4차 교섭까지 _ 140

   1. 제3차 교섭과 '쿠보타 발언' 140
   2. 제3차 교섭 이후의 냉전 논리와 '방일' 내셔널리즘 155
   3. 제4차 교섭과 재일조선인 '북송' 문제 172

제3장 1960년대 장면 정권하의 청구권 교섭 ‖ 185

제1절 장면 정권의 한일경제협조론 _ 187

   1. 한일경제협조론과 청구권문제 – 타협으로 가는 길 187
   2. 한국 내의 여론 – 비판과 지지의 충돌 201
   3. 일본의 대응 – '경제협력' 방식의 제시 211

제2절 제5차 교섭에서의 청구권 논의 _ 218

   1. 미국무부 각서에 관한 논쟁 218
   2. 청구권 8항목의 논의 – 법률론과 사실관계 223
   3. 개인청구권에 관한 논쟁 232

제4장 1960년대 박정희 정권하의 청구권 교섭 ‖ 239

제1절 박정희 정권의 '한일경제협조'론 _ 241

제2절 제6차 교섭에서의 청구권 논의 - 법률이론과 사실관계 논쟁 _ 251

1. 일반청구권 소위원회 252
2. 제1차 정치회담(최덕신·코사카 외상회담) 267

제3절 청구권 교섭의 타결 - '경제협력' 방식의 확정 _ 275

1. 제2차 정치회담 예비절충 275
2. 제2차 정치회담(김종필·오히라 회담) 284
3. '경제협력' 논의 296

제4절 미국의 '불간섭정책'의 변화 _ 305

제5절 한일조약 체결과 비준 _ 319

제5장 한일조약을 둘러싼 한국 내의 갈등 ‖ 339

제1절 박정희 정권의 한일조약 체결 논리 _ 341

  1. 한국 측 수석대표의 논리 - 배의환과 김동조 341
  2. 한국 정치가의 논리 - 원용석, 김용식, 김종필 349

제2절 한국에서의 한일조약 반대운동의 논리 _ 354

  1. 한일조약 비판의 사상적 전체
     - '일제근대화론' 비판과 '신식민주의' 비판 356
  2. 한일조약 비판 363
    (1) 기본조약 363
    (2) 재산청구권·경제협력협정 374
  3. 한일조약 반대운동의 대안
     - '한국민족주의'·탈냉전·새로운 한일관계 388
    (1) '한국민족주의' - 민중·세계·자립경제·통일 388

목차

　　(2) 탈냉전 - 미국의 한일교섭 개입 비판과 한국군의 베트남 파병비판　395
　　(3) 새로운 한일관계　399

제3절 한일교섭하에서의 식민지 지배·전쟁피해자의 목소리 - '조용한 저항'의 재개 _ 407

　1. 재산(구 일본은행권)을 잃어버린 사람들의 움직임　408
　2. 재한 원폭피해자의 움직임　412
　3. '징용'·'징병'된 피해자와 유족의 보상요구　419
　4. 유족의 유골반환을 요구하는 움직임　430
　5. 대일민간보상법의 제정　436
　6. '조용한 저항'의 의의　440

결론 ‖ 443

　1. 요약 _ 445
　2. 한일 청구권 교섭과 북일 교섭 _ 459

후기 ‖ 471

역자후기 ‖ 475

참고자료 ‖ 477

찾아보기 ‖ 493

【범례】

1. 자료 인용은 다음과 같은 기준에 따랐다.
   1) 중략은 '…'로, 행바꿈은 ' / '으로 표시했다.
   2) 일본어의 한국어 표기는 로마자 발음기호 표기에 따랐다. 다만, 저자 자신의 한글표기가 존재하는 경우에는 그대로 표시했다.
   예) 久保田(Kubota) → 쿠보타, 東京(Tokyo) → 토쿄
   　　太田修(Ota Osamu) → 오오타 오사무
   　　木宮正史(Kimiya Tadashi) → 기미야 다다시
   3) 인용문의 한국어 표기나 표현이 현재와 다른 경우에도 원문대로 표기했다.

2. 주는 책 말미에 일괄적으로 처리했으나, 본문 중에도 ( )로 보충하였다.
   본문 중 역자 주는 [ ]로 표시했다.

3. 지명, 조직명, 사건명은 호칭 그 자체가 정치적인 의도를 띤 경우가 있다. 전부 따옴표로 표기하는 것은 번잡하므로, 처음 언급할 때만 따옴표를 하고 이후 생략하는 것을 원칙으로 했다. 따옴표는 특별하게 주의를 촉구하고자 하는 경우에만 사용했다.

4. 이 책에서는 1948년 8월 15일에 수립된 대한민국은 '한국', 같은 해 9월 9일에 수립된 조선민주주의 인민공화국은 '북한'으로 표기했다. 그 이전 해방공간의 남북 양 지역을 가리키는 용어로는 당시 행정기관에서도 사용한 '남조선', '북조선'을 사용했다. 또한 한민족에 대한 호칭으로 일제시기와 해방공간은 '조선인'으로, 국가 수립 이후에는 '한국인'으로 표기했다.

5. 인용 중에 한글로 바꾸었을 때 문맥파악에 어려움이 생기는 경우를 제외하고는 가능한 한 한자를 줄였다.

서론

1. 문제 제기와 연구목적

이 책에서 필자는 20세기 후반 한반도와 일본이 식민지 지배를 청산하고 새로운 관계를 수립해 가는 역사를 추적해 보고자 한다.

일본의 조선 식민지 지배는 1945년 8월 15일에 종식되었다. 지금까지 역사가들은 주로 8월 15일 이전에 대한 연구에 힘을 기울여, 식민지 지배와 피지배, 민족해방운동에 대한 역사연구에 많은 성과를 거두었다. 그러나 8월 15일 이후의 역사 연구에 충분한 시간과 노력을 들였다고 하기는 어려울 것이다. 이에 대한 연구는 이제 막 시작되었을 뿐이다. 이러한 상황을 극복하고자 하는 하나의 시도로 이 책에서는 한국과 일본의 국교정상화 교섭(이하 한일교섭)에 대한 역사를 다루어 보고자 한다.

한일교섭은 1951년 10월에 예비회담이 열린 이래, 제7차 회담에 이르기까지 약 14년간 계속되었고, 이 교섭의 결과로 양국은 1965년 6월 22일에 '한일조약'[1]을 체결하였다. 이 조약은 1965년까지의 한일 간의 역사를 압축해서 표현한 것이었으며, 동시에 1965년부터 현재까지의 한일관계사를 직접적으로 또는 간접적으로 규정해 왔다고 할 수 있다.

한일교섭은 기본조약, 재산청구권·경제협력협정, 재일한국인법

---

[1] 이 책에서는 "대한민국과 일본국 간의 기본관계에 관한 조약"과 "재산 및 청구권에 관한 문제의 해결 및 경제협력에 관한 대한민국과 일본국 간의 협정", "일본국에 거주하는 대한민국 국민의 법적 지위 및 대우에 관한 대한민국과 일본국 간의 협정", "대한민국과 일본국 간의 어업에 관한 협정", "문화재 및 문화협력에 관한 대한민국과 일본국 간의 협정" 등 5가지 협정과 기타 부속문서를 '한일조약'으로 총칭한다. 각각 '기본조약', '재산청구권'·'경제협력 협정', '재일한국인 법적 지위 협정', '어업협정', '문화재·문화협력 협정'이라고 약칭한다.

적지위협정, 어업협정, 문화재협정이라는 다섯 가지 의제에 따라 진행되었다. 이러한 의제들은 모두 식민지 지배 청산과 새로운 관계수립이라는 문제에 관련된 현안들이지만, 이 책에서는 그중에서 '청구권문제'[2]를 연구의 주 대상으로 하고자 한다.

　청구권문제에 주목하는 것은 다음과 같은 이유 때문이다. 첫째, 한일교섭 과정에서 양국이 청구권문제를 둘러싸고 대립하였고, 식민지 지배 청산과 새로운 관계 수립이라는 문제가 이 청구권문제에서 가장 첨예하게 드러났기 때문이다. 이런 의미에서 청구권문제는 한일교섭의 핵심적인 의제였으며, 이에 대한 분석이 중요한 의미를 갖는다고 할 수 있다.

　둘째, 일본이 패전하고 조선이 해방된 이후의 한일관계사 속에서, 냉전과 내셔널리즘이라는 문제가 청구권문제에 가장 깊은 그늘을 드리우고 있었다는 점에서 청구권 교섭사에 대한 분석은, 한일 간의 냉전과 내셔널리즘의 역사를 되짚어 보는 것이라고 할 수 있다.

　셋째, 청구권 교섭의 역사를 검토함으로써, 한일 양국이 일본의 식민지 지배라는 역사문제를 어떻게 인식하고 처리하려고 했는지를 추적해 볼 수 있다. 구체적으로 식민지 지배와 피지배라는 특수한 관계에 있었던 양국이 그 청산의 문제를 청구권이라는 개념으로 처리하게 된 경위를 해명해 가는 것이 될 것이다.

　넷째, 셋째 이유와 관련되는데, 일본의 식민지 지배·전쟁에 의한 피해자의 보상문제 및 피해자들의 1945년 8월 15일 이후의 역사를 인식하기 위해서 청구권문제를 검토할 필요가 있다. 일본의 식민지

---

[2] 여기서 1945년 이후 1965년까지 대일배상과 대일재산청구권, 대한 구일본인재산 청구권, 식민지 지배·전쟁에 의한 피해자의 보상요구를 둘러싸고 한국과 일본 사이에 벌어진 논쟁, 마찰, 해결 등 모든 사항을 '청구권문제'라고 총칭한다.

지배·전쟁에 의한 피해자 보상문제를 한일교섭 과정에서는 어떻게 취급하고 있었는가, 국가가 주도한 한일교섭에 대해서 피해자들이 어떻게 대응했는가를 역사로서 되짚어 볼 필요가 있다.

마지막으로, 한반도와 일본, 나아가서 동북아시아의 현재와 미래를 인식하는 데에도 청구권 교섭의 역사를 해명하는 것이 중요하다. 지금까지 한국과 일본, 중국, 대만을 비롯한 아시아 여러 국가들 간에 전후보상문제를 둘러싼 충돌이 되풀이되어 왔다. 또한 북한의 국교정상화교섭에서도 청구권문제가 중요한 의제의 하나로 거론되고 있다. 아시아 여러 나라의 피해자들에 대한 전후보상문제는 지금도 여전히 미해결문제로 남아 있다. 21세기 한반도와 일본의 관계, 나아가서 동북아시아의 미래를 전망하기 위해서도 청구권문제를 재고찰하는 작업은 필요하다.

한일교섭을 다룬 종래의 연구는, 특히 청구권문제에 주목해서 한일교섭을 분석해 왔다고 할 수 있다. 먼저 1980년대 이전에 한일교섭의 통사를 다룬 대표적인 연구로서, 원용석,[3] 모리타 요시오(森田芳夫),[4] 성황용,[5] 야마모토 츠요시(山本剛士),[6] 이재오,[7] 이정식[8] 등의 연구가 있다.

---

3) 원용석, 『韓日會談十四年』, 三和出版社, 1965년.
4) 森田芳夫, 「日韓關係」, 鹿島平和研究所編·吉澤淸二郎監修, 『日本外交史 第二十八卷-講和後の外交 I 對列國關係(上)』, 鹿島研究所, 1973년.
5) 성황용, 『日本의 對韓政策』, 明知社, 1981년.
6) 山本剛士, 「日韓國交正常化」, 『戰後日本外交史 2-動きだした日本外交』, 三省堂, 1983년.
7) 이재오, 『한·일관계사의 인식 I -한일회담과 그 반대운동』, 학민사, 1984년.
8) Chong-Sik Lee, *Japan and Korea: The Political Dimension*, Stanford: Hoover Institution Press, Stanford University, 1985(이정식, 『한국과 일본』, 교보문고, 1986년 ; 李庭植, 小此木政夫·古田博司 譯, 『戰後日韓關係史』, 中央公論社, 1989년).

1965년에 간행된 원용석의 연구는 한일조약 체결 당시 한국정부의 입장을 설명한 것이다. 또한 1970년대 초에 발간된 모리타의 연구는 이미 공표되어 있던 일본 측의 외교문서와 국회의사록, 신문기사 등 한일교섭 관련자료를 수집·정리한 것으로, 한일교섭 과정을 개설적으로 서술하고 있다.

1980년대에는, 성황용과 야마모토, 이재오, 이정식 등이 2차 자료를 이용해서 한일교섭의 청구권문제를 비판적으로 논한 연구를 발표했다. 그러나 이들의 연구는 청구권문제를 외교사의 한 측면에서 한일 간에 발생한 '감정충돌'의 한 재료로 다룬 경향이 있었으며, 문제의 전모를 해명하는 데 성공했다고 하기는 어렵다.

1990년대에 들어와, 1980년대 연구의 한계를 극복하고자 하는 연구들이 나오기 시작했다. 우선 한미일 삼국 정부 사이에 전개된 교섭의 정치적 역학이라는 시각에서 청구권문제를 분석한 연구를 들 수 있다. 이종원은 일련의 연구에서 미국이 청구권문제를 어떻게 처리했는지를 검토한 결과, 미국은 청구권문제에 대해서 기본적으로 '불개입정책'이라는 단일 정책을 관철시키려고 했다고 주장했다.9) 이종원의 문제의식에 주목한 기미야 다다시(木宮正史)는 1960년대 박정희 정권하에서 청구권문제가 '경제협력' 방식으로 타결된 것은, 한미일 삼국 정부의 냉전인식의 타협적 산물이었으며, 그것이 한국정부의 수출지향형 공업화 전략의 선택을 촉진시켰다고 보았다.10)

---

9) 李鍾元, 「韓日會談とアメリカ-'不介入政策'の成立を中心に」, 『國際政治』, 1994년 1월 ; 「韓日國交正常化の成立とアメリカ-1960~65年」, 近代日本研究會 編, 『年報 近代日本研究』 16호, 1994년 ; 『東アジア冷戰と韓米日關係』, 東京大學出版會, 1996년 ; 「한일회담의 국제정치적 배경」, 민족문제연구소 지음, 『한일협정을 다시 본다-30주년을 맞이하여』, 아세아문화사, 1995년.

10) 木宮正史, 「1960年代における冷戰と經濟開發-日韓國交正常化とベト

또 하나의 1990년대 연구로는, 한일 양국이 일본의 식민지 지배 청산문제를 어떻게 처리했는가를 재검토하는 시각에서 진행되어 왔다. 정성화는 8·15 직후부터 제1차 교섭까지 이승만 정권의 대일정책과 대일배상문제를 분석하여, 대일배상요구가 '과거의 체험'에 기초한 '반일감정'에서 나온 것이 아니라, '계산된 정치적 자세'에 의해 위로부터 결정된 것이라고 주장했다.[11] 이에 대해서 필자는 1945년부터 1965년까지 한국 측 자료를 분석해서 청구권 교섭 과정과 식민지 지배·전쟁에 의한 피해자들의 대응을 실증적으로 검토한 후, 청구권문제에 과거의 역사문제가 반영되어 있다는 점을 강조했다.[12] 또한 요시자와 후미토시(吉澤文壽)는 제5·6차 교섭 회의록을 이용하여 청구권문제의 토의 과정과 한일 양국의 주장을 분석하여 그 역사적 의미를 고찰했다.[13]

한국에서는 1990년대 중반에 한일조약 체결 30주년을 맞이하여

ナム派兵を中心にして」, 『法學志林』 제92권 제4호, 1995년 3월.

11) Sung-hwa Cheong, *The politics of anti-Japanese sentiment in Korea: Japanese-South Korea relations under American occupation, 1945~52*, Westport, Connecticut: Greenwood Press, 1991.

12) 오오타 오사무, 「한국에서의 '한일조약' 반대투쟁의 논리에 관한 연구(1964~65)」, 고려대학교 사학과 석사논문, 1993년 12월 ; 「한일회담과 청구권」, 『근현대사 강좌』 6호, 1995년 2월 ; 「청구권문제와 김·오히라메모」, 『한일기본조약 및 협정의 역사적 재평가』, 1995년 4월 ; 太田修, 「李承晚政權の對日政策-對日賠償問題を中心に」, 『朝鮮史研究會論文集』 제34집, 1996년 10월 ; 「한일회담에 관여한 한국 관료의 일본인식」, 『韓國史學報』 제7호, 1999년 9월 ; 「大韓民國樹立と日本-日韓通商交涉の分析を中心に」, 『朝鮮學報』 제173집, 1999년 10월호.

13) 吉澤文壽, 「日韓會談における對日請求權の具體的討議の分析-第五次會談及び第六次會談を中心として」, 『一橋論叢』 제120권 제2호, 1998년 8월 ; 「日韓會談における對日請求權交涉の政治的妥結-1962年3月から12月までを中心として」, 『朝鮮史研究會論文集』 제36집, 1998년 10월.

한일교섭에 관한 심포지엄이 개최되어, 청구권문제를 다룬 몇 편의 연구가 나왔다. 이들 연구는 대부분 청구권문제가 왜곡된 형태로 처리된 원인을 비판적으로 분석한 것이다.[14]

이렇게 1990년대에 1차 자료 분석에 입각한 연구가 진척되는 과정에서, 지금까지의 연구 성과를 집대성한 두 권의 새로운 한일교섭 통사가 출간되었다. 먼저 이원덕이 1994년에 토쿄대학교 박사학위논문인 「일본 전후처리외교의 일연구 – 한일국교정상화교섭(1951~65)을 중심으로」를 썼다.[15] 그는 한일교섭 연구에서 가장 중요한 사료인 한국 측 회의록 및 '미정리 외교자료'를 분석하여, '과거사'를 둘러싼 '일본의 전후처리외교'의 일 단면으로서 청구권문제를 다루었다. 그리고 1996년에 타카사키 소지(高崎宗司)가 『검증 한일회담』을 간행했다.[16] 그는 1980년대 중반부터 써왔던 일련의 논문을 바탕으

---

14) 서중석, 「박정권의 대일자세와 파행적 한일관계」, 『역사비평』 1995년 봄호 ; 박원순, 「일본의 전후 배상정책과 그 실제」, 민족문제연구소 지음, 『한일협정을 다시 본다 – 30주년을 맞이하여』, 아세아문화사, 1995년 ; 박동철, 「청구권 협정 I – 한일 국교 정상화와 청구권 자금」, 같은 책 ; 한상일, 「제5차 한일회담 소고」, 『국민대 사회과학연구』 제8호, 1995년.

15) 李元德, 「日本の戰後處理外交の一研究 – 日韓國交正常化交涉(1951~65)を中心に」, 東京大學大學院綜合文化研究科博士學位論文, 1994년. 이 논문의 일부를 「日韓請求權交涉過程(1951~1962)の分析 – 日本の對韓政策の觀點から」(『法學志林』 제93권 제1호, 1994년 11월)로 발표하고, 1996년에 한국에서 박사논문을 정리해서 『한일 과거사 처리의 원점』(서울대출판부, 1996년)을 공간했다. 기타 「한일협정의 경과」(민족문제연구소 지음, 『한일협정을 다시 본다 – 30주년을 맞이하여』, 아세아문화사, 1995년), 「한일회담과 일본의 전후처리 외교」(『한국과 국제정치』 제12권 제1호, 1996년 봄·여름 합병호) 등이 있다.

16) 高崎宗司, 『檢證日韓會談』, 岩波書店, 1996년. 타카사키의 대표적 연구는 다음과 같다. 「第三次日韓會談と'久保田發言'」, 『思想』, 1985년 8월호 ; 「日韓會談の經過と植民地化責任」, 『歷史學研究』 제545호, 1985

로, 일본인의 역사인식을 비판적으로 검토하는 시각에서, 새로운 자료와 선행연구를 상세하게 조사하여 한일교섭을 통사적으로 서술하면서 청구권문제를 정리했다. 이 두 연구가 현재까지 한일교섭사 연구에서 가장 중요하다.

이 책에서는 위와 같은 선행 연구의 성과에 입각하면서, 다음과 같은 시점에서 청구권문제를 검토하고자 한다. 조금 거칠게 표현하자면, 앞서 든 이종원의 연구가 미국의 대아시아정책, 이원덕이 일본의 외교사, 타카사키가 한일관계사라고 하는 틀 속에서 청구권문제를 다루었다고 하면, 이 책에서는 선행 연구에서 충분히 설명되지 않았던 '한국사의 관점'에서 청구권문제를 검토해 보고자 한다. 여기서 말하는 '한국사의 관점'이란, 주로 한국 측의 1차 자료를 분석해서 한국사의 흐름 속에서 청구권문제를 분석하고자 하는 시점을 말한다. 이것이 한국사라고 하는 일국사 속으로 청구권문제를 가두고자 하는 것이 아님은 말할 필요도 없다. '한국사의 관점'의 내용에 대해서 좀 더 부연설명하자면 다음과 같다.

'한국사의 관점'의 첫 번째 구체적인 내용은, 1945년부터 1965년 한일조약이 체결될 때까지 미군정기 · 이승만 정권기 · 장면 정권기 · 박정희 정권기라는 시간변화에 따라 한국 내의 정치와 사회 속에서 청구권문제가 어떻게 다루어졌는가를 추적하는 것이다. 또한 청구권문제를 시간변화의 추이 속에서 파악한다고 하는 것은 거꾸로 1945년 8·15 이후의 한국 현대사의 흐름의 한 단면을 보는 것이기도 하다.

년 ; 「日韓會談における文化財返還交渉について」, 『朝鮮史研究會論文集』 제23집, 1986년 ; 「朝鮮植民地支配への遺憾 '反省表明の裏面」, 『季刊三千里』, 1986년 가을호 ; 『反日感情 - 韓國·朝鮮人と日本人』, 講談社現代新書, 1993년 ; 『妄言'の原形 - 日本人の朝鮮觀·增補版』, 木犀社, 1996년.

'한국사의 관점'이 갖는 두 번째 내용은, 각 시기의 구조적 측면을 분석하는 것이다. 즉 한국정부(대통령과 한일교섭 대표)·국회·언론·지식인, 그리고 식민지 지배·전쟁에 의한 피해자들이 청구권문제를 어떻게 인식하고, 그들이 어떻게 의사표시를 했는지를 밝히는 것이다. 또한 청구권문제와 한국 내에서의 청구권문제에 대한 인식과 의사 표현에 대해, 일본과 미국이 어떻게 반응 또는 대응했는지를 가능한 한 추적해 보는 것이다.

'한국사의 관점'에 의한 연구에서 가장 중요한 목적의 하나는, 1차 자료를 면밀하게 검토함으로써 한국사 속에서 청구권문제가 어떻게 다루어졌는지를 명확하게 하는 것이다.

다음으로, 청구권문제를 '한국사의 관점'에서 검토할 때, 특히 냉전과 내셔널리즘, 피해자의 권리라는 세 차원의 시점에 주목할 필요가 있다는 것을 지적해 두고자 한다.

첫째, 냉전의 시점이다. 한국과 일본에서 냉전 논리가 한일교섭과 청구권문제에 어떤 영향을 끼쳤는가 하는 시각에서, 청구권문제를 분석할 필요가 있다. 한일교섭은 제2차 세계대전 후의 세계사 속에서 1950년대 초에 냉전이 가장 심화되었던 한국전쟁이 한창일 때 시작되어, 1960년대 중반 다시 냉전이 심화되어 베트남전쟁이 격화된 시기에 끝났다. 한일교섭의 시작과 끝이 20세기 후반의 냉전하에서 일어난 두 '열전(熱戰)'이 전개된 시기에 있었던 것은 결코 우연한 일이 아니다. 한일교섭은 냉전과 밀접한 관계를 맺으며 진행되었던 것이다.

한반도에서 냉전이 격화되어 '분단체제'가 형성되고, 다시 그것이 고착화 또는 강화되었던 반면, 일본은 냉전의 진전 속에서 급속한 경제부흥을 이루었고, 그 후에도 냉전의 후방에서 지속적인 경제성장을 추구할 수 있었다. 한일교섭은 한반도와 일본에서 이러한 냉전

구도가 고정화되어 가는 과정에서 진행되었다는 사실에 유의해야 할 것이다.

후술하겠지만, 38도선 이남에 수립된 분단국가는 '반공협조'를 위해서 일본과 국교정상화를 실현시켜야 한다고 계속해서 주장했다. 1950년대 이승만 정권에서는 그러한 논리는 반공·'방일(防日)' 내셔널리즘으로 바뀌었으며, 1960년대 박정희 정권에서는 반공을 위해 한일 간 경제적 유대의 필요성이 강조되었다. 일본에서도 '방공협조(防共協調)'를 위한 한일 간의 협력을 계속 주장했으며, 특히 1960년대 이케다(池田勇人) 정권은 미국의 '지역통합' 구상과 박정희 정권의 경제개발전략이 접근해 가는 와중에, '경제협력' 형식에 의한 청구권문제 해결을 주장하게 되었다.

다음으로 한일교섭과 냉전문제를 고려할 때, 항상 정치학계에서 주목되어 온 미국의 동아시아정책, 동아시아 '지역통합' 구상을 빠뜨릴 수 없다. 미국은 한국을 '공산권의 코앞에서 민주주의의 우월성을 선전하기 위한 쇼윈도'로 만들려고 생각하여, 쇼윈도를 아름답게 장식하기 위해서라도 한일국교정상화를 통해 양국의 협력체제를 확립할 필요가 있었던 것이었다.[17] 이런 상황에서 시작된 한일교섭은 2국 간 교섭이라기보다는 미국을 포함한 3국 간 교섭이었다.[18]

미국의 '지역통합' 구상에 대해서는, 1970년대에 허버트 빅스(Herbert Bix)가 언급한 이래,[19] 존 다워(John W. Dower), 마이클 샬러(Michael

---

17) T·N, 「日韓交涉の經緯について」, 『調査月報』, 1965년 7월, 43~44쪽.
18) 李鍾元, 「韓日會談とアメリカ-'不介入政策'の成立を中心に」, 163쪽.
19) Herbert Bix, "Regional Integration: Japan and South Korea in America's Asian Policy", Frank Baldwin, ed., *Without Parallel: The American-Korean Relationship Since 1945*, New York: Pantheon Books, 1973(한국어역 「지역통합 전략-미국의 아시아정책에서의 한국과 일본」, 『1960년대』, 거름, 1984년).

Schaller) 등이 본격적인 연구를 시작했다.20) 이들의 연구를 바탕
으로 '지역통합' 구상과 한일관계의 관련성을 잘 밝혀 낸 연구가 브
루스 커밍스(Bruce Cumings)와 이종원의 연구이다.21) 특히 1990
년대에 집중적으로 나온 이종원의 연구에 따르면,22) 한일관계에서
'지역통합' 구상은 1947년 초부터 거론되기 시작했으며, 이후 워싱
턴 내부의 의견대립과 논쟁을 거쳐, 1950년대 초에는 거의 확정되
었다고 한다. 이러한 미국의 '지역통합' 구상이 한일교섭과 청구권문
제에 어떤 영향을 끼쳤으며 한국과 일본은 어떻게 대응했는지, 이종
원의 분석을 더욱 심화시킬 필요가 있다.

청구권문제를 '한국사의 관점'에서 분석하기 위한 두 번째 시점은
내셔널리즘(국가 수립, 국민 통합, 산업화)의 문제이다. 원래 8월 15
일에 해방을 맞이한 한반도와 패전한 일본의 국교정상화 교섭은 한
반도에 수립되었어야 했을 통일국가와 일본 사이에서 추진되어야
했다. 그러나 제2차 세계대전 종결 이후 한반도에 두 분단국가가 수
립된 결과, 38도선 이남의 한국과 패전 후 연합국의 점령에서 일찍
감치 벗어난 일본이 국교정상화 교섭을 하게 되었다.

---

20) 그들은 전후 미국의 동아시아정책을 설명하는 중심개념으로서 '지
역통합' 구상을 제시했다. John W. Dower, *Empire and Aftermath*,
Cambridge, Mass., 1979 ; Michael Schaller, *The American Occupation
of Japan*, New York, 1985.

21) Bruce Cumings, *The Origins of Korean War, Volume Ⅱ, The Roaring
of the Cataract 1947~1950*, Princeton, New Jersey: Princeton University
Press, 1990, Chapter 1~5 ; 李鍾元, 「戰後米國の極東政策と韓國の脫
植民地化」, 『岩波講座 近代日本と植民地 8 - アジアの冷戰と脫植民地
化』, 岩波書店, 1993년.

22) 李鍾元, 「アイゼンハワ-政權の對韓政策と〈日本〉(一)~(三)」, 『國家學會
雜誌』 제107권 제1·2호(1994년 6월), 제108권 제1·2호(1995년 2월)
;『東アジア冷戰と韓米日關係』, 東京大學出版會, 1996년 등.

1948년, 한반도에 새로 수립된 분단국가는, 다른 모든 근대국가 수립 과정과 마찬가지로 정치·경제·사회·문화적으로 강력한 국가건설을 지향했고, 이를 위해 국민통합과 산업화 프로젝트를 추진했다. 그러나 많은 연구에서 지적하고 있듯이 국가건설 과정에서 민주주의는 대단히 미약한 것이었다. 그러한 의미에서 한국의 근대화는 '위로부터 추진된 보수적인' 것이었으며, '분단국가주의'23)를 기조로 한 것이었다고 할 수 있다. 그런데 이 새로운 국가의 내셔널리즘에는 다른 국가에는 볼 수 없는 두 가지 요소가 포함되어 있었다. 이 국가는 식민지 지배에서 해방된 국가였던 까닭에 일본에 대한 강한 경계심을 표명했고, 또한 냉전에 의해서 분단된 국가였던 까닭에 반공과 한국의 정통성을 강조했던 것이다. 이 특수한 두 요소는 한일교섭에도 깊은 그림자를 드리우게 되었다.
　한편 패전 후 일본은 GHQ/SCAP(General Headquarters, Supreme Commander for Allied Powers)의 점령 및 한국전쟁을 거쳐 경제부흥을 달성하고, 1952년의 대일강화조약 발효로 사실상 국제사회에 복귀했다. 나아가 한일교섭이 시작된 직후인 1950년대 중엽부터 급속한 경제성장을 이룩하였고, 1965년 한일조약이 체결될 무렵 일본의 경제성장률은 최고조에 달해 있었다. 이러한 일본의 전후 과정에서 대두하기 시작한 일본의 내셔널리즘은, 자국의 경제부흥과 경제성장을 강조하고, 근대 일본에의 우월의식, 아시아에서의 주도권 회복을 호소하는 것이어서, 한일교섭 과정에도 적지 않은 영향을 미쳤다.
　이러한 한일 양국의 내셔널리즘은 한일 청구권 교섭이란 장에서 충돌하게 된다. 이런 이유로 내셔널리즘이란 시각에서 청구권문제

---

23) '분단국가주의'에 관해서는 姜萬吉, 『統一運動時代의 歷史認識』, 靑史, 1990년 ; 서중석, 『한국현대민족운동연구 2』, 역사비평사, 1996년을 참조.

를 분석하는 것은 중요한 의미를 갖는다. 다만, 그것이 내셔널리즘의 함정에 빠지는 것이 아니라 내셔널리즘의 역사를 상대화시키고, 내셔널리즘의 틀을 넘어서는 분석이 되도록 유의해야 할 필요가 있을 것이다.

'한국사의 관점'에서 청구권문제를 분석하기 위해 차용되는 세 번째 시점은 피해자의 시점이다. 일본의 식민지 지배·전쟁에 의한 피해라는 특별한 역사적 체험을 가진 사람들은, 1945년 8월 15일 이후, 과거의 경험과 피해에서 회복되고 치유받기를 희망하고 있었을 것으로 생각된다. 그러한 피해자들의 식민지하의 체험과 기억의 문제, 나아가 피해보상문제가 청구권문제의 역사로서 등장하게 되는 것이다.

1945년 이후, 한일관계에 지속적으로 관여한 미국은 공산주의 파멸과 미국의 패권 확대를 원했을 뿐, 식민지 지배·전쟁에 의한 피해자의 역사에는 애초부터 관심이 없었다. 한국의 권위주의정권은 북한과 국가의 정통성을 둘러싼 경쟁 속에서 국가건설과 경제발전을 중시하여, 피해자의 역사를 '일제침략'이라는 한 단어에 가두어 버렸다. 일본정부 또한 한일교섭 과정에서 피해자의 역사를 은폐하고자 했으며, 한일조약체결 후에는 재산청구권·경제협력협정으로 이미 해결되었다며 피해자의 보상요구에 응하지 않았다. 그러한 의미에서 피해자들은 냉전과 내셔널리즘의 역사 속에서 늘 억압, 소외, 배제된 존재들이었다.

이 책에서는 그러한 식민지 지배·전쟁으로 인한 피해자의 역사에 주목한다. 특히 그와 같은 사람들이 1945년 이후 일본과 한국의 역사 속에서 어떻게 살아왔는지, 그들의 생활 속에 식민지하의 체험과 기억이란 어떠한 것이었는지, 그들은 일본정부나 한국정부, 또는 한일교섭에 어떻게 대응했는지를 서술해 보려고 한다.

2. 용어와 자료 및 구성

 이 책에서 주로 서술하는 청구권 교섭 과정에서는, 배상·보상·청구권이라는 특수한 용어가 사용되었다. 필자도 글쓰기 속에서 이 용어들을 이용하고자 한다. 본문에서 특별한 언급이 없는 한, 배상·보상·청구권이라는 용어는 다음과 같이 정의하고, 이를 구별해서 사용하도록 하겠다.24)

 ① 배상
 근대 국제사회에서 전쟁은 각국의 이해관계에 따라서 시작되었으며, 힘의 우열이 국제관계를 지배했다. 전후처리 또한 국가 간의 역학관계에 따라 결정되었으며, 전승국은 전쟁에 투입한 모든 비용의 지불을 패전국에 요구할 수 있었다. 이것이 상금(償金, demnities)이라는 개념이었다. 예컨대 청일전쟁 당시에 체결된 시모노세키조약(下關條約, 1905년)에서 청국 측이 일본에 지불한 전쟁 비용이 이 상금에 해당된다.
 그런데 제1차 세계대전 종결 후에 체결된 베르사이유조약부터 이러한 상황이 바뀌었다. 제1차 세계대전은 최초의 총력전으로서 전쟁당사국에 막대한 피해를 남겼기 때문에, 베르사이유조약에서 전쟁책임문제가 처음으로 명기되었다. 이 조약 제231조는 패전국 독일이 일으킨 전쟁을 국제법상의 위법행위라고 단정하고, 이 위법행위에 의해 연합국 측에 발생한 모든 손실에 대한 독일의 전쟁책임을 규정했다. 이 베르사이유조약에서 상금 대신 배상(賠償, Reparations)이

---

24) 日本辯護士連合會 編, 『日本の戰後補償』, 明石書店, 1994년 ; 荒井信一, 「戰後補償と戰後責任」, 『戰後日本占領と戰後改革 第5卷 - 過去の淸算』, 岩波書店, 1995년.

라는 새로운 개념이 등장했다. 이 조약에 규정된 배상이란, 패전국이 전쟁에서 발생한 피해·손해·손실에 대해 지불하는 것이며 피해의 회복을 의미하는 개념이었다.[25]

② **보상**

또한, 베르사이유조약 제302조는 전후처리의 일환으로서 전쟁행위로 인해 민간인들이 입은 피해를 회복하기 위해 보상(補償, Compensation)을 요구할 권리를 규정했다. 그 이전의 국제법은 배상문제를 국가와 국가 간의 집단적 청구권으로만 생각했으나, 이 조약에 의해 국가 대 개인의 개별적 청구권이 처음으로 명문화되었다. 전후처리로서의 배상에서 국가의 권리와 개인의 권리가 분리되는 과정이 진행된 결과, 국가 간의 배상(Reparations)과 개인적인 청구권으로서의 보상의 구별이 분명해진 것이다. 또한 사토 다케오(佐藤健生)에 따르면, 보상(독어로 Wiedergutmachung, 또는 Entschadigung, 영어로 Compensation)은 정치·경제적 측면이 강한 배상과는 달리, 승패보다도 속죄라는 도덕적인 측면을 포함하는 개념이다.[26]

따라서 제1차 세계대전 후에는 배상문제가 중요했으나, 일반 개인의 피해가 이전과는 비교가 되지 않을 정도로 막대했던 제2차 세계대전 후에는 보상문제가 보다 중요하게 여겨졌다. 특히 이 보상이라는 개념은 냉전체제 붕괴 이후 '일본군위안부 문제'의 시급한 해결

---

25) 사토 다케오(佐藤健生)는 독일어사전을 인용해서, 배상(독일어로 Reparationen, 영어로도 Reparations)이란, 패전국에 부과된, 적국의 전시손해를 보상하는 것으로서의 금전, 물품, 노동의 제공을 의미한다고 정의했다(佐藤健生, 「ドイツの戰後補償 - 日本の模範か?」, 『世界』, 1991년 11월호, 279쪽).

26) 佐藤健生, 위의 논문.

을 요구하는 과정에서 주목을 받기 시작했다.

③ 청구권

　제2차 세계대전 후 일본과 연합국 사이에 체결된 대일강화조약에는, 제14조에 배상조항이 마련되어 있었으나, 세계경제의 안정과 냉전논리가 우선된 결과 일본의 아시아에 대한 배상문제는 일본의 경제발전과 일본과 아시아 간의 경제적 유대 회복과 연계되었다. 한국의 경우에는, 한국이 연합국의 일원도 아니었고 일본과의 교전국도 아니었다는 이유로 대일강화조약의 서명국에서 제외되어, 제14조 배상조항의 혜택을 받을 수 없는 것으로 해석되었기 때문에, 제4조에 별도 규정을 두었다. 제4조 (a)항에 따르면, 양국의 '재산' 및 '청구권(채권을 포함)의 처리'는 양국 간의 '특별협정의 주제가 된다'고 규정되었고, 여기서 '청구권'이라는 용어가 처음으로 제시되었다. 후일, 한일 간 청구권 교섭은 이 제4조의 내용을 전제로 진행되었으며, '청구권'의 구체적 내용은 교섭 과정에서 만들어 가게 되었다. 그러나 후술할 한일교섭 과정에서도 그 내용만 제시되었을 뿐, '청구권'의 개념은 명확하게 정의되지 않은 채, 1965년의 재산청구권·경제협력 협정에서 "완전히 그리고 최종적으로 해결된 것으로 함을 확인한다"라는 것으로 정리되었다.

　필자가 아는 한, 한일교섭 준비작업을 하고 있었던 유진오가, 미국으로부터 전해진 대일강화조약 초안 제4조의 Claim을 '청구권'으로 번역해서 한국에 처음으로 소개했다. 그 이후 청구권, 또는 재산권청구라는 용어가 일반적으로 사용되었다. 원래 '청구권'이란 피해나 손실에 대해서 청구하는 정당한 권리를 의미하여, 피해나 손실을 갚는 것 자체를 표현하는 배상이나 보상과는 다른 개념이었다. 청구권이라는 용어가 일반화되는 과정에서 배상이나 보상과 비슷한 개념으로, 즉 한국의 경우에는 식민지 지배・전쟁으로 인해 국가나 국민이 입은 피해와 손실을 갚는 것, 그 자체를 가리키게 되었다.

 이와 같이 이 책에서 사용하는 배상, 보상, 청구권이라는 용어에 대해서 정의했는데, 이와 같은 용어는 20세기 국제사회에서 사용된 개념이었지, 결코 현재 상황을 규정하는 것은 아니다. 왜냐하면 20세기 초의 국제법은 기본적으로 제국주의 국가의 이익을 옹호하기 위한 법이었으며, 그 속에서 규정된 개념들 역시 그에 준하는 것이라고 생각하기 때문이다. 따라서 이 글에서는 청구권문제의 역사를 설명하기 위해 편의적으로 배상, 보상, 청구권이라는 용어를 사용하고 있을 뿐, 이러한 용어들이 절대적이며 보편적인 개념이라고 생각하는 것은 아님을 미리 밝혀 둔다.

 다음으로 이 글에서 사용하는 자료에 대해 소개해 두고자 한다. 전술한 바와 같이 이 연구의 가장 중요한 목적의 하나는, 새로운 1차 자료를 소개・분석하고, 기존 연구에서 상세하게 분석되지 않았던 자료를 보충하거나 재해석함으로써, 한국사에서 청구권문제에 대한 기초적인 연구를 하는 데 있다. 이 책에서 사용한 주 자료는 다음과 같다.

 한국외교문서. 해방 이후의 한국외교문서는 1994년도부터 한국외교안보연구원에서 공개되기 시작했다. 이 자료는 한국정부의 대일정책과 청구권문제의 처리 과정, 나아가 일본정부의 청구권문제에 대한 대응을 검토하기 위해서 사용될 것이다. 현재까지 공개된 한일교섭 관련 자료는 일부분에 불과하며, 한일교섭의 전모를 밝히기에는 불충분한 상태이다. 그리고 일본 측의 한일교섭에 관한 외교문서는 전혀 공개되어 있지 않다. 이런 사실은 한일교섭의 전모를 해명하는 데 커다란 장애 요인의 하나이며, 대단히 유감스러운 일이다.

 한일교섭 한국 측 회의록. 현재는 토쿄대학교 동양문화연구소(東

京大學 東洋文化硏究所)에 소장되어 있는 제4·5·6차 교섭의 한국 측 회의록의 일부분을 볼 수 있다.27) 또한 한국정부가 한일교섭에 참여한 대표들의 이해를 돕기 위해 작성한 제1차 교섭부터 제4차 교섭까지의 『한일회담약기(韓日會談略記)』도 볼 수 있다. 1990년대에 들어서 이들 일부분이나마 한국 측 회의록을 볼 수 있게 되었기 때문에, 한일교섭 과정이 상당 부분 해명되었다. 그러나 여전히 제1차 교섭부터 제3차 교섭까지의 한국 측 회의록과 모든 일본 측 회의록을 볼 수는 없는 상태이다.

조선은행청산위원회(朝鮮銀行淸算委員會) 및 식산은행청산위원회(殖産銀行淸算委員會)가 조선은행과 식산은행 청산 과정에서 수집·정리·작성한 '성업공사(成業公社)자료.28) 먼저, 이 자료에는 미 군정하 조선은행과 식산은행이 대일배상요구안의 성안 과정에서 작성한 조서 및 식민지 지배·전쟁으로 인한 피해자들이 1960년대 초부터 손해를 입은 재산의 반환을 요구하는 서간류가 포함되어 있다. 이 자료들은 한국의 『대일배상요구조서(對日賠償要求調書)』의 원형 및 식민지 지배·전쟁으로 인한 피해자들의 모습을 기술하는 데 사용될 것이다.

GHQ/SCAP(General Headquarters/Supreme Commander for the Allied Powers, Japan, 이하 GHQ/SCAP)자료. 이 자료는 일본 국회도서관이 미국 국립공문서관(National Archives and Records Administration)에 소장되어 있던 GHQ/SCAP 관련 자료를 정리한

---

27) 이 자료는 한국의 공문서관에서 공개된 것이 아니라 유출된 자료이다. 이하 제5차·제6차 회담 한국 측 회의록은 사사키 류지 씨와 미야지마 히로시 씨, 토쿄대학교 동양문화연구소의 협조를 얻어서 볼 수 있었다. 감사드린다.
28) 이 자료는 국사편찬위원회 정병욱 씨와 서울대학교 중앙도서관 직원 김창섭 씨의 도움으로 볼 수 있었다. 감사드린다.

것으로, SCAP 대표가 업저버로 참가한 예비교섭과 1차 교섭의 경위, 워싱턴 국무부와 토쿄의 외무국, 부산의 미국 대사관 사이의 의견교환, 또한 한국정부와 일본정부의 대응을 분석하기 위해 사용된다. 그 외에도 1950년대와 1960년대 미국의 한일교섭에 대한 정책 분석을 위해 이미 공간되어 있는 미국 국무부의 외교문서(Foreign Relations of the United States)나 케네디 기념 도서관(John F. Kennedy Library: JFKL)과 존슨 기념 도서관(Lyndon B. Johnson Library: LBJL)에 소장되어 있는 1960년대 전반의 한일교섭관련 자료를 사용하도록 한다.29)

우방협회・중앙일한협회(友邦協會・中央日韓協會)자료. 이 자료는 재단법인 우방협회와 사단법인 중앙일한협회가 가쿠슈인대학교 동양문화연구소(學習院大學 東洋文化硏究所)에 기증한 조선관계 자료의 일부인데, 패전 후에 한반도에서 귀환한 일본인들(총독부 관료부터 서민까지)의 활동이나 상황인식을 분석하기 위해 사용된다.

한국의 국회회의록과 잡지, 신문류. 이 자료들은 가장 기본적인 자료인데, 이러한 자료를 면밀하게 검토하는 것이야말로 청구권문제의 역사에 대한 기초적인 연구를 가능케 할 것이다.

마지막으로 이 책의 구성에 대해 간단하게 소개하고자 한다.

제1장에서는 식민지 지배・전쟁의 피해자들이 해방 직후에 벌인 보상요구운동과 미군정하 남조선과도정부의 대일배상요구안 작성 과정과 그 내용, 한국정부의 대일배상요구안 작성 과정과 『대일배상요구조서』의 내용 등으로부터, 대일배상요구의 역사적 의의를 생각해 보겠다. 아울러 미국의 대일배상정책의 변화, 한국 측의 대일배상요구에 대한 미국과 일본의 대응 및 인식에 대해서도 언급할 것

---

29) 이 글에서 사용되는 케네디 대통령기념도서관과 존슨 대통령기념도서관의 자료는 조갑제 씨의 협조를 얻어서 볼 수 있었다. 감사드린다.

이다.

　제2장에서는 제1차 교섭 개최의 배경과 기본조약문제·청구권문제에 관한 논의, 이어서 제2·3·4차 교섭에서 청구권문제가 어떻게 논의되었는지를 추적해 본다. 그리고 한일교섭에서 일본 측의 '재한일본인 사유재산' 청구권 주장과 '쿠보타(久保田) 발언', 한국전쟁 휴전 후에 이승만 정권이 강화한 '방일' 내셔널리즘에 대해서도 규명해 본다.

　제3장에서는 1960년 8월에 수립된 장면정권이 청구권문제에 어떻게 대응하고자 했는가, 나아가 국회·경제계·신문 등이 이에 대해 어떻게 반응했는지, 더 나아가 일본 측이 구상하고 있었던 '경제협력' 방식이란 어떤 것이었는지를 분석한다. 또한 이런 상황을 배경으로 제5차 교섭에서 청구권문제에 대해 어떤 논의가 있었는지를 검토해 본다.

　제4장에서는 5·16군사쿠데타로 수립된 박정희 정권이 어떠한 정책하에서 청구권문제를 처리하려고 했는지를 분석한다. 그리고 제6차 교섭 과정(일반 청구권 소위원회와 최·코사카(小坂)외상회담, 제2차 정치회담 예비절충, '김·오히라 메모'의 작성, 그 후의 제2차 정치회담 예비절충)에서, 청구권문제가 어떻게 논의되고 처리되었는지를 면밀히 되집어 보고자 한다. 그리고 한일교섭에 대한 미국의 정책에 대해서도 고찰해 보고자 한다.

　제5장에서는 1960년대 한일교섭에 참가한 한국 측 대표의 논리, 한일조약 반대운동의 논리, 그리고 식민지 지배·전쟁으로 인한 피해자들의 저항은 어떠했는지를 밝혀 본다.

제1장

대한민국 수립 전후의 배상문제

제1절 8·15 직후 민간 보상요구와 남조선과도정부의 대일배상요구

1. 민간보상요구

(1) 노동자의 요구

1945년 8월 당시 『경성일보』를 주재하고 있던 나카야스 요사쿠(中保與作)는 8월 16일 서울의 광경을 다음과 같이 그렸다.

> 서대문 형무소 옥상에 '혁명은 드디어 이루어졌다'고 쓰인 큰 깃발이 높이 나부꼈다. 정치범이나 사상범, 경제범으로 거기에 수감되었던 사람들은 수의를 갈아입을 새도 없이 열을 지어 거리로 거리로 몰려 나갔다. / (…) 쏴와 쏴와 파도 소리를 연상시키는 웅성거림이 서울의 구석구석에서 솟아올랐다. 그것이 이윽고 만세만세 하는 소리로 형태가 바뀌자, 사람들은 앞 다투어 가두로 나왔다. / 모든 거리에서 둑이 터진 것처럼 남자도 여자도 뛰어나온다. 큰 거리로 나오면 사람들은 서로 밀고 밀리며 경성역을 향해서 달려갔다. 그것이 곧 인간의 대하가 되고 분류(奔流)가 되어 버렸다. 아니, 긴 세월 동안 막혀 있던 물(鬱水)이 둑을 무너뜨리고 격퇴시키는 대홍수가 되었다. 모든 사람이 눈동자를 반짝이고 숨을 헐떡거리며 포효하듯 성난 목소리로 '만세'를 외친다. 그 소리가 주변 산에 긴 여운을 남기고, 엄청난 일단의 으르렁거리는 소리가 울렸다. / (…) 한순간에 일본인과 조선인이 그 지위와 입장이 전도되어 버렸다. 새로운 조선의 독립운동, 조선인 자신에 의한 조선을 위한 정

치운동이 여기에 40년 동안의 긴 지하생활로부터 대지 위에, 태양 아래 공공연하게 솟아올랐다.1)

이렇게 일본의 패전소식을 접한 조선 사람들이 가두로 나와 식민지 지배로부터 해방의 기쁨을 표현한 것은 8월 16일의 일이었다. 이 날부터 조선인은 일본인에 대해서 식민지 지배·전쟁의 피해보상을 요구하기 시작했던 것이다.

우선 노동자와 해방 직후에 조직된 노동조합이 일본인 경영자에 대해 경영권, 미불임금, 상여금, 퇴직금, 제수당 등을 요구하는 운동이 9월 무렵부터 각지에서 일어났다. 당시 '경성일본인세화회'[京城日本人世話會(역주: 해방 후 서울에 남아 있던 일본인들을 일본으로 귀환시키기 위한 후원단체)]에 근무하고 있던 모리타 요시오(森田芳夫)는 서울·인천·군산·목포·강원도에서 일어난 퇴직금 요구운동을 소개하며, 서울과 인천의 운동을 다음과 같이 서술하고 있다.

> 경성의 여러 공장에서는 9월로 접어들자 사장, 공장장 등을 감금해서 거액의 퇴직금 지불을 강요했는데 미군이 출동해서 단속했기 때문에 점차 수그러졌다. 인천에서는 9월 25일경 18개 공장의 조선인 노무자가 한꺼번에 퇴직금을 요구했다. 요구 총액은 조선기계제작소 300만 엔, 시바우라제작소(芝浦製作所) 200만 엔, 조선제강소 140만 엔, 기타를 포함해서 1,000만 엔을 넘었다. (…) 더구나 퇴직금 요구 움직임은 개인이나 회사에도 파급되어 가정부(女中)가 주인에게 퇴직금을 요구하거나 몇 년 전에 고용되었을 당시의 퇴직금을 요구하는 사람조차 나

---

1) 中保與作, 『新朝鮮の政治情勢』, 協同出版社, 1946년, 15~16쪽.

제1장 대한민국 수립 전후의 배상문제 41

타났다.2)

당시 노동조합과 농민조합에서는 인민자위대를 조직하여, 기간산업시설의 접수와 관리에 나서기도 했다. 당시 인민자위대가 접수 관리하던 기관으로는 남선합동전기, 나카가와광업(中川鑛業), 코바야시특광업(小林特鑛業), 히로나카중공업(弘中重工業), 조선인쇄, 스미토모경금속(住友輕金屬), 쇼와전공(昭和電工), 가네보(鐘紡), 후시농장(不二農場), 조선화공기(朝鮮化工機) 등 20여 개소나 되었다.3)

노동자들은 각지에서 공장관리위원회를 조직하여, 공장과 회사를 접수 또는 인수해, 일본인 경영자가 회사의 물품과 자본을 빼돌리는 것에 대항하여 직장을 사수하는 투쟁을 벌였다. 예컨대 조선제강소 공장관리위원회는 카토 히라타로(加藤平太郎)를 상대로 노동자 600명의 생활비를 요구하는 투쟁을 일으켰다. 현금이 없다는 구실로 카토가 이 요구를 거절하자, 조선제강소 공장관리위원회는 미군정청을 통해서 실정을 호소하고 그 후에도 보상요구운동을 계속했다.

이러한 노동자의 보상요구 움직임은 주한미군사령부 G-2의 『주한미군 정보일지』에도 9월부터 11월에 걸쳐서 집중적으로 나타나고 있다. G-2는 군산·인천·부산·남원 등의 사례를 소개하고, 이러

---

2) 森田芳夫, 『朝鮮終戰の記錄-米ソ兩軍の進駐と日本人の引揚』, 巖南堂書店, 1964년, 306~307쪽. 기타 군산, 목포, 강원도, 상동광산(上東鑛山) 등의 사례를 들고 있다. 또 코타니(小谷益次郎, 인천 일본인세화회 회장), 이시이(石井治助, 충청남도 고등경찰과장), 코후(光富嘉八, 군산 소방단장) 등도 비슷한 사례를 소개하고 있다(森田芳夫·長田かな子編, 『朝鮮終戰の記錄-資料編 第一卷 日本統治の終焉』, 巖南堂書店, 1979년, 382~384쪽 ; 『朝鮮終戰の記錄-資料編 第二卷 南朝鮮地域の引揚げと日本人世話會の活動』, 巖南堂書店, 1980년, 230~232쪽, 270쪽).
3) 공장관리위원회의 활동에 대해서는 김무용, 「해방 직후 노동자 공장관리위원회의 조직과 성격」(『역사연구』 제3호, 1994년 7월)을 참조할 것.

한 노동자의 보상요구가 그 당시 38선 이남에서 일어난 두 건의 소요(disturbance) 중 하나라고 했다.4) 또 일본에서 귀국한 한국인도 '일본인 기업주나 일본인세화회에 막대한 보상요구'를 하고 있었다.5)

인천에서는 귀환 노동자 약 3,000명이 인천 부윤(府尹)에게 구제(救濟)를 강요했으나 이미 미군정하에 놓여 있던 인천부는 아무런 힘도 없었다. 조선인 측 '응징사 원호회(應徵士援護會)'는 이 책임은 일본정부가 져야 하며, 인천 거주 일본인도 그 의무를 분담해야 한다고 하여, 인천일본인세화회에 요구해 왔다. (…) 군산에서는 9월 중순경 갑자기 약 천 명의 조선인들이 군산부청을 포위하여 이노우에(井上) 부윤에게 면회를 요구하고, 군산에서 일본으로 간 노무자 1,803명이 일본에서 당한 냉혹한 대우에 관해서 말하여, 1인당 사망자 2만 엔, 신체장애자 1만 5,000엔, 귀환자 1만 엔을 요구하고, 그 후 1인당 3,000엔, 총액 540만 엔의 손해 배상을 요구했다.6)

위와 같은 조선 민중의 보상요구운동은, 아직 미군정의 힘이 침투

---

4) HQ, USAFIK G-2, *Periodic Report*(『주한미군정보일지』, 한림대아시아문화연구소자료총서), 3 November 1945. 또 하나의 소요는 몇 개 정치세력, 특히 조선인민공화국이나 인민위원회가 정치권력을 장악하려고 한 것에서 기인한 것이라고 하고 있다. 또 노동자의 보상요구 움직임으로서 군산 5건, 인천 3건, 부산 2건, 남원 2건의 사례를 소개하고 있다(Ibid., 13 September 1945 ; 2 October ; 27 October ; 13 November ; 14 November ; 21 November ; 24 November ; 28 November). 예를 들면 군산의 노동자들은 4,333만 9,946엔의 지불을 요구했다.

5) Ibid, 6 October 1945 ; 26 October 1945.

6) 森田芳夫, 앞의 책, 309~312쪽.

되지 않았고 민중의 헤게모니가 극대화되었던 시기에 일어난 노동운동의 일환이었으며, 노동자 개개인이 식민지하에서 제공한 노동의 대가를 요구하고, 생활권의 보장을 요구하는 운동이었다. 아울러 식민지 지배에 의한 불공평과 차별대우를 비판하는 것이었기 때문에, 일본인에 대한 반발로 나타나기도 했다.

그러나 이러한 한국인의 의사와 희망은 거의 무시되었거나 혹은 미군정의 개입으로 실현되지 못했다. 이것은 한국인의 보상운동에 대한 한국인과 일본인, 미국인의 인식에 처음부터 큰 간격이 있었기 때문이었다. 서울을 떠나가는 일본인은 한국인의 보상요구운동을 '재산을 빼앗고 증오심을 갖고 있'는 것이라고 보았고,[7] 새로 서울에 온 미국인은 그것을 '소요'·'협박'·'강탈'이라고 보고했다.[8]

(2) 전쟁피해자단체의 요구

일본이나 중국 '만주'지역, 아시아 각지에 유민으로 이수했거나, 혹은 강제적으로 이주당한 조선인은 해방의 소식을 듣고 고국으로 돌아오기 시작했다. 미군정청의 통계에 따르면, 1945년 10월부터 1947년 12월 사이에 귀국한 한국인은 일본에서 약 111만 명, 만주에서 약 30만 명, 중국에서 약 7만 명, 기타 지역에서 3만 명이었다.[9] 식민지 지배·전쟁의 피해에 대한 보상요구의 움직임은 이 사람들 사이에서 일어났다. 보상요구운동을 주도한 것은, 다음의 세 전쟁피해자단체였다.

---

7) 서울에 거주하는 어떤 일본인이 요코하마로 보낸 편지 내용. HQ, USAFIK G-2, Periodic Report, 17 September 1945.
8) Ibid., 20 October 1945.
9) 朝鮮銀行調査部, 『朝鮮經濟年報』, 1948년, 111~119쪽.

우선 '태평양동지회'는 '태평양전쟁 당시 태평양 각 지구에서 징병·징용 등으로 강제 사역을 당하던 동포 청장년으로 조직'된 단체로, 서울에 사무소를, 지방에 연락기관을 설치하고 보상요구를 위한 자료수집·조사·유골의 반환 사무 등을 하고 있었다.10)

'화태·천도재류동포 구출위원회'[역주: 화태(樺太)·천도(千島)는 카라후토·치시마로 현재의 사할린·쿠릴열도]는 사할린 등지에서 비참한 환경에 빠져 있는 5만 동포를 구출할 것, 1945년 전후에 일본군에 의하여 살해된 한국인의 숫자를 조사하고 대일보상을 요구할 것을 목적으로, 1947년 11월 8일에 결성되었다.11)

'중일전쟁·태평양전쟁 전국유가족동인회'는 '태평양전쟁의 징병, 징용, 지원병, 학병 및 기타 각양명목으로 출동 중에 사망 또는 8·15해방 이후 미귀환자'의 유가족으로 구성되었으며, 사망자와 미귀환자의 피해에 대한 보상요구를 목적으로 하는 단체였다. 이 단체는 보상금의 일부로 위령탑의 건설, 위령제의 거행, 유족의 자손을 위한 장학 시설의 경영, 사회공익사업(양로원·고아원) 등을 수행할 계획도 가지고 있었다.12)

---

10) 『조선일보』, 1948년 1월 27일. 동회 고문은 남조선과도정부 상무부장 오정수, 보건후생부장 이용설, 경무부장 조병옥, 한민당의 김창숙·양주삼이며 특히 남조선과도정부 내에 설치된 '대일배상대책위원회' 위원장이었던 오정수가 고문이었던 것은 이 단체와 남조선과도정부 내 '대일배상대책위원회'가 밀접한 관계가 있었음을 나타낸다. 그러나 실제로 활동한 사람은 "해군 군속으로 〈소로몬〉에 끌려가가 〈가다르카날〉 섬에서 온갖 말 못할 노역을 치루었고 우리는 깊은 쟝글 속에서 풀을 뜯어먹으며 십개월을 견디었다"(『서울신문』, 1948년 9월 14일)라고 한 이임성과 같은 징병 또는 징용된 민중들이었다.
11) 『경향신문』, 1947년 11월 8일. 동회 고문은 오세창, 회장은 이극로, 위원장은 김갑산이었다.
12) 조선민주주의인민공화국 서울시 임시인민위원회 선전부, 『정당사회단

이 중에서 '태평양동지회'의 활동상황을 살펴보고자 한다. 1948년 2월 3일 제2차 세계대전 중에 징용 또는 징병되어 전사한 한국인 5,422명의 명단과 그 일부의 유골이 부산에 도착했다.13) 또 6월 1일에는 제2진으로 2,899명의 명단과 유골이 반환되었다. 이때 '태평양동지회'는 미군정청의 외무처와 보건위생부의 협력을 얻어, 부산에서 위령제를 거행하고 유가족에게 유골이나 유품을 건네주는 사무처리를 하고 있었다.14)

또한 이 단체는, 제2차 세계대전 중에 '지원병, 학도병, 징병, 징용'이란 명목으로 '연행'된 한국인이 약 70만 명에 이르며 "태평양 방면을 비롯하여 각 전쟁 기지에 혹은 군수공장에 군속으로 보국대로 혹은 간호부로 위안부로 징용·징발되었던 겨레들 중 아직 받지 못한 임금 즉 일본정부에 대한 개인의 채권을 따져보면 그때 화폐로 약 30억 원에 달한다"라는 성명을 9월 14일에 발표하고, 국가의 배상요구와는 별도로 그것을 일본정부에 요구한다고 주장했다.15)

이어서 이 단체는 10월 18일에 「대일강제노무자 미제금(未濟金) 채무이행요구에 관한 청원」을 국회에 제출했다. 이 청원의 내용은 노무임금, 기본보조금, 특별보조금, 가족수당, 가족송금, 상여금, 저금, 보관금, 재해급여금, 사망자에 대한 장례비, 조의금, 유가족에

체등록철』(사단법인 한국안보교육협회가 1989년 영인본으로 발간), 458쪽. '중일전쟁·태평양전쟁유가족동인회'가 서울시 임시인민위원회에 사회단체 신고서를 제출한 날짜는 1950년 7월 5일이었다. 위원장은 김강현, 위원은 김규황, 민완식이었다.

13) 『자유신문』, 1948년 2월 4~6일. 『자유신문』은 일본 복원성(復員省)에서 전달된 전사자 명단 5,422명 중 610명의 명단을 게재했다. 유골이나 유품이 반환되었던 것은 명단의 일부에 불과하다.
14) 「새끼로 묶여온 白骨」, 『서울신문』, 1948년 9월 14일.
15) 『조선일보』, 1948년 9월 14일.

대한 보조금 등을 일본정부에 요구하고, '미귀환자의 조사, 유골접수 등의 사무를 처리하기 위하여 사무기관을 설치하며 생환자에 대하여는 구호, 직업알선 기타 생계대책의 수립 실시'를 요청한 것이었다.16)

'중일전쟁·태평양전쟁 전국유가족동인회'와 '화태·천도재류동포 구출위원회'도, 각각 「대일 청장년 사망 배상금 요구에 관한 청원」, 「화태·천도 재류동포 환국 운동에 관한 청원」을 국회에 제출하여 '징병, 지원병, 징용 등의 명목으로 희생된 동포·청장년에 대하여 사망배상금 요구'할 것을 호소했다.

한국 최초의 국회는 이 세 가지 청원을 검토하고 토의하여, 세 청원을 모두 채택한 뒤 정부에 시급한 대책 수립을 요청했다. 그 결과 위 세 전쟁피해자단체의 요구는 후에 한국정부가 작성한 '대일배상요구'에 부분적으로 반영되었다.

(3) '전재동포'의 요구

해방 직후 한국사회의 핵심적인 의제가 통일국가의 형성, 토지개혁, '민족반역자·부일협력자' 처벌이었다는 것은 잘 알려져 있다. 그러나 신문의 사회면에는, 1945년 겨울부터 '전재동포'의 어려운 생활 상황을 전하고, 시급한 구호 대책 수립을 요구하는 기사가 집중적으로 게재되고 있었다. 민중의 생활에서는 생존권문제가 또 다른 중요한 테마가 되어 있었던 것이다. 이런 사람들의 생활난은, 식민지경제의 붕괴와 재산을 국내로 반입하지 못한 상태에서, 순식간에

---

16) 『제1회 국회속기록』 제115호, 국회사무처, 1948년 11월 27일, 1109~1110쪽.

그리고 폭발적으로 일어난 인구의 대이동으로 인한 혼란에서 비롯된 것이라고 할 수 있다. 미군정청 사회부 발표에 따르면, 1948년 10월까지 귀국한 조선인은 248만 2,365명, 그중에서 국가나 사회의 구호가 필요한 '전재동포'는 144만 3,105명이었다.[17]

그럼 이 시기 전재동포와 민중은 어떤 행동을 취할 수 있었을까? 미군정은 1946년 3월부터 9월까지 귀국한 조선인의 전쟁피해를 조사했다. 그리고 다음 해 각 시도 수준에서 징용·징병된 사람들의 피해조사(미불임금, 상이금, 가족수당, 저금, 기간연장수당, 퇴직수당, 채권 등)를 실시했다. 예컨대 서울시는 '취업인 2,041명에 493만 1,108엔, 상이자(傷痍者) 33명에 6만 2,983엔, 사망자 35명에 18만 4,454엔, 합계 2,111명에 517만 8,345엔', 경기도는 '징용당하고 귀환한 1만 1,217명의 미불임금 2,041만 367엔, 상이노무자 210명에 대한 수당 70만 1,154엔, 사망자 376명에 대한 조의금 311만 3,221엔, 합계 2,422만 467엔'이라는 피해조사 결과를 미군정청에 제출했다.[18] 이러한 자료에서 알 수 있는 것은, 임금과 제수당을 받을 수 없었던 사람들과 전쟁피해자들은 미군정하에서 실시된 조사에 협력하거나 미군정에 피해신청을 했다는 사실이다.

또한 다행히 재산을 지니고 조국에 귀국한 사람들은 어떤 상태였을까? 다음 사례는 일본에서 작은 기계공장을 경영하였던 사람의 이야기다.

> 일본에서 자그마한 기계공장을 경영하고 있던 송승옥 부부는, 해방을 맞이하자 일본 보안대의 눈을 피해 재산을 200

---

17) 귀국한 한국인의 총수에는 38선 이북에서 이동한 인구(약 67만 명)도 포함되어 있다. 『조선일보』, 1948년 12월 1일.
18) 『서울신문』, 1947년 9월 19일 ; 『자유신문』, 1947년 12월 10일.

원[엔]짜리 화폐로 바꾸어, 12월 22일에 귀국했다. 그러나 일본은행권을 사용할 수가 없었다. 식산은행에 가면 교환해 준다는 이야기를 듣고, 1946년 3월 7일에 식산은행을 방문했는데, 일본은행권과의 교환으로 단지 한 장의 「일본은행권보관증」을 받았을 뿐이었다.19)

미군정은 1946년 2월 21일에 발포한 법령 제57호에 따라, 같은 해 3월 1일부터 3월 7일 사이에, 당시 조선인이 소유하고 있었던 일본은행권 및 대만은행권을, 조선은행, 조선식산은행 등 7개 금융기관에 예입하고, 그것과 교환으로 각 금융기관은 「일본(대만)은행권보관증」을 발행하도록 명령했다.20) 예입된 화폐액은 미군정부 재무부에 보고되어 대일배상요구분에 포함되었다.

한편 「일본(대만)은행권보관증」을 받은 사람들은 그 후에도 이 보관증을 소중히 보관했다가, 한일교섭에서 청구권문제가 본격적으로 토의되기 시작하는 1960년대 초부터 각 은행 청산위원회에 재산반환을 요구하기 시작했다. 어떤 사람은 '일본에 있었을 때 수십 년간 노동하여 저축する' 2,750엔을 청구하였고, 어떤 사람은 '농촌금융조합의 원천징수저금'을 청구하였으며, 어떤 사람은 '보국헌금'의 반환을 청구했다. 그러나 본인이 한국전쟁으로 증거서류와 증거품 등을 분실했다는 이유로, 또 정부의 지시가 없다는 이유로, 그들 대부분

---

19) 『제주신문』, 1966년 5월 6일. 송승옥은 한일조약 체결 직후인 1966년에 식산은행청산위원회에 편지를 보내고 '일본은행권보관증'과 상환한 재산 반환을 호소하였으나 반환되지 않았던 것으로 보인다. 朝鮮殖産銀行淸算委員會, 『日本銀行券回收業務關係書類』(成業公社 기증자료, 서울대 중앙도서관 소장, 이하 생략).

20) 「在朝鮮美國陸軍司令部軍政廳 法令第57號 日本銀行券, 臺灣銀行券의 預入」, 법제연구회 편, 『美軍政法令總覽-國文版』, 1971년, 173쪽.

은 재산을 되찾지 못한 듯하다.[21]

　더욱이 이렇게 미군정하에서 전쟁피해조사에 협력하고 피해신청을 했던 사람들 이외에, 일본의 식민지 지배·전쟁으로 피해나 손해를 입었지만 운동에 참가하지 않거나, 혹은 아무것도 몰랐던 사람들도 있었다. 그 후 이러한 행동에 참가하지 않았던 사람들은 과거의 기억을 계속 가지고 있던가, 그렇지 않으면 이런 사실을 잊어버리려고 하던가, 또는 피해를 증명할 증거품과 증거서류를 보관하던가, 전쟁터로 동원되어 나간 가족의 귀국을 계속 기다릴 수밖에 없었다.

　해방 직후부터 한국정부수립 전후에 걸친 시기에 피해자와 유족들은 일본인에 대한 직접적인 보상요구운동, 전쟁피해자단체의 조직화와 국회청원, 미군정의 전쟁피해조사에 대한 '협력'과 같은 형태로 식민지 지배·전쟁의 피해에 대한 보상요구를 하고 있었다. 그것은 한 사람 한 사람이 식민지 지배·전쟁의 피해로부터 회복하고자 한 요구였다.

2. 남조선과도정부의 대일배상요구

(1) 미군정하의 대일배상문제

　미군정은 GHQ/SCAP의 산하 조직이었기 때문에, 기본적으로 미

---

21) 朝鮮殖産銀行淸算委員會, 『日本銀行券回收業務關係書類』；同, 『對日請求權關係民願書類綴(1970~1972)』. 이러한 자료는 일본은행권 또는 「일본은행권보관증」을 보관해 온 민간인이, 재산 반환을 요구하면서 식산은행 청산위원회에 보낸 편지를 정리한 것이다. 대부분의 편지는 1946년에 발포된 미군정 법령 제57호에 따라 소유하고 있던 일본은행권과 교환하여 「일본은행권보관증」을 받은 사실을 말하고, 그 금액의 반환과 보상을 호소하는 것이었다.

군정의 대일배상요구는 워싱턴과 토쿄의 대일배상정책이라는 틀 안에서 입안되고, 또 시행되었다. 이종원이 밝히고 있는 바와 같이, 동아시아 냉전이 본격화되는 1948년경까지는, 워싱턴과 토쿄, 서울의 대일정책수행 과정 사이에는 약간의 차이가 있었지만, 삼자의 대일정책의 핵심은 한반도와 일본의 '분리'에 있었다.22) 따라서 미군정은, 그 '분리'정책을 대일배상정책에도 적용하여, 엄격한 대일배상정책을 입안하고 실천하고자 했다. 우선 미군정과 그 내부에 설치된 남조선과도정부(이하 과도정부)의 대일배상정책의 형성 과정과 그 내용을 검토하겠다.

트루먼(Harry S. Truman) 대통령은 1945년 11월 13일에 미국 대일배상사절단 단장 폴리(Edwin E. Pauley)를 토쿄에 파견했다. 이후 폴리는 대일배상문제에 관한 조사 활동을 했고, 12월 7일 중간보고 내용을 공표했다. 그것은 '일본 군국주의의 부활을 불가능하게 하기' 위하여 '일본에서 잉여 공업설비를 제거하고', '이 설비를 일본의 침략을 받은 나라들로 옮기는 것'을 골자로 하는 것이었다.23) 그는 조선에 대해서도 같은 문맥으로 '독립된 조선 경제의 부흥에 도움이 되도록 하기' 위하여 배상청구의 일부로서 '조선의 자원과 인민을 착취하기 위하여 사용된' 일본의 산업설비를 한국에 이전할 것을

---

22) 李鍾元,「戰後米國の極東政策と韓國の脱植民地化」,『岩波講座 近代日本と植民地 8 ─ アジアの冷戰と脱植民地化』, 岩波書店, 1993년, 16~20쪽.

23) 폴리는 1945년 4월 27일부로 제2차 세계대전에서 '침략국으로부터의 배상 취득의 방식, 수단에 관한 조사, 입안, 교섭에서 대통령을 대표하고 보좌'하도록 트루먼 대통령에게 명령받고 독일의 배상문제를 담당하고 있었다. 트루먼은 9월 15일 계속해서 대일배상문제를 담당하도록 폴리에게 명령하고, 11월 13일에 '폴리대일배상사절단'을 토쿄에 파견했다. 폴리의 최종 보고는 1946년 4월 1일부로 대통령에게 제출되었다. 大藏省財政史室 編,『昭和財政史 ─ 終戰から講和まで(제1권 總說・賠償・終戰處理)』, 東洋經濟新報社, 1984년, 214~229쪽.

트루먼 대통령에게 건의했다.24) 이것은 미군정 초기 미국 대일배상 정책의 엄격성을 나타낸 것이다.

한편 미군정청은 워싱턴의 대일배상정책에 따라, 1946년에 '특별경제위원회(Special Economic Committee)'를 창설하고, 여기서 남조선 측의 대일배상요구 리스트와 일본 측의 대남조선요구 리스트 작성에 착수했다. 특별경제위원회는 일본의 식민지 지배는 부당하며, 따라서 일본은 식민지 지배에 따른 조선인의 손실을 보상해야 한다는 전제하에서, 리스트 작성 작업을 추진하고 있었다. 그 작업의 결과는 남조선의 대일배상요구액이 499억 6,427만 8,000엔, 일본 측의 대한요구액이 88억 8,939만 9,420엔이며 일본은 그 차액을 남조선 측에 지불할 의무가 있다는 것이었다.25)

이러한 미군정의 움직임을 배경으로 남조선 내에서도 대일배상문제에 대한 관심이 고조되었다. 남조선의 주요 신문은 폴리의 중간보고 이후 대일배상문제의 동향을 주시하여, 미국이나 '극동위원회(Far Eastern Committee)'의 결정, 중국이나 필리핀의 움직임 등을 보도하고 논평을 더했다. 남조선의 대일배상요구는 "대일국교의 제일보가 되어야 한다", 남조선은 극동위원회의 대일배상회의에 참가하여,

---

24) Department of State, *Foreign Relations of the United States*, 1945, vol. VI, Washington, 1969, pp.1010~1011(이하 FRUS로 줄임) ; 高崎宗司,「日韓會談の經過と植民地化責任」,『歷史學硏究』제545호, 1985년 ; 李鍾元, 앞의 논문 ; FRUS, 1946, vol. VIII, pp.706~709. 다만 한국의 대일배상 취득은 한반도가 통일되어 극동위원회에서 한국의 대일배상문제에 관한 결정이 내려질 때까지 기다려야 된다고 폴리는 보고했다. Sung-Hwa Cheng, op.cit., pp.127~128.

25) Kyung-Cho Chung, *Korea Tomorrow: Land of the Morning Calm*, New York: The Macmillan Company, 1956, pp.217~219 ; Robert T. Oliver, *Why War Came in Korea*, New York: Fordham University Press, 1950, pp.242~245 ; Sung-Hwa Cheng, op.cit., p.218.

그 자리에서 남조선의 일본에 대한 배상을 승인받아야 한다는 것이 주요한 각 신문의 논조였다.26)

더구나 빠뜨릴 수 없는 사실은 배상과 경제부흥을 적극적으로 연결시키려는 움직임이 있었다는 것이다. 예컨대 조선상공회의소는 1946년 5월, 폴리 방한 시에「대일배상요구에 관한 청구서」를 제출하여 그 속에서 일본 식민지 지배 결과 조선의 산업과 경제계는 혼란마비상태에 빠져있으며, 조선경제의 재건은 이러한 수탈과 파괴에 대한 반환 내지 보상 즉 일본의 배상 없이는 도저히 실현할 수 없는 것이라고 호소했다.27) 이승만도 1946년 가을에 ① 대일배상회의에 남조선대표의 참가 승인, ② 배상배당액의 직접 수여, ③ 착취당한 부재(富材)의 반환 등을 주요 내용으로 하는 성명을 민주의원 의장명의로 워싱턴에 보내고, 한국의 경제부흥을 원조하기 위하여 일본에 대한 한국의 배상 주장을 지급히 검토해 줄 것을 요청했다.28)

이와 같이 경제부흥에 역점을 둔 대일배상요구에 대한 인식이 해방 직후 남조선의 정·재계에 이미 존재했다는 것은 그 후 역사의 전개를 고려할 때 주목할 만한 가치가 있다. 어쨌든 1946년경 정·재계에서는 남조선이 극동위원회의 대일배상회의에 참가하여, 최우선적으로 배상을 취득해야 한다는 인식을 공유하고 있었던 것이다.

그런데 1947년에 워싱턴과 토쿄에서 남조선의 대일배상요구에 중대한 영향을 준 변화가 일어났다. 그 하나는 극동위원회의 결정이었

---

26)「〈사설〉日本의 賠償과 朝鮮」,『민주중보』, 1946년 6월 5일 ;「〈사설〉對日賠償問題」,『조선일보』, 1946년 11월 19일.

27) 大韓商工會議所,『大韓商工會議所三年史』, 1949년, 68~75쪽.

28)『자유신문』, 1946년 11월 27일 ; FRUS, 1947, vol. Ⅵ, pp.603~605 ; 임병직,『林炳稷回顧錄－近代韓國外交의 裏面史』, 女苑社, 1964년, 287~290쪽.

다. 8월에 내려진 극동위원회의 결정에 따르면, 연합국만이 일본에서 배상을 취득할 수 있는데, 남조선은 극동위원회 참가국이 아니기 때문에 배상을 배분받을 수 없으며, 또 남조선은 일본인이 남기고 간 재산의 취득으로 만족해야 한다는 것이다.[29] 남조선은 배상을 취득할 권리를 부정당한 것이었다.

또 다른 변화는 1947년에 미국 대일배상정책의 극적인 역전이 시작되었다는 것이다. 1월 28일, 스트라이크(Clifford Stewart Strike)를 단장으로 한 '대일배상 특별조사단'이 일본을 방문하고, 2월 18일 맥아더(Douglas MacArthur)에게 「제1차 스트라이크 보고서」를 제출했다. 이에 따르면, 종래대로 대일배상정책을 실시하면 일본경제에 중대한 악영향을 끼치게 되어, 미국의 일본 점령비 즉 미국의 재정부담을 증대시킨다. 그 결과 일본점령 비용을 염출하고 있는 미국 납세자의 부담이 늘어난다는 것이다. 따라서 종래의 대일배상정책을 수정할 필요가 있다는 것이 이 보고서의 요지였다. 이것은 종래의 엄격한 대일배상정책의 근본적인 전환을 요구하고, 배상의 내폭적인 삭감 또는 포기를 요구한 것이었다.

여기에 더하여 다음 해 3월 10일에 공표된 「제2차 스트라이크 보고서」는 배상의 삭감 또는 포기로 미국 납세자의 부담이 경감된다는 '납세자의 논리'뿐만 아니라, 극동지역 전체의 이익도 된다는 '냉전의 논리'를 이유로 내세워 배상의 완화를 주장했다. 이 보고서를 통해 미국의 대일배상정책은 전환되었고, 이후 일본의 배상 규모는

---

29) 이 극동위원회의 결정에 대하여, 미국은 자국이 취득하는 배상의 일부를 한국에 충당한다는 의향을 나타내고, 남조선의 이익을 대변할 미국대표를 극동위원회에 보냈다. 미국의 이러한 선택은 남조선의 대일배상취득권을 공식적으로 인정하지 않으면서, 한국인의 대일배상요구를 만족시키고자 한 것이었다. Sung-Hwa Cheng, op.cit., p.128.

대폭 삭감되었다.[30]

극동위원회의 결정과 미국의 대일배상정책 전환은 조선인에게는 충격적인 일이었다. 남조선 내에서는 1947년 8월에 남조선 과도정부가 극동위원회의 결정과 미국의 대일배상정책 전환 움직임에 대응하기 위하여, 또한 남조선 내부에서 고양된 대일배상문제에 대한 관심에 힘입어, 배상을 요구하기 위한 구체적인 조사 및 검토 작업을 시작했다.

(2) 대일배상요구의 원형

8월 13일에 열린 과도정부 정례정무회의는 배상 요구액을 위한 자료조사 및 구체적 대책을 수립하기 위하여 '대일배상문제대책위원회'(이하 위원회)의 설치를 결정했다. 위원장 오정수(상무부장)와 6명의 위원을 선출하고, 민간인에게도 위원을 위촉하여 전문분과위원회를 구성하기로 했다. 과도정부는 대일배상문제에 관한 최초의 본격적인 이론 연구와 자료 조사를 시작하게 되었던 것이다.[31]

재무부, 상무부, 보건후생부, 체신부, 농무부, 운수부, 문교부 등 과도정부 각 부처는 신문에 조사협력 요청 기사를 게재하는 등, 일제히 기초 조사를 실시했다. 현재 이 조사 작업의 과정과 내용의 전모를 파악하는 것은 어렵지만, 그 일부는 확인할 수 있다. 먼저, 나중에 배상요구 금액의 대부분을 차지하게 되는 재무부 요구 중에 가장 중요한 조선은행 조사자료를 살펴보고자 한다.

---

30) 大藏省財政史室 編, 앞의 책, 356~367쪽, 403~407쪽.
31) 『조선일보』, 1947년 8월 23일. 기타 민희식(운수부장), 윤호병(재무부장), 이훈구(농무부장), 신기준(외무행정처차관), 김우평(중앙경제위원회사무장) 등이 위원으로 선출되었다.

9월에 재무부 산하에는 각 은행 관계자로 구성된 '대일청산위원회'가, 각 은행에는 '분과위원회'가 구성되어 전문적인 이론 연구와 배상 요구 등 여러 자료의 정확한 수집이 개시되었다.32) 조선은행은 대일배상청구의 기초자료로서 『조선은행의 대일채권일람표(남조선)』(9월 30일부)를 작성했다.33)

〈표 1〉 『조선은행의 대일채권일람표(남조선)』(9월 30일부)

항목	내용	금액(엔)
1. 일본계 통화	일본은행권, 만주중앙은행권, 타이완은행권, 연합준비은행권, 저비은행권, 일본군표, 일본정부소액지폐, 몽강은행권, 대리보관 일본계통화	1,540,783,700.17
2. 대일 미수금	재일본 당행지점이 본점에 지불할 금액, 대일 본환(爲替)대금 미청구분, 대일본 환대금 미결산분, 해외지점계정 차전(借錢), 특수관리계정 청구분	2,988,715,223.58
3. 일본계 유가증권	일본정부국채, 식량증권, 일본국내 지방채, 일본정부보증 회사채, 일본정부기관 회사채, 일본일반 회사채, 일본일반주식, 만주 및 중국 내 공사채와 주식, 조선 내 회사주식, 재일 일본지점투자증권	7,007,588,532.15
4. 대출금	일본인개인, 일본에서 설립등기한 법인, 일본 관공서, 50% 이상 일본인소지법인, 50% 이하 대표자로 된 '일본인명의분', 조선 내 관공서, 공공단체, 개인영리산업, 50% 이하 일본인소지법인, 대만주흥업은행대출	3,950,843,110.74

---

32) 김남용, 「對日賠償問題와 當行」, 『無窮』, 1948년 2월호, 20쪽.
33) 朝鮮銀行, 『朝鮮銀行의 對日債券一覽表(南朝鮮)(1947년 9월 30일 調査)』; 朝鮮銀行淸算事務局, 『對日本財産請求權內譯(1947년 9월 30일 現在)』(成業公社 기증자료, 서울대도서관 소장).

5. 해외점포, 동산, 부동산	토지, 건물, 금고	7,916,707.34
6. 외자금고 이자미수분		233,416,438.35
7. 일본정부 국고금	일본은행대리점, 일본은행 대월금, 일본대리 점소유 또는 보관증권	1,025,764,331.65
8. 대일본인 가불금		206,256.97
9. 일본인 부정지출 경비		44,902,321.79
10. 대일본 수납(輸納) 지금		249,633,198.61 그램
11. 대일본 수납 지은		67,577,771.20 그램
12. 부산 야스다은행 계정		1,053,290.14
13. 부산 테이코쿠 은행계정		8,662,884.01

〈출전〉『朝鮮銀行의 對日債券一覽表(南朝鮮)』(9월 30일자)에서 작성. 「4. 대출금」은 1945년 9월 25일 현재, 「5. 해외점포, 동산, 부동산」과 「6. 외자금고 이자미수분」은 1945년 8월 8일 현재.

그 내용은 ① 일본계 통화(日系通貨): 일본은행권, 만주중앙은행권, 타이완은행권(臺灣銀行券), 연합준비은행권, 저비은행권(儲備銀行券), 일본군표, 일본정부소액지폐, 몽강은행권(蒙疆銀行券), 대리보관 일본계통화, ② 대일미수금: 재일본 당행지점이 본점에 지불해야 할 금액, 대일본환대금 미청구분(對日本爲替代金未請求分), 대일본환대금 미결산분(對日本爲替代金未決算分), 해외지점계정 차전(海外支店計定借錢), 특수관리계정청구분, ③ 일본계 유가증권(日系有價證券): 일본정부국채, 식량증권, 일본국내 지방채, 일본정부보증회사채, 일본정부기관 회사채, 일본일반 회사채, 일본일반주식, 만주 및 중국 내 공사채(公社債) 및 주식, 조선 내 회사주식, 재일 일본지점투자증권, ④ 대출금 등 13항목으로 되어 있었다. 각 항목은 더욱 분류되어, 각각에 설명이 첨부되어 있다. 총액은 168억 2,749만 997엔 19전, 400만 상하이 달러, 지금(地金) 249톤, 지은(地銀) 67톤이었다.

이런 식으로 재무부는 11월에 조선은행, 식산은행, 저축은행, 상업은행 등 각 금융기관의 9월부로 조사를 정리했다.34) 그 내용은 ① 일본인에 대한 대부금 ② 일본계 통화 ③ 일본계 유가증권 ④ 대일일본미수금 ⑤ 해외점포, 동산, 부동산 ⑥ 일본국고금 등 16항목에 걸쳐 있었고, 조선은행의 조사에 새로이 '생명보험책임준비금', '손해보험미불보험금' 등을 추가한 것이었다. 총액은 198억 2,565만 9,638엔 40전, 400만 상하이 달러, 지금 249톤 633킬로 198그램 61, 지은 89톤 102킬로 205그램 12였다.

다음으로 민간의 피해조사내용에 대해서 살펴보도록 하겠다. 상세히는 알 수 없으나, 당시 조선은행 업무부 차장이었고, 후일 한일

---

34) 『서울신문』, 1948년 11월 12일.

교섭의 재산청구권위원회 대표가 된 이상덕이 민간의 피해내용에 대한 요구 항목을 소개하고 있다.

〈1〉 약탈에 의한 손해
　가. 일본이 자의적으로 또는 강제로 반출한 국보미술품, 문헌유물 기타 역사적 물건의 반환 또는 보상.
　나. 일본육군 또는 신사건축에 기부헌납 또는 위문 기타 방법으로 강탈한 금전 또는 물건의 반환 또는 보상.
　다. 공출헌납 또는 금속회수령 등으로 강탈한 귀금속제품, 유기(鍮器) 등의 반환 또는 보상.

〈2〉 강제동원된 이번 전쟁의 결과 받은 손해
　가. 동원 또는 지원에 의해 출정한 군인군속의 사망·질병 또는 불구폐질(不具廢疾)의 희생에 대한 일체의 수당·은급 및 보상.
　나. 전투 또는 군사행위의 결과, 사망상해에 의한 손해.
　다. 징용·근로봉사 또는 보국대 명목으로 강제노동의 희생이 된 자 및 그 생존 피부양자의 손해.
　라. 직접 또는 간접의 군사적 목적에 의한 시설 공작물 또는 징용령의 결과로 입은 재산의 파괴·몰수 또는 훼손.

〈3〉 학대 강탈에 의한 손해
　가. 관공서·학교·정부기관·회사 등의 급여에서 민족적 차별 대우로 인한 손해.
　나. 가문의 명예·인권의 존엄을 무시한 창씨개명의 강제에 기인한 손해.
　다. 종교·신앙·사상·학문의 자유탄압으로 포학적인 희생이 된 자 및 그 생존 피부양자의 손해.
　라. 언론·출판·집회 결사의 자유를 억압하고 부당히

폭행 고문, 재산 파괴 또는 몰수의 희생이 된 자 및
그 생존 피부양자의 손해.
마. 이민 또는 인구정책의 명목으로 간도, 만주 등에 추
방되어 희생이 된 자 및 그 생존 피부양자의 손해.35)

이것은 일본의 식민지 지배·전쟁에서 받은 약탈에 의한 손해와 전쟁으로 인한 피해를 구체적으로 열거한 것이며, 특히 민간의 피해와 손해를 강조한 것이었다. 자세한 금액이나 상세한 내용은 잘 알 수 없지만, 상당히 구체적인 조사가 진행되고 있었던 것을 알 수 있다.

이렇게 과도정부 내에 설치된 위원회는 11월 6일부터 각 부처가 조사하여 제출한 자료의 본격적인 검토 작업을 시작하였고, 1948년 1월에 ① 조선에서 공채와 기타 금괴·귀금속의 반환, ② 조선선박의 배상, ③ 체신부관계 우편환저금(郵便爲替貯金)의 반환, ④ 조선인에 대한 일본정부의 은급청구, ⑤ 징병·징용에 대한 배상요구 등 5항목을 중간 결정으로 발표했다.36) 그리고 대일배상요구 총액은 당초 1조 4,267억 8,601만 9,675엔으로 정했으나, 그 후 심사 기준의 통일작업과 검토 작업이 계속되어, 과도정부의 최종적인 요구액(1948년 4월 말)은 총액 410억 9,250만 7,868엔이 되었다.37)

한편 대일배상요구의 기본정신에 대한 검토 작업도 병행하여 진행되었다. 예컨대 1947년 가을 무렵에 조사에 참여한 금융기관의 책임자들(조선은행 부총재 구용서, 식산은행 두취(頭取) 장봉호, 저축은행 두취 권석신, 상업은행 두취 이종태)이 발표한 글에는 해방 조

---

35) 이상덕, 「對日賠償의 正當性」, 『新天地』, 1948년 1월호.
36) 『조선일보』, 1948년 1월 11일 ; 『서울신문』, 1948년 1월 11일.
37) 『자유신문』, 1948년 2월 28일 ; 『조선일보』, 1948년 8월 13일.

선은 국제법적 의미의 교전국이 아닐 뿐더러 세계사상에 선례가 극소한 해방국이므로, 조선의 대일배상청구는 전승국이 전패국에 대하여 전쟁손해를 부담케 하는 종류의 배상이 아니라, 과거 수십 년간 식민지로서 강제권력에 의하여 일방적으로 수탈·약탈·착취당한 고혈에 대한 보상을 의미한다는 주장이 공통적으로 보인다.[38] 그 후 재무부의 관료와 위원회 위원, 기타 관계자들도 같은 논리를 반복했다. 그중에서도 『조선경제연보(1948년판)』에 실린 「대일통화보상요구의 관철」과 이상덕의 「대일배상요구의 정당성」은 1947년 후반에 전개된 대일배상요구의 기본정신에 관한 논의를 정리한 글로서 중요하다.

우선 「대일통화보상요구의 관철」에서는 "조선경제의 재건에는 외국자재의 주입이 불가결하다. (…) 조선의 국제수지의 현상을 볼 때 이 같은 건설재의 일방적 수입자금의 조달방도는 결국 배상(대일)이나 차관(대미)을 획득하는 방법밖에 없다"는 것을 전제로 '대일배상요구의 정당성'을 다음과 같이 서술했다.

> 조선의 대일배상(요구 - 인용자)의 정당성은 2차 대전의 지고(至高)목적을 국제법 옹호에 있다고 보는 주지에서 전개된다. 2차 대전의 승리로써 연합국이 전취한 국제법의 권위에 의하여 멀리 1894년의 청일전쟁 시부터 일본의 국제법 유린으로써 최대의 손해를 입은 조선의 대일배상 청구권이 비로소 보장

---

38) 구용서, 「對日賠償과 産業再建 ①-通貨補償의 確保, 金融通貨篇」, 『서울신문』(이하 같은 신문), 1947년 10월 25일 ; 장봉호, 「對日賠償과 産業再建 ②-對日賠償 確保는 聯合國의 朝鮮援助捷徑, 金融通貨篇」 1947년 11월 1일 ; 권석신, 「對日賠償과 産業再建 ③-朝鮮의 賠償은 講和會議서 優先解決, 金融通貨篇」, 1947년 11월 8일 ; 이종태, 「對日賠償과 産業再建 ④-新通貨制必要」, 1947년 11월 22일.

된 것이다. 이상의 원칙이 '일본이 폭력 차(又)는 탐욕에 의하여 도취 차(又)는 탈취한 재산 일체를 원상회복할 것'을 명시한 카이로, 포쓰담 양 선언에서부터 '약탈한 재산은 약탈인 것이 판명되는 한 일체 차(又)는 완전 차(又) 즉시로 반환함을 요한다'고 규정한 1945년 9월 22일부 미국의 대일관리방침 선명(제4부 제2항목)과 다시 동 주지를 부연한 1945년 12월 6일부 포-레 배상사절[역주: 폴리Pauley를 가리킴]의 성명을 거쳐 '일본이 점령지역에서 약탈한 일체 재산을 그의 정당한 소유자에게 반환하도록 강제할 것'을 결의한 1947년 8월 29일 '캰베라'에서 개최된 영제국의 대일강화예비회의에 이르기까지의 일련의 국제헌장 내지 국제협정에 성문화되어 있다. (…) 특히 여기서 주의를 환기할 점은 **조선의 대일배상 청구는 전승국이 전패국에 대하여 요구하는 즉 승자의 손해를 패자에게 부담하게 하는 전비배상의 이념과는 다른 특수한 성질을 갖고 있는 것과 그 배상청구 내용의 대부분이 제1의적인 기성 채권 내지 수탈당한 현품 반환으로서 형성된다는 점이다**(강조-인용자).39)

따라서 '조선의 대일배상 청구'는 대이탈리아 강화조약의 배상 조항이나 미국과 '극동위원회'의 대일배상정책의 전환이라는 제약을 빋지 않으며, "그 배상의 집행에 있어서는 독자적 방법에 의하여 그 특수 요구를 관철하여야 할 것"이라고 주장했다.

또 이상덕은 대일배상의 성격과 위에서 지적된 '조선의 대일배상(요구-인용자)'의 '특수한 성질'을 더욱 자세히 설명했다.40)

---

39) 「對日通貨補償要求의 貫徹」, 朝鮮銀行調査部, 『朝鮮經濟年報(1948年版)』, Ⅰ-334쪽.
40) 이상덕, 앞의 논문, 32쪽.

일본의 장구한 조선지배가 국제정의의 기본적 조건인 도의·공평·호혜의 원칙에 입각한 것이 아니고 **폭력과 착취의 지배이었음은** 카이로회담·포스담선언에 '조선인민의 노예상태'를 지적한 바로 충분하다. 원래, 1911년(원문 그대로 – 필자) 한일합병은 조선인민의 자유의사에 반하야 일본으로부터 강제되었던 것이다. 금차 대전도 일본이 기도하고 강제로 동원케 되었으나 조선인민은 가능한 모든 방법으로 끈기 있게 반항했다. 그러나 **대일배상에 있어서의 조선의 요구는 일본을 징벌하기 위한 보복의 부과가 아니고 폭력과 탐욕의 희생이 된 피해회복을 위한 필연적 의무의 이행이다**(강조 – 인용자).

이상덕은 이러한 '기본적 이념' 아래 다음과 같은 '기본적 표준'을 제시했다.

1. 일본으로부터 강제된 합병 이래 약탈·강탈·학대·강압 등으로 인한 일체의 희생 차(又)는 손해손실은 기 정당한 소유자 차(又)는 피해자에게 보상 차(又)는 반환할 것이다.
2. 일본이 기도하고 강제로 관련된 전쟁의 결과 조선인이 피(被)한 일체의 손해 급 손실은 기(其) 책임이 일본국에 있음을 단정하고 기(其) 보상을 주장한다.
3. 1945년 8월 9일 포쓰담선언 수락 이후 9월 7일 미군 진주시까지의 진공상태에 일본 잔존세력의 집정과 책임하 조선의 불이익을 초래한 일체의 배신적 불법행위 차(又)는 재산상의 침략은 무효 차(又)는 보상할 것이다.
4. 조선 내 유체무체 일체의 일본인재산은 우리의 노력과 우리의 자원을 착취하야 비대한 것임으로 기(其) 소유가 일본정부 기(其) 대행기관 차(又)는 보통 人民 여하를 막

론하고 조선 국가에 무상 귀속할 것을 주장한다.
5. 조선 내 거주 또는 소재 차(叉)는 조선 외 거주 또는 소재를 막론하고 일본인 차(叉)는 일본인 지배하의 법인이 부담하는 금전 채무는 변제기한 도래를 막론하고 즉시 반제를 주장한다.

요컨대 1947년 가을에 조사 작업에 관여한 과도정부 관계자, 실무관료, 은행관계자들은 대일배상요구가 일본을 징벌하기 위한 보복의 부과가 아니라, 피해회복을 위한 필연적 의무의 이행이라는 논리를 공유하고 있었던 것이다.

이러한 논리가 고안된 배경의 하나는 일본이 식민지 지배로 조선민족에 끼친 피해가 질적·양적으로 모두 심각한 것이었다는 해방직후 조선인의 역사인식이 있었다. 이 논리는 민중의 보상요구 움직임과 여론을 명확히 반영하는 것이었다.

또 하나의 배경은 과도정부 내 조선인들 사이에 극동위원회의 결정이나 미국의 대일배상중지 정책 움직임에 대한 일종의 위기감이 확산되고 있었다는 점이다. 즉 당시 연합국 측이 일본에 요구했던 배상은 전승국이 패전국에 부과하는 징벌로서의 배상이었는데, 극동위원회는 연합국이 아니라는 이유로 남조선의 대일배상 취득권을 부인했으며, 미국은 냉전격화에 따라 일본에 대한 배상요구를 중지하고 방기하는 방향으로 나아가고 있었다. 이에 대하여 조선인의 보복의 부과가 아니라 피해의 회복이라는 논리는 극동위원회의 결정과 미국의 대일배상 정책의 전환에 대하여 위기감을 품고 있던 과도정부 내부의 조선인이 취한 대응책이었으며, 연합국의 대일배상 관계 여하에 제약되지 않고, 독자적인 방법으로 대일배상요구를 추진하려고 한 최초의 반응이었다.

이와 같이 한일교섭에서 한국 측의 청구권요구의 내용·요구금액과 이론적 근거의 원형은 한일교섭이 시작되기 4년 전인 1947년경에 이미 형성되어 있었던 것이다.

제2절 이승만 정권의 대일배상요구

1. 『대일배상요구조서』의 작성

1948년 8월 15일, 38선 이남에 대한민국이 수립되었다. 최초로 수립된 국가는 분단국가였기 때문에 매우 불안정했다. 이 분단국가는 불안정한 상태를 해소하기 위해 국내적으로는 군대와 경찰 등을 정비하고, 국가보안법 등 억압적인 법률을 제정함으로써 권위주의 체제를 강화시켰다. 대외적으로는 북진통일론을 중심으로 한 반공 국가주의와, 민중의 식민지 체험을 배경으로 일본의 재기와 재침략을 경계하는 방일(防日)[41] 내셔널리즘을 내걸었다.

이승만 대통령은 신흥국가의 국시로, 귀천계급, 빈부의 격차, 지역적 관념, 남녀구별을 타파함으로써 국토, 정신, 생활, 대우, 정치, 문화 모든 면에서 '우리 민족은 하나'이며, 대한민국은 '오랜 역사를 가진 단일한 민족'임을 강조하는 일민주의(一民主義)를 제창했다.[42]

---

41) '방일'이라는 용어는 당시 언론에서 사용된 용어다(『조선일보』, 1956년 5월 27일). 이승만과 관료들은 일본에 대한 '생존을 위한 방위'(『조선일보』, 1955년 11월 20일)를 강조하면서 한일회담과 비공식 교섭을 계속했다. 따라서 필자는 '반일'보다 '방일'이 적절한 용어라고 생각한다.

42) 이승만, 『一民主義槪述』, 一民主義普及會, 1949년, 3~10쪽. 일민주의에 대한 연구로서는 서중석, 「이승만 정권 초기의 일민주의와 파시

경제적으로는 1948년 9월 31일에 발표된「대통령 시정 방침 연설」에서 자유주의 경제의 일정한 제한과 중요산업의 국유·국영 및 무역의 국가통제를 규정했듯이 '국가자본주의'를 지향했다.43) 또한 1948년 4·3민중항쟁과 10월의 여순사건 등에서 여실히 나타났듯이 이승만 정권은 민주주의를 억압하는 권위주의 정권이었다고 할 수 있다.44)

한국정부는 초기 국가건설 과정에서 GHQ/SCAP 점령하에 놓여 있던 일본에 대해 '반공협조'를 제창하여 통상관계의 재개를 추진하고,「한일경제협정」을 체결하는 한편,45) 대일배상요구, '맥아더라인'의 확장저지, 일본어선의 나포, 일본정부의 조선인 탄압에 대한 항의, 일본 재무장 움직임에 대응한 태평양동맹의 추진 등 대항적인 대일정책을 추진했다. 이승만 정권의 대일정책 목표는 "일본의 헤게모니 부활을 방지하기 위해서 모든 전선에서 일본인을 앞서 가기 위해 투쟁"하는 데 있었던 것이다.46)

이승만 정권의 대일정책은 표면적으로는 방일 내셔널리즘을 전면에 표방하면서, 내면적으로는 대일협조를 통한 경제부흥·산업화를 지향한다는 이율배반적인 것이었다. 그러나 이승만 정권으로서는

    즘」(『1950년대 남북한의 선택과 굴절』, 역사비평사, 1998년)을 참조할 것.
43)『조선일보』, 1948년 10월 1일.
44) 森山茂德,『韓國現代政治』, 東京大學出版會, 1998년, 59~61쪽.
45) '한일통상협정' 체결에 대해서는 太田修,「大韓民國樹立と日本-日韓通商交渉の分析を中心に-」(『朝鮮學報』제173집, 1999년 10월호)를 참조할 것.
46) "Summary of Political Affairs of Republic of Korea, September, 1949", 895. 00/10-749, RG 59, Internal Affairs of Korea, Scholarly Resources, 1986(이하 RG 59로 함).

새로운 국가 건설을 위해서 필요한 정책이었다.

앞에서도 언급했듯이 1948년에 들어와 미국의 대일배상정책의 전환은 점점 확정적이 되어 갔다. 육군부의 스트라이크(Clifford Stewart Strike), 존스톤(Percy Hampton Johnston) 등의 일련의 보고에 이어서, 국무부의 케넌(George Frost Kennan)이 지휘하는 정책기획본부도 배상은 점차 중지해야 할 것이라고 권고하고, 1949년 5월 6일 국가안전보장회의(National Security Council, 이하 NSC)는 NSC13/3을 채택하여, 일본에 대한 배상요구 중지를 결정했다. 이 결정을 바탕으로 5월 12일 극동위원회에서 맥코이(Frank Ross McCoy) 미국 대표는 중간배상계획의 중지를 선언하는 성명을 발표했다.47) 일본 측도 이에 호응했다.

이에 대하여 이승만 대통령은 1948년 9월 30일 시정 방침 연설에서 연합국의 일원으로서 대일강화회의에 참가할 수 있도록 연합국에 요청할 것이며 대한민국이 대일배상에 대한 정당한 권리를 보유하고 있다고 주장했다.48) 한편 앞에서도 살펴본 것처럼, 11월 27일 최초의 국회는 민간의 보상요구 청원을 가결하여, 정부에 시급히 대책을 실행하도록 압력을 가했다.

이러한 정부와 국회의 방침에 따라, 1949년 2월 초에 기획처 내에 대일배상심의회(이하 심의회)가 설치되었다. 심의회는 기획처장 이순택이 주관하고, 재무·상공·외무·법제·교통·체신 등 각 부처의 담당자로 구성되어, 사무의 체계적 일원화·법적 근거의 명확화·조사 자료의 신속한 수집 등을 목적으로 했다.49)

---

47) 大藏省財政史室 編, 앞의 책, 424~436쪽.
48) 『조선일보』, 1948년 10월 1일.
49) 『조선일보』, 1949년 2월 8일 ; 유진오, 「韓日會談(5)」, 『중앙일보』, 1983년 9월 2일.

심의회의 지시에 따라 국무원은 2월 18일에 고시 제2호를 발표하고 일본정부가 발행한 각종 유가증권(일본은행권, 국채, 우편저금, 간이보험 등의 유가증권)의 등록을, 상공부는 2월 23일에 상업·공업·광업·수산업 관계의 손해 배상을 조사하는 데 관계자 및 자료 소지자에 자료 제공을, 재무부는 3월 10일에 고시 제1호로 일본공채, 일본정부보증 사채, 일본정부기관 사채 및 기타 증권의 등록을, 각각 국민에게 호소했다.50)

이후 법무·재무·문교·농림·체신·교통·상공·내무·사회 각 부의 성안이 심의회에 제출되어, 수차에 걸쳐 국무회의의 심의를 거쳐, 3월 25일에 ① 지금, ② 지은, ③ 서적, ④ 미술품 및 골동품, ⑤ 선박 269척, ⑥ 기타(지도류), ⑦ 기타(해외부동산)로 구성된 현물배상 목록이 결정되어, 『대일배상요구조서』(이하 『조서』) 제1부가 완성되었다.51)

4월 7일, 한국정부는 이것을 GHQ/SCAP에 제출했고 7월 18일에 6월 23일부로 맥아더의 회답을 받았다. 그러나 그 내용은 극동위원회의 지시에 따라야 하며, 지시가 없을 경우에는 연합국 사이에 체결되는 조약에 의거하여 적당한 시기에 고려할 수 있다는 냉담한 것이었다. 즉 맥아더는 한국의 대일배상문제에 대한 결정을 유보했다고 할 수 있다.52) 그러나 이 시점에서 미국은 한국이 재한일본인 재산이라는 형태로 실질적인 배상을 이미 받았기 때문에 한국은 더 이상 일본에서 배상을 받을 권리가 없다고 생각하고 있었다.53)

---

50) 『大韓民國官報』, 1949년 2월 21일, 3월 14일 ; 『서울신문』, 1949년 2월 24일.
51) 『서울신문』, 1949년 3월 10일, 3월 18일 ; 『조선일보』, 1949년 3월 26일.
52) 『조선일보』, 1949년 8월 14일.
53) "Political Summary for March, 1949", 895, 00/4-1849, RG59,

또한 한국정부는 『조서』 제1부와 별도로 5월 12일부로 「한국인 군인과 징용된 노동자의 청구권 조사 및 해결」이라는 제목의 서한을 GHQ/SCAP에 보냈다.54) 그 내용은 일본정부의 관리나 군인, 징용된 노동자로서 일한 한국인의 월급 및 임금, 특별 수당, 상여금, 퇴직 수당, 연금, 은급에 관한 미해결 청구권을 조사해서 지불할 것을 요청하는 것이었다. 이 내용은 후일 『조서』 제3부를 구성하게 될 부분이었다.

아무튼 1949년 9월에 『조서』가 완성되었다. 500여 쪽의 『조서』는 배상의 정의를 제시하고, 요구 금액과 그 근거를 열거한 것이었다.

『조서』 서문에는 '배상' 요구의 기본적인 입장을 다음과 같이 서술하고 있다.55)

> 〈1〉 1910년부터 1945년 8월 15일까지의 **일본의 한국지배는 한국국민의 자유의사에 반한 일본단독의 강제적 행위로서 정의, 공평, 호혜의 원칙에 입각치 않고 폭력과 탐욕의 지배이였던 결과,** 한국 급 한국인은 일본에 대한 여하한 국가보다 최대의 희생을 당한 피해자인 것이며

Internal Affairs of Korea, 1945~1954.

54) "Investigation and Settlement of Claims of Korean Military Personnel and Conscripted Labor", from Chung Han Pum Korean Ambassador to SCAP Reparations Section Claims and Allocations Division, May 12, 1949(戰後補償問題硏究會編, 『戰後補償問題資料集 第8集-GHQ關連文書集〈朝鮮人未拂金政策等〉』, 1993년, 137쪽).

55) 외무부 정무국, 『對日賠償要求調書』, 발행년불명[1949년?], 1~2쪽. 『조서』의 발행년도는 분명치 않으나, 서문의 주에 있는 "본 조서는 1949년 9월 1일 현재 조사된 것"이라는 기술에서 판단해서 1949년에 발행된 것으로 생각된다. 현재 일본의 아시아경제연구소(アジア經濟硏究所)에 소장되어 있는 것은 1954년에 재판된 것이다.

제1장 대한민국 수립 전후의 배상문제   69

〈한국인민의 노예상태에 유의하여 한국을 자주독립시킬 결의〉를 표명한 〈카이로〉선언이나 또는 이 〈선언의 조항을 이행할 것〉을 재확언한 〈포쓰담〉선언에 의하여 한국에 대한 일본인의 지배의 비인도성과 비합법성은 전세계에 선포된 사실인 것이다.
〈2〉 대한민국의 대일배상의 응당성은 다시 의심할 여지가 없는 바 이미 (一)〈포쓰담〉선언과 (二) 연합국 일본관리정책 및 (三) 포레 배상사절보고에 명시되어 있다는 것을 명백히 하는 바이다. 그러나 우리 **대한민국 대일배상청구의 기본정신은 일본을 징벌하기 위한 보복의 부과가 아니고 희생과 회복을 위한 공정한 권리의 이성적 요구**에 있는 것이다(강조 – 인용자).

또 서문의 주에는 "본 조서는 1949년 9월 1일 현재 조사된 것이며 조사되는 대로 추가할 예정"이라고 되어 있어, 이 『조서』의 내용과 금액이 최종적인 것이 아니고, 앞으로도 조사가 계속되어 새로운 결과가 추가될 것이라고 명기하고 있다.
이 『조서』에 나타난 어구・표현과 내용은 분명히 1947년의 논의, 특히 앞에서 소개한 『조선경제연보(1948년판)』에 게재된 「대일통화보상요구의 관철」과 이상덕의 「대일배상요구의 정당성」을 바탕으로 작성된 것이다. 『조서』의 서문에 있는 '희생과 회복을 위한 공정한 권리의 이성적 요구'라는 표현은, 1947년의 '피해 회복을 위한 필연적 의무의 이행'이라는 표현을 논리적으로 발전시킨 것으로 보인다. 이범석 국무총리, 임병직 외무장관, 김동성 공보처장을 비롯한 정부 요인이 그 논리를 반복하여 강조했다.[56] 이러한 표현은 직접적으로

---

56) 『서울신문』, 1949년 3월 17일. 예컨대 4월 2일의 이범석 국무총리의

는 미국의 대일무배상정책에 대항하고, 한국이 일본에 대해 배상을 요구할 수 있음을 보여 줌으로써 국내외에 강한 인상을 심어주고자 한 것이었다. 그러나 이 논리의 밑바닥에는 식민지 지배·전쟁으로부터 피해와 손해를 입은 민중의 의사, 가정(假定), 희망 등이 '반영'되어 있었다고 할 수 있다.

2. 『대일배상요구조서』의 내용과 의의

(1) 『조서』의 내용

대일배상요구의 내용은 4부로 구성되었다. 제1부는 '현물반환요구'이다. 우선 ① 지금, ② 지은, ③ 서적, ④ 미술품 및 골동품, ⑤ 선박, ⑥ 지도원판, ⑦ 기타 등 큰 항목으로 나누어서 〈표 2〉처럼 '현물반환요구조서'를 제시했다. 전술한 것처럼 이 '현물'에 대한 반환요구는 이미 1947년 4월 7일 GHQ/SCAP에 전달되어 있었다. 고액항목은 지금과 지은이며, 그 양은 1947년 재무부 조사의 숫자를 그대로 이어받고 있다.

제2부는 '확정채권' 〈표 3〉이다. 이것은 "전쟁의 승부와는 하등 관련이 없는 단순한 기성 채권채무관계이며 따라서 배상문제와는 본질적으로 아무 관련이 없는 것"이며, "우리들이 절대로 관철하여야 할 요구이며 권리"라고 되어 있다. 그 내용은 일본계통화, 일본계유가증권, 상하이달러화, 보험금, 은급, 기타 미수금, 체신관계 특별계

시정연설 속의 「對日賠償政策」(이범석, 『政府施政方針演說』, 1949년 4월, 연세대도서관 소장)이나 임병직의 논문 「對日講和와 大韓民國의 主張」(『外務月報』, 1949년 8월호, 『林炳稷大使外交演說輯』, 文化春秋社, 1958년에 재수록)에서도 같은 내용이 소개되었다.

제1장 대한민국 수립 전후의 배상문제

〈표 2〉 현물반환요구조서

항목		수량
1. 지금		249,633,198.62 그램
2. 지은		89,112,205.12 그램
3. 서적		212종
	1. 호사문고(蓬左文庫)소장 조선서목	142종
4. 미술품 및 골동품	1. 일본제실박물관소장 한국미술공예품	827종 외
	2. 한국고미술품 개인점유조서	21종
	3. 공주백제시대 미술품 개인점유자 조서	다량
	4. 토쿄제실박물관소장 한국미술품 넓은 입 항아리(廣口坩) 기타	94종
	5. 토쿄 오쿠라집고소(大倉集古所)소장 한국미술품	1종
	6. 일본각지소재 한국종 목록	50종
	7. 재토쿄 토다 리헤(戶田利兵衛)소지 한국고미술골동품	52종
	8. 소노다 유타카(園田裕)소장 몽유도원도	9매
	9. 국보 철채자회당초문병(鐵彩自繪唐草文甁)	1개
5. 선박		268척 (8,184,617,000円)
	1. 재일 한국 국적(韓籍)선박	
	2. 일반어선	20척 (19,731,000円)
	3. 특수어선	108척 (308,705,000円)
	4. 해사(海事) 화물선	48척 (7,856,200,000円)
	5. 한국군함	3척

6. 지도 원판	1. 100만분의 1 한국전토 백판 원판	1매
	2. 한국전토 100만분의 1 지질도 원판	1매
	3. 동 20만분의 1 원판	65매
	4. 동 1만분의 1 지질도 원판	61매
	5. 조선 각지 5만분의 1 지질도 원판	매수미상
	6. 동 2만50분의 1 원판	144매
	7. 동 25만분의 1 원판	52매
7. 기타	1. 조선 측 은행 해외점포 동산부동산	8,103,707円
	2. 조선전업회사 토쿄지점 사택관계	194,000円
	3. 동 섬진강발전소 제2호 발전기	1대
	4. 경성전기회사 토쿄지점 비품	23,039円

출전: 외무부 정무국, 『對日賠償要求調書』(발행년불명[1949년?], 7~9쪽)에서 작성.

정이었다. 총액은 174억 2,936만 2,305엔이었다. 1947년 재무부 조사에 따른 금액인 198억 엔보다 감소한 것은, 미수금에 포함된 '일본인관계에 대한 대출금'이 큰 폭으로 감소한 것이 주된 원인이었다.

 제3부는 '중일전쟁 및 태평양전에 기인한 인적 물적 피해'이다(〈표 4〉). 이에 따르면, 한국은 을사조약의 무효성을 국제법적으로 변명할 수도 있고 또는 카이로, 포츠담의 양 선언의 진의를 천명하여 한국에 대한 일본의 과거 36년간의 지배를 비합법적 통치로 낙인하는 동시에 그 기간에 피해입은 방대하고 무한의 손실에 대한 배상을 요구할 수 있지만, 한국의 대일배상요구 기본정신에 비추어 이것을 전부 불문에 부치고 중일전쟁 및 태평양전쟁 기간 중에 한하여 직접 전쟁으로 인하여 우리가 받은 인적 및 물적 피해만을 조사했다고 한다.

〈표 3〉 확정채권 조서

항목		금액(엔)
1. 일본계통화	1. 일본은행 소액지폐 및 일계통화	1,514,134,098
2. 일본계 유가증권		7,435,103,942
	1. 일본국채	5,836,250,485
	2. 일본공채	1,631,737
	3. 일본정부보증증권(일본정부보증사채, 일본정부기관사채)	1,048,048,053
	4. 일본일반증권(일본일반사채, 일본일반주권)	303,627,190
	5. 중국만주국내의 일계공채 및 주식(공사채 및 주식)	242,637,140
	6. 기타 유통증권	2,909,337
3. 상하이 달러화	1. 상하이달러화	$4,000,000
4. 보험금, 은급, 기타 미수금		6,436,617,521
	1. 보험금(생명보험책임준비금, 손해보험미불보증금)	467,336,159
	2. 은급(한국인관리은급〈남한분〉)	306,194,970
	3. 기타 미수금(일본인관계에 대한 대출금, 동 가불금, 동 미납세금, 전매관계 미수대금, 환거래채권, 일본 측 은행접수계정채권 등 27항목)	5,663,086,392
5. 체신관계 특별계정	소계	2,043,506,744
	1. 환(爲替)저금 및 세입세출금 총예산에 의한 조선수취계정(우편환, 우편저금, 가수금, 체신관서 세입금, 잡부금, 역환금(逆爲替金), 진체(振替)저금	1,475,967,080
	2. 대차결제기준일 이후 태평양사령관 포고령 제3호에 의한 조선수취금(사고금, 저금이자, 채권류보상, 해외환금저금, 증권보관액)	173,846,433

	3. 조선간이생명보험 연금관계 조선수취금(조선간이생명보험적립금, 동이자, 조선우편연금적립금, 동이자, 조선간이생명보험여유금, 동이자, 조선우편연금여유금, 동이자, 보험세입금, 연금세입금, 업무세입금, 해외보험금)	391,352,964
	4. 우편수입	650
	5. 전신수입	53,478
	6. 전화수입	1,020,904
	7. 잡수입	22,075
	8. 만국우편연합 총리국 잡비	1,243,160

출전: 외무부 정무국, 『對日賠償要求調書』, 발행년불명[1949년?], 193~199쪽)에서 작성.

여기서 인적 피해가 제시된 것은 주목할 만하다. 아시아·태평양 전쟁에 동원된 서민들이야말로 식민지 지배·전쟁의 최대의 희생자이고 그들은 물질적·정신적으로 커다란 피해를 받았기 때문이다. 인적 피해의 내용은 이러한 생각에 기초해서 정해졌을 것이다. 특히 역사상 유례가 없는 파괴력으로 도시를 파괴하고 인명을 말살한 제2차 세계대전은 국민국가 간의 총력전이었고, 식민지의 자원과 민간인까지 총동원한 전쟁이었다. 일본의 식민지 지배·전쟁에서 피해를 받은 대부분의 한국인이 비무장시민이었다는 점을 생각한다면, 인적피해는 제3부 및 『조서』 전체의 내용 중에서 가장 중요한 부분이다.

인적피해의 내용을 보면, 피동원 한국인의 등록자 수는 신고 노무자 수가 10만 5,115명, 그중에서 사망자가 1만 2,603명으로 되어 있다. 사망자 조의금은 1인당 5,000엔(신고액 평균), 사망자 장례비는 1인당 100엔(신고액 평균), 유가족 위자료는 1인당 1만 엔(신고액 평균), 상이자 및 일반 노무자 위자료는 상이자가 1인당 5,000엔,

〈표 4〉 중일전쟁 및 태평양전쟁에 기인한 인적물적피해조서

항목		금액(엔)
1. 인적 피해	1. 피동원한국인 제반 미수금(사망자조의금, 동장례비, 유가족위자료, 상이자 및 일반노무자 위자료, 부상자상이수당, 퇴직수당총액, 상여금총액, 현금 기타 보관금, 미수임금, 가정송금액, 징용기간 연장수당액)	565,125,241 (1946년 9월 말 현재 조사금액)
2. 물적 피해	1. 일본군 점유사용에 의한 피해(문교본부관계, 서울시·각도 학무국관계, 교통부관계)	232,398,883
	2. 부정파괴 또는 소모에 의한 피해(구왕궁, 임야피해복구비, 교통부관계, 서울시·각도 관계)	11,055,612,536
	3. 기타(수산관계 공공단체 및 회사피해, 기업정비령에 의한 피해 등)	38,010,686
3. 8·15 전후 일본관리 부정 행위에 의한 손해액	1. 법무부관계(경성 및 서대문분, 형무관학교분, 대전분, 공주분, 대구분, 광주분, 부산분, 김천분)	1,190,395
	2. 재무부관계 부정지출	74,073,137
	3. 공보처관계	551,856
	4. 교통부관계	153,353,304
	5. 상공부관계	677,042
	6. 수리조합연합회	123,463
	7. 농지개발영단(營團)	1,616,018

출전: 외무부 정무국, 『對日賠償要求調書』, 발행년불명[1949년?], 323~328쪽에서 작성.

일반 노무자가 1,000엔이었다. 기타 부상자 상이 수당, 퇴직 수당 총액, 상여금 총액, 현금 기타 보관금, 미수 임금, 가정송금액, 징용기간 연장 수당액 등을 포함하여, 합계가 5억 6,512만 5,241엔이었다. 그런데 이 조사에서 주의해야 할 것은 인적 피해가 미군정청 보

건후생부에 1946년 3월 1일부터 9월 말까지 등록된 것에 기초한 것이며, 등록자 수는 해당자의 "극소수에 불과하였으며 또 1946년 10월 이후에 귀국한 동포도 막대한 인원에 달한 것에 비추어 민국정부 수립 후 철저히 재조사를 고려 중"이라고 한 점이다. 즉 이 『조서』에서 제시된 인적 피해의 내용과 요구액은 철저한 조사와 실태파악을 바탕으로 한 것이 아니라, 한정적이고 잠정적인 것이었다. 그러나 필자가 아는 한에서는 이후 실태조사가 실시된 흔적은 보이지 않으며, 결국 한국 측은 한일교섭에서 이 『조서』의 내용과 요구 금액을 근거로 논의할 수밖에 없었다고 생각된다.

제4부는 '일본정부의 저가수탈에 의한 피해'이다. 이것은 『조서』의 설명에 따르면, 일본이 식민지하에서 경제적으로 한국의 자원, 노동력, 생산물을 독과점·착취한 것의 일부분을 조사한 것이며, 배상요구를 최소한도로 보강한 것이었다. 축우, 소가죽, 건초, 면화, 임야산물, 유기(鍮器)의 6항목이며 총계 18억 4,888만 437엔이었다.

이상 대일배상 요구 총액은 제1부 '현물배상'으로서, 지금 249.6톤, 지은 89.1톤 등과 제2~4부까지 합계 314억 97만 5,303엔, 400만 상하이 달러가 되었다. 사사키 류지(佐々木隆爾)의 계산방법에 따르면, 지금을 달러로 환산하면 1940년부터 1965년까지 1온스 당 35달러(1그램당 1.2345달러)였기 때문에, 지금 249.6톤은 3억 825만 6,000달러가 된다. 지은은 1940년에는 1온스당 0.711달러(1그램당 0.0251달러), 1965년에는 1.293달러(1그램당 0.0456달러)였기 때문에 지은 89.1톤은 223만 6,000달러 내지 406만 3,000달러가 된다.[57]

---

57) 佐々木隆爾, 「アジア・太平洋戰爭の戰後補償のために支拂った金額」, 『日本史研究』 388, 1994년 12월. 사사키는 지금의 달러 환산액을 308.256억 달러로, 지은의 달러 환산액을 1940년과 1965년에는 2.236억 달러, 4.063억 달러로 산출하고 있으나, 정확하게는 지금은 3.08256억

또한 1939년 당시 1달러=4.35엔으로 계산하면, 제2~4부까지는 약 72억 1,861만 달러, 8·15 직후 1달러=15엔으로 계산하면, 약 20억 9,340만 달러와 400만 상하이 달러가 되었다. 모든 금액을 달러로 환산하면, 1939년 당시 1달러=4.35엔으로 합계 약 75억 3,310만 달러, 8월 15일 직후 1달러=15엔으로 약 24억 7,676만 달러가 된다.

(2) 『조서』의 의의

이상의 검토에서 알 수 있듯이, 『조서』의 내용은 명확히 1947년 미군정하의 남조선과도정부가 한 이론적 검토 작업과 자료 조사 작업을 계승한 것이었으며, 그것에 새로운 자료와 검토를 추가한 대일 배상요구의 집대성이었다고 할 수 있다. 그 내용은 방대하고 다기에 걸쳐 있으며, 그 금액과 함께 사실상 일본의 식민지 지배·전쟁의 피해에 대한 '배상요구'였다. 후일 한일교섭에서 한국 측은, 이 『조서』를 바탕으로 청구 8항목을 작성했으며, 1960년대에 열린 제5·6차 교섭에서 『조서』의 내용과 금액의 '사실관계'와 '법률관계'를 둘러싸고 일본 측과 논쟁하게 된다.

그러면, 『조서』는 어떠한 역사적 의미를 갖는 것일까? 이것은 세계사와 한국사의 두 차원에서 생각해 볼 수 있다.

첫째, 세계사에서 배상이 갖는 의의를 지적할 수 있다. 종래 'Indemnities' 혹은 'Reparation'으로 불리는 배상은 전승국이 패전국에 요구하는 것이었고, 국가 간 힘의 우열이 그것을 결정하였다. 제1차 세계대전 후에 체결된 베르사이유조약은, 독일의 전쟁행위를 국제적 위법행위로서 간주하고, 패전국에 대한 제재와 피해국의 손

달러, 지은은 0.02236억 달러 내지 0.04063억 달러이다.

해에 대한 배상을 인정했다. 제2차 세계대전 후에 나온 연합국의 대일배상요구도 이러한 이념을 바탕으로 한 것이었으며, 배상을 취득할 자격이 있는 것은 전쟁참가국이었다. 그런데 여기에는 식민지문제가 포함되어 있지 않았다. 식민지였던 국가들이 식민지 지배에 의한 피해에 대한 배상을 취득할 권리는 인정되지 않았던 것이다. 이런 상황 속에서 식민지상태로부터 해방되어 새로 수립된 한국정부가 '희생과 회복'을 위한 대일배상요구를 제기한 것은, 배상문제의 역사에서 주목할 만한 사실이었다.

둘째, 한국사에서 바라본 의의에 대해 생각해 볼 수 있다. 이승만 정권의 대일배상요구는 당시 한국사회에 존재하였던 두 가지 요구를 포섭한 것이었다고 할 수 있다. 그 하나는 미군정하의 과도정부가 행한 대일배상요구에 민중의 보상요구가 직간접으로 수용되었고, 더욱이 『조서』의 제3부에서 보이는 바와 같이, 해방 후 피해자들의 보상요구가 불충분하나마 반영되어 있었다는 것이다. 또 하나는 경제계와 과도정부 내 실무관료들 사이에 대두되었던 경제부흥을 위한 논리, 즉 한국의 경제재건을 위한 당면과제는 대일배상 확보로 황폐한 산업경제를 부흥·강화시키는 것이며 배상요구의 관철은 조선산업경제 재건의 기본적 과제라는 경제부흥의 논리가 반영되어 있었던 것이다.

이 사실은 이승만 정권이 해방 후에 성립된 최초의 분단국가였다는 사실과 깊은 관련이 있다. 국내적으로는 반공과 '자유민주주의'의 이념·제도 이외에는 민중에 호소할 만한 것이 없었기 때문에 민간의 대일배상요구를 수용하였고, 일본으로부터 배상을 취득함으로써 경제부흥을 도모하고자 했던 것이다. 국제적으로는 방일의 정통성을 둘러싼 북한과의 경쟁, 여기에 더하여 정치·경제적인 경쟁에서 승리하기 위해 대일배상요구를 대일정책의 중심에 설정할 필요가 있었던 것이다.58) 이렇게 한국은 일본에 대해 식민지 지배 청산을 압박하고 있었던 것이다.

3. 미국과 일본의 대응

(1) 미국의 대응 - 식민지문제의 배제

제2차 세계대전 직후, 미국과 연합국의 대일배상정책의 목적은 일본 산업의 비무장화와 피해국의 경제부흥을 바탕으로 한 동아시아의 경제적 안정을 달성하는 것이었다. 미국정부는 이 목적에 기초하여 1945년 9월 22일 「항복 후 미국의 초기 대일방침」에서, ① 일본은 배상의 한 방법으로서 재외자산을 연합국 당국의 결정에 따라 인도할 것, ② 일본 측은 연합국의 결정에 따른 처분을 기다릴 것 등의 방침을 걸정했다. 제1차 세계대전 후에 독일에 대한 금전배상 획득에 실패한 경험을 가진 연합국은 제2차 세계대전 후에는 현물배상을 일차적으로 생각하게 되었으며, 이탈리아처럼 일본의 경우도 재외 자산의 이양과 시설의 철거, 생산물에 의한 현물배상 등의 방

---

58) 북한 내부에서는 '민족반역자・부일협력자'의 처벌에서 볼 수 있듯이 일본 식민지 지배에 대한 청산이 철저하게 진행되었다. 또 북한은 패전 후의 일본이 미국의 원조로 급속히 부흥되었고 일본이 다시 정치・경제・군사적으로 아시아에 대한 침략자가 될 수 있음을 강하게 경계했다. 더구나 한국전쟁 후에는 일본이 미국 주도의 군사 블록인 '동북아시아조약기구'를 형성하는 작업에 참가하는 것을 비판하기 시작했다. 이렇게 보면 북한의 '반일'과 한국의 '방일'에는 그 내용과 기능에 일정한 공통점이 있다. 즉 공통의 역사 체험을 갖는 두 분단국가가 각각 국가의 정통성을 국내외에 호소하기 위해서는 '반일'이 필요하였고 또한 그것은 당연한 일이었다. 북한의 대일정책에 대한 본격적인 연구가 필요할 것이다.

법을 고려하게 되었다.59)

그러나 냉전이 본격화되는 1947~1948년경에 미국은 일본을 '동아시아의 공장'으로 하는 노선과 피해국의 경제부흥을 뒷전으로 돌리는 '대일무배상정책'을 내놓으며 기존 정책을 바꾸었다. 앞에서 지적했듯이 1948년 4월의 「존스턴 보고」까지는 배상의 범위는 축소되었다고 해도 여전히 일본으로부터 자본, 생산시설, 생산품을 배상으로 취득한다는 원칙이 유지되고 있었다. 그런데 한국전쟁 발발 후인 1950년 11월 24일, 덜레스(John Foster Dulles) 국무장관 특별보좌관은 '대일강화7원칙'을 발표하여, 미국이 대일배상요구방침을 철회한다는 것을 정식으로 표명했다. 즉 덜레스는 그 제6항에서, "1945년 9월 이전 일본의 행위에 대한 배상요구를 일체 철회한다. 다만 예외로서 연합국은 각국의 영역 내에 남은 일본의 자산을 압수하고 이에서 발생하는 수익으로 전쟁 기간 일본이 연합국에 가한 손해에 대한 자국민의 배상요구에 충당한다"고 하고, 배상을 일본의 재외자산으로 충당할 것이라고 말했다.60) 이로써 미국은 사실상 대일배상정책 방기를 선언한 것이었다.

더욱이 1951년 4월에 발표된 미국 측의 「대일강화조약 초안」에서는 원칙적으로 일본이 배상할 능력이 없다는 사실을 인정하고, 모든 청구권은 재외자산의 처분권한을 취득함으로써 완전히 해결된 것으로 간주한다고 규정했다. 이러한 과정을 거쳐서 대일강화조약 제14조의 내용, 즉 일본은 원칙적으로 배상지불 책임이 있으나, 배상을 지불하면 자립경제를 유지할 능력이 없게 된다(a항). 따라서 연합국 측은 ① 가공 또는 기술에 의한 배상, ② 재외자산에 의한 배상, ③

---

59) 同胞救護議員連盟, 『在外資産問題』, 1952년 10월, 12쪽.
60) 同胞救護議員連盟, 위의 책, 13쪽.

국내 보상에 의한 배상 등의 예외를 제외한 모든 배상청구권을 방기한다(b항)고 규정했다. 이러한 무배상방침의 결정 과정은 일본을 정점으로 하는 '지역통합' 구상을 미국이 추진해 가는 과정이기도 했다.

그러면 이러한 배상정책의 '대역전' 속에서 미국은 한국의 대일배상요구를 어떻게 인식하고 처리했던 것일까?

1949년 11월 23일, 미국 국무부는 무쵸(John J. Muccio) 주한 미대사에게 한국의 대일강화회의 참가 여부에 대해 의견을 물었다. 무쵸는 12월 3일자로 국무부로 공전을 타전하여, 한국 측이 재한 일본재산을 일본에 대한 모든 배상으로 받아들인다는 것을 조건으로, 한국을 대일강화회의에 참가시키도록 권고했다. 여기서 주목해야 할 점은, 무쵸가 한국의 대일배상요구를 '1905년으로 소급하는 비현실적인 대일청구'라고 보아, 이미 미군정으로부터 한국정부에 이양된 '재한 일본재산'으로, 한국 측의 대일배상청구를 상쇄하면 된다고 판단하고 있었다는 점이다.[61]

또한 1951년 1월 17일에 러스크(Dean Rusk) 국무부 극동과 서기관보와 장면 주미대사의 회담이 열렸다. 이 자리에서 장면은 중국에 임시정부를 두고 있었던 한국은 일본과의 평화조약 체결을 희망하고 있으며 일본의 식민지 지배에 대한 대일청구가 가능하다고 주장했다. 이에 대해 러스크는 "일본인이 한국인에게 지불할 배상은 실제로는 미합중국의 납세자가 부담"하는 것이라며, 장면의 주장을 물리쳤다.[62]

한국정부가 작성한 『조서』의 요구액은, 당시 일본의 경제상태를 생각하면 무쵸의 표현대로 분명히 '비현실적'인 것이었을지도 모른

---

61) FRUS, 1949, vol.Ⅶ, p.904, p.911.
62) FRUS, 1951, vol.Ⅶ, p.97.

다. 그러나 식민지 지배・전쟁으로 인한 피해도 역사의 '현실'이었던 것이다. 이때 미국은 역사의 '현실'과 '비현실'이라는 모순을 해결하기 위한 대안을 제시한 것이 아니라, 냉전의 격화와 '미국납세자의 부담'이라는 '현실'을 선택하고, 한국의 역사적 '현실'은 무시한 채, '비현실적인 청구'를 물리친 것이었다.

한편 국무부는 무쵸의 권고를 받아들여, 1949년 12월 29일에 작성된 대일강화조약 초안에서는 한국의 대일강화회의 참가를 인정하고 있었다.63) 이것은 한국의 대일배상요구를 부정하였던 것에서도 명확하게 알 수 있듯이, 한국을 전쟁 피해국의 일원으로 인정하는 것이 아니라, 아시아 반공국가의 일원으로 인정한다는 냉전의 관점에서 나온 것이었다.

이에 대해, 1951년 4월 23일에 열린 요시다・덜레스 회담에서 일본 측은「한국정부의 평화조약 서명에 대해서」라는 문서를 미국 측에 제출하고, 한국의 대일강화조약 서명에 반대했다.64) 일본은 이 문서에서 "한국은 해방된 국가이며, 일본과의 교전국이 아니었다"는 점과, 한국이 서명국이 되면 "100만 명 이상의 재일조선인—그 대부분이 공산주의자—이 연합국 국민으로서 재산과 보상을 받을 권리를 얻는다"는 점을 그 반대 이유로 들었다. 덜레스는 세계 정세를

---

63) Sung-Hwa Cheong, op.cit., pp.173~203 ; 塚本孝,「韓國の對日平和條約署名問題-日朝交涉, 戰後補償問題に關連して-」,『レファレンス』제42권 3호, 1992년.
64) 金民樹,「對日講和條約と韓國參加問題」, 東京大學大學院總合文化研究科 地域文化研究專攻修士論文, 2000년 12월. 김민수는 일본 측이 미국 측에 제출한『韓國政府の平和條約署名について』라는 문서를 인용하고 있는데, 필자는 원문을 확인하지 못했기 때문에, 여기에서는 FRUS의 「한국과 평화조약(Korea and the Peace Treaty)」에서 인용해 둔다. FRUS, 1951, vol.Ⅵ, 1977, pp.1007~1008.

판단해 보건대 미국은 한국정부의 위신을 높이는 것이 좋다고 판단했으므로, 한국정부가 조약 서명국이 되도록 계속 노력하고자 했고, 만일 일본정부의 반대 이유가 재일조선인의 보상취득권 문제에 한정된다면, 이익을 취득할 수 있는 국가를 일본 항복 시에 교전국이었던 연합국에 한정함으로써 문제를 처리할 수 있다고 하며, 한국의 대일강화조약 서명에 동의해 주었으면 좋겠다며 협력을 요구했다.65)

회담 후 일본 측은 재일조선인이 평화조약에 의해 일본국내에서 연합국인의 지위를 취득하지 않는다는 것이 명확하게 된다면, 한국정부가 서명하는 것에는 이의를 고집하지 않겠다는 「보족진술서」를 건네고, 미국의 요청에 '조건부'로 동의를 표명했다.66)

그러나 1951년 5월 워싱턴에서 열린 대일강화조약에 관한 미영협의에서, 이번에는 영국이 한국의 강화조약 서명에 맹렬히 반발했다. 한국이 일본과 교전 상태가 아니었다는 이유였다. 결국 미국도 이에 동의하고, 1951년 7월 9일, 덜레스는 양유찬 주미한국대사에게, 일본과 교전 상태에 있었으며, 1942년 2월 1일 연합국선언에 서명한 국가만이 대일평화조약에 서명하기 때문에, 한국은 조약의 서명 국가가 될 수 없다고 통고했다.67) 양유찬은 놀라움을 나타내고, 제2차 세계대전 이전부터 한국 임시정부가 일본과 교전 상태에 있었으며, 일본과 전투한 한국인 부대가 중국에 있었고, 한국 임시정부가

---

65) 요시다는 이 회담에서 "일본정부는 모든 재일조선인을 〈그들의 조국〉으로 송환시키고 싶다고 생각하고 있다. 일본정부는 1949년 여름 시모야마(下山) 사건도 조선인이 일으킨 것이라고 확신하고 있다"고 말했다. FRUS, 1951, vol. Ⅵ, pp.1007~1008 ; 塚本孝, 앞의 논문, 96~97쪽.
66) 金民樹, 앞의 논문.
67) FRUS, 1951, vol. Ⅵ, pp.1182~1184.

대일선전포고를 했다며 항의했으나, 미국은 한국임시정부를 한 번도 승인한 적이 없다며 양유찬의 주장을 받아들이지 않았다.[68] 여기에는 미국과 영국의 전통적인 한국인식, 즉 한국은 일본과의 교전국이 아니었고, 따라서 한국은 대일강화조약의 서명국이 될 수 없다는 인식이 관철되었다고 할 수 있다.

그런데 이러한 미국과 영국의 인식 배경에는 중대한 문제가 숨어 있었다는 사실을 지적해 둘 필요가 있다. 한국의 대일강화조약 서명 문제에 대해 상세하게 검토한 김민수에 의하면, 미국과 영국은 중국의 대표권문제, 전후의 식민지 처리문제 등 미소냉전과 미영 간의 이해관계를 고려하여 한국의 대일강화조약 서명을 부정하게 되었다는 것이다. 그 배경에는 식민지 통치를 '합법적'인 것으로 인식하는 '제국의 논리'가 가로놓여 있었다.[69] 즉 한국의 대일강화조약 서명을 용인하는 것은, 일본의 식민지통치의 '합법성'을 부정하는 것으로 이어지지 않을 수 없고, 그렇게 되면 구미의 식민지통치 자체를 부정하는 논의가 분출할 우려가 있었기 때문이었다. 이것은 미국과 영국이 한국의 대일강화조약 서명을 부정한 가장 중요한 이유였다. 그렇기 때문에 미국과 영국은 식민지통치 문제에 대해 언급하는 것을 회피했던 것이고, 한국이 일본과 교전국이 아니었다는 표면적인 이

---

68) 양유찬 주미한국대사는 7월 19일 다시 덜레스를 방문하고 독도영유, 맥아더 라인 존속, 재한일본인 재산을 미국으로부터 한국에 이양 효력 승인의 세 가지를 요구했다. 덜레스는 앞의 2개 요구는 거부했으나 마지막 요구는 긍정적으로 생각하겠다고 했다. 사실 8월 11일자로 부산에 보낸 전보에서 "평화조약 제2조와 3조에 관한 지역에서 미군정 지령에 따라 실시된 일본 및 일본국민 재산 처리의 유효성을 일본이 승인한다는, 한국 측 요구를 포함시키도록 제4조를 개정하고 있다"고 달레스는 말했다. FRUS, 1951, vol.Ⅵ, pp.1202~1206 ; 塚本孝, 앞의 논문, 98~99쪽.

69) 金民樹, 앞의 논문.

유를 제시함으로써 한국이 샌프란시스코에서 일본의 배상문제를 제기할 수 있는 길을 막아버렸던 것이다.

원래 미국의 대일배상정책은 일본의 식민지 지배·전쟁에 의한 한국 사람들의 희생과 피해의 회복이라는 관점이 포함된 것이 아니었고, 오히려 식민지주의의 지속을 승인하는 것이었다고 할 수 있을 것이다.

(2) 일본정부의 '조선근대화공헌'론

일본에서도 패전 직후부터 배상문제를 검토하는 움직임이 있었다. 먼저 조선총독부는 1945년 8월 27일 '조선총독부 종전사무처리본부'를 설치하고 대책을 강구했다. 이 조선총독부 종전사무처리 본부는 '일본인의 조선 내 각 방면에서의 기업경영, 소유재산, 대조선인 채권 및 채무, 그리고 조선인과의 합병사업에 관한 투자 등'을 '어떻게 옹호할 것인가'를 조사·연구하는 기관이었다.70) 총독부는 이러한 재산평가가 후일 일본정부가 연합국에 지불해야 할 배상에 영향을 끼칠 수 있을 것이라고 생각했던 것이다. 사실 후일 '조선의 재외 재산 조사' 작업 과정에서 일본정부는, 이때 작성된 조서류(調書類)를 자료로 이용하게 된다. 또한 조선총독부 총무과장이었던 야마나 스키오(山名酒喜男)는 11월 4일 미군정청 민정장관과 법무장관에게 의견서를 제출하여 "일본인은 일본에서 자본을 수입하고 자기들의 공장 및 시설을 완성시키고 일본인의 기술력에 의거해서 고심하고 노력했고, 공장·사업장을 운영해 왔다"고 말하고, "조선인은 일본인의 이러한 공장 설비를 모두 조선인으로부터 대상(代償) 없이

---

70) 高崎宗司, 앞의 책, 5쪽.

착취한 것처럼 주장"하고 있다고 한국인의 민간보상요구를 비판했다.[71]

한편 일본정부는 1945년 11월 21일 외무성 내에 설치한 평화조약 문제 연구 간사회(이하 간사회)에서 극비리에 검토 작업을 했다.[72] 간사회의 조사연구 자료에 따르면, 당초 일본은 배상의무는 아무리 힘들더라도 이행한다는 전제하에, 배상의 성격이나 조건 등을 검토하고, '자립경제로의 도달'을 방해하지 않는 최소한의 배상으로 억제하려고 생각하고 있었다.[73]

그러나 1948년이 되자, 일본정부의 생각은 바뀌었다. 외무성은 미국의 일본경제 부흥정책, 특히 「스트라이크 보고」, 「존스톤 보고」 등 미국의 일련의 대일배상 완화 방침을 열거하며, "미국의 일본점령정책에 관한 움직임은 (…) 경제적인 측면에서는 180도 전환했다고 할 수 있을 정도로 중대한 정책 변화가 나타나고 있다"고 분석하고 "격세지감을 금할 수 없다"고 놀라움을 나타냈다.[74] 간사회는 1949년 12월에 배상문제에 관하여 "이미 처분된 재외 자산 및 이미 철거된 시설 이외의 모든 배상 취득을 중단할 것"을 제안하고,[75] 다음 해 5월 31일에 작성된 『평화조약에 관한 기본적인 입장(平和條約に關する基本的な立場)』에서 정식으로 이를 표명했다.[76] 즉 일본정부는 일

---

71) 高崎宗司, 앞의 책, 6쪽.
72) 西村熊雄, 『日本外交史(27)―サンフランシスコ平和條約』, 鹿島研究所出版會, 1971년, 21~24쪽.
73) 「對日平和條約關係 – 準備研究關係(第二卷)」, 377쪽, 430쪽, 『日本外務省文書』 B'4001.
74) 「對日平和條約關係 – 準備研究關係(第三卷)」, 191쪽, 『日本外務省文書』 B'4001.
75) 「對日平和條約關係 – 準備研究關係(第五卷)」, 81~82쪽, 『日本外務省文書』 B'4001.

제1장 대한민국 수립 전후의 배상문제

본경제에 타격을 준다는 이유로 당연히 배상을 지불할 수 없다고 주장했던 것이다.

그런데 일본정부가 조선 식민지 지배에 대하여 어떤 견해를 가지고 있었는가 하는 문제에 대해서는, 이미 타카사키가 밝히고 있는 대로이다. 타카사키는 외무성이 작성한 문서「할양지에 관한 경제적 재정적 사항의 처리에 관한 진술(割讓地に關する經濟的財政的事項の處理に關する陳述)」과 대장성(大藏省) 산하의 재외재산조사회가 정리한『일본인의 해외활동에 관한 역사적 조사, 조선편(日本人の海外活動に關する歷史的調査 朝鮮篇)』의 총론적 성격을 띤 스즈키 타케오(鈴木武雄)의 논문「조선통치의 성격과 실적(朝鮮統治の性格と實績)」[77]을 분석하여 다음과 같이 정리하고 있다. 즉 일본정부의 식민지 지배에 대한 인식은 첫째, 조선에 대한 일본의 시정은 조선의 경제적·사회적·문화적인 향상과 근대화에 공헌했다. 둘째, 조선에서 축적된 일본인재산의 몰수처분은 재고되어야 한다. 셋째, 조선은 정당한 절차를 거쳐서 일본 영토가 되었다는 것이었다.[78]

이러한 인식에 기초하여, 외무성은 1950년 5월 31일에「평화조약의 경제적 의의(우리들의 입장)(平和條約の經濟的意義〈われわれの立場〉)」을 작성했고, 그 속에서 구식민지의 청구권문제에 대해 다음과 같이 미국 측에 요청했다. "할양지에서의 일본의 국유·공유·사유재산의 처분을 규정할 경우에는, 이러한 재산은 분명히 할양지에

---

76) 「對日平和條約關係－準備硏究關係(第六卷)」, 259쪽, 『日本外務省文書』B'4001.

77) 스즈키의 논문「조선통치의 성격과 실적」은 1946년 3월 1일 외무성 조사국 제3과에서 인쇄되었다(鈴木武雄, 『朝鮮統治の性格と實績－反省と反批判』, 外務省調査局, 調三資料 第七號, 1946년 3월 1일).

78) 高崎宗司, 「日韓會談の經過と植民地化責任―1945年8月~1952年4月」, 『歷史學硏究』, 1985년 9월, 4~6쪽.

관한 모든 대일 청구권의 보상을 훨씬 초과하는 것이기 때문에, 재산 접수에 더해서 공적 및 사적 채무(공채·은급·사채·보험·사적 채무·통화 등)에 대하여 일본의 공적 및 사적 분담을 추궁하지 않기를 희망한다."79) 즉 한국에 관해서 말하자면, '재한 일본재산'을 처분함으로써 한국의 대일배상청구권은 소멸되었다는 것이다. 이렇게 한국 측의 대일배상청구권을 부정하는 논리는 적어도 한일교섭 개시 1년 전부터 일본정부 내에서 결정되어 있었던 것이다.

이것은 대일강화조약 최종안에 대해 1951년 7월 2일 일본 측이 미국 측에 제출한 「평화조약안에 대한 의견(平和條約案に對するオブザヴェーション)」에서도 강조되었다. 이에 따르면 일본정부는 한일 쌍방의 청구권을 양국이 협의하여 해결할 것을 규정한 제4조 (a)항에 대하여 그 실시는 실제 불가능하다며, "종전에 제시한 방식(적극 및 소극적 재산의 승계는 각 당해 지역에서 종결된다)이 실행 가능한 유일한 방식"이며, 만일 초안의 규정을 유지할 경우에는, 그 실시에 있어서 합중국정부의 절대적인 외교상의 지원이 필요하다고 주장하였고, 이 지원이 없으면 구체적인 결과에 도달하는 것은 불가능하다고 주장했다.80) 결국 제4조의 규정은 유지되었고, 일본정부는 희망했던 대로 한일교섭에서 '절대적인 외교상의 지원'을 받게 되었다.

요컨대, 일본은 자국의 경제 논리를 우선했을 뿐으로, 구식민지 사람들의 희생과 피해에 대해서는 어떠한 고려도 없었다고 할 수 있다.

---

79) 「對日平和條約關係-準備硏究關係(第六卷)」, 281쪽, 『日本外務省文書』 B'4001.

80) 「對日平和條約關係-第3次交涉關係(第一卷)」, 80~82쪽, 『日本外務省文書』 B'4006.

(3) 귀환일본인의 '사유재산 보상요구운동'

패전 후 한반도에서 귀환한 일본인들은 독자적인 움직임을 보이고 있었다. 귀환한 사람들은 1946년 3월 1일에 '조선 인양동포 세화회(朝鮮引揚同胞世話會)', 이어서 각지에 '인양호조회(引揚互助會)'가 결성되어, 귀환 일본인의 생활원호와 실정 조사, 중앙관청과의 연락과 다른 원호단체와의 연계, 정부에 대한 '재외 재산의 즉시 전액 보상' 요구 등의 활동을 시작했다.[81] 운동의 중심은 '재외 재산의 즉시 전액 보상' 요구였다. 1946년 7월, 조선귀환자대표(朝鮮引揚者代表)인 호즈미 신로쿠로(穗積眞六郞)와 사할린(樺太), 관동주, 남양군도 귀환자대표들은 「재외 개인재산보상에 관한 진정」을 정부에 제출하고, 그 속에서 '사유재산'이 존중되는 '국제법상 불변의 법규'와 '인류 세계의 도의'를 근거로 재외 재산에 대한 보상을 강력히 요구했다.[82]

조선 인양동포 세화회는 GHQ/SCAP의 명령으로 1945년 11월 8일에 포고된 「재외자산 등의 보고에 관한 대장성령」 제95호의 시행에 따라,[83] '재외재산 조사위원회'를 설치하고, 1947년 3월 2일에 『재조선 일본인 개인재산액 조사(在朝鮮日本人個人財産額調)』를 작성했다.[84] 이 조사에 따르면, 조선 인양동포 세회회는 토지(67억 8,025만 엔), 가옥(28억 2,375만 엔), 기타 기업 수익 자산(90억 207만 엔) 등 재산 총액 257억 7,115만 2,000엔이었다. 그 「설명」에도

---

81) 朝鮮引揚同胞世話會, 『事業槪況(自昭和二十一年三月至仝年八月)』, 1~5쪽 : 朝鮮引揚同胞世話會, 『引揚同胞』, 1946년 5월, 13~15쪽.
82) 穗積眞六郞外四名, 『在外個人財産補償に關する陳情』, 1961년 7월.
83) 大藏省外資局, 『在外財産等ノ報告ニ關スル大藏省令』, 1945년 11월 8일.
84) 朝鮮引揚同胞世話會, 『在朝鮮日本人個人財産額調』, 1947년 3월 2일.

있듯이 이러한 금액은 제반 자료가 '소실 또는 산일'된 상태에서 계산되었으며, 패전 직후에 물가가 '5배 내지 10배'로 등귀되어 인플레이션이 진행된 상태에서 계산된 것이어서 과대평가된 금액이라고 할 수 있다. 또한 외무성과 대장성 공동관리하에 설치된 재외자산조사회의 조사 「아국 재외재산 평가액(我國在外財産評價額)」에 따르면, 1945년 8월 15일 현재 한반도의 자산총액은 702억 5,600만 엔이라고 보고된 듯하나,[85] 이 역시 과대평가된 금액으로 생각된다.[86]

또한 1946년 11월 26일에는 '사단법인 인양자단체 전국연합회(社團法人引揚者團體全國聯合會)'(이하 인양전련)가 창립되었고 '재한일본인 사유재산' 보상요구운동은 인양전련 운동의 일환으로서 전개되었다.[87] 인양전련은 '수백만 명의 귀환자 및 백여만 명의 미귀환 동포'가 전쟁의 '최대의 희생자'로서 귀국자문제 해결이 '일본재건의 기초조건'이 된다는 전제 아래, ① 전쟁희생의 공평한 부담(재외근로자산 보상, 종전 후 재외동포구제자금의 보상 지불, 재외동포들의 전시공채 이자의 지불, 재외동포 귀환 촉진과 그 가족에 대한 철저한 원호)과 ② 갱생대책의 긴급 조치(주택 대책, 취업취로대책, 농

---

85) 伊藤哲夫, 「第二次世界大戰後の日本の賠償・請求權處理」, 『外務省調査月報』, 1994년 제1호.

86) 참고로 정태헌은 8·15 당시 일본에서의 자금유입 규모를 70~80억 엔으로 추정하고 있다(정태헌, 「일제하 財政・金融機構를 통한 資金 흐름의 실태」, 한국정신대연구회 편, 『한일 간의 미청산 과제』, 아세아문화사, 1997년, 4쪽).

87) '中央日韓協會', '華中引揚者協會', '臺灣協會', '全國樺太連盟', '滿蒙同胞援護會' 등이 참가해서 '引揚全連'을 결성했다(北條秀一・白戶忠愛共著, 『私有財産論-在外財産補償要求運動史-』, 構造社, 1971년, 序文, 71~73쪽).

지문제의 긴급해결)를 요구했다.88)

특히 인양전련은 대일평화조약 체결 이전부터 「헤이그 육전 법규」에 명기된 '사유재산불가침의 원칙'에 입각하여 '국제법과 경제원칙'에서 보아도 재외자산에 대한 몰수는 부당하다고 하면서, 연합국 측에 재외사유재산 반환요구운동을 전개했다. 대일강화조약 초안에서는 재외자산에 대한 처리가 완화되지 않았고, 중립국 기타지역에 존재하는 사유재산까지 몰수대상이 된다는 항목이 삽입되었기 때문에, '사유재산권에 대한 침해, 기본적 인권의 무시'라는 관점에서 반대를 표명했다. 1951년 9월 12일에는 '인양자전국대회(引揚者全國大會)'를 개최하고 "대일강화조약은 일본 국민의 사유 재산을 존중하지 않고 오히려 부정하는 불공정을 범했다"는 결의선언을 발표하고, 같은 해 10월 22일에 열린 '전국인양자대회(全國引揚者大會)'에서 「사유재산에 관한 결의」를 채택하여, ① 구 영토에 있는 일본국민의 사유재산은 해당 소유자에게 반환할 것, ② 배상에 충당되어 반환되지 않는 재외 사유재산을 정당하게 보상할 것 등을 요구했다. 대일강화조약 체결 후에는 일본정부에 대해 재외자산에 대한 철저한 조사와 보상을 요구했다.89) 후술하겠지만, 일본정부는 제1차 한일교섭에서 인양전련이 주장한 이론을 채용하여, '재한일본인 사유재산' 청구권을 주장하게 되었던 것이다.

패전 직후 한반도에서 귀환한 일본인들은 식민지 지배·전쟁의 가해자임과 동시에 피해자였다고도 할 수 있다. 그들이 전개한 사유재산 보상요구운동은 그들이 표현한 대로 국가가 수행한 식민지 지배·전쟁에 대한 가해와 피해의 '공평한 부담'을 요구하는 일본 국내

---

88) 引揚者團體全國連合會特別委員會, 『民主主義新日本建設の基礎條件としての戰爭犧牲の公平なる負擔問題(第一分冊)』, 1947년 6월 15일, 1~10쪽.
89) 同胞救護議員連盟, 앞의 책, 1952년, 43~44쪽.

에서만 통용되는 '민주주의' 운동이었는지도 모른다. 그러나 8·15를 경계로 피해자가 된 그들 자신이 8·15 이전에 많든 적든 식민지 지배·전쟁에 가담했다는 사실을 성찰하지 않았을 뿐만 아니라, 일본인이 당한 피해에 대한 보상운동에만 관심을 기울여, 식민지나 피지배국, 침략을 당한 지역의 민중이 입은 피해에 대한 민간보상요구와 연대하는 의지를 보여주지 않았다는 점에서, 그들의 보상요구운동은 한계를 띤 운동이었다고 할 수 있다. 또한 결과론이지만, 한일교섭에서 관료적인 충돌을 민간이 아래에서 뒷받침하는 대립구도를 만들어 내어 한국에서의 민간보상요구와 간접적으로 대립하게 되었다고도 할 것이다.

제2장

1950년대 이승만 정권하의 청구권 교섭

제2장 1950년대 이승만 정권하의 청구권 교섭

제1절 제1차 교섭 재고

1. 대일강화회의참가 좌절과 한일교섭 개최

1965년 6월 22일에 체결된 한일조약에서 한국과 일본 사이에 대립과 논쟁의 중심이 된 문제는 기본조약문제와 청구권문제였다.

기본조약문제에서는 한일 양국 정부 또는 양국 지역 사람들의 역사인식을 둘러싼 문제가 해결되지 않은 채 남겨졌다. 현재까지 많은 논자들이 그 점을 지적해 왔다. 1990년대에는 기본조약 제2조에 규정된 '1910년 8월 22일 이전에 대한제국과 일본제국 간에 체결된 모든 조약 및 협정'의 효력문제를 둘러싸고 한일 양국의 연구자 사이에 논쟁이 일어났다.[1] 지금도 계속되고 있는 이 논쟁은 근대로부터 현대에 걸친 양 지역의 역사를 대상으로 한 것이었으며, 기본조약의 문제점을 분명히 밝히고 양 지역 사람들의 역사인식의 재고를 촉진시키는 것이었다고 할 수 있다. 역사인식 재고를 위해서 식민지 지배의 전모와 식민지하 조선의 상황을 해명하고 그러한 역사를 어떻게 청산할 것인가라는 과제를 생각하는 것은 물론 필요하지만,[2] 동

---

1) 이 논쟁은 이태진과 운노 후쿠주(海野福壽)를 중심으로 일어났다. 이태진이 구조약무효, 식민지지배불법론을, 운노는 구조약형식상 '합법', 식민지지배부당론을 주장하고 있다. 이 논쟁에 대해서는 이하 문헌을 참조. 海野福壽, 『韓國倂合』, 岩波書店, 1995년 ; 同, 『日韓協約と韓國倂合-朝鮮植民地支配の合法性を問う-』, 明石書店, 1995년 ; 同, 『韓國倂合史の硏究』, 岩波書店, 2000년 ; 이태진 편저, 『일본의 대한제국 강점-"보호조약"에서 "병합조약"까지』, 까치, 1995년. 최근 일본의 월간지 『세카이(世界)』 지상에서 운노 후쿠주와 이태진의 논쟁에 사카모토 시게키(坂本茂樹), 사사카와 노리카츠(笹川紀勝) 등이 참가해서 논쟁은 계속되고 있다.

2) 坂本茂樹, 「日韓は舊條約問題の落とし穴に陷ってはならない」, 『世界』,

시에 1945년 이후 한국과 일본이 1945년 이전의 역사를 어떻게 규정하려고 했는지를 상대화시키는 작업 또한 중요하다.

청구권문제는 한일교섭 과정과 한일조약 체결 후에 늘 논쟁의 중심이 되었다. 왜냐하면 그것이 국가의 위신과 경제발전을 좌우하고, 동북아시아의 냉전 상황에도 적지 않은 영향을 미치는 현안이었기 때문이었으며, 무엇보다도 청구권문제가 과거의 역사인식을 반영한 것이었기 때문이었다. 특히 기본조약에서 한일 양측의 식민지 지배를 둘러싼 역사인식에 큰 간격이 있었기 때문에, 청구권문제의 의미와 내용, 해결 방법이 크게 상이해져 이 문제를 둘러싼 논쟁은 장기화되었다. 더욱이 냉전 종결 이후 청구권문제는 민간보상의 관점에서 재검토되고 있다. 이와 같이 청구권문제를 둘러싼 논의는 복잡하고 중층적이어서 문제의 얽히고 설킨 실타래를 하나씩 풀어갈 것이 요청된다.

원래 기본조약문제와 청구권문제는 제1차 교섭에서 처음 논의되었다. 기본조약문제의 틀은 제1차 교섭에서 만들어졌으며 그 이후에도 기본적으로 계승되었다. 또한 청구권문제는 제1차 교섭 결렬의 직접적 원인이 되었으며, 그 이후의 교섭에 큰 영향을 끼쳤다. 제1차 교섭에서 기본조약문제와 청구권문제를 둘러싼 논의는 그 이후의 한일교섭의 방향성을 결정지었다고 할 수 있다.

기존 연구에서는 타카사키, 이원덕, 정성화, 이종원, 그리고 필자가 제1차 교섭에서의 기본조약문제와 청구권문제를 둘러싼 논의에 대해 다루었다.[3] 이들 연구는 한일관계사 또는 한일교섭사의 일부로서 서술되었기 때문에, 충분한 논의가 전개되었다고는 할 수 없

1998년 9월호, 205쪽.
3) 高崎宗司, 李元德, Sung-hwa Cheong, 李鍾元 등의 책과 논문, 졸저를 참조.

다. 이 절에서는 종래의 연구 성과를 바탕으로 주로 GHQ/SCAP 외교국 자료와 한국 국회회의록, 신문기사를 분석해서 제1차 교섭에서 기본조약문제와 청구권문제를 둘러싼 논란의 경위와 내용에 대해서 재고해 보겠다. 또한 이 두 문제의 관련성에 관한 새로운 논의를 소개하고자 한다.

한일교섭은 일본의 식민지 지배를 청산하고 양국의 새로운 관계를 수립하기 위해 시작된 것이라고 하겠으나, 그 직접적인 계기는 과연 무엇이었을까? 선행연구에서는 일본 측의 의향은 어느 정도 밝혀졌지만, 한국 측의 의향에 대해서는 충분히 해명되지 않았다. 먼저, 한국 측이 왜 한일교섭 개최를 제기하게 되었는가라는 문제를 중심으로 제1차 교섭의 개시배경에 대해 재검토하고자 한다.

1951년 1월 말에 이승만 대통령은 「대일강화에 대한 한국의 근본방침」을 발표하고 1) 피해국의 일원으로서 강화회의에 참석할 것, 2) 1904년부터 1910년까지 한국정부가 강요당한 제 조약의 폐기, 3) 불합리한 배상을 요구할 의사가 없다는 것을 밝혔다.[4] 3월 20일경에 미국 국무부가 최초의 샌프란시스코 대일강화조약 초안을 한국정부에 전해주자,[5] 4월 16일 한국정부는 외무부에 '대일강화회의 준비위원회'(후일 '외교위원회'로 개칭)를 조직하고,[6] 대일강화조약 초

---

4) 「〈사설〉對日講和와 韓日友好促進」, 『동아일보』, 1951년 1월 29일.
5) 김동조, 『回想30年, 韓日會談』, 중앙일보사, 1986년, 10쪽.
6) 위원장은 장면 총리, 위원은 조병옥 내무장관, 김도연 법무장관, 배정현 대법관, 유진오 전 법제처장, 최두선 동아일보 사장, 장기영 한국은행 부총재, 손원일 해군 참모총장, 홍종인 조선일보 주필, 임송본 식산은행 총재, 홍진기 법무부 법무국장, 이건호·박재섭 고대 교수 등이었다. 또한 '소위원회'가 구체적인 대응 방안을 마련하여 '외교위원회'에 제출했다(유진오, 「남기고 싶은 이야기들－한일교섭(7)」, 『중앙일보』, 1983년 9월 5일 ; 김동조, 위의 책, 11쪽).

안의 검토 작업과 대응책의 입안작업을 시작했다. 이렇게 함으로써 한국정부는 연합국 측에 특별히 대한민국을 포함시켜야 한다는 견해를 국무부에 전달하여 '완전한 교전국'으로서 대일강화조약 체결에 참가할 것을 강력히 요망하게 되었다.7)

그런데 1951년 봄에 미국과 영국은 대일강화조약 초안 작성의 최종 조정작업 과정에서 한국은 대일강화회의에 참가하지 못한다고 결정했다.8) 연합국 측은 한국임시정부를 승인한 적이 없고 한국과 일본은 교전상태가 아니었다는 인식이 그 결정의 근거가 되었다. 이 결정을 바탕으로 7월 9일 덜레스 국무장관 특별보좌관은 양유찬 주미한국대사에게 대일강화조약 제2초안(미영공동안)을 건네고 "일본의 교전국이고 1942년의 연합국선언에 조인한 국가만이 이 조약에 조인할 수 있다. 따라서 한국정부는 이 조약의 서명국이 될 수 없다"고 전했다.9) 양유찬은 대한민국 임시정부가 일본과 교전상태에 있었다고 반론했지만, 덜레스는 대한민국 임시정부를 승인한 적이 없다며 양유찬의 주장을 물리쳤다. 8월 16일 국무부는 대일강화조약의 최종 초안을 발표하고 한국의 대일강화회의 불참을 공표했다.

이에 대해 이승만은 9월 3일의 기자회견에서 일본제국주의에 맞서 가장 오랫동안 투쟁했던 한국이 대일강화조약 서명국에서 제외

---

7) 7월 11일 양유찬의 기자회견 내용(『동아일보』, 1951년 7월 13일).
8) FRUS, 1951, Vol.Ⅳ, p.1111, pp.1182~1184. 한국의 대일강화회의 참가 문제를 둘러싼 미국 국무부, 영국 외무부, 주한미국대사관, 일본 외무성과의 논의에 대해서는 다음과 같은 논문을 참조. Sun-Hwa Cheong, op.cit., pp.77~98 ; 塚本孝, 「韓國の對日平和條約署名問題-日朝交涉, 戰後補償問題に關連して-」, 『レファレンス』제42권 3호, 1992년, 96~98쪽 ; 太田修, 「李承晩政權の對日政策-『對日賠償』問題を中心に」, 『朝鮮史研究會論文集』제34집, 1996년 10월, 67~69쪽.
9) FRUS, 1951, Vol.Ⅳ, Asia and Pacific, part 1, pp.1182~1183.

되었다는 것은 도대체 이해할 수 없다며 항의했고, 대일강화조약은 일본의 경제적·군사적 재건을 기도하는 것이며 일본이 연합국의 원조로 또다시 아시아의 지배적 경제국가로서 재건되어서는 안 될 것이라고 말했다.10) 한국정부는 대일평화회의 참가 좌절을 계기로 미국의 대일정책을 비판하기 시작했다.

한편 한국에서는 외무부에 설치된 외교위원회에서 3월과 7월에 전달된 대일강화조약 초안에 대해 조사·검토 작업이 진행되었고, 국회와 신문지상에서 논의가 전개되었다. 그 과정에서 가장 강조된 것은 제4조 (a)항의 수정문제였다.

외교위원회는 제2장 제4조의 수정문제를 중점적으로 조사·검토 했는데, 그 위원의 한 사람이었던 유진오는 「대일강화조약의 검토」라는 논문을 7월 25일부터 7회에 걸쳐서『동아일보』에 실었다.11) 유진오의 글은 대일강화조약 제2초안의 문제점을 지적한 최초의 본격적인 논문이었으며, 그 내용으로 미루어 볼 때 외교위원회에서의 조사·검토 작업의 성과를 정리한 것으로 생각된다.

유진오의 논문에서 가장 주목할 점은 제4조 (a)항을 비판하는 '법리적 근거'를 제시한 점이다. 유진오는 "1945년 8월 9일 현재 및 그 이후에 한국에 있는 일본 및 일본인의 모든 재산은 동년 12월 6일의 군정법령 제33호에 의하여 동년 9월 25일로써 군정청에 귀속(vest)되어 군정청은 이를 소유(own)하게 된 것이며(군법령 제2호) 군정청의 그러한 권리는 1948년 9월 11일의 한미 간의 재정 및 재산에

---

10) 『조선일보』, 1951년 9월 5일.
11) 유진오는 이 글을 '일개 학구의 입장'에서 쓴 것이라고 말했으나 이 글의 내용에서 판단하면 '외교위원회'에서의 조사·검토 결과를 정리한 것이라고 하겠다. 유진오, 「對日講和條約案의 檢討」(上), (二)~(六), (完), 『동아일보』, 1951년 7월 25일~8월 1일.

관한 최초 협정 제1조에 의하여 완전히 대한민국 정부에 이양된 것이므로 한국은 일본 및 일본인과는 아무 관계없이 한국에 있는 모든 일본재산에 관한 완전한 권리를 취득하였다"라는 '법리적 근거'를 제시해서 대일강화조약 초안 제4조 (a)항의 재한 일본 및 일본인 재산 처리는 한일 양 정부의 특별협정의 주제로 한다는 내용을 비판했다.

그리고 유진오는 한국이 재한 일본 및 일본인 재산 처리의 "완전한 권리를 취득했다"는 조문을 대일강화조약에 삽입하도록 국제사회에 촉구하여 "정부나 국민이나 모든 노력을 경주하여 제4조를 수정"하도록 요구해야 한다고 주장했다. 나아가 만일 일본 측이 "① 한국은 일본과 전쟁상태에 있지 않았다는 것, ② 한국은 연합국이 아니라는 것, ③ 따라서 한국은 일본으로부터 배상을 받을 자격이 없고 따라서 한국은 재한일본인 재산을 취득할 권한이 없다는 것, ④ 한국이 일본으로부터 배상을 받는다 하여도 (…) 막대한 금액에 달하는 재한일본인 재산 중 한국이 받을 금액을 제한 차액을 일본에 반환하여야 한다"고 문제제기를 하고, 미국이 그것을 지지하게 되면 한국은 "단호하게 한일합방조약의 불법성을 주장함으로부터 시작하여 통치 36년간에 우리가 받은바 모든 손해에 대한 보상을 요구"해야 한다는 대항 조치를 제안했다.

현재까지 확인가능한 한에서 유진오의 논문은 일본 측의 '재한일본인 사유재산(在韓日本人私有財産)' 청구권 주장에 대한 대항 조치로서 '한일합방조약의 불법성 주장'이란 전술을 처음 제시한 자료이고,[12] 후일 한일교섭에서 한국 측 주장의 이론적 근거를 제공한 것

---

12) 운노 후쿠주의 연구에 따르면, 3·1독립운동 중에 한국병합조약 등의 제조약무효론이 널리 지지되었다(海野福壽, 『韓國倂合史の硏究』, 3~9쪽). 또한 한국정부는 1949년에 작성한 『대일배상요구조서』 서문에서

이라 할 수 있다.

 국회에서는 7월 14일부터 19일까지 대일강화회의 참가문제와 대일강화조약 제2초안이 토의되었다. 우선 14일에 임영신 의원이 한국도 대일강화조약에 서명하고 대일배상요구의 정당성을 명기해야 한다고 말하고, 이에 관한 정부의 견해 표명을 요구했다.[13] 이 요청에 대해서 16일, 변영태 외무부 장관은 대일강화조약 서명문제에 대해서는 언급하지는 않았으나, "재한일본인 재산은 [일본이] 40년 동안 교묘하게 조직적으로 우리의 모든 것을 착취한 결과로서 생긴 말하자면 부당이득"이라고 규정하고 대일강화조약 제2초안 제4조를 거절하는 데 "충분한 정의·인도에 입각한 근거"가 있다고 답변했다.[14] 19일에는 서범석 의원이 「외교사절단 파견에 관한 건의안」을 제출하고 제4조가 한국의 "경제적 자주성을 말살할 우려가 있으므로 이에 대처하기 위하야 대일대미외교사절단을 정부에서 지급히 파견할 것"을 요청했다.[15] 또한 21일에는 야당인 민국당이 「대일강화조약 초안에 대한 민국당 성명」을 발표하고, 제4조의 수정을 요구했다.[16] 국회와 민국당의 제4조 비판의 이론적 근거는 앞에서 유진

 "우리는 을사조약의 무효성을 국제법적으로 변명할 수도 있고 또는 '카이로'·'포쓰담'의 양선언의 진의를 천명하여 한국에 대한 일본의 과거 삼십육년간의 지배를 비합법적 통치로 낙인하는 동시에 그간의 피해 입은 방대하고도 무한한 손실에 대하여 배상을 요구할 수도 있"으나 이러한 배상을 요구하지 않겠다고 말하고 "을사조약의 무효성"에 대해 언급했다(외무부 정무국, 『對日賠償要求調書』, 3쪽). 그러나 대항조치로서 '한일합방의 불법성'을 제시한 것은 유진오의 논문이 처음이라고 생각된다.

13) 『제11회 국회임시회의 속기록』 제26호, 국회사무처, 1951년 7월 14일.
14) 『제11회 국회임시회의 속기록』 제27호, 국회사무처, 1951년 7월 16일.
15) 이 건의안은 73 대 1로 가결되었다. 『제11회 국회임시회의 속기록』 제29호, 국회사무처, 1951년 7월 19일.

오가 제시한 것과 같은 내용이었다.

『동아일보』는 7월 16일 사설에서 '적색제국주의의 침략에 대한 태평양연안 민주 제국가의 집단안전보장'의 확보와 '민주화된 일본'이라는 시각에서 대일강화조약을 긍정적으로 평가했으나, 18일 사설에서는 태도가 바뀌어 대일강화조약 제2초안 제4조가 "한일 간의 민주제휴를 촉진시키는 것보다도 오히려 우리의 일본에 대한 숙감(宿憾)을 조장하게 될 우려를 느끼는 조항"이라고 비판하고 제4조에 "일본과 일본인은 1945년 8월 9일 이전에 한국에 소유하였던 일체의 재산을 포기한다"는 문장을 삽입할 것을 제안했다.17) 또한 30일에는 '전국애국단체대표자회'가 '대일강화조약 초안 수정요청 총궐기대회'를 개최하고『동아일보』사설과 동일한 대일강화조약 수정안을 결의했다.18)

한국정부는 국회에서 결의된 외교사절단 파견 요청에는 응하지 않았으나 국회와 여론의 지지를 얻어, 제4조 수정을 위한 외교활동을 전개했다. 7월 19일에는 양유찬이 다시 국무부를 방문하고 덜레스에게「대일강화조약 초안수정 요망서」를 전달했다. 그 속에서 일본이 "1945년 8월 9일 한국에 대한 모든 권리와 권한, 청구권, 그리고 일본의 지배 이전 한국의 일부였던 도서(島嶼)를 포기했다"는 어구를 제4조 (a)항에 삽입할 것, 모든 재한일본인 재산은 1948년 9월 11일 '한미 경제 및 재정협정'에 따라 한국에 이양된 것을 제4조 (a)항에 명기할 것 등을 요구했다.19)

---

16)「對日講和條約草案에 對한 民國黨 聲明」,『동아일보』, 1951년 7월 21일.
17)「〈사설〉對日講和와 集團安全保障」,『동아일보』, 1951년 7월 16일 ;
　　「〈사설〉講和草案과 韓國의 權益」,『동아일보』, 1951년 7월 18일.
18)『동아일보』, 1951년 7월 31일.
19) FRUS, 1951, Vol.Ⅵ, Asia and the Pacific, part 1, pp.1202~1206,

이에 대해서 국무부는 8월 10일의 각서에서 일본이 조선통치권을 방기한 날짜를 1945년 8월 9일로 한다는 내용은 거부했으나, 미군정에 의한 재한일본인 재산의 처리에 대한 수정안은 받아들일 것을 표명하고, 다음 날 제4조의 수정안을 한국정부에 전달했다.20) 그리고 16일에 대일강화조약 최종 초안을 발표하고 다음과 같이 제4조에 새로 (b)항을 삽입했다.

제4조
(a) 본조 (b)의 규정을 유보하고, 제조에 규정된 지역에 있는 일본 및 일본국민의 재산 및 현재의 해당지역의 시정당국 및 주민(법인을 포함한다)에 대한 청구권(채권을 포함한다)의 처리와 일본에 있어서의 전기 당국 및 주민의 재산 및 일본과 일본국민에 대한 청구권(채권을 포함한다)의 처리는 일본과 전기 당국 간의 특별협정에 의하여 결정된다. 제2조에 규정된 지역에 있는 연합국 또는 그 국민의 재산은 아직 반환되어 있지 않는 한 시정당국이 현상대로 반환하여야 한다(국민이라는 용어는 본 조약에서 사용되는 한 항상 법인을 포함한다).
(b) 일본은 제2조 및 세3조에 규정된 지역의 미합중국 군정에 의하여 또는 그 지령에 의하여 행하여진 일본과 일본

---

19 July 1951, 양유찬은 덜레스에게 "1. 한국을 대일전에 참가한 교전국으로 인정할 것, 2. 일본은 한국에 대하여 정부소유 개인소유를 불문하고 모든 재산요구권을 포기할 것, 3. 한국을 대일강화조약의 조인국으로 할 것, 4. 한국과 일본 간 어업수역을 명백히 결정할 것, 5. 일본은 대마도 '파랑도' 및 일본해역의 독도에 대한 요구를 포기할 것"을 내용으로 하는 대일강화조약 초안 수정 요망서를 제출했다(『동아일보』, 1951년 7월 22일).
20) Sung-Hwa Cheong, op.cit., p.97.

국민의 재산의 처리의 효력을 승인한다.[21]

이 최종 초안을 받아서 변영태 외무장관은 17일의 국회에서 제4조가 수정된 사실을 보고했다.[22] 이렇게 하여 한국정부는 대일강화조약 서명에 실패하고「대일강화조약 초안수정 요망서」의 내용도 전면적으로 받아들여진 것은 아니었으나, 일단 제4조의 수정에는 성공했다.

그런데 대일강화조약 제4조에서 주목해야 할 점은, '청구권'이라는 용어가 한일의 특수한 과거관계를 처리하는 개념으로서 국제조약 안에 등장한 사실이다. 이후의 청구권 교섭은 이 제4조의 내용을 전제로 진행되었으며, 한일 양 정부는 1950년대의 교섭에서 제4조의 해석을 둘러싸고 격렬하게 대립하였고, 1960년대에는 제4조에 규정된 청구권을 '경제협력' 방식으로 처리하게 되었다. 따라서 제4조에 나타난 청구권이라는 용어는 후일의 청구권교섭과 1965년에 체결된 재산청구권·경제협력협정의 내용에 직접적 영향을 주었다는 점에서 중요하다.

그러나 대일강화조약 제4조는 청구권의 처리를 양국 간의 특별협정의 주제로 한다는 것을 제시했을 뿐, 청구권의 내용과 의미, 성격을 분명히 규정하지는 않았다고 할 수 있다. 분명한 것은 청구권이 일본과 연합국에서 제외된 한국 사이에 처리되어야 할 것이라고 한 것에 지나지 않고, 더욱이 식민지 지배·전쟁으로 인한 손해와 피해의 청산을 규정한 개념은 아니었다는 사실이다.

---

21) 外務省條約局·法務部法制意見局 編,『解說 平和條約 - 付米日安全保障條約』, 1951년, 18~19쪽 ; 외무부 정무국장 편,『한일관계참고문서집』, 1958년, 10쪽.
22)『제11회 국회임시회의 속기록』제45호, 국회사무처, 1951년 8월 17일.

그런데 세계사를 되돌아보면 이와 같은 대일강화조약의 규정이 특수한 것은 아니었음을 알 수 있다. 지금까지 체결된 국제조약에서 식민지 지배에 의한 피해와 손해회복이란 문제는 다루어지지 않았던 것이다. 영국이 인도에 대한 식민지 지배에 대하여, 프랑스가 베트남에 대한 식민지 지배에 대하여, 미국이 필리핀에 대한 식민지 지배를 사죄하고 그 손해와 피해에 대한 회복 방법을 규정한 조약을 작성하여 체결한 적은 없었다. 국제조약을 작성한 주체는 1945년 이전에는 제국주의국가들이었으며, 1945년 이후에는 자본주의 진영의 강대국가들이었다. 이들 국가는 과거에 식민지를 영유하고 있었기 때문에, 식민지 지배를 사죄하고 피지배국과 합의하여 그 피해를 청산한다는 관점을 갖고 있지 못했다. 대일강화조약 역시 과거에 식민지를 영유했던 국가들이 만든 조약이었기 때문에, 그 속에서 식민지 지배문제가 제외된 것은 예외적인 것이 아니라 오히려 당연한 귀결이었다고 생각된다. 제1장에서도 언급한 것처럼 대일강화조약은, 일본과 교전상태에 있었던 연합국, 즉 전승국과 패전국 사이의 강화라는 논리의 배후에서 양자의 식민지주의를 계속해서 용인하고 있었던 것이다.

이리하여 대일강화조약은 식민지 지배·전쟁에 의한 피해 청산이라는 철학을 결여한 청구권이라는 용어를 제4조에 제시했다. 그리고 한일 양 정부는 그 규정에 따라 청구권문제를 토의하게 되었다.

결국 제1차 교섭부터 제7차 교섭까지 한일 양국 대표들이 토의한 청구권문제란, 식민지 지배·전쟁에 의한 피해와 손해의 청산을 지향한 것이 아니라, 과거 양국 간의 재산의 피해와 손해를 처리하기 위해서 논의된 문제였다. 바로 여기에 근본적인 문제가 있었던 것이다.

어쨌든 건국 당초부터 한국정부는 대일강화조약에 서명함으로써 한일 간의 모든 현안을 한국 측에 유리하게 해결하고, 공산주의 진영에 대항하는 자본주의 진영의 일원으로서 인정받는 것을 목표로 하고 있었다. 그러나 1951년 여름에 대일강화조약 서명국에서 제외된다는 결정을 정식으로 통고받음에 따라 당초의 정치목표 달성이 불가능해지자, 차선책으로서 한일 양국 간 교섭에 의한 현안 해결이라는 방법을 선택하게 된 것이다.

7월 4일, 부산의 무쵸 주한미국대사는 한국정부가 일본과 직접 교섭을 시작할 의사가 있으며 국무부의 중재를 원하고 있음을 워싱턴에 보고했다.[23] 또한 이 보고에 따르면, 이승만 대통령과 관료들은 대일강화조약 체결 후에는 일본이 정치적으로 유리하게 될 것이라고 생각했기 때문에 그 이전에 배상, 어업, 재일한인(한국 측은 일본에 재주하고 있던 조선인을 북한에 대항하기 위해서 이와 같이 불렀다)의 국적, 외교관계 수립 등 제반 현안을 한일교섭을 통해서 해결하는 길을 선택했다. 즉 한국정부 입장에서 볼 때 대일강화회의 참가 좌절은 한일교섭 개시를 결단하게 만든 직접적인 계기였던 것이다.

다만 미국 측 외교문서와 유진오의 회고를 종합해서 생각하면, 한국정부가 한일 간의 현안 해결에 심각하게 임했다고는 하기 어렵다. 이승만은 애초 일본으로부터 어떤 합의를 얻어낼 생각이 없었고,[24] 미국 측 역시 한국이 준비 부족이라는 인상을 받았다고 지적하고 있다.[25] 결국 한국정부는 한일 간의 현안 해결에 전력을 기울였다기

---

23) Sung-Hwa Cheong, op.cit., p.100.
24) 유진오, 「남기고 싶은 이야기들 – 한일교섭(21)」, 『중앙일보』, 1983년 9월 23일.
25) Informal letter from W. J. Sebald to Amb John J. Muccio, Nobember 2, 1951, RG84, Japan post, decimal 320, Japan-Korea folder, 日本國立國會圖書館憲政資料室所藏(이하 동일).

보다는 대일강화조약 서명국에서 제외됨으로 인해 실추된 국제적 위신의 회복, 일본을 중요시하는 미국의 동북아시아 정책에 대한 견제와 미국의 한국지원 유지, 대일외교에 대한 국민의 지지 획득[26] 등의 목적을 더 유리하게 달성하기 위해서 한일교섭 개시에 착수했다고 생각된다.

이에 대해 한국이 일본과 교전국이 아니었다는 이유로 한국의 대일강화조약 서명에 반대하고 있었던 일본은, 재일조선인은 연합국 국민의 지위를 획득할 수 없다는 취지를 대일강화조약에 명기한다면 한국의 대일강화조약 서명에 굳이 반대하지 않겠다고 미국 측에 전달했다.[27] 일본 측은 한국의 대일강화회의 참가문제보다도 재일조선인 문제의 처리에 더 큰 관심을 갖고 있었던 것이다.

외교국의 카펜터(Carpenter)가 작성한 각서 「한일관계에 영향을 미치고 있는 기본적 태도(Basic attitudes affecting Japan-Korea Relations)」와 이에 대한 본드(Niles W. Bond)의 논평에 따르면, 일본정부는 조선인에 대해 '경멸 섞인 우월 의식'을 갖고 있으면서도 한편으로는 해방된 지 얼마 되지 않은 그들을 '공포와 불신'의 눈으로 보고 있었다.[28] 특히 공산주의 세력과 연결된 재일조선인의 존재를

---

26) 10월 14일 부산에서 재일동포권익옹호회, 대한청년단, 대한부인회 주최로 '재일동포권익옹호국민대회'를 개최하고 "(1) 한국정부가 요구한 배상금 전액을 시급히 지급할 것, (2) 대한민국민은 일본에서 영구히 거주할 수 있는 권리와 또 자유롭게 퇴거할 수 있는 권리를 부여할 것" 등 5개 항목을 요구하고 한국정부의 입장을 지지했다(Incoming Message from Amembassy Pusan〈John J. Muccio〉 to SCAP USPOLAD Tokyo 〈W. J. Sebald〉, October 16, 1951, RG84, Japan post, decimal 320, Japan-Korea folder, 『조선일보』, 1951년 10월 19일).

27) FRUS, 1951, Vol.Ⅵ, Asia and the Pacific, part 1, pp.1007~1008 ; 塚本孝, 앞의 논문, 96~97쪽.

28) "Basic attitudes affecting Japan-Korea Relations" from SCAP Tokyo

일본 국가에 대한 위협이라고 느끼고 있었다. 일본정부의 조선문제에 대한 최대의 관심사는 그와 같은 '바람직하지 않은' 사람들을 추방하거나 관리하는 데 있었던 것이다. 일본정부는 재일조선인의 국적과 대우문제를 조속히 협의할 것을 원하고 있었으나, 기타 현안에는 특별한 관심을 갖고 있지 않았다. 따라서 한일교섭의 의제도 재일조선인의 국적과 대우문제에 한정해야 할 것이라고 생각하고 있었던 것이다.

한편 부산과 토쿄의 보고를 받은 워싱턴의 국무부는 8월 15일에 외교국이 한일 직접교섭을 알선할 것과 의제를 재일조선인의 법적지위문제에 한정할 것을 인정했다. 미국 측은 큰 상황에서는 냉전전략의 일환으로서 '지역통합' 구상을 추진하는 관점에서 한국과 일본의 정치·경제 관계의 강화가 불가결하다고 생각했으며,29) 작은 상황에서는 일본정부와 마찬가지로 재일조선인 문제를 처리하기 위해 한일교섭을 시작해야 한다고 생각하고 있었다. 다만, 이와 같은 정책은 미국 측이 전면에 나서서 한일교섭에 직접적으로 개입하는 것을 의미하는 것은 아니었다.

1951년 여름, 워싱턴의 국무부 본부와 토쿄의 GHQ/SCAP 외교국, 부산의 주한미대사관 사이에 한일교섭에 어떻게 관여할 것인지의 문제를 둘러싸고 많은 의견교환이 있었다. 국무부는 미국의 알선 아래서 한일교섭 개최를 원하는 한국 측 요청을 받아들여, 교섭을 중재하기 위해 특사를 파견할 의사가 있음을 토쿄의 시볼트(William J. Sebald) 외교국장과 부산의 무쵸에게 전했다. 그러나

Japan(Niles W. Bond) to Dept of State Wash DC, December 15, 1951, Ibid.

29) 李鍾元,「韓日會談とアメリカ―＜不介入政策＞の成立を中心に」,『國際政治』제105호, 1994년 1월.

시볼트와 무쵸는 GHQ/SCAP이 전면에 나서서 중재한다는 워싱턴의 의향에 반대했다.30) 시볼트는 "양국이 독립적으로 문제를 해결할 기회를 주지 않고 미국이 간섭하는 것은 선의보다 오해를 낳게 된다"고 말하고 "미국의 개입 없이 한일교섭이 시작되어야 한다"고 권고했다.31) 무쵸 역시 "미국의 업저버 참가는 필요하겠지만 그것은 한일 양국의 독립적인 행동을 고무시키는 것이어야 하며 교섭 타결을 위해 중재적인 역할이 필요하다고 판단될 때까지 간섭하지 않는 것이 좋다"고 전했다.32) 결국 국무부는 시볼트와 무쵸의 진언을 받아들여 한일교섭에 미국은 업저버로서 참가하고 직접적으로 '간섭'하지 않는 정책, 즉 '불간섭정책'33)을 선택하게 되었다.

국무부의 재가를 받은 시볼트는 한일교섭을 10월 8일에 개시하고 의제를 재일조선인의 법적 지위문제에 한정할 것을 한일 양 정부에 통지했다. 이에 대해서 한국정부가 의제 확대를 강력히 주장했기 때문에, 13일 외교국과 일본정부는 '재일한인의 법적 지위' 문제와 '한일 간의 현안에 관한 의제 확대와 장래의 한일교섭의 방법과 절차'를 의제로 하여 교섭을 20일부터 개최하기로 합의했다.34)

---

30) "Negotiations Between Korea and Japan", Check Sheet from Deplomatic Section(W. J. Sebald) to Chief of Staff, September 28, 1951, Ibid.
31) Outcoming Message from SCAP Tokyo Japan(W. J. Sebald) to Department of State Washington, October 2, 1951, Ibid.
32) Incoming Message from American Embassy Pusan(John J. Muccio) to SCAP(USPOLAD) Tokyo Japan, September 23, 1951, Ibid.
33) '불간섭정책'에 대해서는 李鍾元, 앞의 논문을 참조할 것. 이종원도 말했듯이 '불간섭정책'은 그 자체가 하나의 정치적 표현이었다.
34) Outcoming message from SCAP Tokyo Japan to American Embassy Pusan, October 13, 1951, Ibid. 일본 외무성은 10월 11일 의제 확대에 응할 것을 SCAP에 전했다("Legal Status of Koreans Resident in Japan", from Ministry of Foreign Affairs to General Headquarters, Supreme

이로써 예비교섭은 1951년 10월 20일 토쿄 GHQ/SCAP 회의실에서 시작되었다. 우선 시볼트가 짧게 개회사를 하면서, SCAP 대표는 옵저버로서 참여하겠으며, 회의 진행에는 어떤 간섭도 하지 않겠다는 뜻을 양측에 전달했다. 다음으로 이구치 사다오(井口貞夫) 일본측 수석대표가, 이 교섭이 '영원한 일한관계를 구축하기 위한 새로운 기초'가 되기를 바란다고 말하고, 특히 재일조선인의 국적문제를 해결하기 위해 열린 교섭이란 점을 강조했다.35)

마지막으로 양유찬 한국 측 수석대표가 과거 역사와 '공산주의 공세의 위협'을 주된 내용으로 하는 연설을 했다.36) 양유찬은, "오랜 기간의 일본점령은 쉽게 해결하기 어려운 많은 문제를 한국민에게 남겼다. 서기 1905년부터 1945년까지 우리는 자기 집의 주인이 아니었고 스스로 원하는 기구를 만들 수 없었다. 우리의 경제적 처지는 일본의 경제와 밀접하게 또는 가차 없이 연결되어 일본의 발전에 종속되었다. 그 결과 우리의 산업발전은 불건전하고 독립할 수 없게 짜여졌다. 아울러 점령 기간 중 우리는 모든 진보적인 사회에 불가결한 기술 및 경영 훈련과 경험을 저지당했다"고 일본의 식민지 지배를 비판하고, "대부분의 한국인이 품은 감정의 대강은 과거를 잊어버리는 법 없이, 일본과 대등하고 주권을 갖는 이웃나라로서 세계

Commander for the Allied Powers, October 11, 1951〈外務省記錄, 「連合軍司令部往信綴」, 『GHQへの日本政府對應文書總集成』, 竹前栄治監修, 제24권, エムティ出版, 1994년, 725쪽〉).

35) "Summary of the proceeding of the Japan-Korea conference", October 25, 1951, RG84, Japan post, decimal 320, Japan-Korea folder.

36) 선행연구는 유진오의 회고록을 사용해 왔으나, 이 글에서는 中央日韓協會譯, 「第一次日韓會談時의韓國代表聲明-梁裕燦, 昭和二十六年<1951>十月二十日」(財團法人友邦協會・社團法人中央日韓協會資料, 學習院大學東洋文化硏究所 所藏)를 인용한다.

의 자유국사회로 살아감을 원하는 것에 지나지 않는다. (…) 일본은 시장을 필요로 하고 한국도 그것을 필요로 한다. 일본에서는 원료를 필요로 하고, 한국도 또한 그것을 지킬 필요가 있다. 일본이 자국민을 부양하기 위해 공업화를 추진할 필요가 있듯이 한국도 마찬가지다"라고 말하고, 일본과 대등한 관계수립을 강조했다.

더욱이 한국은 공산주의의 전진에 대한 방벽으로서 고난, 파괴, 죽음이라는 큰 대가를 현재 치루고 있기 때문에, '공산주의의 위협'을 고려하면서 한일교섭에 임할 필요도 있다고 하며, 냉전의 관점에서 한일관계를 재구축할 것을 호소했다.

마지막으로 "먼저 눈앞에 쌓인 제 문제를 해결하여 건전한 기초를 만들고 그 기초 위에 새로운 신용을 구축할 수 있도록 함께 노력"하자는 말로 연설을 끝내고, '과거 역사의 해결'을 '새로운 관계 수립'에 우선시키는 원칙을 내세웠다.

회의 종료 후, 일본 측은 시볼트에게 양유찬의 연설에 대한 불만을 말하고 휴회할 것을 제안했으나 시볼트는 일본이 교섭에서 철수하는 것은 "한국뿐만 아니라 장래 일본과 국교정상화를 원하는 아시아 국가들에 대한 중대한 신용훼손"이 된다는 사실을 환기시키고 교섭을 방기하지 않도록 설득했다.[37] 또한 시볼트는 양유찬에게 "과도한 표현을 사용하면 일본 측의 협조를 얻을 수 없다"고 충고했다.[38]

그 후 한일 양 정부 대표는 '재일한인의 법적지위위원회'와 '선박분과위원회'를 설치하여 논의를 진행시켰으나, 본 교섭의 의제를 둘

---

37) Telegram from Sebald to Secretary of State, October 20, 1951, Ibid.
38) William J. Sebald, With MacArthur in Japan-A personal history of occupation, New York: W. W. Norton & Company. Inc., 1965, p.288 (일본어역 野末賢三譯, 『日本占領外交の回想』, 朝日新聞社, 1966년).

러싸고 의견이 대립했다. 한국 측은 한일 간의 현안에 관한 장래의 교섭 방법과 절차를 토의하는 것이 중요하다고 했으나, 일본 측은 "관계 각 부처에서 토론 중이며 아직 그러한 의제를 논의할 준비가 되지 않았다"며 토의를 회피하려고 했다.39) 그러나 결국 일본 측이 한국 측의 주장을 받아들여, 쌍방은 12월 4일 제10회 회의에서 5항목의 의제(재일조선인의 법적지위문제, 외교관계수립문제, 청구권 문제, 어업문제 등)를 결정하고 1952년 2월 중순에 본 교섭을 열기로 합의했다.40)

2. 기본조약문제를 둘러싼 논의

제1차 교섭은 1952년 2월 15일에 토쿄에서 시작되었다. 그날, 마쓰모토 슌이치(松本俊一) 일본 측 전권대표와 김용식 한국 측 전권대표는 과거의 지리적·경제적 밀접성과 장래의 우호관계를 강조하는 형식적인 연설을 했다. 원래 김용식의 연설원고에는 '장기에 걸친 노예상태'를 언급한 내용이 포함되어 있었지만, 사전 조정 과정에서 일본 측이 김용식을 설득한 결과, 그 부분은 삭제되고 말았다.41) 이렇게 해서 예비교섭에서 재현될 긴장은 사전에 회피되어, 최초의 교섭은 '부드러운 분위기' 속에서 시작되었다.

---

39) "Summary of the proceeding of the Japan-Korea conference", October 30, 1951, RG84, Japan post, decimal 320, Japan-Korea folder.
40) "Korean-Japanese Negotiations in Tokyo", Outcoming Message from SCAP Tokyo Japan(Sebald) to Dept of State Wash DC, December 4, 1951, Ibid.
41) "Korea-Japan Negotiations Open in Tokyo", Weekly political notes from Japan, Febrary 15~22, 1952, 794. 00/2-2352, RG 59, Internal Affairs of Japan, Wilmigton, Del: Scholay Resources, 1990.

다음 날 16일의 제2회 본 회담에서 쌍방은 전년의 예비교섭에서 합의했던 5항목의 의제, 즉 ① 외교관계의 수립 ② 양국 및 양국민의 재산과 청구권처리, ③ 어업협정체결, ④ 해저케이블부설에 관한 토의, ⑤ 통상항해조약의 체결에 대해서 토의를 개시하고, 새롭게 '어업위원회'와 '재산 및 청구권 위원회'를 설치하기로 했다.42)

이날, 일본 측은 전문(前文)과 9개 조로 이루어진 「일본국과 대한민국 간의 우호조약 초안」을 제출했다.43) 전문에서는 ① 일본국이 대일강화조약규정에 따라 조선의 독립을 승인하고, 제주도와 거문도 및 울릉도를 포함한 조선에 대한 모든 권리·권한 및 청구권을 방기했다는 것, ② 양국 간에 항구적인 평화와 견고하면서도 영속적인 우호관계 및 경제관계를 유지할 것을 결의해 각종 현안을 신속하게 해결할 것 등이 제시되어 있었다.

9개 조 조문의 골자는 ① 양국은 동아시아 및 세계평화유지에 기여하기 위해 우호적으로 협력한다(1조), ② 양국은 외교 및 영사관계를 설정한다(2조), ③ '재일한인'은 대한민국국민으로 일본국민이 아님을 확인한다(4조), ④ 양국의 청구권문제를 '화협의 정신'과 '정의와 형평의 원칙'에 따라 해결한다(6조), ⑤ 양국은 어업보존 및 발전을 규정하는 협정을 체결한다(8조) 등이었다.

20일의 제3회 본 회담에서 '기본관계위원회' 설치가 결정되어,44) 22일에 외무성에서 제1회 회의가 열렸다. 일본 측 대표는 오노 카츠미(大野勝巳) 외무성 참사관, 한국 측 대표는 유진오였다. 일본 측은 먼저 ① 대일강화조약 제2조에 의해서 일본은 한국의 독립을 승

---

42) 『朝日新聞』, 1952년 2월 16일 ; 외무부 정무국, 『韓日會談略記』, 1952년 7월 20일(이하 『韓日會談略記』, 1952년). 29쪽.
43) 『韓日會談略記』, 1952년, 65~73쪽.
44) 「日韓關係に橫たわるもの」, 『世界週報』, 1953년 11월 11일, 18쪽.

인하고 '우호조약'을 체결해야 한다고 인식하고 있다, ② 재일조선인의 법적 지위협정체결에 있어, 본 조약에서 '기존의 효과'(일본의 법령적용에 의해 발생한 효과)를 승인할 필요가 있다, ③ 한국이 대일강화조약의 적용을 받을 수 있는 제 조건(청구권문제, 어업협정문제 등)에 대해서 본 조약에서 규정할 필요가 있다 등, 「우호조약 초안」의 제안이유를 설명했다.45) 말할 것도 없이, 일본 측은 식민지 지배의 역사에 대해서는 한마디도 언급하지 않았다.

 2월 27일과 29일에 열린 제2~3회 기본관계위원회에서 한국 측이 일본 측 초안에 대한 질문과 반론을 했고,46) 토의는 기본관계위원회의 설치목적을 둘러싼 논쟁이 되었다. 일본 측은 한일교섭을 "종래, 무조약·무국교상태에 있었던 양국 간에 새롭게 국교를 수립하려고 하는 회담"이라고 자리매김하고, '장래를 위한 우호조약' 체결이 목적이라고 주장했다. 이에 대해서, 한국은 한일 간의 현안 대부분이 '과거의 부당하고 불행했던 양국관계'에서 유래하고 있고, 과거의 문제를 해결하고, '대등한 기초'를 쌓은 후에 국교정상화가 가능하다고 생각해서, 한일교섭을 '일본의 한국강제점령에 의해 야기된 제 결과를 청산'하는 '실질적인 평화교섭'으로 간주한다는 '근본방침'을 강조했다.47) 나아가 한국 측이 "〈우호〉라는 표현을 피해 〈기본〉이라는 표현을 사용할 것을 제안"함으로써 '장래를 위한 우호조약'으로 할 것인가, '과거를 청산하기 위한 실질적인 평화조약'으로서의 기본조약으로 할 것인가, 조약의 명칭을 둘러싼 논쟁이 되었다.48)

---

45) 『朝日新聞』, 1952년 2월 23일 ; 『韓日會談略記』, 1952년, 87~90쪽.
46) 「日韓關係に横たわるもの」, 『世界週報』, 1953년 11월 11일, 18쪽.
47) 유진오, 『民主政治에의 길』, 일조각, 1963년, 260쪽 ; 『韓日會談略記』, 1952년, 10~11쪽, 29쪽.
48) 한국 측이 '평화조약'이 아니라 '기본조약'이라는 명칭을 주장한 것은

이 논쟁은 한일 양 정부의 역사인식의 격차에 기인한 것이지만, 기본관계위원회의 주도권을 둘러싼 충돌이었다고도 할 수 있다.

한편, 한국 측은 3월 5일의 제4회 기본관계위원회에서 전문과 10개 조로 된「대한민국과 일본국 간의 기본조약(안)」을 제안하고 그 내용을 설명했다.49) 일본 측 초안과의 큰 차이로는, 첫째, 조문의 주어를 '대한민국'으로 한 점이다(제1·5조). 특히 제1조에서는 "대한민국은 일본국을 독립주권국가로서 승인한다"고 하여, 앞서 든 일본 쪽 안과는 거꾸로 한국이 일본의 독립을 승인한다고 하는 해석을 제시했다.

둘째, '재일한인의 법적 지위문제(제6조)'와 '청구권 및 선박반환문제(제7조)', '어업협정문제(제9조)'를 분과위원회에서 협의한 후에 본 조약에서 규정한다고 했다. 이에 따라 한국 측은 원칙만을 조급하게 규정한 일본 측 안을 견제하고, 분과위원회를 통해 협의와 결정을 명확하게 하려고 했다.

셋째, 새롭게 제3조를 삽입한 부분은 일본 측 초안과의 결정적 차이였다. 제3조는 "대한민국과 일본국은 1910년 8월 22일 이전에 구 대한제국과 일본국 사이에 체결된 조약이 무효라는 것을 확인한다"고 되어 있고, '무효'는 'null and void'라고 표현되었다.50) 1965년

    한국이 대일강화조약 서명국에서 제외되었다는 사실에 기인한다고 보이지만, '기본'이라는 명칭을 사용한 명확한 이유는 알 수 없다. 김용식의 회고에 따르면, 그가 '기본'이라는 명칭 사용을 고안했다고 한다. 그러나 김용식은 "양국의 기본 관계를 말하는 것이므로 기본 조약이라고 하였다"고 썼을 뿐, '기본조약'이라는 표현을 사용했던 이유를 명확하게 설명하지 않았다(김용식,『김용식 외교 33년 - 새벽의 약속』, 김영사, 1993년, 120쪽).

49)「日韓關係に橫たわるもの」,『世界週報』, 1953년 11월 11일 ;『韓日會談略記』, 1952년, 95~100쪽.

50) 영문에서 제3조는 다음과 같이 표기되었다. "The Republic of Korea and Japan confirm that all treaties or agreements concluded

에 체결된 기본조약의 제2조가 된 내용, 이른바 '구조약무효확인조항'이 여기에서 처음으로 명문화되었던 것이다.

유진오와 김동조(당시 외무부 정무국장)의 회고에 의하면, 「기본조약 초안」의 제3조는 이승만의 강력한 지시가 있어, 김동조와 김용주 정무국 사무관 등이 중심이 되어 성안했다고 한다.51) 한국 측이 「기본조약 초안」에서 명문화한 '구조약무효확인조항'은, '국민적인 자존심을 응축'한 것이고,52) 유진오가 전년에 『동아일보』에 게재한 논문에서 기술하고 있듯이 일본 측의 재한일본인 사유재산 청구권 주장에 대한 '대항'조치로서 고안되었던 것이라고 할 수 있다.

3월 12일의 기본관계위원회 제5회 회의에서 일본 측은 한국 측 초안에 대한 반론과 질의를 했다.53) 쌍방은 제3조를 둘러싸고 격렬하게 대립했다. 일본 측은 "본 조항이 없다 해도 한일합병조약이 현재도 효력이 있다고 생각하는 일본인은 단 한 명도 없을 것이다. 다만 본 조항은 일본국민의 심리적 측면에 불필요한 자극을 줄 염려가 있다"는 이유로 제3조의 삭제를 요구했다. 이에 대해 한국 측은 "이 조항의 삽입이 일본국민의 감정을 자극한다고 하면, 이는 지금도 여전히 일본국민이 제국주의적 침략행위의 과오를 청산하지 못하고 있다는 사실을 입증하는 것이다. 일본국민이 이 조항을 흔연히 수락

---

between the Government of the Empire of Korea and the Government of Imperial Japan on and before August 22, 1910 are null and void"(『韓日會談略記』, 1952년, 103쪽).

51) 김동조, 앞의 책, 41쪽 ; 유진오, 「남기고 싶은 이야기들-한일교섭(50)」, 『중앙일보』, 1983년 10월 27일.

52) 유진오, 「남기고 싶은 이야기들-한일교섭(50)」, 『중앙일보』, 1983년 10월 27일.

53) 「日韓關係に橫たわるもの」, 『世界週報』, 1953년 11월 11일 ; 『韓日會談略記』, 1952년, 31~33쪽.

함으로써 크게 깨닫는다면 철저하고 진정한 민주일본의 재출발을 선언하는 것이 된다. (…) 한일관계를 규정하는 기본조약에 이 조항을 삽입함은 한국민의 민족감정에 나타난 기본노선"이라고 반론했다.

GHQ/SCAP 외교국 주간정치노트에 따르면, 한일 양국의 입장은 다음과 같은 것이었다. 일본 측 전략은 '우호조약(treaty of amity)'을 조속하게 체결하고 주요 문제의 해결은 뒤로 미루려는 것이었고, 이에 대해 한국 측 주장은 '기본관계조약(treaty of basic relations)'을 체결하기 이전에 모든 현안을 해결해야 한다는 것이었다. 또한 이 보고는 '구조약무효확인 조항'을 둘러싼 대립에 대해 더 자세한 논의를 소개하고 있다. 한국 측은 '강제(duress)'를 이유로 1910년 이전 및 그 이후 한일 간에 체결된 모든 법령을 무효로 할 것을 원했다. 한편 일본 측은 "강제는 국제적인 협정에 대한 적절한 반대 논리가 되지 않는다"고 반론하고, 한국 측 해석이야말로 '불법'이며, 1910년 이전에 한일 간에 체결된 모든 법령은 '국제적 협정'이라고 주장했던 것이다.54)

3월 22일에 열린 기본관계위원회 제6회 회의에서 일본 측은 다시 전문과 5개 조항으로 이루어진 「일본국과 대한민국 간의 우호조약(안)(日本國と大韓民國との間の友好條約〈案〉)」을 제출했다.55) 이 조약안에서 일본 측은 한국 측 안에 대한 타협으로서, 전문에 "일본국과 구 대한제국 간에 체결된 모든 조약 및 협정이 일본국과 대한민국 간의 관계를 규제하는 것은 아니다"라는 문장을 삽입해서, "장래에 있어서의 무효를 규정한다"고 기술했다.56) 즉, 전문에 '구조약무

---

54) "Korea-Japan Conference", Weekly Political Notes from Japan, March 14~21, 1952, 794. 00/3-2151, RG 59, Internal Affairs of Japan.
55) 「日韓關係に橫たわるもの」, 『世界週報』, 1953년 11월 11일 ; 『韓日會談略記』, 1952년, 111~114쪽.

효확인조항'을 삽입함으로써 '한일합병조약' 이전의 법령이 처음부터 무효라는 해석은 받아들이기 어렵지만 "국교정상화 이후 무효"라고 규정한다면 고려하겠다는 타협안을 제기했던 것이다.57) 이에 대해 한국 측은 "시종일관 합병조약이 일본의 침략적 불법행위이기 때문에 〈시초부터 무효〉임을 확인하여야 한다는 주장"을 되풀이하여 일본 측 수정안을 거절했다.58)

4월 2일에 열린 기본관계위원회 제8회 회의에서, 양국은 공동시안으로서「일본국과 대한민국간의 기본적 관계를 설정하는 조약(안)(日本國と大韓民國との間の基本的關係を設定する條約〈案〉)」을 작성하고 심의를 계속했다.59) 이 조약안은 3월 22일에 일본 측이 제출한 재수정안과 거의 같은 것이었으나, '구조약무효확인조항'은 전문이 "일본국과 구대한제국 간에 체결된 모든 조약 및 협정이 일본국과 대한민국과의 관계에 있어서 **효력을 유하지 않음을 확인한다**(강조-인용자)"고 수정된다. 그러나 공동시안 심의 과정에서도 일본 측은 '장래에 있어서 무효'를 주장하고, 한국 측은 '시초부터 무효'를 주장했기 때문에 결국 양측은 타협을 보지 못하고 기본조약 타결을 보류하기로 했다.60)

이 '구조약무효확인조항'이 제1차 교섭에서 어떻게 제기되고 논의되었는지, 한일 양국 정부의 회의록이 공개되지 않았기 때문에 더 이상 자세히 알 수는 없으나, 지금까지 검토해 온 것을 정리하면 잠

---

56)『韓日會談略記』, 1952년, 33, 111쪽.
57) 김동조, 앞의 책, 42쪽.
58)『韓日會談略記』, 1952년, 33~34쪽.
59)「日韓關係に橫たわるもの」,『世界週報』, 1953년 11월 11일,『韓日會談略記』, 1952년, 121~124쪽.
60)『韓日會談略記』, 1952년, 33~34쪽.

정적으로 다음과 같이 말할 수 있을 것이다.

첫째, 일본 측에 식민지 지배의 역사에 대한 성찰이 결여되어 있었다는 점이다. 대한정책에 있어 일본의 기본 목표는 "독립의 사실 및 지리적 근접성, 긴밀한 역사적·문화적·정치적·경제적 관계라는 관점에서 양 국민을 영구적이며 필연적으로 결합되는 공통의 운명으로 이해함으로써 양국 간에 친밀한 관계를 구축"하는 것이고, 한국의 "경제부흥과 생활수준의 향상에 공헌"하고 "공산주의의 침투를 막는" 것이었다.61) 여기에 식민지 지배 역사에 대한 언급은 없다. 한국 측이 '구조약무효확인조항' 삽입을 제기한 것은 이러한 일본 측의 태도에 대항하고 교섭의 주도권을 장악할 필요가 있었기 때문이었다.

둘째, 한국 측의 '구조약무효확인조항' 삽입론은 일본의 식민지 지배를 비판하는 한국민의 의지·희망·가정·이해를 '흡수'한 것이었으나, 직접적으로는 한일교섭을 유리한 입장에서 진행시키기 위한 정치적 대항조치로서의 성격이 농후했다. '구조약무효확인조항' 삽입론에 대해서 현재 확인할 수 있는 자료로는 1951년 7월 말『동아일보』에 게재된 유진오의 논문이 있다. 이 논문은 기본적으로 일본 측의 식민시 지배에 대한 성찰의 결여와 '재한일본인 사유재산' 청구권 주장을 봉쇄하고 한국 측의 대일 청구권의 정당성을 뒷받침하기 위한 이론적 근거로서 주장된 것이었다.

셋째, 한일 양 정부 모두 국제법을 기준으로 '무효'인가 '유효'인가

---

61) "Japanese Views on Several Special Problems of Current Interest", March 28, 1952, 611.94/3-2852, Records of the U.S. Department of States relating to Political Relations between the United States and Japan, 1950~1954, Wilmigton, Del: Scholaly Resources, 1987.

라는 이분법에 따라 역사문제를 해결하려고 했다. 한국 측은 1910년 이전의 모든 조약과 협약이 '강제'적이었음을 이유로 '무효'였다고 주장하고, 일본 측은 "강제는 국제적인 협정에 대한 적절한 반대논리가 되지 않는다"고 반론하여, 1910년 이전에 한일 간에 체결된 모든 법령이 '국제적 협정'이었다고 주장했다. '무효'인가 '유효'인가를 판단하는 가치기준이 근대 국제법에 따른 접근이며, 당시 근대 국제법이 제국주의국가의 식민지 지배를 허용하는 '강자의 법'[62]이었다는 점에서, 이러한 이분법은 근본적인 한계를 갖고 있었다고 할 수 있다.

무엇보다 중요한 것은 '무효확인 조항' 삽입 논쟁 과정에서 일본의 식민지 지배의 본질에 대한 논의가 이루어지지 않았다는 점이다.

3. 청구권문제를 둘러싼 논의

앞에서 말한 바와 같이 한일 양 정부는 2월 16일 제2회 본회의에서 '재산 및 청구권 위원회'의 설치에 합의하고 20일 제1회 회의를 열었다. 21일 회의에서 한국 측은 「한일 간 재산 및 청구권 협정요강 한국 측 안」(이하, 청구권요강 한국 측 안)을 제출했다.

1. 한국으로부터 가져온 고서적 미술품 골동품 기타 국보지도원판 및 지금과 지은을 반환할 것.
2. 1945년 8월 9일 현재 일본정부의 대(對)조선총독부채무를 변제할 것.
3. 1945년 8월 9일 이후 한국으로부터 이체 또는 송금된 금원(金員)을 반환할 것.
4. 1945년 8월 9일 현재 한국에 본사(점) 또는 주사무소가

---

62) 坂本茂樹, 앞의 논문, 204쪽.

있는 법인의 재일재산을 반환할 것.
5. 한국법인 또는 한국자연인의 일본국 또는 일본국민에 대한 일본국채, 공채, 일본은행권, 피징용한인미수금 기타 청구권을 변제할 것.
6. 한국법인 또는 한국자연인 소유의 일본법인의 주식 또는 기타 증권을 법적으로 증정(證定)할 것.
7. 전기(前記) 세 재산 또는 청구권에서 발생한 제 과실(果實)을 반환할 것.
8. 전기(前記) 반환 및 결제는 협정 성립 후 즉시 개시하여 늦어도 6개월 이내에 종료할 것.[63]

김용식의 회고에 따르면 한국 측은 이 교섭에서 금액을 제시하지 않았다.[64] 이 청구권요강 한국 측 안은 그 내용에서 판단하면, 1949년에 한국정부가 작성한 『조서』의 내용을 축소시킨 것이다. 『조서』의 제1부 「현물」과 제2부 「확정채권」은 청구권요강 한국 측 안의 제1항에서 6항에 거의 그대로 계승되었다. 그러나 『조서』 제3부 「중일전쟁 및 태평양전쟁에 기인하는 인적 물적 피해」는 청구권요강 한국 측 안에서는 제5항 「피징용 한인 미수금・기타 청구권」으로 축소되었다. 또한 『조서』 제4부 「일본정부의 저가격 수탈에 의한 피해」는 청구권요강 한국 측 안에서 제외되었다.

한국정부는 대일강화조약 체결을 전후하여 『조서』의 내용에서 후퇴한 것이다. 이러한 후퇴가 일어나게 된 것은, 한국이 대일강화조약 서명국에서 제외되어 배상청구권이 부정된 결과, 한국정부는 『대일배상요구조서』를 그대로 제출할 수 없게 되었고, 대일강화조

---

63) 『韓日會談略記』, 1952년, 223~224쪽.
64) 김용식, 앞의 책, 116쪽.

약 제4조에 규정된 정부와 국민의 재산에 관한 청구권을 고려해서 청구권요강 한국 측 안을 작성했던 경위가 있었기 때문으로 생각된다. 즉 대일강화조약은 식민지 지배에 대한 배상 청구권 규정을 두지 않았기 때문에, 한국 측은 배상 청구권을 행사할 수 없게 되어 『대일배상요구조서』의 내용에서 후퇴할 수밖에 없게 되었던 것이다. 그 결과 한국은 '원래의 청구(original claim)'를 포기하고 '배상(Reparation)'의 성질을 띠는 것이 아니라 '반환(Restitution)'의 성질을 띠는 청구권요강 한국 측 안을 새로 제시했던 것이다.[65]

더욱이 이러한 후퇴 과정에서 주목할 점은, 민간의 보상요구가 축소되었다는 것이다. 제1장에서 본 『조서』 제3부 「중일전쟁 및 태평양전쟁에 기인하는 인적·물적 피해」는 청구권요강 한국 측 안에서는 제5항 「피징용 한인 미수금·기타 청구권」이라는 표현으로 바뀌어 버렸다. 원래대로라면 그 후 새로운 조사로 피해 실태가 밝혀져 청구권요강 한국 측 안에도 그것이 반영되어, 그 해결방법이 활발하게 논의되어야 마땅했다. 그러나 한국전쟁으로 민간단체의 활동이나 보상요구운동은 불가능한 상태가 되어 버렸다. 또한 한국전쟁 이후 공산주의와의 대결을 우선시하고 있었던 이승만 정권으로서는 민간의 보상문제에 대해서 검토할 여유가 없었던 것이다.

그런데 문제는 더욱 복잡해졌다. 청구권문제에서 한국 측이 후퇴했음에도 불구하고, 일본 측은 한국 측이 제시한 청구권요강 한국 측 안을 거부하고, 3월 6일 '재산 및 청구권 위원회' 제5회 회의에서 「재산 및 청구권 처리에 관한 일한 간 협정의 기본 요강」(이하, 청구권요강 일본 측 안)을 제출했다.[66] 청구권요강 일본 측 안은 4개

---

[65] 외무부 정무국 編·發行, 『第五次韓日會談豫備會談會議錄(一般請求權委員會·船泊委員會·文化財委員會)(Ⅲ級秘密)』, 발행년불명, 52~53쪽.
[66] 『韓日會談略記』, 1952년, 225~227쪽.

조로 되어 있었고, 그 요점은 ① 쌍방은 상대방의 영토에 있는 재산에 대해 각각 국민의 권리를 인정한다, ② 쌍방의 국민의 권리가 침해당했을 경우 "원상 회복 또는 권리의 손실의 보상에 대한 책임을 져야 한다"는 내용이었다.67) 즉 재한일본인 사유재산의 소유권이 소멸되지 않았고, 일본 측도 청구권이 있다는 것, 더욱이 한국전쟁 등으로 인한 파괴에 대해 한국 측이 권리의 원상 회복 또는 그 보상에 책임을 져야 한다는 것을 주장한 것이었다.

일본 측은 청구권요강 일본 측 안 제안 설명 속에서 'Equitable Ownership(도덕상의 소유권)과 Legal Ownership(법정상의 소유권)의 이론' 또는 '신탁양도의 법리', 재산몰수대상이 국유 재산에 한정된 이탈리아 강화조약, 사유재산 보호를 규정한 헤이그 육전 법규 제46조 등을 논거로 재한일본인 사유재산 청구권을 주장했다.68) 이렇게 됨으로써 토의는 중단되었고, 그 후 재한일본인 사유재산 청구권을 둘러싸고 한일 양측은 격렬하게 대립하게 되었다.

그런데 일본 측은 왜 재한일본인 사유재산 청구권을 주장했을까? 우선 그것은 청구권요강 한국 측 안과의 상쇄, 또는 [한국 측으로부터] 대폭적인 양보를 끌어내기 위해 준비된 '대항적인 청구권 또는 정치적 교섭을 위한 폭탄'이었다.69) 1951년 12월경 일본정부는 마츠모토 대표를 한국에 보내, 한국 측의 '수사적인 청구권(rhetorical claims)'의 무용성을 지적하고 '극단적인 요구'를 포기하도록 요구할

---

67) "Basic principles of the agreement to be concluded between Japan and Republic of Korea concerning the disposition of property and claims", 『韓日會談略記』, 1952년, 42쪽, 225~227쪽(원문은 영문).
68) 『韓日會談略記』, 1952년, 46~49쪽.
69) "Korea-Japanese Talks", Weekly political notes from Japan, March 28~April 4, 1952, 794. 00/4-452, RG59, Internal Affairs of Japan.

예정이었다. 그러나 한국정부가 마츠모토 대표 방한을 거부함으로써, 제1차 교섭 개시까지 한국 측의 대일청구권을 철회시키고자 했던 계획이 좌절되었다.70) 그 사후책으로 일본정부는 제1차 교섭에서 재한일본인 사유재산 청구권을 주장하게 되었다.

일본 측이 의도한 바는 4월 23일 니시무라 쿠마오(西村熊雄) 외무성 조약국장과 핀(R. B. Finn) 주일미대사관 2등서기관의 회담에서 잘 드러나고 있다. 핀이 일본 측은 진심으로 재한일본인 사유재산을 요구하고 있는가라고 질문을 던지자, 니시무라 조약국장은 "노(No)"라고 대답했다. 이어서 니시무라는 "한국 측이 재일재산에 대하여 요구하는 과대한 청구로부터 일본을 보호하기 위하여 고안"된 것이라 하고, "일본 측은 청구권을 서로 포기할 것을 기대하고, 한국 측이 그러한 제안을 하도록 몰아넣으려는 것"이라고 말했다. 이어서 핀은 한국인이 '문화재·우편저금·징용노동자의 미불임금' 등의 청구권을 포기할 것으로 생각하는가라고 질문했다. 이에 대해서 니시무라는 "아마 한국인의 청구금액이 막대할 것이기 때문에, 일본 측은 그것을 서로 방기할 청구권 속에 포함시킬 것을 기대하고 있다"고 대답했다.71)

즉 일본 측의 재한일본인 사유재산 청구권 주장은, 니시무라 조약국장도 "한국 측이 일본에 요구하는 과대한 청구로부터 일본을 보호하기 위해서 고안"된 것임을 명언하고 있듯이, 한국 측의 대일청구권 주장을 봉쇄하기 위한 정치적 수단이었던 것이다.

둘째, 재한일본인 사유재산 청구권 주장은 패전 후 한반도에서 일

---

70) Outcoming Message from SCAP USPOLAD, Tokyo(W. J. Sebald) to Department of State, Washington, January 14, 1952, RG84, Japan post, decimal 320, Japan-Korea folder.
71) FRUS, 1952~1954, vol. XⅣ, pp.1250~1252.

본으로 귀환한 일본인의 사유재산 보상요구운동을 등에 업은 것이었다. 제1장에서 말한 바와 같이, 그들은 1946년 3월 1일에 조선인양동포세화회에 이어 각지에 인양호조회를 결성하여 '재외재산의 즉시 전액 보상'을 요구했다. 조선인양동포세화회는 GHQ/SCAP의 명령에 따라 1945년 11월 8일 '재외자산신고에 관한 대장성령' 제95호가 시행됨에 따라, 1947년 3월 2일에 「재조선일본인 개인재산액 조사(在朝鮮日本人個人財産額調)」를 작성했다. 또한 1946년 11월 26일에는 인양전련이 창립되었고 새한일본인 사유 재산 보상요구운동도 인양전련운동의 일부로서 전개되었다. 인양전련은 「헤이그 육전법규」에 명기된 '사유재산불가침의 원칙'을 이론적 근거로, 연합국에 '재외사유재산'의 반환요구운동을 전개하였고, 대일강화조약 체결 후에는 일본정부에 재외자산의 철저한 조사와 보상을 요구했다. 일본정부는 인양전련이 주장한 상기의 이론적 근거를 채용하여, 제1차 교섭에서 재한일본인 사유재산 청구권을 주장한 것이라고 생각된다.

셋째, 재한일본인 사유재산 청구권을 주장한 배경에는 청구권문제의 해결을 연기해야만 한다는 일본 측의 전술이 있었다. 외교국 설리번(William H. Sulliven)의 보고서에 따르면, 일본 외무성 관료의 견해는 다음과 같았다. 일본인은 "한국에 건설한 공장을 가동시키기 위해 다시 한국에 돌아가려고 생각하고 있다. 미국은 한국이 그러한 공장을 가동시키지 못하는 것을 이해하고 한국에 대한 미국의 지원이 미국인의 부담이 될 것을 금방 알게 될 것이다. 한일교섭을 몇 개월 또는 몇 년간 지연시키면 미국이 한국경제의 붕괴를 방지하기 위해, 속박이 풀린 일본인의 한국 재상륙을 지원하고, (…) 현재 한국에 쏠리고 있는 미국의 동정이 단기간에 일본으로 향하게 될 것이며, 다시 미국이 한반도를 일본의 지배에 맡길 것이라고 일본인은 믿고 있다"[72]는 것이었다. 그리고 설리번은 외무성이 제1차 교섭에서 최종적인 타결을 원하는 것은 아니라고 보았다.

이 보고서에 따르면, 외무성은 한국과의 경제적 '재결합'이 가능하게 될 시기까지 청구권문제의 타결을 연기시켜야 한다고 생각했다. 이러한 일본정부의 청구권문제에 대한 접근은 1960년대에 표면화된 '경제협력' 방식의 원형이라고 할 수 있는 것이다. 또한 대일강화조약 체결 후에 개시된 미얀마, 인도네시아, 필리핀, 베트남과의 전후 배상교섭은 아시아에 대한 일본의 경제진출 구상 및 아시아와의 경제적 '재결합' 구상의 일환으로서 진행되었는데,73) 한국의 청구권문제에 대한 접근 역시 그것과 연계된 것이었다고 생각된다.

일본 측은 그 후에도, 미군정이 1945년 12월 6일에 공포한 귀속재산에 관한 법령 제33호는 재한일본인 사유재산에는 적용되는 것이 아니며, 일본 측의 재한일본인 사유재산 청구권 주장은 대일강화조약 제4조 (b)항에 위배되는 것이 아니며, 오히려 한국정부의 재한일본인 사유재산의 "몰수는 국제법에 위반된다"고 계속 주장했다.74)

이에 한국 측은, 일본 측 주장이 대일강화조약 제4조 (b)항에 위반된다고 강력히 반발했다. 한국 측의 입장은 "1945년 12월 6일자 재조선미군정청 법령 33호 제32조에 의하여 1945년 8월 9일 당시 또는 그 후 재조선미군정청 관할영역 내에 소재하는 모든 일본국 및 일본인 (법인포함) 재산은 동년 9월 25일자로 재조선미군정청에 귀속(Vested)되고 소유(Owned)되었고, 전기(前記) 재산은 1945년 9월

---

72) Outcoming Message from SCAP Tokyo(W. J. Sebald) to Department of State, Washington, January 14, 1952, RG84, Japan post, decimal 320, Japan-Korea folder.

73) 일본과 필리핀 사이에 전개된 배상교섭에 대해서는 吉川洋子, 『日比賠償交渉の研究』(勁草書房, 1991년)를 참조할 것.

74) "Korea-Japan Conference", Weekly Political Notes from Japan, March 14~21, 1952, 794. 00/3-2152, RG59, Internal Affairs of Japan.

11일에 서명되고 동년 9월 20일에 발효된 한미 간 재산 및 재정에 관한 최초 협정에 의하여 한국에 이양(Transfer)되었으며 다시 샌프란시스코평화조약 제4조 (b)항에 의하여 일본국은 전기 재산의 처분의 효력을 승인"했다는 입장이었다.75)

그런데 1951년 7월에 유진오가 『동아일보』에 발표한 논문과 10월 20일 국회에서의 강경옥 의원의 발언,76) 또한 7월 19일 한국정부가 국무부에 보낸 대일강화조약 초안의 수정요망서의 내용77) 등으로 보아, 한국정부는 적어도 1951년 7월경에는 일본 측의 재한일본인 사유재산 청구권 주장을 예측하고 있었다고 생각된다. 한국정부는 일본 측이 그러한 주장을 철회하도록 하기 위해 ① 기본조약문제에서 일본의 식민지 지배가 불법이었다는 '구조약무효확인조항' 삽입을 관철시킨다, ② '본사가 한국에 소재했던 모든 재일 일본인재산'의 반환을 요구한다, ③ '인접해양에 대한 주권선언', 이른바 '평화선' 설치를 선언한다 등과 같은 대항조치를 강구하게 되었다. 특히 ①과 ③이 일본 측의 재한일본인 사유재산 청구권을 봉쇄하기 위한 대항조치로서 고안되었다는 사실은, 이 문제들을 고려할 때 빠뜨릴 수 없는 점이다.

그러나 위와 같은 한국 측의 내항조치에 대해서 일본 측이 재한일본인 사유재산 청구권 주장을 철회하기는커녕, 점점 더 태도를 경화시킨 결과, 교섭은 더욱더 교착 상태에 빠졌다. 그래서 한국 측이

---

75) 『韓日會談略記』, 1952년, 45쪽.
76) 유진오는 일본에서의 재외일본인재산보상운동과 그것을 뒷받침하는 이론적 작업을 소개하고, 일본정부가 '재한일본인사유재산' 청구권을 주장할 가능성이 있다고 생각했다(유진오, 「對日講和條約案의 檢討(五)」, 『동아일보』, 1951년 7월 30일 ; 『제11회 국회임시회의 속기록』 제77호, 국회사무처, 1951년 10월 20일).
77) 『동아일보』, 1951년 7월 22일.

선택한 마지막 전술은 미국의 지원을 얻는 것이었다. 한국정부는 그것이 재한일본인 사유재산 청구권을 봉쇄하기 위한 가장 좋은 전술이라고 생각했다. 3월 25일 토쿄에 있던 양유찬 수석대표는 1945년 12월 6일에 미군정청이 포고한 군정법령 제33호와 재한 일본인 사유재산의 관계를 분명히 하고 대일강화조약 제4조 (b)항에 관한 미국의 공식 견해 표명을 요구하는 서한을 국무부에 보냈다.[78) 원래 한국 측의 요청을 받아들여 대일강화조약 제4조 (b)항을 만든 것은 미국이었기 때문에, 미국이 이에 대한 견해를 공표하는 것은 당연하다고 한국 측은 생각했던 것이다.

그러나 국무부는 침묵했다. 그 후에도 국무부는 양유찬과 한표욱 주미한국대사관 참사관의 한국 측 서한에 대한 지속적인 회답 요청에 응하지 않다가, 4월 29일에 가서야 겨우 다음과 같은 공식 견해를 한국 측에 보냈다.

> 대한민국의 관리하에 있는 재산에 대해, 대일강화조약 제4조 (b)항의 효력과 재한미군정청의 적절한 지령과 행동으로, 일본 및 일본국민의 모든 권리와 소유권, 권익이 박탈되었다고 미합중국 정부는 생각하고 있다. 따라서 일본은 그러한 재산과 권익에 대한 정당한 청구권을 주장할 수 없다고 생각한다. 그렇지만 일본이 대일강화조약 제4조 (b)항에서 승인한 재한재산에 대한 처리에 대해서는 대일강화조약 제4조 (b)항에서 규정된 협정을 고려하는 것과 관련성이 있다.[79)

---

78) "Korean-Japanese Negotiations", Memorandum of Conversation, April 18, 1952, RG84, Japan post, decimal 320, Japan-Korea folder ; 『韓日會談略記』, 1952년, 237쪽.

79) 4월 29일자로 국무부가 한국정부에 보낸 서한은 『韓日會談略記』, 1952년, 237쪽.

국무부의 각서는, ① 일본은 모든 재한재산을 주장할 수 없다고 미국은 생각한다, ② 그러나 일본의 재한재산 처리는 양국 간 협정으로 해결해야 한다는 애매한 내용이었다. 이 각서는 대일강화조약이 발효된 다음 날인 29일에 전달되었다는 점에서 미국의 신중함을 나타낸 문서임과 동시에, 미국은 일본의 재한재산 처리에 대해서는 양국 간 교섭에 맡겨 자신의 책임을 회피하려는 의도를 가지고 있었다고 생각된다.

사실 국무부는 1951년 여름 무렵 대일강화조약 제4조 (b)항에 대한 해석을 거의 확정하고 한국 측 대일 청구권에 대한 다음과 같은 주목할 만한 논평을 했었다.

> 1909년부터 1945년 8월까지 일본인의 조선 통치와 지배에 의해 발생한 청구 [속에는] 반환(restitution)과 배상금(reparations)[도 포함된다. 이러한] 청구 금액은 약 3억 달러로 추정되고 그 내용은 1909년부터 1945년 8월 9일까지 조선에서 약탈되었다고 주장되는 지금·지은, 미술품, 서적, 전쟁 중에 징용된 조선인 노동자 및 전쟁 중에 사망한 조선인의 배상·보상 등이었다. [그러나] 조선은 제2차 세계대전 기간 일본에 점령당한 국가가 아니었기 때문에 1948년 7월 29일 약탈재산 반환·배상에 관한 극동위원회의 결정에 따른 이익을 받을 대상으로 간주되지 않았다. 이러한 청구권은 양국 간 협정의 특별한 기초를 바탕으로 고려되어야 한다. (…) 일반적인 한일 간의 현안 해결 과정에서, 일본의 조선지배로 발생한 한국 측 청구에 대한 일반적인 보상(Compensation)과 조선에서 반출한 문화재의 반환을 고려해야 할 것이다.[80]

---

80) "State Department Comments on JAPQ D-2/7, July 3, 1951, Korean Claims Under Korean Vesting Decrees to Property in Japan", GHQ

이 문서에 의하면, 국무부는 1951년 여름경에는 '일본인의 통치와 지배에 따라 발생한 청구'는 '반환과 배상'을 포함해서 '약 3억 달러'로 추정되지만, 한국이 '반환·배상에 관한 극동위원회 결정'의 대상국이 아니기 때문에, 그것은 한일 양국의 협정에 따라 해결되어야 한다고 생각했던 것이다.

앞에서 말한 바와 같이 미국은 한일교섭에 '불간섭정책'으로 대응하려고 했지만, 제1차 교섭에서 청구권문제를 둘러싸고 한일 간의 대립이 격화되자, '불간섭정책'은 한일 양 정부로부터 도전을 받게 되었다. 우선 1951년 12월 말에 일본정부는 한국 측의 대일청구권 주장에 대항해서 재한일본인 사유재산 청구권을 주장할 것을 GHQ/SCAP 외교국에 전달하고, 미국이 대일강화조약을 어떻게 해석하는지 타진했다. 외교국은 재한일본인 사유재산 청구권 주장이 대일강화조약에 위반된다고 말한 뒤 "대일강화조약 서명국으로부터 공식적인 요청이 있을 경우 그 조항에 대한 해석을 발표하겠다"는 애매한 답변을 했다. 일본 측은 미국이 대일강화조약 서명국에서 제외된 한국의 요청을 받아도 공식적인 견해를 발표하지는 않을 것이라고 해석하고, 재한일본인 사유재산 청구권을 주장할 계획을 추진했다.[81] 냉전이 격화되는 와중에서 동아시아의 공산주의에 대항하는 중심지역으로서 일본을 중요시했던 미국은 이 문제에 대해 일본 측을 어느 정도 배려할 수밖에 없었다.

한편 일본 측이 3월 6일 재한일본인 사유재산 청구권을 주장하

/SCAP Records, RG331, D-2/7 Korean. 이 자료에 거론된 3억 달러라는 금액이 후일의 제6차 교섭에서 '김·오히라 합의'에서 제시된 '무상 3억 달러'의 근거가 되었는지 어떤지는 알 수 없다.

81) "Korea-Japanese Talks", Weekly Political Notes from Japan, March 28~April 4, 1952, 794. 00/4-452, RG59, Internal Affairs of Japan.

자, 한국 측은 25일 미국정부의 대일강화조약 제4조 (b)항에 대한 공식 견해 발표를 요청했다. 부산의 무쵸도 일본인은 한국인의 '귀속재산에 대한 감정'과 '일본의 제국주의적인 태도 부활'에 대한 경고를 과소평가하고 있다고 비판하고, 국무부는 일본정부의 주장이 대일강화조약 제4조에 위배됨을 공표해야 한다고 말하여,[82] 한국 측 입장을 옹호했다.

  토쿄의 외교국은 한국 측과 무쵸의 주장을 고려하면서 외무성에 "재한일본인 사유재산 청구는 법률적으로 불확실하고 정치적으로도 무익하다"고 비공식적으로 충고하고 일본정부가 온건하고 합리적으로 대처하도록 설득하고자 했다.[83] 그러나 일본정부가 "① 재한재산이 막대하다, ② 대일강화조약 제4조 (b)항에 대한 강한 반발, ③ 한국 측의 막대한 청구를 상쇄하는 〈교섭을 위한 힘〉에 대한 기대" 등의 이유를 들고 이것을 거부했기 때문에 외교국의 설득 시도는 실패했다. 결국 외교국은 '상쇄'라는 해결 방법을 기대하며, "구체적인 견해 표명을 자제한다"[84]는 '불간섭정책'을 견지하는 방법을 선택했다. 더욱이 제1차 교섭 결렬 직전에 시볼트는 한일 양국이 주장하는 청구권은 법률적·사실적 관계의 측면에서 복잡한 문제이며 충분히 연구되지 않았고, 현 시섬에서는 청구권문제와 어업문제에 관한 토의를 연기해야 한다는 일본 측 주장이 합리적이라는 등의 다섯 가지

---

82) Incoming Message from Amembassy Pusan(John. J. Muccio) to SCAP Tokyo Japan, March 8, 1952, Ibid. Incoming Message from Amembassy Pusan(John. J. Muccio) to SCAP Tokyo Japan, March 30, 1952, RG84, Japan post, decimal 320, Japan-Korea folder.
83) Outcoming Message from SCAP Tokyo Japan(Niles W. Bond) to Dept of State Wash DC, April 12, 1952, Ibid.
84) Outcoming Message from SCAP USPOLAD, Tokyo(W. J. Sebald) to Department of State, Washington, January 14, 1952, Ibid.

이유를 들어, 더 이상 일본 측에 압력을 주는 것은 타당하지 않다고 워싱턴에 보고했다.[85]

국무부는 교섭에 직접 관여하는 것은 피한다는 기본원칙을 확인하면서도, 만일 '감정적인 문제'로 교섭이 중단 위기에 빠지면 "극동의 공산주의에 대한 동맹을 발전시키며 경제조건을 안정시킨다고 하는 미국의 정책"에 편견을 가질지도 모르며, 따라서 그것을 회피하기 위해 중재가 필요할지도 모른다고 판단했다.[86] 국무부의 맥클러킨(Robert J. G. McClurkin) 동북아시아과 부국장은 3월 20일 한표욱, 박동진, 장경근과 토론하면서 청구권문제에 대한 미국 측 입장을 다음과 같이 표명했다. 즉 미군정청 포고 제33호가 한국의 청구권 보증을 목적으로 한 것이 아니라, 한국에 대한 일본의 경제적 진출을 배제할 것을 목적으로 한 것이므로, 한국 측의 재일한국인재산 청구권 주장은 지지할 수 없다는 것이었다. 또한 국무부는 GHQ/SCAP의 입장을 지지하고 있으며 한일 쌍방의 공평성에 대해 견해를 표명하지 않겠다고 말하여 불간섭정책이란 원칙을 재확인했다.[87] 청구권문제를 둘러싸고 한일교섭이 결렬 위기에 빠지고 3월 25일에 한국 측의 요청을 받았지만, 워싱턴은 견해 표명을 계속 회피했던 것이다.

---

85) Telegram from SCAP Tokyo Japan(Niles W. Bond) to Dept of State Wash DC, April 21, 1952, Ibid.
86) Airgram from Department of State(Webb) to SCAP(USPOLAD), Febrary 15, 1952, Ibid.
87) "Disposition of Assets of branches in Japan of former Japanese-owned corporations in Korea vested under Ordinance 33 of Military Government", Memorandum of conversation, March 20, 1952, Ibid.

4. 제1차 교섭 결렬과 한일 양국의 국내반응

　한일 양국은 재한일본인 사유재산 청구권문제로 대립하여, 제1차 교섭은 결렬 위기에 빠졌다. 1952년 4월 4일 본 교섭에서 마츠모토 대표는 기본조약·재일한인의 법적 지위·선박반환 문제를 먼저 해결하고 청구권·어업 문제는 '사실 규명'과 최종적인 심의가 필요하기 때문에 장래의 교섭으로 미루자고 제안했다.[88]

　이와 같은 일본 측의 제안에 대해서 양유찬 수석대표는 재한일본인 사유재산 청구 주장을 비난하는 성명을 발표했다. 그는 미군정청 포고 제33호와 대일강화조약 제4조 등 법률적 측면에서도, 또는 일본인이 요구하는 재산이 '협박, 뇌물, 테러, 기타 경찰국가가 사용하는 모든 수단으로 얻은' 것이라고 하는 한국인의 '오래된 뿌리 깊은 인식의 견지'에서도 일본 측 주장이 부당하다고 말하고 재한일본인 사유재산 청구의 철회를 요구했다. 또한 만일 그것을 철회하지 않는다면 '공산주의라는 괴물과 싸우는 아시아의 동맹'에 참여할 수 없을 것이라고 말했다.[89] 게다가 4월 8일에는 일본 측이 '놀랍게도 부당한 재산청구권'을 주장하고 "한국전쟁 과정에서 피해를 입은 일본의 재한재산에 대해 일본이 배상청구권을 갖는다고 주장했다"고 말해, 그때까지 비공개였던 회의내용을 공표했다.[90] 그 후에도 양유찬은 일본 측이 재한일본인 사유재산 청구권 주장을 철회하지 않으면 기

---

88) "Korea-Japan Conference", Outcoming Message from SCAP Tokyo Japan(Steeves) to Dept of State Wash DC, April 4, 1952, Ibid., Telegram from SCAP Tokyo Japan(Niles W. Bond) to Dept of State Wash DC, April 4, 1952, Ibid.
89) 『韓日會談略記』, 1952년, 229~235쪽.
90) 『每日新聞』, 1952년 4월 9일.

본조약 체결은 '문제외'라는 내용의 발언을 되풀이했다.91)

양유찬과 마츠모토는 16일부터 18일까지 세 차례 비공식 교섭을 가졌으나 대립은 해소되지 않았다. 19일 워싱턴으로 귀임한 양유찬과 교대하여 김용식이 수석대표가 되었다. 한편 18일, 한국 측이 다시 일본 측을 비난하는 추가 성명을 발표했기 때문에, 21일에 일본 측도 4월 8일 언론에 기밀회의록을 공개한 것에 대한 공식 항의 서한을 주일한국대표부에 보내고 교섭 결렬 책임은 한국 측에 있다고 비난했다.92) 더욱이 23일, 일본 측은 다음과 같은 「각서」 교환을 요구했다.93)

① 기본조약 조기체결과 재일한인의 법적 지위·선박반환 문제의 합의가 이루어지지 않으면, 한일교섭을 대일강화조약 발효 이후로 연기할 것.
② 4월 28일자로 외교 및 영사관계를 수립할 것.
③ 재일한인은 추방하지 않겠으나 일본국적에서 이탈시킬 것.

그러나 한국 측은 이 「각서」의 교환을 거부하고 계속적인 교섭을 원하고 있다고만 말했다. 25일, 마츠모토는 김용식에게 교섭 곤란 이유를 열거한 서한을 보내고 일방적으로 교섭 중단을 통고했다.94)

---

91) Incoming Message from Amembassy Pusan(Muccio) to SCAP(US POLAD) Tokyo Japan, April 16, 1952, Ibid.
92) Outcoming Message from SCAP Tokyo Japan(Niles W. Bond) to Dept of State Wash DC, April 21, 1952, Ibid., Outcoming Message from SCAP Tokyo Japan(Niles W. Bond) to Dept of State Wash DC, April 23, 1952, Ibid.
93) Telegram from SCAP Tokyo Japan(Niles W. Bond) to Secretary of Dept of State Wash DC, April 25, 1952, Ibid.
94) Telegram from SCAP Tokyo Japan(Niles W. Bond) to Secretary of

이로써 제1차 교섭은 결렬되었고, 26일 대부분의 한국 측 대표가 귀국했다.

4월 28일에 대일강화조약이 발효된 직후, 29일에 대일강화조약 제4조 (b)항에 대한 미국의「각서」가 한국 측에 전달되었다. 주일한국대표부는 일본정부에 기본조약 체결문제에 관한 토의 재개를 요청했으나 일본 외무성은 그 요청을 거부했다.[95] 이것은 미국이 한국 측에 보낸「각서」의 효과가 상실되도록 하기 위해 냉각기간을 두고 싶었기 때문이며, 또한 한국 측이 '진승국의 태도'를 주장하는 상황에서 교섭 재개에 응할 수 없다는 판단이 일본 측에 있었기 때문이었다.[96]

마지막으로 한일 양국의 기본조약과 청구권문제에 관한 논의를 소개해 두고자 한다. 우선 일본 국회에서는 5월 14일 중의원 외무위원회에서 오카자키 카즈오(岡崎勝男) 외무대신이 제1차 교섭에서의 '재산 및 청구권 문제'에 대해 다음과 같이 보고했다.[97] 즉 한국 측은 "일본의 조선 영유를 불법이었다고 처음부터 전제하고 있으며 이러한 불법적인 영유 하에 축적된 일본의 재산은 모두 비합법적 성질을 띠는 것이다. 따라서 미군정의 명령 제33호 (…) 및 한미협정에 따라 모든 재산이 한국 소유로 되었다. 일본은 이미 어떤 권리도 갖고 있지 않다. 오히려 한국 측은 연합국 및 일본에 대해 배상에 가까운 어떤 요구를 할 수 있다는 견해"를 갖고 있다고 했다. 이에 대

Dept of State Wash DC, April 26, 1952, Ibid.

95) "Korea-Japan Relations", Weekly Political Notes from Japan, May 9~16, 1952, 794. 00/5-1652, RG59, Internal Affairs Japan.
96) "Korea-Japan Relations", Weekly Political Notes from Japan, May 16~22, 1952, 794. 00/5-2252, RG59, Internal Affairs Japan.
97) 『第十三回國會衆議院外務委員會議錄』第二十四號, 1952년 5월 14일.

해 일본 측은 "한국의 이러한 주장은 국제법상으로도 역사적으로도 문제가 안된다"는 점을 설명하고, "한국의 미군정부가 점령군의 자격으로 일본의 사유재산에 대해서 적산관리처분을 실시한 경우에도 그 재산에 대한 원래 소유권은 소멸하지 않는다"고 주장했다. '국교의 기본을 수립하는 조약문제'에 대해서는 한국 측이 "전승국으로서 우리나라와 강화조약을 체결하려는 태도를 갖고 있었고, 예컨대 한국이 일본의 독립을 승인해 준다든지 과거의 한일합방조약 등은 무효"라고 주장했기 때문에 교섭은 순조롭게 진행되지 않았는데, 한국 측도 "일본 측의 의향을 양해"하고 "양국 간에 기본관계를 규율하는 조약안을 만드는 것에 대해서 거의 합의가 이루어졌다"고 보고했다. 타카사키도 지적하고 있듯이, 이것은 사실과 다른 보고였다.[98]

청구권문제에 관한 질의에서는 개진당(改進黨)의 나미키 요시오(並木芳雄) 의원이 대일강화조약 제4조의 해석에 관한 「각서」의 존재 유무에 대해 질문했는데, 오카자키 외상은 「각서」가 존재한다는 사실을 부정했다. 또한 미국 국무부와 전혀 관계없는 일로 판명되었다고 단언하여, 역시 사실과 다른 발언을 했다. 더욱이 나미키 의원이 대일강화조약 제4조를 둘러싸고 한일 간에 대립이 발생하여 일본 측 주장이 관철되지 않을 경우 일본정부의 대응을 질문했을 때, 오카자키 외상은 "한일 양국민의 종래부터 있었던 각별한 친선이라고 할까, 동포였던 관계가 있기 때문에, 말하자면 아는 사이에서 오가는 이야기"이기 때문에, "오해를 풀고 (…) 원만한 대화"로 해결할 수 있다고 대답했다. 이는 한국정부와 한국민을 모욕하는 발언이었다. 중요한 것은 전체적으로 국회가 이러한 일본정부의 태도를 받아들였고, 재한일본인 사유재산청구권 주장을 지지했으며, 기본조약

---

98) 高崎宗司, 『檢證日韓會談』, 岩波書店, 1996년, 35쪽.

문제에 대해서는 논의하지 않았다는 점이다.

『아사히신문(朝日新聞)』이나 『마이니치신문(每日新聞)』 등 주요 일간지는 한일교섭의 경위만을 보도했을 뿐, 특별한 관심을 보이지 않았다. 『세카이(世界)』나 『츄오코론(中央公論)』, 『분게이슌쥬(文藝春秋)』와 같은 종합잡지도 대일강화조약이나 한국전쟁, 일본의 재군비, 아시아 경제 등에 관한 문제에는 관심을 보였으나, 한일교섭은 다루지 않았다. 유일하게 『카이조(改造)』만이 한일교섭을 언급했는데 그 내용도 "기본관계 수립(우호조약 체결), 국적처우문제(동 협정의 체결)에 대해서는 거의 쌍방의 의견이 일치되어 타결되고 조인하는 데까지 진행"되었다고 소개하는 등 사실관계를 정확히 전달하고 있다고 볼 수는 없었다.99) 그 당시 일본 언론은 한일교섭에 거의 관심이 없었다고 할 수 있다.

그렇다면, 한국에서는 과연 어떠했을까? 5월 10일 국회에서는 변영태 외무장관의 제1차 교섭에 대한 보고가 있었다.100) 변영태 외무장관은 교섭이 결렬된 원인이 일본 측의 재한일본인 사유재산 청구권 주장 때문이었다고 보고했다. 그는 또한 대일강화조약 제4조에 대한 국무부 「각서」를 소개하면서 "일본이 한국에 주장한 상환청구는 법률적 근거가 없다"고 말했으며, 기본조약문제에 대해서는, 일본 측의 "어업문제라든지 재산청구권문제라든지 독도문제라든지

---

99) 名取義一, 「日韓會談のゆくえ」, 『改造』, 1952년 7월호, 78쪽. 또한 『日本週報』는 「難航する日韓會談」이라는 글을 실었다. 이 글의 필자는 한일교섭이 결렬된 것은, 한국이 일본의 독립을 승인한다던가 과거의 한일합방조약이 무효였다고 주장하는 등, 한국 측이 마치 전승국처럼 일본과 평화조약을 체결하고자 하는 태도를 취했기 때문이었으며, 그 결렬 책임은 한국 측에 있다고 비판했다(水島雄一郎, 「難航する日韓會談」, 『日本週報』, 1952년 7월 25일, 40쪽).

100) 『제12회 국회정기회의 속기록』 제54호, 국회사무처, 1952년 5월 10일.

여러 가지 문제는 다 뒤로 미루고서 우선 기본조약을 체결하고 우선 사절을 교환하자"는 제의에 대해, 한국 측이 "40년 동안 우리가 말없는 투쟁과 전쟁을 해온 그 인민"과 [조약을] 체결하는 것은 "실질적으로 보아서 강화조약이다. 강화조약이라는 것은 전반적 문제를 다 포괄적으로 해결한 뒤에 휩쓸려서 해야 될" 것이라는 입장을 고수하고 있기 때문에 타결에 이르지 못했다고 보고했다. 변영태 외무장관의 이 보고에 대해 질의가 오간 흔적은 보이지 않는다.

다음으로, 한국의 주요신문들은 일본 신문에 비해 한일교섭 경위를 대대적으로 보도했다. 특히 『동아일보』는 예비교섭 개시부터 제1차 교섭 결렬까지 네 번에 걸쳐서 사설을 실었다.101) 3월 27일 「한일 우호를 위하여」에서는 "일본이 소위 한국 내의 일인재산의 반환을 고집한다면 (…) 일본인이 여전히 구식민주의적 관념을 청산하지 못하고 있는 것을 입증하는 것"이라고 비판했다. 그러나 최종적으로는 "한일 간의 우호관계 수립과 극동에 있어서의 적색침략의 위협에 대비할 공동방위체제의 조급한 확립을 위하여 일본의 심심한 반성을 촉구"한다는 냉전의 관점을 강조하고 있었다. 즉 한일 양국은 공산주의세력의 공세에 대항하기 위해 '우호조약'을 체결하고 서로 긴밀한 협력관계를 구축해야 하는데, 일본 측의 '불성실한 태도' 때문에 '우호조약'을 체결하지 못하고 있으므로, 이는 '아세아 평화 유지'를 위해 바람직하지 않다는 것이었다. 이것이 『동아일보』가 사설에서 주장한 공통적인 논지였다. 『조선일보』의 사설 역시 비슷한 내용을 주장하고 있었다.102)

---

101) 「〈사설〉 한일회담 지연 유감」(1951년 11월 28일) ; 「〈사설〉 한일우호를 위하여」(1952년 3월 27일) ; 「〈사설〉 蘇聯에 和하는 日本」(1952년 4월 10일) ; 「〈사설〉 일본의 독립」(1952년 4월 25일), 『동아일보』.
102) 『조선일보』는 한일교섭 기간 중에 교섭의 경위를 전하는 기사를 게

또한 당시의 대표적인 종합잡지였던 『신천지』에는 몇 편의 한일 관계에 관한 논문이 실렸다. 그 내용을 보면 '공동방공', '동아의 평화유지', '호혜평등', '산업경제 부흥'이라는 관점에서 한일 간의 '우호친선관계'를 구축할 것을 주장한 반면,103) 일본의 재군비와 일본 경제의 상품시장화를 경계하고 한국의 정치·경제적 이익을 옹호할 것을 강조하고 있었다.104)

이와 같이 한국과 일본에서의 한일교섭에 대한 반응을 비교해 보면, 우선 양측 모두 기본조약·청구권 문제를 깊이 검토하지 않았다는 점에서는 동일하다 할 수 있다. 그러나 일본에서는 한일교섭에 전혀 무관심했던 것에 비해, 한국에서는 이에 대해 비교적 강한 관심을 보였다는 점에서 달랐다. 한국에서 진행된 논의는 한국전쟁 중에 있었기 때문에 기본적으로는 냉전 논리를 강조하고 있었으나, 그 기조에는 '이해와 반성과 호혜평등', '화해와 신뢰'라는 관점에 입각하여 한일국교정상화를 원한다는 주장이 들어 있었다. 그러나 일본에서 이러한 주장에 귀를 기울이는 논자는 거의 없었다.

재했을 뿐, 사설은 싣지 않았다. 사설은 제1차 교섭 결렬 후인 1952년 7월 18일에 「〈사설〉 한일교섭재개기운—일본의 심심한 반성을 促함」이, 9월 24일에 「日武裝船은 한국해역에 올 수 없다」가 게재되었는데, 그 논조는 『동아일보』와 거의 같았다.
103) 장철수, 「日本에 對한 覺書」, 『新天地』, 1952년 1월호.
104) 이건혁, 「韓國과 日本」 ; 김석길, 「韓國對日政策의 기본」, 『新天地』, 1952년 1월호.

제2절 제2차 교섭에서 제4차 교섭까지

1. 제3차 교섭과 '쿠보타 발언'

제1차 교섭이 결렬된 이후 한국과 일본의 관계는 악화되었다. 특히 제1차 교섭 개최 직전에 한국정부가 한일교섭을 유리하게 진행시키기 위한 정치적인 카드로서 선포한 소위 '인접해양에 대한 주권선언'(이른바 '평화선') 문제를 둘러싸고 한일 양국의 대립의 골이 깊어지고 있었다. 이러한 사태를 가장 우려하고 있었던 미국은 공산주의와 가장 격렬하게 대치하고 있는 한국전쟁이 여전히 진행되고 있는 동아시아에서, 동맹국이어야 할 한일 양국의 대립을 수수방관하고 있을 수는 없었다. 미국은 양국의 대립이 더 이상 격화되지 않도록 하기 위해 한일교섭의 재개를 촉구하게 되었다.

1952년 7월부터 머피(Robert D. Murphy) 주일 미국대사가 한일교섭 재개를 위한 중재 활동에 나섰고, 12월에는 머피 주일대사와 클라크(Mark W. Clark) 유엔군 사령관이 다음 해 1월에 이승만 대통령의 방일을 추진했다.[105] 그 결과 1953년 1월 6일에 이승만·요시다 시게루(吉田茂) 회담이 열렸다. 이 회담에서 이승만 대통령은 요시다 수상에게 식민지 지배에 대한 사죄를 요구했으나, 이에 대해 요시다는 이는 '일본 군벌'이 했던 일로, 그것보다는 한일 양국은 공산주의 침략에 직면해 있으므로 우호관계를 진전시켜야 한다고 대답했다고 한다.[106]

이러한 상황을 배경으로 제2차 교섭은 1953년 4월 15일에 시작되

---

105) 李鍾元, 앞의 논문, 170~171쪽.
106) 高崎宗司, 앞의 책, 42쪽.

어 7월 23일까지 계속되었다. 이 교섭에서 전반적으로 토의가 활발하게 이루어지지는 않았지만, '재산 및 청구권 위원회'에서는 제1차 교섭에서는 없었던 약간 심화된 토의가 있었던 듯하다.

먼저 '기본관계위원회'는 5월 15일과 25일에 열렸으나, 1차 교섭에서 보류했던 '구조약무효확인 조항'을 둘러싼 논의만을 되풀이했을 뿐이었다. 양측은 「한일병합조약」이 시초부터 무효임을 확인한다는 한국 측 주장과 장래에 효력을 유하지 않음을 확인한다는 일본 측의 주장 사이에 타협점을 찾지 못했다.107)

'재산 및 청구권 위원회'는 3차례 열렸다.108) 5월 11일에 열린 제1회 회의에서 양측은 "원칙과 법이론은 잠시 보류하고 현실적 각도에서 문제를 취급하자"는 점에 의견이 일치했다. 5월 19일에 열린 제2회 회의에서는 그동안 두 차례 열린 비공식회의에서 한국 측이 제시한 안건의 진척 상황을 확인하였다.

제1회 비공식회의에서 한국 측은 4개 항목을 다음과 같이 제시했다.

(1) 한국국보, 역사적 기념물(미술공예품, 고서적 기타) 즉시 반환 요구에 관한 건(목록첨부)
(2) 한국지도의 원판과 원도 및 해도의 즉시 반환에 관한 건 (목록첨부)
(3) 태평양전쟁 중 한국인 피해 징용 노무자에 대한 제(諸) 미지불금 및 조의(弔意) 대책에 관한 건
(4) 한국인(법인·자연인) 소유 일본유가증권(공사채·주식 등)

---

107) 외무부 정무국, 『韓日會談略記』, 1955년 3월(이하 『韓日會談略記』, 1955년), 102~103쪽.
108) 『韓日會談略記』, 1955년, 135~139쪽.

상황 등의 처리방법에 대한 건

 19일에 열린, 제2회 회의에서 한국 측은 이 4개 항목 청구에 대한 사무적 진척상황을 질문했는데, 일본 측은 (1)과 (2)항은 6월 2일까지 조사가 완료될 예정이며, (3)항은 한국 측에 더 자세한 자료보충을 요망하며, (4)항에 대해서는 앞으로 구체적인 처리방법에 대해 검토하겠다고 대답했다.
 또한 제2회 비공식회의에서 한국 측은 다음과 같은 5개 항목을 제시했다.

(1) 태평양전쟁 중의 한국인 전상병자 전몰자에 대한 조의금 등 지불에 관한 건
(2) 한국 내에서 교환회수한 일본은행권 대금 청산에 관한 건
(3) 한국인 귀국자가 구일본관헌에게 강제기탁한 화폐 대금 지불에 관한 건
(4) 구조선총독부 철도국 공제조합 재일재산 반환에 관한 건
(5) 구조선장학회 유지재단 재일재산 반환에 관한 건

 19일 제2회 회의에서 한국 측이 5개 항목에 대한 견해를 설명한 후, 한일 쌍방은 실무자 간 비공식 회의를 자주 개최하자는 데 합의를 보았다.
 6월 15일, 제3회 회의에서 한국 측은 제2회 회의 이후 가진 2차례의 비공식회의를 통해 20개 항목에 달하는 청구권요구를 제기했음을 재확인하고, 각 항목에 대해 일본 측의 사무적 진척상황에 대한 설명을 요구했다. 이에 일본 측은 ① 한국국보, 고서적 및 미술공예품에 관해서는 외무성 담당사무관을 전임시키는 한편, 문화재위원회의 협력을 얻어 조사 중에 있으며, ② 태평양전쟁 중 피동원

자의 미청산계정에 관해서는 전체적 숫자는 아직 계출되지 않았으나, 5월 말일 현재로 공탁된 액수를 밝힐 것이고, 또 1인당 계산 기준은 일본인과 동일하게 취급할 것이며, 부양수당에 관하여는 일본에 거주하는 가족에 한하여만 지불할 것이고, ③ 유골 주수(柱數)에 관하여 숫자를 밝힐 것이며, ④ 한국인소유 유가증권(주식 국채)에 관하여는 상호의 자료를 대조하여 숫자적인 실체를 명확히 하고 이에 대해서도 담당사무자 간 회합을 구성할 것이라고 설명했다. 한일 양측은 이 4개 항목별로 특별위원회를 구성하여 그 실체가 명백히 밝혀지는 대로 청산할 것에 합의했다.

이와 같이 청구권문제에 관한 구체적인 토의가 시작된 것처럼 보였으나, 제3회 회의 이후 회담은 열리지 않았다. 그 이유는 일본 측이 "대장성에서 준비가 되지 않아 정치적 결정이 필요하다"는 이유를 들어 "정치적 정세가 안정될 때까지 연기하자"[109]고 제안하며 더 이상의 토의를 회피했기 때문이었다. 결국 제2차 교섭은 진전되지 못한 채, 일본 외무성은 7월에 한국전쟁 정전협정 체결이 임박했다는 이유를 들어 교섭의 휴회를 통고하고, 한국 측도 대표단 소환을 발표함으로써, 제2차 교섭은 끝이 났다.

그런데, 그 후 '평화선' 안에서 나포되는 일본어선이 급증하여 정치문제화되자, 지금까지 소극적 태도를 보이고 있었던 일본은 한일 교섭 재개에 '적극적 태도'로 그 입장을 바꾸어, 교섭 재개를 제기하기에 이르렀다. 다만 일본 측의 이러한 '적극적 태도'는 어업문제에 한정된 것이었으며, 모든 현안에 대해서 토의할 것을 요구한 한국 측 입장과는 큰 차이가 있었다.

한일교섭은 10월 6일부터 재개되었는데, 이것이 제3차 교섭이 되

---

109) 『韓日會談略記』, 1955년, 73~74쪽.

었다. 한국 측 수석대표는 제1차 교섭과 마찬가지로 양유찬 주미대사였고 일본 측 수석대표는 쿠보타 칸이치로(久保田貫一郎) 외무성 참여(外務省參與)였다. 주지하다시피 제3차 교섭은 10월 15일의 '쿠보타 발언'이 문제가 되어 10월 21일에 결렬되었다.

10월 6일, 양유찬 수석대표가 인사교환에서 "한일회담의 성공은 재한 일인재산에 대한 일본 측의 청구권 주장을 포기함에 있다"고 말했듯이,110) 한국 측은 이 교섭에서 청구권문제를 가장 중요한 의제로 생각했다. 일본 측은 어업문제부터 먼저 토의하자고 말했으나 한국 측은 5개 분과위원회(기본관계, 어업문제, 재산청구권문제, 국적처우문제, 선박문제)를 설치하고 각각의 문제를 동시에 토의할 것을 제안했다. 일본 측이 이에 동의하여 각 분과위원회에서 토의가 시작되었다.

10월 8일부터 12일에 걸쳐서 각 분과위원회가 열렸다. 9일에 열린 '재산 및 청구권 위원회'에서는 한국 측이 제1차 교섭에서 주장한 해방 이후의 법적 처리 과정 및 「미국무성 각서」를 근거로 들며 대일청구권을 주장했다. 이에 일본 측은 대일강화조약 제4조 (b)항에 관한 미국과 한국의 해석은 사유재산의 몰수를 용인하는 것이고, [이는] 국제법에 위반되는 것이라고 주장하며, 제1차 교섭에 이어 재한일본인 사유재산 청구권을 주장했다.111)

일본 측은 재한일본인 사유재산 중에서 ① 공유·국유재산은 국제법상 이른바 국가 계승의 원칙에 의하여 당연히 한국이 상속케 되나, ② 사유재산까지 일방적으로 한국에 귀속된다면 일본의 국민감정이 이를 용인하지 않을 것이라고 주장했다. 이에 한국 측은 국민

---

110) 『韓日會談略記』, 1955년, 145쪽.
111) 『韓日會談略記』, 1955년, 194~198쪽.

감정이란 측면에서 보면 한국 국민이 더 한층 뿌리 깊고 예민할 것이며 구총독부시대의 전 재한재산(在韓財産) 구성의 '95%'[원문대로 - 저자]를 일본인이 소유하고 불과 5%가 한국인에게 속하였다는 사실은 일본의 경제적 착취정책을 증시(證示)하는 것이고, 이것을 지적하여 연합국이 포츠담 선언에서 '한국인의 노예상태'라고 표현한 것을 직시하여야 하며, 일본 국가가 그 개인에게 보상하느냐 않느냐는 문제는 일본의 내부적인 문제라고 반박했다.

일본 측은 이에 대해 "노(No)"라고 대답하였으며, 호양적(互讓的) 정신으로 쌍방이 포기해야 할 것이라고 주장했는데, 이는 공식교섭의 장에서 처음으로 청구권 상쇄론을 명언한 것이었다. 한국 측은 한국의 대일청구권은 일본의 대한청구권에 대응하는 것이 아니며 법률적·청산적 청구권의 범주에 국한된 것이기 때문에 양국의 청구권의 기초에는 어떠한 공통성도 없으므로, 이른바 호양정신(give and take)이 성립될 여지가 없다고 논박했다. 이렇게 제1차 교섭의 논쟁이 또다시 되풀이되었다. 일본 측의 주장에는 한국 측 청구권을 정치적으로 상쇄하자는 논리만이 있었을 뿐 식민지 지배에 대한 반성의 의사는 전혀 없었다.

10월 13일에 제2회 본회의가 열렸다. 우선 쿠보타 대표는 청구권 문제에 대해 ① 일본은 재한일본인 재산에 대하여 청구권이 있다는 주장은 철회하지 않을 것이며, ② 배상권(Restitution)문제에 대해서는 일본은 전쟁 중 동남아 여러 나라에서 약탈이나 파괴한 부분에 대해서는 배상하려고 하고 있으나, 일본이 한국에서 그러한 일을 한 사실이 없으므로 배상할 여지가 없다고 설명했다. 이어서 ① 양유찬 대사는 한국 전 재산의 85%에 달하는 재한 일인재산을 일본이 한국에 청구하고 있다고 말하였는데, 이 85%의 근거와 ② 재한 일인재산을 한국에게 귀속시킨 미군정도 그렇지만, 현재 한국정부도 그 실

제 권한 밖에 있는 북한소재 일본재산에 대해서는 어떠한 견해를 가지고 있는가라는 질문을 했다.112)

이에 대해 김용식 교대수석(交代首席)은 우선 일본에 대해서 재한 일인재산에 대한 청구권이 없다고 한국 측이 말한 것은 이미 수십회나 되니 거듭 말할 필요조차 없다고 일본 측 견해를 일축하고, 한국에 있는 전 재산의 85%를 일본 혹은 일본인이 소유하고 있었다는 양유찬 대사의 발언은 정확한 것이며, UN 결의문에 있는 바와 같이 대한민국만이 한반도에서 유일 합법적 정부이며 따라서 북한은 대한민국의 일부이므로 북한 자체가 한국의 영토일 뿐 아니라 재북한 일인재산도 한국의 재산이라고 반론했다.113)

이 본회의로부터 이틀 후인 10월 15일 '재산 및 청구권 위원회' 제2회 회의가 열렸다. 회의 의제는 '고서적에 관한 조회추가와 반환의 근거'와 '연합국 전후처리의 문제점'이었다. 우선 고서적에 관한 조회추가와 반환의 근거에 대해서 한국 측은 추가분으로서 한국 국보인고서적 목록(제2차분)을 제시했다. 일본 측은 한국 측이 2차 교섭에서 제출한 목록을 조사한 결과 대부분이 정당한 수단으로 취득한 것이며 사실상 무상으로 취득한 것은 전혀 없고, 따라서 고서적 취득에 하등의 부당성이 없었다고 주장하면서, 이승만 대통령이 관심을 가지고 있는 것쯤은 증정의 형식으로 별도로 고려하겠다고 설명했다.

이에 대하여 한국 측은 현재 일본에 고서적, 기타의 국보가 존재하고 있는 것은 36년간 일본의 권력기구를 통하여 전부가 불법으로 반출되었다고 추정되어야 하므로 그것이 정당히 취득되었다면 일본 측이 일일히 입증해야 할 것이라고 반박했다.114) 이 대립은 '정당한

---

112) 『韓日會談略記』, 1955년, 148~149쪽.
113) 『韓日會談略記』, 1955년, 152~153쪽.

수단으로 취득'한 것이라고 주장한 일본 측과 '불법으로 반출'되었다는 한국 측의 대립이었으며, 또한 이는 역사인식의 차이에 기반한 것이었다. 이 논의에서 일본 측이 '증정의 형식'이라는 해결방법을 처음 제시하였다는 점은 주목할 만하다.

이어서 연합국 전후처리의 문제점에 관한 토의가 있었고, 이 과정에서 일본 측의 쿠보타 대표가 발언한 내용이 문제가 되었다. 한국 측의 홍진기 대표는 제1차 교섭에서 청구권요강 한국 측 안의 입장을 다시 설명하고 다음과 같이 말했다.

> 원래 36년 동안 일본 지배하에서 한국민족이 입은 피해—예컨대 독립운동에 종사한 애국자의 투옥이나 학살, 수원학살, 한국인의 기본적 인권의 박탈, 식량의 강제공출(세계시장보다 훨씬 싼값으로 실시된 쌀의 강제 공출도 포함됨), 노동력 착취—등에 대한 보상을 요구할 권리를 한국이 가지고 있지만 한국 측은 그것을 요구하지 않았다. 이러한 사실에 비추어 우리는 일본 측이 한국에 대한 청구권 주장을 철회할 것을 희망한다.115)

한국 측이 식민지 지배에 대한 '배상'을 요구하는 입장이 아니라, '순수한 법률적인 청구권'을 요구하는 입장으로 후퇴했기 때문에, 일

---

114) 『韓日會談略記』, 1955년, 198~199쪽.
115) "STATEMENT ANSERING THE SO-CALLED STATEMENT OF THE JAPANESE GOVERNMENT ON THE RUPTURE OF THE THIRD ROK-JAPAN CONFERENCE DATE OCT. 21 and 22, 1953", By the Spokesman of the Korean Delegation to the ROK-Japan Conference, October 23, 1953(원문은 영문, 『韓日會談略記』, 1955년, 487~489쪽).

본 측도 당연히 양보해서 재한일본인 사유재산 청구권 주장을 철회해야 한다고 설득한 것이다.

이에 일본 측 쿠보타 전권대표는 다음과 같이 반론했다. 일본으로서도 "조선의 철도, 항구를 만들었고 농지를 조성했으며, 대장성은 당시 많은 해에는 2,000만 엔을 조선에 반출했다. 이것을 반환하라고 주장하여 한국 측의 정치적인 청구권과 상쇄하자는 것이 아닌가?"라며, '청구권 상쇄론'을 다시 제기하여 한국 측 요구를 거부했다.[116)]

1953년 10월 23일에 한국 측 전권단이 발표한 성명에 따르면 '쿠보타 발언'의 내용은 다음과 같다. 쿠보타는 "일본 측도 보상을 요구할 권리를 갖고 있다. 왜냐하면 일본은 36년간 산을 푸르게 바꾸었다던지, 철도를 부설했다던지, 논을 개간했다던지, 많은 이익을 한국인에게 주었"기 때문이라고 말했다. 이에 대해 한국 측은 일본이 점령하지 않으면 한국인은 스스로 근대국가를 건설했을 것이라고 반론했다. 그러자 쿠보타는 일본이 진출하지 않으면 한국은 다른 국가에 점령당해, 더 비참한 상태에 빠졌을지도 모른다고 주장했다.[117)]

또한 『한일회담약기』에 따르면 '쿠보타 발언'의 내용은 다음과 같이 정리할 수 있다.

① 연합국이 일본국민을 한국에서 송환한 것은 국제법 위반이다.
② 대일강화조약 체결 전에 독립된 한국을 수립한 것은 국제법 위반이다.
③ 일본의 구 재한일본인 재산을 미군정법령 제33호로써 처

---

116) 『朝日新聞』, 1953년 10월 22일.
117) 『韓日會談略記』, 1955년, 483~489쪽.

리한 것은 국제법 위반이다.
④ 한국민족의 노예화를 말한 '카이로' 선언은 연합국의 전시 히스테리의 표현이다.
⑤ 36년간의 일본의 한국강제점령은 한국민에 유익하였다.[118]

이에 한국 측은 다음과 같이 반론했다.

> 연합국인 미국이 처분한 결과 그 소유권이 일단 미국 당국에 귀속되었다가 한미 간 재정 및 재산협정에 의하여 한국으로 양도된 것이다. 그러므로 만일 일본이 불평이 있으면 미국에 대하여 하는 것이 타당하다. (…) 더 나아가서는 제2차 대전 이후에는 해방이라는 새로운 국제정치적 현상이 발생하였다. (…) 환언하면 노예상태에 있었던 한인을 일본으로부터 해방시키기 위하여 한국을 독립시키고 거기에 거주하던 일본인 60만 명을 일시에 추방하고 그 재산을 몰수하여 한국에 귀속시켰다. 이 재산의 몰수라는 것은 이러한 해방이라는 커다란 처리의 하나의 현상에 불과하다. (…) 근대전은 그 성격상 총력전이므로 국가는 그 개인재산을 징발하여 국가의 전쟁에 동원한다는 것을 상기하여야 한다. (…) 연합국의 일본인재산 처리 상황을 보면 (…) 그 재외재산을 비일본화하였으니 이러한 세계적인 비일본화 조치의 하나로서 재한일본인 재산을 처리한 것이다.[119]

한국 측의 반론은 ③에 대해 비판한 것인데, 이는 기본적으로는 일본의 식민지 지배에 대한 책임을 묻는 것이었다.

'쿠보타 발언'에 대해 한국 측은 크게 반발하였다. 그리고 그 여파

---

118) 『韓日會談略記』, 1955년, 205~206쪽.
119) 『韓日會談略記』, 1955년, 200~203쪽.

로 16일에 예정되었던 '재일한인국적 분과위원회'와 19일에 예정되었던 '기본관계 위원회'가 열리지 않았다.

20일, 제3회 본회의가 열렸으며 한국 측은 '쿠보타 발언'의 내용을 위에서 언급한 5개 항목으로 정리하여, 일일이 자세하게 따졌다. 이에 대해 쿠보타 대표의 답변은 다음과 같았다.

①에 대해서는 이러한 말을 한 일이 절대 없다.
②에 대해서는 한국의 독립에 관하여 최종적으로 종결을 짓는 것은 강화조약에 의하여 행하는 것이 통례이며, 일본으로서는 전쟁의 최종적 종결은 샌프란시스코 강화조약으로서 이루어진 것이다. 그전에 일본이 행한 것은 일종의 예약적 행위인 것이며 따라서 일본에 관한 한 한국의 독립을 승인한 일자는 샌프란시스코 강화조약 발효일인 것이다.
③에 대해서는 사유재산에 관한 한 이것은 존중되어야 한다는 것이 국제법상의 원칙이다.
④에 대해서는 그 문장이 표시하는 법률적 효과를 목적으로 하는 것이므로 일본이 수락한 것은 그 법률적 효과를 수락한 것이다. 따라서 기타의 문구에 관한 해석에는 다른 해석이 생길 수 있다.
⑤에 대해서는 본인으로서는 이런 문제는 건설적이 아니므로 터치하고 싶지 않으며 이 점에 관하여는 긍정도 부정도 할 수 없다.[120]

한국 측 김용식 교대수석이 ②에 대해 "대한민국이 강화조약 발효 전에 독립한 것을 국제법 위반이라고 생각하는가"라고 다시 질문하자, 쿠보타는 "전쟁은 강화조약으로서 종결한다. (…) 따라서 적극적

---

120) 『韓日會談略記』, 1955년, 153~156쪽.

으로 국제법 위반인지 위반이 아닌지 하는 문제에 대한 답변은 보류하겠다"라고 말했다. 김용식이 "솔직하게 말해 달라"고 추궁하자, 쿠보타는 "본인으로서는 이례라고 말할 것이며 나로서 자발적으로 특별한 의도가 있어서 한 말은 아니다"라고 말하며 논의를 회피했다.

다음으로 김용식이 ④에 대해 "아직도 귀하는 포쓰탐선언에 있는 〈한민족의 노예상태 (…)〉의 문구는 연합국의 흥분에 의한 표현이라고 생각하느냐"고 묻자, 쿠보타는 "그렇다. 현재와 같은 상태에서 포쓰탐선언문을 작성하였더라면 그런 문구를 사용치 않았을 것"이라고 말했다. 이어서 김용식이 ⑤에 대해 "일본이 한국을 통치하여서 한국에 은혜를 베푸렀다고 귀하는 아직 믿고 있는가"라고 질문하자, 쿠보타는 "그 말은 귀국 측에서 일본의 한국통치의 마이너스(-)된 면만을 말하였으므로 플러스(+)된 점도 있다는 것을 말한 것이다"라고 답변했다. 김용식이 "그러면 이 발언은 공적 발언이었는가" 하고 추궁하자, 쿠보타는 "물론 개인으로 말한 것은 아니며 공적 자격으로 말한 것이다. 그러나 정부의 훈령에 의한 것은 아니다"라고 말했다.[121]

다음 날 21일에 열린 제4회 본회의에서 한국 측은 ① 일본 측 대표가 발언한 문제의 5개 항의 성명을 철회할 것, ② 일본 측은 일본 측의 상기 성명이 과오였다고 언명할 것을 요청했다. 이에 쿠보타는 "본인의 발언을 철회할 의사는 전혀 없다. 본인의 발언이 과오였다고는 생각치 않는다"고 한국 측 요청을 거부했다. 결국 한국 측은 "귀하는 아측 요청을 거부하였으니 (…) 이 회담에 계속하여 출석할 수가 없으며 이것은 전혀 귀측에 책임이 있는 것"이라고 말하고, 제3차 교섭의 결렬을 통고했다.

21일, 김용식 주일공사는 "일본 측의 모욕적인 견해 표명으로 인

---

[121] 『韓日會談略記』, 1955년, 156~160쪽.

하여 한일교섭의 기초는 완전히 무너지고 말았다"는 내용의 성명서를 발표했고,122) 23일, 변영태 외무장관은 일본 측이 "한국 측을 모욕하는 발언을 공공연히 하는 것은 그들의 한국침략에 대한 근성을 아직 청산하지 않은 데 그 원인이 있을 것"이라고 말하고 한일교섭 결렬의 책임은 일본 측이 져야 한다고 비난했다.123)

타카사키의 연구에 따르면, 이 '쿠보타 발언'의 내용은 그의 개인적인 발언이 아니라 일본정부의 입장을 표명한 것이었다. '쿠보타 발언'의 내용은 외무성이 작성한 「할양지에 관한 경제적·재정적 사항의 처리에 관한 진술」과 대장성 재외재산조사회가 정리한 「조선통치의 성격과 실적」의 내용과 일치하는 것이었다.124) 또한 오카자키 외상은 10월 28일 중의원 외무위원회에서 「일한교섭 등에 관한 보고」를 하고 "우리들은 아무런 잘못된 주장을 하지도 않았으며 사과할 이유는 하나도 없다"고 단언하였다. 일본정부는 '쿠보타 발언'을 전면적으로 지지했다. 야당도 이를 묵인했다. 신문에 실린 사설이나 투서에서는 '쿠보타 발언'을 비판한 것도 있었으나 그것은 소수였으며 대부분의 일본인들은 이승만 정권의 교섭 태도를 비판하거나 무관심했다.125)

한편 한국 국내에서는 '쿠보타 발언'에 대해서 어떠한 반응이 있었

---

122) 『동아일보』, 1953년 10월 23일.
123) 『동아일보』, 1953년 10월 24일.
124) '쿠보타 발언'에 관해서는, 高崎宗司의 「第三次日韓會談と『久保田發言』」(『思想』, 1985년 8월호)과 앞의 책(51~64쪽)을 참조할 것. 타카사키는 10월 22일자 『朝日新聞』에 게재된 「외무성의 회담의사록에 남긴 동씨(쿠보타씨-인용자)와 한국 측 대표와의 응수(요지)」를 검토하고 일본정부의 기록과 한국정부의 기록을 비교하여 분석함으로써, '쿠보타 발언'과 그것을 둘러싼 양측의 충돌 과정을 명확히 하고 있다.
125) 高崎宗司, 위의 논문.

을까? 11월 19일, 제17회 국회 임시회의의 「한일회담 및 기타 당면 문제에 관한 질문」에서 윤치영 부의장이 '쿠보타 발언'을 거론했다. 그는 한국 측 대표가 쿠보타가 '모독적 발언'을 할 때 그 자리에서 바로 퇴석하여 귀국하지 않은 것은 "대한민국의 대표로서 자기 나라를 모독하였다고 하지 않을 수 없다"고 말하고, 나아가 쿠보타 대표가 성의를 가지고 대처한다면 교섭을 재개할 용의가 있다고 발표한 것은 "통탄하지 않을 수 없다"고 혹평했다.126)

11월 24일 국회에서는 한일교섭 결렬을 초래한 '쿠보타 발언'이 "오만무례 황당무계한" 발언이며 일본정부의 '쿠보타 발언'에 대한 지지성명은 한국의 외교정책과 대립하는 것이기 때문에 "일본정부는 이것을 정식으로 취소"해야 한다는 「한일회담에 관한 긴급건의안」을 제출하고 만장일치로 결의했다.127)

주요 신문도 '쿠보타 발언'을 비판했다. 『조선일보』는 11월 22일자 사설 「무치무도한 일측 방언 – 회담 정돈(停頓)의 책임을 지라」에서 일본인이 "한국인을 위하여 기여하였다는 오만한 생각을 가지고 있는 것은 종래의 침략주의에서 일보도 벗어나지 못한 증좌"라고 말하고,128) 24일자 사설 「일본은 어데로 갈 것이냐」에서 '쿠보타 발언'의 다섯 가지 내용을 서론하여 비판한 후, "수십년래의 일본의 피해자인 아세아의 10억 인민들이 일본 사람들을 어떻게 보고 있는가"를 잘 인식해야 한다고 경고했다.129) 이어서 27일자 사설 「쿠보타 방언(久保田放言)과 일본 측의 궤변」에서는 '쿠보타 발언'이 일본이 과

---

126) 『제17회 국회임시회의 속기록』 제8호, 국회사무처, 1953년 11월 19일.
127) 『제17회 국회임시회의 속기록』 제12호, 국회사무처, 1953년 11월 24일.
128) 「〈사설〉 無恥無道한 日側 放言 – 會談停頓의 責任을 지라」, 『조선일보』, 1953년 10월 22일.
129) 「〈사설〉 日本은 어데로 갈 것이냐」, 『조선일보』, 1953년 10월 24일.

거의 "제국주의 침략의 죄과를 정당화하려고 한 가공할 사상"의 표현이라고 비판했다.130)

『동아일보』에서도 '쿠보타 발언'이 "일본이 오히려 석일(昔日)의 제국주의적 악몽에서 깨지 못하는 잠꼬대"를 하며 "칠십년 전의 제국주의적 침략성에서 일보도 더 나가지" 못한 것은 유감스럽다는 내용의 사설을 게재했다.131)

이와 같이 일본정부와 대부분의 일본인이 '쿠보타 발언'이 '당연한 것'을 말했을 뿐이라고 생각하거나 큰 문제가 아니라고 보고 무시했을 때, 한국에서는 '과거 제국주의 침략의 죄과를 정당화'하려는 발언이라고 보고 있었다.

결국, 제1차 교섭에서 일본 측의 재한일본인 사유재산 청구권을 둘러싼 한일 양국의 논쟁은 '쿠보타 발언'을 둘러싼 대립으로 확대되었고, '쿠보타 발언'은 한일교섭을 파국으로 빠뜨리게 한 결정적인 원인이 되었다. 이후 한일교섭은 일본 측이 재한일본인 사유재산 청구권 주장과 '쿠보타 발언'을 철회하지 않았기 때문에 4년 동안 중단되었다. 이 두 가지 문제를 둘러싼 충돌의 본질은 식민지 지배에 대한 한일 양국의 역사인식의 차이에 있었다.

특히 이 시기 일본정부와 일반국민은, 일본이 행한 아시아·태평양지역에서의 식민지 지배와 침략전쟁, 학살, 탄압과 억압, 인권 유린, 수탈 등을 국가와 국민이 수행한 범죄로 생각하지 않았으며, 과거에 대한 직시를 회피하려고 했다. 이러한 태도야말로, 그 이후 일본과 한반도를 비롯하여 아시아·태평양 여러 나라 사이에 갈등을 낳은 근본적인 원인이 되었다.

---

130) 「〈사설〉 久保田 放言과 日本側의 詭辯」, 『조선일보』, 1953년 10월 27일.
131) 「〈사설〉 韓日會談決裂」, 『동아일보』, 1953년 10월 25일.

2. 제3차 교섭 이후의 냉전 논리와 '방일' 내셔널리즘

앞에서 본 바와 같이 이승만 정권 초기의 대일정책에는 해방 직후부터 존재했던 식민지 지배·전쟁청산의 논리가 '반영'되어 있었으나 한국전쟁 발발부터 한일교섭이 시작될 무렵이 되면, 이승만 정권의 일본에 대한 태도는 그 이전과는 양상이 달라지게 된다. 우선, 1950년대부터 1960년대까지 한일 양국 간의 현안의 하나였던 평화선문제를 검토해 보자.

한국정부는 제1차 한일교섭 직전인 1952년 1월 18일에 「인접해양에 대한 주권 선언」을 발표했다. 이것은 한국 측이 평화선을 설치한다는 일방적인 선언이었다.

이승만 대통령은 그 후의 담화에서 평화선 설치 목적이 수산자원과 어업의 보호와 한일양국의 평화와 우의를 유지하는 데 있다고 말했다.132) 그러나 김동조의 회고에 따르면, 원래 평화선 설치안은 일본과 어업협정을 겨냥한 '외교적 계산'에 따른 정책으로서 1951년 여름에 외무부 정무국의 리더십에 의해 구상된 것이었다. 1946년 6월 22일에 발표된 SCAPIN 제1033호 「일본인의 포어(捕魚) 및 포경 어업에 관해 승인된 구역」(속칭 '맥아더 라인')133)이 대일강화조약의 발효와 동시에 폐기된다는 상황에 직면해서, 상공부 수산국과 외무부 정무국이 추진한 것이었다. 먼저 상공부 수산국의 지철근이 주축이 되어 자원보호 및 한국어업의 재건을 목적으로 하는 「어업관할수역안」을 제안했다. 외무부 정무국의 김동조는 이 안에 독도를 덧붙였다. 그리고 경무대의 임철호와 김동조가 대륙붕 해상과 그 지하

---

132) 「隣接海洋主權宣言에 對한 敷衍」(1952년 2월 8일), 韓國公報處, 『大統領李承晚博士談話集』, 1953년, 150쪽.

133) 외무부 정무국, 『平和線의 理論』, 발행년불명, 49쪽.

의 광물자원 보존과 개발이용까지 확대하고, 아울러 국방상의 해양방어, 독도를 둘러싼 영토 분규의 종식 선언까지 고려하여, 평화선을 최종안으로서 입안했다.134)

이 평화선은 상공부와 외무부, 경무대 관료의 합작품으로 특히 외무부 정무국의 김동조가 주도해서 고안해 낸 것이었다. 예비교섭에서 일본이 주도권을 장악하고 한국이 열세인 상황에 직면하여, 외무부 정무국은 한일교섭을 유리하게 진행시키기 위한 '대항카드'로서 인접해양에 대한 주권선언안을 작성한 것이다.135) 이승만 대통령이 이를 채택하여 평화선 설치 선언을 발표했다. 이러한 경위를 통해서 알 수 있듯이 평화선 설치 선언은 김동조가 말한 대로 2월에 시작될 한일 본 교섭을 앞두고 채택된 정치적 대항조치였다고 할 수 있다.

한국 측으로서는 대일강화회의 참가를 거부당하고 한일교섭에 참가하게 되었지만, 이 교섭에서도 한국은 수세에 몰렸다. 특히, 청구권문제를 둘러싼 '고압적이며 모욕적인 일본정부의 태도'와 재한일본인 사유재산 청구권 주장은 한국 측으로서는 "사실상, 한국의 전 재산과 전 국민을 일본에 복종시킬 것을 요구하는 것이며, (…) 일 주권국가의 입장에서 (…) 허용되는" 것이 아니었다.136) 이를 대한

---

134) 지철근, 『平和線』, 汎友社, 1979년, 119~129쪽.
135) 김동조, 앞의 책, 16~18쪽, 35~36쪽 ; 외무부 정무국, 『平和線의 理論』, 55~61쪽. 김동조는 해방 전 일본 후생성, 쿄토부청(京都府廳)에서 근무했고, 해방 후에는 한국 외무부에서 근무한 관료이다. 한일교섭에서는 예비회담과 제1, 4, 7차 교섭에 참가한 인물로 한일교섭에 관여한 한국인 중에서 가장 중요한 인물 중의 한 명이다. 제1차 교섭에서는 외무부의 정무국장으로서 '평화선' 설치안의 입안 과정에서 주도적인 역할을 했다.
136) "STATEMENT ANSERING THE SO-CALLED STATEMENT OF THE JAPANESE GOVERNMENT ON THE RUPTURE OF THE THIRD ROK-JAPAN CONFERENCE DATE OCT. 21 and 22, 1953", By

민국의 주권 침해라고 생각한 한국정부는 대항조치로서 1952년 8월 경부터 평화선을 침범하는 일본 어선을 본격적으로 나포하기 시작했다.

나아가 한국정부는 「포획심판령」(1952년 10월 4일), 「수산업법」(1953년 9월 9일), 「어업자원보호법」(1953년 12월 12일)을 공포하여 일본어선 나포·처벌의 법적 근거가 되는 국내법을 정비했다. 이러한 법률로 나포된 일본 어선과 억류된 일본 어민의 숫자는 급증하였으며, '쿠보타 발언'으로 제3차 교섭이 결렬된 1953년에는 그 숫자가 최고치를 기록했다.[137] 한국 국회와 언론도 이승만 정권의 이러한 정책을 기본적으로 지지했다. 서울과 부산에서는 "해양주권선 침범 배격 시민궐기대회"가 열렸고, 이 대회에 참가한 사람들은 일본 어선의 평화선 침범은 재침략의 신호라고 경고했다.[138] 이 시기 한국에서는 일본 어선의 평화선 침범을 계기로 일본에 대한 비판이 고양되었다. 요컨대 이 평화선설치와 일련의 법률제정, 그리고 이에 근거한 일본 어선의 나포와 억류·처벌은 이승만 정권이 일본과의 교섭을 유리하게 추진하기 위해서 일본과 한국 국민에게 내보인 '방일' 내셔널리즘의 일환이었다.

이에 대해 일본에서는 1953년 10월에 제3차 회담이 결렬되자 『츄오코론』, 『카이조』, 『토요케이자이신포(東洋經濟新報)』, 『선데이 마이니치(サンデー毎日)』 등의 잡지와 신문이 먼저 평화선 설치와

---

the Spokesman of the Korean Delegation to the ROK-Japan Conference, October 23, 1953(『韓日會談略記』, 1955년, 485~487쪽).
137) 森田芳夫, 「日韓關係」, 鹿島平和硏究所編·吉澤淸二郞監修, 『日本外交史 第二十八卷-講和後の外交 I 對列國關係(上)』, 鹿島硏究所, 1973년, 56쪽.
138) 「〈사설〉日武裝船은 韓國海域에 올 수 없다」, 『조선일보』, 1952년 9월 24일, 9월 26일.

일본어선 나포, 어민억류를 강력히 비판하기 시작했다. 11월 5일에 열린 중의원 본회의에서는 "이승만 라인[평화선]이 국제법상 우리 어민이 당연히 보유하는 권익을 침해하게 될 것을 확인"하는 「한일문제 해결 촉진에 관한 결의안」을 전회 일치로 가결했다.139) 이렇게 해서 일본 측은 어업문제를 해결하기 위하여 어쩔 수 없이 교섭의 장에 나오게 되었고, 많은 일본인도 평화선의 존재와 어업분쟁을 보면서, 처음으로 한일관계를 주목하기 시작했다.

그리고 이러한 이승만 정권의 '방일' 국가주의는 미국의 일본 중시 정책을 비판하는 과정에서 또 다른 힘을 발휘하게 되었다.

제2차 교섭이 중단되었던 1953년 7월에 이승만 대통령은 아이젠하워 미국 대통령과 덜레스 국무장관에게 보낸 서한에서 '한미상호방위조약에 일본의 위협에 대한 안전보장을 명기해 주도록 요청했다. 그 속에서 이승만 대통령은 미국의 일본 재무장 추진에 따라 아시아인들이 일본제국주의 부활의 희생양이 될 것이며, 만주로 가는 통로로서 한국과 그 자원을 침탈하지 않으면 일본을 강화시키는 것은 불가능하다는 신념을 일본은 아직 버리지 않았다고 호소하고 '일본제국주의'를 저지하기 위하여 미국이 일본이 아니라 한국을 아시아의 전략적인 중심으로 설정할 것을 요구했다.140)

1953년 8월 5일 이승만·덜레스 회담에서도 이승만 대통령은, 일본이 본질적으로 식민지 지배의 꿈을 버리지 않았으며, 따라서 미국인은 일본을 경제적·군사적으로 재건해서는 안된다며 덜레스를 설득했다.141) 다음 날 회담에서 이승만은 미국의 대한경제원조가 일

---

139) 高崎宗司, 앞의 책, 66~67쪽.
140) FRUS, 1952~1954, vol. XV, part 2, pp.1368~1369, Ibid., pp.1437~1438.
141) Ibid., pp.1472~1473.

본의 경제부흥을 위해서 사용된 것에 강한 불만을 나타내고, "만약 일본이 생산자로 재건되고 기타 제국이 앞으로도 소비자로 남게 되면 이들 나라는 〈일본의 노예〉로 전락할 것"이라고 주장했고, 앞으로 미국의 원조를 일본의 부흥을 위해서가 아니라 한국의 공업기반 건설을 위하여 사용해야 한다고 요구했다.142)

이승만의 일본과 미국에 대한 비판은 1954년 2월 4일자 아이젠하워 대통령에게 보낸 서한 속에서 가장 격렬했다.

> 한국 전 재산의 85%가 일본인 소유이며 전쟁(한국전쟁 – 인용자)으로 피해를 입은 것을 배상해야 한다고 일본인이 공식 선언했다. (…) 미국은 한국의 입장을 옹호하는 것이 아니라 일본 편을 들고 진정 누가 침략자인지 판단을 거부하고 있다. 이것은 미국이 공평한 입장에서 한일 양국에 대처하려는 의지가 없음을 나타내는 것이며 한국인은 그것을 분명히 인식하고 있다.

나아가 이승만은 부흥원조의 대일조달을 강력하게 비판하고 "우리는 이미 미국정부에 희망을 가질 수 없게 되었다"고 결론을 내렸다.143)

---

142) FRUS, 1952~1954, vol. XIV, part 2, pp.1473~1477 ; 李鍾元, 『東アジア冷戰と韓米日關係』, 東京大學出版會, 1996년, 175쪽. 이러한 미국의 대일 중시정책비판은 한국 외교문서의 곳곳에서 볼 수 있다. 예를 들면, 「미국의 한반도 통일정책을 문의하는 이 대통령의 Eisenhower 미대통령 앞 서한, 1954.2.4」〈제네바 정치회담, 1954〉, 『한국외교문서』 726.23, 1954, D-0001 ; 「이승만대통령의 美 Eisenhower 대통령 앞 비망록, 1957.1. 24」, 『한국외교문서』 722.9US, 1957, C-0001 ; 「이승만 대통령 면접록, 1954~57」, 『한국외교문서』 722.9, 1954~57, C-0001, 2091~2093쪽, 2109~2110쪽.

143) FRUS, 1952~1954, vol. XV, part 2, pp.1745~1747.

여기서 보이는 이승만 정권의 일본에 대한 반발은 대미 교섭을 유리하게 전개하기 위한 정치적 전술로서의 성격이 농후했다.144) 북진통일을 꿈꾸고 있었던 이승만은 미국으로부터 정치·경제·군사적 원조를 이끌어내기 위하여, 미국인에게 '방일론'을 설파하고 한국에 대한 전면적인 지원을 요구했다.

국내적으로는 '부산정치파동', 대통령 재선에 따른 절대적 정치권력획득, 계속되는 한국전쟁으로 인한 경제적 곤란이라는 상황, 또한 국제적으로는 한국전쟁 발발, 대일강화조약참가 좌절, 한일교섭에서의 열세, 미국의 대일중시정책으로의 경사(傾斜)라는 상황 속에서, 이승만 정권은 '방일' 내셔널리즘을 대일정책의 전면에 내세웠다. 이 '방일' 내셔널리즘은 한일교섭에서의 정치적 대항수단, 대미 교섭을 위한 정치적 카드, 또는 국내 정치를 안정시키기 위한 대중동원·국민통합의 수단으로 기능하기 시작했다.

'방일' 내셔널리즘의 대두와 함께, 또 하나 지적해야 할 것은, 냉전이란 관점에서 비로소 일본을 비판하는 이승만 정권의 자세가 명확하게 되었다는 점이다.

이승만 정권은 1950년 1월에 이승만 대통령이 일본을 방문했을 때부터 '한일방공협조'의 필요성을 강조하기 시작했다.145) 한국전쟁 전야의 이승만 정권의 '한일방공협조'론은 한일교섭 과정에서도 나타났다. 예컨대 한국 측은 예비교섭에서 '극동평화'를 위하여 한국과

---

144) 이승만은 일본이 약 반세기 동안 미국인에게 해왔던 한국에 대한 '중상모략적인 선전'을 타파하기 위하여 미국 국민에게 충분한 '재교육'이 필요하다는 신념을 당초부터 갖고 있었다고 한다. Robert T. Oliver, *Syngman Rhee and American Involvement in Korea: 1942~1960*(Seoul: Panmun book co. ltd., 1978), pp.215~216.
145) 『조선일보』, 1950년 1월 15일, 2월 21일, 2월 22일.

일본이 "선린우호 관계를 맺어야 한다"고 말했고 제3차 교섭에서도 "한국은 자유세계 진영의 방위선을 유지하기 위하여 반공투쟁을 전개하고 있으며 만일 한국이 공산도배들의 수중에 들어간다면 곧 일본에도 공산침략의 위기가 도래한다는 것을 인식하고 한일 양국의 친선관계 유지에 노력하여야 한다"고 주장했다.146) 그런데 이러한 '한일방공협조'론은 한일교섭 결렬로 일본에 대한 비판으로 바뀌게 되었다.

1952년 4월 4일, 제1차 교섭 본회의에서 한국 측은 일본 측의 '재한일본인 사유재산' 청구권 주장을 강하게 비판하는 성명을 발표했다. 한국 측 양유찬 수석대표는 성명에서 '법률 및 도덕적인 기초를 갖지 않는' 청구권을 주장하는 일본은 '공산주의라는 괴물과 싸우는 아시아 제국(諸國)동맹'의 일원이 될 수 없을 뿐만 아니라 "매우 관대한 평화조약의 결과 일본이 다시 패권을 획득[함으로써] 아시아 제국의 위협"이 될 것이라고 말했다.147) 이것은 공산주의를 38선 이북에 봉쇄시키는 것이 아니라 공산주의와 대결, 승리하여 북진통일을 이루자고 하는 '판뒤집기' 입장에 선 이승만 정권의 본격적인 일본 비판의 시작이었다.148)

앞에서 논했듯이 일본 측은 제3차 교섭 결렬 후에도, 여전히 재한일본인 사유재산 청구권 주장과 쿠보타 발언을 철회하지 않았다. 더

---

146) 유진오, 「남기고 싶은 이야기들 – 韓日會談(23)」, 『중앙일보』, 1983년 9월 26일 ; 『韓日會談略記』, 1955년, 144~145쪽.
147) 『韓日會談略記』, 1955년, 229~235쪽.
148) 이승만 정권의 북진통일론에 대해서는 서중석, 「이승만과 북진통일」(『역사비평』 29호, 1995년 여름호)을 참조할 것. 서중석은 이승만은 '방일' 정책을 국내정치조작의 중요한 이용물로 활용했고 위기 분위기를 고조시키며 학생들과 민중들을 반일시위에 동원했다고 말하고 있다.

욱이 일본경제부흥은 '조선특수'로 가속화되었으며 일본을 중심으로 하는 미국의 '지역통합' 구상이 추진되고 있었다. 이승만 대통령과 관료들은 이러한 상황을 국익에 반하는 일이라고 판단했다. 그리고 1950년대 중반 냉전의 완화 조짐이 나타나자 한일관계는 새로운 국면을 맞이하게 된다.

1954년 12월 10일에 성립한 하토야마 이치로(鳩山一郎) 정권이 「일소국교회복 공동선언」 조인, 중국과 경제교류 추진, 북한과 민간교류 등 사회주의권에 접근하는 움직임을 보이자, 이승만 정권은 그러한 움직임을 '용공정책'이라고 하토야마 정권을 격렬하게 비난하기 시작했다. 1955년 4월 국무회의에서 "일본정부가 북한괴뢰와 문화·경제 분야 등에서 교류하면 한국정부는 일본을 적성국가로 규정하고 이를 내외에 선포할 것"이라고 말했다.[149] 또한 5월 28일 갈홍기 공보실장은 "북한괴뢰집단은 침략적인 일본과 결탁하여" 한국을 포위할 것이라고 하고, 일본과 북한의 접근, 그리고 그것을 가능케 한 미국의 대일정책을 비난했다.[150] 6월 4일에는 "일본의 지도자들이 분명히 북한과 만주를 다시 지배하려고 획책하고 있으며 그들의 궁극적인 목표는 대한민국을 고립시켜 장차는 한반도의 남부까지도 정복할 수 있는 길을 여는 데 있다"고 말했다.[151]

주요 신문들도 일본이 "북한괴뢰에 접근하는 것은 한국에 무형의 위협을 가하려고 하는 것"이고,[152] 일본의 사회주의권 접근은 '용공

---

149) 서중석, 「이승만대통령의 반일운동과 한국민족주의」, 『人文科學報』 제30집, 2000년, 306쪽.
150) 『조선일보』, 1955년 5월 29일.
151) 『경향신문』, 1955년 6월 4일.
152) 「〈사설〉 日本·傀儡間의 漁業協定의 裡面」, 『조선일보』, 1955년 5월 30일.

일본의 '무궤도외교'라고 비난했다.153) 5월 30일에는 '전국애국단체연합회' 주최로 '용공일본'을 규탄하는 국민대회가 열렸다.154) 이 대회에서 하토야마정권을 자유진영의 배신자라고 규정하고, "1. 우리는 적색 제국주의 침략과 함께 아세아에 재기되는 일본제국주의의 재기를 철저히 분쇄하자. 1. 우리는 미국정부로 하여금 대일정책에 있어서 제국주의 잔재자와 반공민주일본건설자를 엄격히 구별하도록 하자"는 등의 결의문을 채택했다.

8월에 들어 한일관계는 더욱 악화되었다. 한국정부는 한국전쟁 이후 대일 무역적자 급증과 밀무역 증가로 호혜평등원칙에 입각한 교역이 이행되지 않았다는 이유로, 1954년 3월 20일부터 '대일금수조치'를 시행하게 되었다.155) 그 후 '대일금수조치'를 일단 완화시켰으나,156) 1955년 8월 18일 다시 대일통상 및 여행 중단을 발표했다.157) 한국정부는 '대일금수조치'를 실시하게 된 이유를 하토야마

---

153) 「〈사설〉容共日本의 無軌道外交」, 『경향신문』, 1955년 5월 31일.
154) 『경향신문』, 1955년 5월 31일 ; 『한국일보』, 1955년 5월 31일. 그 이후 6월 3일 속초에서 '일본용공정책반대국민궐기대회', 춘천에서 '일본용공정책 분쇄 강원도민대회', 6일 금천에서 '애국단체연맹회' 주최로 '일제용공정책분쇄금전시민대회', 8일 애국참전동지 등 5,000여 명이 '일용공분쇄대회(日容共粉碎大會)', 9일 인천 타공청년대(打共靑年隊)에 의한 '일본용공 규탄시위', 17일 부산철도국 산하 종업원 1,300여 명에 의한 '일본의 용공정책 분쇄시위', 27일 부산에서 대한부인회 주최로 열린 3,000여 명의 '일본친공정책 분쇄대회', 7월 14일 학도호국단의 '일본의 용공정책 분쇄학도궐기대회'(『조선일보』, 1955년 6월 9일, 6월 10일, 6월 12일, 6월 20일, 7월 1일, 7월 15일) 등이 개최되었다. '대중'집회, 시위를 주최한 단체의 대부분이 이승만 정권에 의해 위에서부터 조직된 단체였기 때문에, 이와 같은 '대중' 집회, 시위는 동원된 것이었다고 생각된다.
155) 『조선일보』, 1954년 4월 10일.
156) 『조선일보』, 1955년 5월 13일.

정권이 "반정부적 한인과 민족반역자와 친일분자들을 보호하고 그들에게 경제적·정치적 원조를 공여"하고, "한일 공산분자들을 도와서 한국에 자금과 물자를 밀수입"시켰기 때문이라고 설명했다. 이것은 국민과 경제계의 불안을 억누르고 설득하기 위한 설명이었다.[158]

보다 본질적인 이유는 이승만 정권이 하토야마 정권의 소련·중국·북한 등 사회주의권 접근에 위기감과 반감을 느꼈기 때문일 것이다. 그들의 위기감과 반감은 냉전의 최전선에서 공산주의세력과 대치하고, 국가의 정통성을 둘러싸고 북한과 경쟁하고 있는 상황 속에서 나온 것이었다. 1954년과 1955년의 대일통상 중단조치는 이러한 위기감과 반감을 표면화시킨, 하토야마 정권에 대한 정치적인 보복조치였다고 할 수 있다.

1956년에 들어가서도 이승만 정권은 "일본이 중립주의 혹은 용공주의의 방향으로 나갈 것은 부정할 수 없는 사실이며 (…) 일본이 북한과 경박한 행동을 하는 것은 한국에 대한 최대의 비우호적 태도이며 앞으로 양국 관계에 큰 역효과를 가져오게 된다"고 다시 경고했다.[159]

이와 같은 이승만 정권의 '방일' 내셔널리즘을 주도한 인물은 양유찬 주미대사, 변영태 외무장관, 갈홍기 공보실장, 조정환 외무장관

---

157) 『서울신문』, 1955년 8월 19일.
158) 8월 20일 조정환 외무장관 서리는 "일본과의 교역을 단절하고 일본에의 출입국을 금지한 정부의 조치는 임시적인 것은 아니라 (…) 대일 교역단절로 손해를 입는 상인은 국가의 대의에 협조하는 견지에서 인정하여야 할 것"이라고 국민과 경제계의 협조를 호소했다(『조선일보』, 1955년 8월 21일).
159) 「CURRENT ASPECT OF KOREA-JAPAN RELATIONS, 1956.12.22」, 〈Robertson. W. S. 미국무차관보 방한, 1956.12.18〉, 『한국외교문서』 724.62, 1956, C-0002.

서리, 임병직 제4차 교섭 대표 등 이승만의 측근 그룹이었다.160) 그 들은 기회가 있을 때마다 이승만의 '독립정신'과 태평양전쟁을 '예 언'·'경고'한 '선견'에 관한 일화를 끄집어내어, 이승만에 대한 충성 심을 표명했다.161) 그들이 선전한 '방일' 내셔널리즘의 내용은 다음 과 같은 것이었다.

우선 그들은 전근대사회부터 계속되고 있는 일본의 민족성을 강 조했다. 일본에는 임진왜란 이후 '침략근성'이 존재하고, 한국은 '언 제나 평화를 추구하는 민족'이었음에 비해 일본은 '언제나 침략을 추 구하는 민족'이었으며, 그 후에도 일본의 침략이 '반복되고 있다'고 하면서,162) 일본인의 또 다른 특징으로서 '섬나라 근성'이나 '모방', 미국에 대한 '접대부'적인 태도를 들었다. 이와 같이 그들은 일본에 '침략근성'과 일종의 문화적인 '후진성'이 존재함을 지적했다.163)

---

160) 그들 대부분은 미국에서 대학교육을 받았다. 양유찬은 보스턴대학교 에서 의학박사학위를, 갈홍기는 시카고대학교에서 철학박사학위를 취득했다. 조정환은 미시간대학교에서 대학원 과정을 수료하고, 임 병직은 '구미위원회'와 '태평양동지회'에서 이승만과 함께 활동했다(임 병직, 『林炳稷回顧錄-近代韓國外交의 裏面史』, 女苑社, 1964년 ; 日 本外務省アジア局, 『現代朝鮮人名辭典』, 世界ジャーナル社, 1962 년).

161) 이승만의 저서 『독립정신』(경성: 활문사, 1910년)은 1947년과 1954년 에 각각 중앙문화사와 태평양출판사에서 재출판되었다. 또한 이승만 이 태평양전쟁 전야에 미국에서 집필한 Japan Inside Out-The Challenge of Today(New York: Flemimg H. Revell Company, 1941) 는 1954년에 『일본내막기』(박마리아 역〈실제 번역은 이종익〉, 자유 당선전부)와 『日本之裏面』(최덕신 역, 友紘社)이라는 제목으로 출판되 었다.

162) 갈홍기, 「제삼세력 배격은 전한인의 결의 - 일본의 친공경향은 아세 아의 위협」, 公報室公報局報道課 『週報』(이하 『週報』), 1954년 12월 17일.

다음으로 그들이 강조한 것은 '일본의 팽창주의'에 대한 경계였다. 그들은 그것에 대해, 일본의 평화선 침범, 독도에 대한 기관총 발포, 재군비, 재한 귀속재산의 85%에 대한 권리 주장, 쿠보타 망언, 대한민국의 합법성 인정 거부 등을 들면서, 이는 '양복을 입은 군국주의'가 한국을 침략하려는 증거이며,164) 또한 경제 부흥에 성공한 일본은 "동남아세아의 방대한 시장을 확보함으로써 (…) 거대한 경제적 지배를 강화하고자 획책하고" 있으며,165) 나아가 미국이 일본을 "아시아에서의 지배적인 군사·공업국으로서 육성"하려 하고 있고, 그와 같은 미국의 지역통합구상은 일본의 야망을 조장하는 것이라고 선전했다.166)

그다음으로 강조한 것은 앞서 서술했듯이, '용공일본'의 '재침략계획'에 대한 비판이었다.167) 특히 1955년 5월 24일 북한의 남일 외상이 일본과의 '정상적인 경제 및 외교관계 수립을 위한 새로운 제안'을 하고, 북일통상이 시작된다는 소식이 전해지자 '용공일본' 비판은

---

163) 정성관, 「好惡한 日本의 外交를 暴露한다 – 韓日問題를 中心으로 한 駐美梁裕燦大使와의 對談記」, 『新太陽』, 1955년 11월호.
164) 갈홍기, 「일본의 제국주의 부활을 경계하자」, 『週報』, 1954년 6월 23일 ; 정성관, 위의 글 ; 변영태, 「日本의 財産權要求에 對하여」, 『나의 祖國』, 自由出版社, 1956년, 248쪽.
165) 갈홍기, 「제삼세력 배격은 전한인의 결의 – 일본의 친공경향은 아세아의 위협」.
166) 조정환, 「日本의 膨張主義 再起를 警告한 聲明(1957년 6월 11일)」, 외무부, 『曹外務長官演說 및 聲明書』, 1959년, 99~100쪽.
167) 갈홍기, 「북한 침략을 단호불허 – 일본은 재침기도를 포기하라」, 『週報』, 1955년 6월 8일 ; 「일본의 약속은 믿을 수 없다 – 군사력 길러줌은 위험한 일」, 『週報』, 1956년 5월 16일 ; 양유찬, 「일, 아주정복기도, 한반도 이용을 경고」, 『조선일보』, 1955년 10월 22일, 10월 27일, 10월 29일 ; 1956년 2월 3일, 2월 21일.

최고조에 달했다. 예를 들면, 갈홍기는 일본이 중국과 결속, 소련과 화합을 꾀하고 '북한괴뢰'와 교류하여 소련·중공·북한으로 하여금 추축국가를 형성하게 함으로써 한국을 포위하여 재점령하려고 기도하고 있다고 말했다.168)

이와 같은 '방일' 내셔널리즘은 정부간행물, 신문, 잡지, 기념식전과 집회 연설 등에서 되풀이되었다. 이승만 정권에 의해 조직된 어용단체도 '도민대회'나 '시민대회'를 열고 이를 지지했다.169)

그러나 동 시기부터 이승만 정권의 '방일' 내셔널리즘에 비판적인 움직임이 나타나기 시작한 것도 간과할 수 없는 사실이다. 그것은 1956년 5월 15일에 실시된 제3대 대통령 선거를 계기로 표면에 나타났다.

여당인 자유당은, 1954년 11월, 이른바 '사사오입개헌'으로 헌법에서 3선금지 조항을 삭제하고 부대통령의 대통령권한 계승권을 신설하여 후계체제를 구축하고, 대통령 후보에 이승만, 부대통령 후보에 이기붕을 지명했다. 한편 반이승만 세력은 통합 야당인 민주당에 결집하여 신익희와 장면을 대통령, 부대통령 후보로 각각 지명했다. 또한 평화통일을 내건 조봉암 등 혁신파는 진보당 창당 준비위원회를 결성하고 조봉암을 대통령 후보로 지명했다.

선거 결과, 이승만이 대통령에 당선되었으나, 득표율이 낮았고 조봉암이 선전했으며, 부대통령에는 민주당의 장면이 당선되었다. 여당인 자유당은 행정기관과 경찰력을 총동원해서 선거에 임했지만, 헌법상 대통령권한 승계자인 부대통령에 야당 민주당의 지도자가 선출된 것이다. 이는 사실상 여당인 자유당의 패배였고, 이 선거결

---

168) 갈홍기, 「일본은 한국을 포위 침략 획책」, 『週報』, 1956년 2월 22일 ; 갈홍기, 「일본의 약속은 믿을 수 없다－군사력 길러줌은 위험한 일」.
169) 주 154) 참조.

과는 국내외에 큰 충격을 주었다.

이 선거운동 과정에서 이승만 대통령은 4월 12일 담화를 발표하여 "자기들이 정권을 잡으면 ① 일본과 친밀한 관계를 구축한다, ② 공산당과 합작해서 통일을 이루겠다고 하는 것은 50년 전에 매국매족이란 비참한 연극을 재연하는 놀라운 망언"이라고 말하고, 신익희 후보를 '친일분자', 조봉암 후보를 '공산당과 음모하던 파당'이라고 비난했다.170) 또한 4월 28일과 5월 4일에도 「친일분자의 음모 계획」과 「〈친일·친공〉분자의 책동 경계」라는 제목의 연설과 담화를 발표하여 "공산분자와 친일분자들이 정권을 잡기 위해 음모를 하고 있다", "40년 동안에 왜정(倭政)의 도움을 받아 가지고 정부의 벼슬하던 자들과 권리를 잡았던 자들이 얼마는 일본에 가 있어서 일인의 사냥개 노릇을 하고 있고 또 얼마는 국내에 남아 있어 민국(民國) 대통령 선거라는 명의 밑에서 자유를 행사한다는 구실로 비밀리에 일본뿐만 아니라 이북과도 연락해서 (…) 음모를 하는 사람이 있다"고 비판했다.171)

이에 대해 민주당의 신익희 대통령 후보는 "일본지도층과 국교조정을 위해 회담할 용의가 있고 내정, 외교에 있어서 지나친 감정에 흐르지 않겠다고 말한 것을 내가 친일분자이니 매국매족하느니 말한 것은 나를 중상키 위해 날조된 허언에 지나지 않은 것"이라고 말하고,172) 이승만 정권의 '방일' 내셔널리즘에 비판적인 태도를 보

---

170) 『한국일보』, 1956년 4월 13일.
171) 『한국일보』, 1956년 4월 29일, 5월 4일. 서중석은 이승만의 '친일분자' 비판은 일본에서 중립화 통일운동을 벌인 김삼규 등과 국내에서 이승만의 반일운동을 비판하는 세력을 배척하기 위한 것이었다고 분석하고 있다(서중석, 「이승만대통령의 반일운동과 한국민족주의」, 315~316쪽).
172) 『한국일보』, 1956년 4월 13일.

였다.

　조봉암 대통령 후보는 선거운동 기간 중에 한일문제에 언급했다는 증거를 발견할 수 없으나, 1955년 『한국일보』에 기고한 글에서 "우리 국민이 그리고 미국을 위시한 모든 자유진영 제국이 한일국교가 조정되기를 바라고 있는 일이니만큼 하루라도 속히 합의와 타협이 성립되기를 기대"한다는 언급이 있다.173) 이 내용으로 판단하건대, 조봉암 후보도 이승만 정권의 '방일' 내셔널리즘에는 비판적이었다고 생각된다.

　또한 이승만 정권 내부에서도 '방일' 내셔널리즘에 비판적인 움직임이 있었다는 것을 확인할 수 있다. 이러한 움직임은 이승만 대통령 및 그 측근과 한일교섭의 실무를 담당하던 관료들 사이에서 생겨났다. 양자의 작은 갈등은 다음과 같은 두 국면에서 표면화했다.

　최초의 갈등은 대일통상정책을 둘러싼 문제였다. 앞에서도 서술했듯이, 한국정부는 1955년 8월 18일에 대일통상 및 여행 중단조치를 발표했다. 이에 대해 강성태 상공부 장관과 상공부 관료들은 경직되는 대일통상정책에 반대 입장을 보이기 시작했다. 당시, 한국경제는 한국전쟁 후의 경제적 혼란에 더하여 대일통상 중단조치, '환(圜)·달러의 환율변경'조치 등에 의해 혼란에 빠져 있었다. 이와 같은 상황 속에서 경제계와 주요 신문은 상공부의 입장을 지지하고, "정부의 선처를 학수고대할 뿐"이라고 대일통상 중단조치의 해제를 바라고 있었다.174) 8월 29일, 강성태 상공부 장관은 수출금지품목의

---

173) 정태영, 『조봉암과 진보당』, 한길사, 1991년, 529쪽.
174) 「〈사설〉對日交易中斷의 經濟的影響」, 『조선일보』, 1955년 8월 20일 ; 「對日經濟斷交의 混亂」, 『조선일보』, 8월 21일 ; 「〈사설〉對日經濟斷交는 效果的인가?」, 『한국일보』, 1955년 8월 20일 ; 「〈사설〉對日經濟斷交의 重大性」, 『경향신문』, 8월 20일 ; 「對日經濟斷交에 對하여」, 『동아일보』, 1955년 8월 21일. 한편 『서울신문』 8월 19일자

재조정과 대일통상에 관한 구제조치, 통상재개방침을 국무회의에 상정하고, 동시에 이승만 대통령에게 대일통상 중단조치를 해제하고, 대일통상을 재개할 것을 진언했다. 그러나 이승만 대통령은 후일, 정부의 최고 방침에 반대했다는 이유로 박종식 상역국장(商易局長)을 면책처분하고, 9월 16일에는 강성태 상공부 장관을 해임했다.175)

하지만 결국, 이승만 정권은 대일통상금지에 의해 '산업계에 적지 않은 혼란'을 주었다는 이유로 상공부의 주장을 받아들 수밖에 없게 되어,176) 1956년 1월부터 대일통상을 재개하게 되었다. 이 과정에서 김용식 주일한국대표부공사도 '한국경제에 치명적인 타격을 줄 뿐 아니라, 한국전쟁 후의 전후부흥을 서둘러야 하는 한국으로서는 커다란 손해'이고, 일본에는 별다른 타격을 주지 않는다는 점, 국익의 차원에서도 계속해서 대일통상을 하는 것이 바람직하다는 점을 역설했다고 한다.177) 이와 같이 이승만 정권의 중추부와 정책의 기획, 입안을 담당한 관료들 사이에 대일통상정책을 둘러싸고 작은 균열이 생기기 시작했다.

「〈사설〉韓·日間의 協定挫折은 日本側에 責任있다」는 한국정부의 입장을 지지하는 내용을 담고 있었다.

175) 7월 1일, 강성태 상공부장관은 상공부 고시 215호를 공표하여, 대일특혜수입을 전면금지하는 한편, 대일특혜수출액에 해당하는 대일대충수입권(對日代充輸入權, 다른 지역으로 수출함으로써 발생하는 달러로 대일수입할 수 있는 권리)을 인정했다. 그러나 정부 수뇌부는 이와 같은 상공부의 무역정책에 불만을 표시했다. 『조선일보』, 1955년 7월 1일 ; 「상공부」, 『展望』, 1956년 1월.

176) 10월 11일 국무회의에서는 상공부가 제안한 대일통상 경과조치 및 통상재개안을 원안대로 통과시켰고(『조선일보』, 1955년 10월 12일), 이승만 대통령은 12월 17일에 이를 재가했다(『조선일보』, 1955년 12월 18일).

177) 김용식, 앞의 책, 220~224쪽.

제2의 갈등은 제4차 교섭의 재개문제를 둘러싸고 김용식과 이승만 대통령 및 그 측근들 사이에서 일어났다. 양자 간에는 한일교섭 재개 조건에 관한 의견이 대립했던 것으로 보인다. 김용식은 일본이 '쿠보타발언'과 '재한일본인 사유재산' 청구권을 철회하는 것이 한일교섭재개의 조건이라고 생각하고, 일본 외무성 관료와 실무차원의 비공식교섭을 거듭했다. 이 비공식교섭에서 앞서 든 두 주장을 철회하는 것에 합의했기 때문에, 1957년 봄에 한일교섭을 재개하도록 한국정부에 진언했다.[178] 그런데 이전부터 김용식의 대일교섭태도가 저자세라며 불만을 갖고 있던 이승만 대통령과 측근들은 그의 진언을 기각하고, 그를 주일한국대표부공사에서 해임했다.[179]

1956년의 대통령선거 전후부터 이승만 정권의 '방일' 내셔널리즘에 대해 비판적인 발언과 움직임이 나타나게 되었다. 국내에서는 1956년의 대통령선거에서 야당인 민주당의 장면 후보가 부대통령으로 당선되고, 평화통일론을 내건 조봉암 후보가 약진해서 진보당이 결성되었다. 이러한 사실은 '무력통일'을 주장하는 이승만 정권에 대한 중대한 도전이었다.[180] 또한 1957년을 분수령으로 지금까지 이승만 정권의 경제부흥을 지원하고 있던 미국의 경제원조가 감소국면으로 바뀌어, 사회경제적 모순이 깊어지고 있었다. 국제사회에서는 1954년 인도네시아전쟁 휴전, 1955년 아시아·아프리카회의 개최와 미·소·영·불 수뇌의 제네바회의 개최, 1956년 소련공산당 제20회 대회에서의 평화공존론 주장 등에서 볼 수 있는 것처럼 냉전의 해빙이 시작되고 있었다.

---

178) 김용식, 위의 책, 236~256쪽.
179) 김용식, 위의 책, 267~269쪽.
180) 오유석, 「1950년대의 정치사」, 『한국사 17 - 분단구조의 정착 1』, 한길사, 1994년, 418쪽.

1950년대 중반이라는 국내적·국제적 전환점에서, 이승만 정권의 '방일' 내셔널리즘에 대한 비판적인 움직임이 국내와 국제사회 양쪽에서 나타나기 시작했다는 점이 중요하다. 그리고 1960년의 '4·19 혁명'을 향해 균열과 모순이 점차 깊어가고 있었던 것이다.

3. 제4차 교섭과 재일조선인 '북송' 문제

1956년 3월 13일 이승만 대통령은 ① 일본이 대한민국 성립의 합법성을 의문시한 쿠보타의 망언을 취소하고, ② 한국재산의 85%에 대한 청구를 철회하고, ③ 한국정부가 획정한 평화선을 승인할 것을 요구하여, 한국이 일본과 정상적인 외교 및 통상관계를 재개할 수 있는 최소한의 조건을 제시했다.[181] 이승만 대통령과 변영태 외무장관, 조정환 외무장관 서리, 갈홍기 공보실장, 김용식 주일공사 등은 기회가 있을 때마다 '쿠보타 발언'과 '재한일본인 사유재산' 청구권의 공식 철회를 계속해서 요구했다.[182]

한편 일본 측도 1950년대 중반 이후부터는 '쿠보타 발언'과 '재한일본인 사유재산' 청구권을 철회하는 방향으로 나가고 있었다. 1954년 12월 10일에 수립된 하토야마 정권이 한일관계 정상화와 우호친선에 노력한다는 성명을 발표하고 한국 측에서도 이를 받아들인 결과, 1955년 1월부터 김용식 주일공사와 타니 마사유키(谷正之) 외무성 고문 사이에 비공식 회담이 진행되었다. 그러나 3월 26일 하토야마 수상이 국회에서 "대한재산 청구권을 포기하지 않겠다"고 발언

---

181) 『한국일보』, 1956년 3월 14일.
182) 『조선일보』, 1954년 2월 1일, 2월 4일 ; 1955년 3월 11일 ; 1956년 3월 27일 ; 『한국일보』, 1956년 1월 8일, 3월 16일, 3월 27일, 3월 31일, 9월 19일, 10월 7일.

했고 또한 앞에서 논했듯이 하토야마 정권이 사회주의권에 급속하게 접근했기 때문에, 한국에서는 일본에 대한 비판이 고조되었고 한일관계는 최악의 상태가 되어 버렸다. 그러나 1956년에 들어가서는 시게미츠 마모루(重光葵) 외상이 '쿠보타 발언'을 취소할 의사를 내비쳤으며 "한국의 대일 청구권이 과대한 것이 아니라면 청구권을 포기해도 좋다"고 '양보'하기 시작했다.[183]

12월 18일 이시바시 탄잔(石橋湛山) 수상은 '재한 일본인 사유재산' 청구권을 완전히 포기하겠다고 밝히고 1957년 1월 10일 키시 노부스케(岸信介) 외상은 김용식 주일공사와 만나 '쿠보타 발언'과 '재한 일본인 사유재산' 청구권을 철회하겠다고 약속했다.[184] 이어서 1957년 2월 25일에 수립된 키시 정권은 한일관계 개선에 적극적이었으며, 쿠보타 발언과 재한 일본인 사유재산 청구권의 철회를 공식적으로 발표할 것을 고려하기 시작했다.

1957년 5월 1일에 김용식 주일한국대표부 공사를 대신하여 전 한국은행 총재 김유택이 새로운 주일한국대표부 공사로 부임했다. 그는 착임하자마자 키시 수상과 오노 카츠미(大野勝巳) 외무차관과 회담했다. 6월 15일 김유택과 오노는, 제4차 교섭을 9월 2일에 열기로 하고 쿠보타 발언과 재한 일본인 사유재산 청구권 주장의 철회 등을 포함한 8개 항목의 구술서(口述書)와 합의각서 및 공동성명 문안에 최종적으로 합의했다.[185]

그 후 대한 강경론자의 반대로 교섭이 교착 상태에 빠졌으나, 1957년 12월 31일 후지야마 아이이치로(藤山愛一郎) 외상과 김유택 주일한국대표부 공사는 쿠보타 발언 철회와 일본 측의 재한 일본인 사

---

183) 高崎宗司, 앞의 책, 72~75쪽.
184) 高崎宗司, 위의 책, 76쪽.
185) 김동조, 앞의 책, 95~101쪽.

유재산 청구권 포기에 동의하는 합의의사록을 교환했고,186) 다음 해부터 제4차 교섭(1958년 4월 10일~1960년 4월 15일)이 열리게 되었다.

한편 미국은 1953년 제3차 교섭 결렬 직후, 이승만 대통령에게 한일교섭 재개를 촉구하는 등 적극적으로 움직인 듯 보이기도 했으나, 1950년대는 기본적으로 한일교섭에 대해서는 '불간섭정책'을 견지하고 있었다. 다만 이 '불간섭정책'의 내용에 대해서는 검토해 볼 여지가 있다고 생각된다.

워싱턴 국무부는 1957년 12월 31일자로 「대일강화조약 제4조의 해석에 관한 각서」를 한일 양국에 보냈다. 이 각서는 제4차 교섭 개최를 촉진하고, 1960년대의 한일교섭의 방향성을 결정짓는 문서가 되었다. 그 각서의 내용은 다음과 같았다.

먼저, 국무부는 이 각서가 1952년 4월 29일자로 국무부가 주미 한국대사에게 보낸 서한의 내용을 재해석하는 것이라고 설명했다. 각서의 요점은 다음과 같다.

① 조선에 독립 국가를 설립하기 위해 조선과 일본을 단절시킬 필요가 있었기 때문에, 미군정청의 관할 내, 한국지역에 있었던 일본의 재산은 미군정에 귀속시켰고 그 후 대한민국에 이양했다.
② 미국 정부는, 일본이 주장하는 보상 청구가 귀속 명령, 이양 협정 및 강화조약 제4조 (b)항의 용어, 이유 및 의도와 모순되는 것으로 생각한다.

---

186) Excerpt from "Agreed Minutes" on December 31, 1957, 외무부 정무국, 『第5次韓日會談豫備會談會議錄〈Ⅲ級秘密〉』, 259쪽. 이 합의서는 1961년 3월 9일에 공개되었다(『동아일보』, 1961년 3월 9일).

③ 한국과 일본 간의 특별협정에는 한국의 대일 청구가 한국정부의 재한 일본재산의 인수로 말미암아 소멸, 또는 충족되었다고 생각될 범위의 결정을 포함한다.

④ 특별협정을 체결함에 있어서 재한일본재산의 처분이 어떻게 고려되어야 할 것인가에 관한 견해를 미국이 개진하는 것은 적당하지 않다. 특별협정은 관계 양국 정부 간의 문제이며 따라서 이와 같은 결정은 당사국 자신이나 또는 당사국으로부터 권한을 위임받은 기관에 의하여 당사국이 제출할 사실과 적용된 법이론을 충분히 검토한 다음에 비로소 내릴 수 있을 것이다.[187]

①은 종래의 해석과 같은 것이었으나, ②와 ③은 1952년의 각서보다도 미국의 입장을 더 명확하게 표명한 것이었다. ②는 종래 미국이 회피했던 부분이었으나, 여기서 일본 측의 '재한 일본인 사유재산' 청구권 주장이 대일강화조약 제4조 (b)항과 '모순된다'는 사실을 분명히 밝혔다. ③은 대일강화조약 제4조 (b)항에 있듯이 한일 간의 청구권문제를 해결하기 위해서 '특별협정'이 필요하고, 그 특별

---

[187] "Text of The Memorandum on The Interpretation of Article 4(b) of The Peace Treaty with Japan, Embassy of United States of America, Seoul, December 31, 1957", 외무부 정무국, 『第5次韓日會談豫備會談會議錄(一般請求權委員會・船舶委員會・文化財委員會)〈Ⅲ級秘密〉』, 250~263쪽. 또한 미국은 일본에도 동일한 각서를 전달했다("The Position of the Government of the United States of America on the interpretation of Article 4 of the Treaty of Peace with Japan, Embassy of the United States of America, Tokyo, December 31, 1957," 大藏省理財局外債課, 『日韓請求權問題參考資料(未定稿, 第2分冊)』, 1963년 6월, 66~70쪽). 후일 이 각서는 1961년 3월 9일, 제5차 교섭 개최 중에 공개되었다(『동아일보』, 1961년 3월 9일).

협정에는 한국 측의 청구권이 어느 정도 소멸, 충족되었는지 법적으로 결정하는 것도 포함시킬 것을 분명히 한 것이다. ④는 미국이 한일 간의 '특별협정'의 교섭·체결 과정에 개입하지 않고, 양국이 결정해야 할 것이라는 내용이었다.

또 하나 여기에서 주목해야 할 점은, '특별협정'의 체결에 있어, 한일 양 정부가 제출하는 '사실과 법이론'을 충분하게 검토'할 것을 첨가했다는 점이다. 현재로서는 명확한 증거는 없지만, 당시 미국이 '사실과 법이론을 충분하게 검토'함으로써, 한일 간의 청구권문제가 말끔하게 해결될 것이라고 생각하고 있었다고는 도저히 생각할 수 없다. 오히려 그 반대로, 청구권문제가 복잡하고 미묘한 문제이기 때문에 더더욱 '사실과 법이론을 충분하게 검토'할 것을 권하고, 결국 '사실과 법이론'의 검토에 의해서는 해결곤란하기 때문에, 정치적 타협에 의해서 '특별협정'을 체결한다는 시나리오를 생각하고 있었다고 추론하는 편이 타당할 것으로 생각된다.

하여튼 미국의 각서는 일본 측의 '재한 일본인 사유재산' 청구권 주장이 대일강화조약 제4조 (b)항에 모순된다는 입장을 분명히 해서, 한일 간의 청구권 교섭에는 '불간섭정책'을 관철시킬 것을 명확히 나타낸 문서였다. 여기서 다시 한 번 확인된 '불간섭정책'이란, 복잡하고 미묘한 문제에 대한 미국의 관여와 책임을 회피하는 것이었다. 그러나 이 각서의 확인으로 한일 양국은 제4차 교섭을 개시할 수 있게 되고, 그 후의 제5·6차 교섭에서 각서의 해석을 둘러싸고 한일 양국이 대립하여 '사실과 법이론'을 검토한 결과, 정치적 타협으로 귀착된 점에서도 알 수 있듯이, 이 미국의 각서는 그 후 청구권 교섭의 방향성을 결정지은 것이었다. 그와 같은 의미에서 일본 측의 '재한일본인 사유재산' 청구권의 부인과 한일청구권교섭에 대한 '불간섭정책'의 표명을 내용으로 하는 이 각서는 그 후 청구권교섭에

다대한 영향을 끼치는 역설적인 의미를 가지게 되었던 것이다.

1958년 4월 15일에 토쿄에서 제4차 회담이 열렸다. 한국 측 수석 대표는 임병직 유엔대사, 일본 측 수석 대표는 사와다 렌조(澤田廉三) 외무성 고문이었다. 5월 1일에 '기본관계 위원회', '한국청구권 위원회', '어업 및 평화선 위원회', '재일한인 법적지위 위원회' 등 네 개 위원회를 설치하기로 정했다. '재일한인 법적지위 위원회'는 5월 19일부터 열렸고, '어업 및 평화선 위원회'는 일본의 요청으로 10월 2일부터 열렸다.[188]

청구권문제에서는, 미국의 각서와 한일 간에 교환된 합의의사록에 의해 일본 측의 '재한일본인 사유재산' 청구권이 공식적으로 철회되었기 때문에, 청구권문제를 둘러싼 의제는 한국 측의 대일청구권에 한정되었으므로, 종전의 '재산청구권위원회'라는 명칭을 제4차 교섭에서는 '한국청구권위원회'로 개칭하고, '한국청구권위원회' 안에 '일반청구권 소위원회'(12월 1일~12월 17일), '선박 소위원회'(6월 6일~12월 18일), '문화재 소위원회'(6월 4일~12월 13일)를 설치하기로 했다.[189]

그러나 '기본관계 위원회'는 열리지 않았다. 사와다에 따르면, 다른 위원회에서 현안이 타결된 후에 기본관계문제에 착수하기로 양측의 양해가 있었는데, 어느 것도 타결되지 않았기 때문에 '기본관계 위원회'는 한 번도 개최되지 않았다고 한다.[190]

---

188) 외무부 정무국, 『韓日會談略記』, 1960년(이하『韓日會談略記』, 1960년), 214, 246쪽.
189) 외무부, 『국정감사자료』, 1958년 10월 14일, 72~73쪽 ; 『韓日會談略記』, 1960년, 225~243쪽 ; 외무부 정무국 아주과, 『(第六次韓日會談關係資料) 韓日會談의 槪觀 및 諸問題』, 발행년불명[1962년?], 77쪽.
190) 澤田廉三, 「日韓國交早期樹立を望む」, 『親和』제94호, 1961년, 2~3쪽.

또한 '일반청구권 소위원회'는 12월 1일부터 17일까지 3번에 걸쳐 회의를 가졌으나 구체적인 토의는 없었다. 이 회담에서 한국 측은 전년 12월 31일의 합의의사록에 의거해서 토의를 진행하여 1차 회담에서 한국 측이 제출한 '청구권 요강 한국 측 안'을 바탕으로 토의할 것을 주장했다. 그러나 일본 측은 이에 동의하지 않고, 앞으로 일본 내부에서 청구권 요강 한국 측 안을 한층 더 연구한 후에 공식 견해를 제시할 것이라고 말했다.191) 임병직의 회고에 따르면, 한국 측은 대일 청구권 금액이 3억 불 이상이라고 추산했고 일본 측은 4천만 불 내외로 추산해서 대립하였으며, 그 후 진전이 없었다고 하는데, 아직 회의록이 공개되지 않았기 때문에 정확한 사정은 알 수 없다.

주지하듯이 제4차 교섭은 재일조선인의 북한으로의 '북송' 문제(당시 한국에서는 '북송' 문제, 북한에서는 '귀국사업'이라고 불렀다)가 한일 양국의 충돌 원인이 되었고, 제4차 교섭은 중단과 재개를 되풀이했을 뿐, 교섭은 거의 진전되지 않았다.

한일 양국이 재일조선인의 '북송' 문제를 둘러싸고 대립하게 된 것은 1958년 여름에 일본정부가 북한으로의 귀국희망자를 오무라 수용소(大村收容所)에서 가석방했기 때문이었다.192) 이에 대하여 한국정부의 항의가 있었고, 즉시 제4차 한일교섭은 중단 상태에 빠졌

---

191) 『韓日會談略記』, 1960년, 242~243쪽.
192) 1955년 일본 적십자위원회는 북한에 잔류하고 있던 일본인 귀환을 위해 북한과 교섭을 전개하면서 국제 적십자위원회에 협력을 요청하게 되었는데, 그 과정에서 북송문제가 거론되어 추진되었다. 한편 북한은 일본과 국교정상화를 추진하는 운동의 일환으로서 북송문제를 제시하기 시작했다. 1955년에 1명, 1956년에는 20명의 조선인이 북한으로 출국했다(이원덕, 『한일 과거사 처리의 원점』, 서울대출판부, 1996년, 105쪽).

다. 한편 9월에 들어가서 북한 측은 재일조선인의 귀국을 환영한다고 발표하였고, '귀국사업' 및 '귀국운동'을 시작했다.193)

중단된 한일교섭은 10월 1일 재개되었으나, 한일 양국은 1959년에 들어가서 '북송' 문제를 둘러싸고 다시 격렬하게 대립하게 되었다. 2월 13일, 일본정부는 각의(閣議)에서 재일조선인의 북한 '귀환'을 정식으로 결정했다. 이 소식이 한국에 전해지자, 한국정부와 국회, 신문·잡지는 일본의 '북송' 계획을 강력하게 비판하기 시작했다. 이 날 조정환 외무장관 서리는 일본정부의 재일조선인 '북송' 결정을 규탄하는 정부성명서를 발표하고 유태하 주일한국대표부 공사는 제4차 교섭 중단을 일본 측에 통고했다.194) 이승만 대통령은 일본정부의 북송 계획이 '송환이 아니라 추방'이라고 규정하고 '불법적이며 비인도적'인 처사에 대하여 '한국은 결코 거기에 동의하지 않을 것'이라고 말했다.195)

한편 자유당도 성명을 발표하여 일본정부의 '북송' 결정이 '비인도적인 만행'이라고 비난했다.196) 13일과 14일에는 전국 각지에서 약 42만 명이 '북송' 반대시위에 참가했다.197) 또한 16일에는 정당, 사회단체, 교육, 종교, 문화, 법조계 대표들이 모여 '재일한인 북송반대 전국위원회'를 결성했고,198) 21일에는 약 7만 명이 '재일한인 북

---

193) 高崎宗司, 앞의 책, 91~92쪽.
194) 『한국일보』, 1959년 2월 14일.
195) 『한국일보』, 1959년 2월 20일.
196) 『한국일보』, 1959년 2월 13일, 석간.
197) 『한국일보』, 1959년 2월 15일.
198) 이기붕·조병옥·장택상 등 위원회 지도위원으로, 김병노·함대영·이범석·백두진·변영태·천진한·김준연·서상일·이갑성·윤일선·유진오·백낙준·이재학·한희석·곽상훈·유림 등 16명이 고문으로 추대되었다(『한국일보』, 1959년 2월 17일).

송반대 전국대회'를 열어, "주권을 침해하며 용공이적의 행위를 감행하는 일본의 재일한인북송 계획이 철회될 때까지" 북송반대운동을 전개할 것을 결의했다.199) 국회에서는 19일 「재일한인북송반대에 대한 결의안」을 만장일치로 결의했다.200) 이 시점에서 정부와 국회, '재일한인 북송반대 전국위원회', 언론은 일본정부의 '북송' 계획에 반대라는 점에서 의견이 일치하였다.

한국정부와 야당, '재일한인 북송반대 전국위원회', 신문·잡지가 주장하는 공통점은 다음과 같이 정리할 수 있다. 우선 정부와 반대운동세력은 냉전의 관점에서 '북송' 반대운동을 전개했다는 점이다. 양자는 일본정부의 '북송' 계획이 "한국의 주권을 침해하고, 용공 이적의 행위"이며, 북한을 강화시킴으로써 "대한민국의 안전과 동북아시아의 자유세계의 방위에 심각한 위협이 될 것"이라는 점,201) 한국이 한반도에서 유일한 합법정부임에도 불구하고 일본이 한국과의 교섭을 포기하고 북한과 교섭하는 것은 한국의 주권을 침해하는 것이 된다는 점,202) "국제신의와 세계인권선언에 위배"된다는 점 등을 강조했다.203)

다음으로 청구권문제와 관련해서 한국정부와 반대운동세력은 식

---

199) 『한국일보』, 1959년 2월 21일.
200) 『제32회 국회임시회의 속기록』 제1호, 국회사무처, 1959년 2월 19일.
201) 「일본의 재일한국인 추방 계획에 대한 한국정부의 견해(The Korean view on Japan's scheme to deport Korean residents in Japan)」, 1959년 7월 31일, 〈주미대사관 발표문 및 연설문, 1959〉, 『한국외교문서』 722.9US, 1959, C-0001.
202) 「The Korean view on Japan's scheme to deport Korean residents in Japan」, 1959년 7월 31일, 「양유찬 한국대사의 연설 원고」, 1959년 8월 6일, 〈주미대사관 발표문 및 연설문, 1959〉, 『한국외교문서』 722.9US, 1959, C-0001.
203) 「재일한인송북반대전국대회 결의문」, 『한국일보』, 1959년 2월 21일.

민지 지배의 청산이라는 관점을 강조하고 있었다. 한국정부는 재일조선인이 "1905년부터 1945년 동안 일본행을 강요받았으며 (…) 강제노동, 잃어버린 재산, 부당한 행위에 대한 보상을 전혀 받지 못했던" 특수한 존재라며, 일본정부가 그들에게 '정당하고 당연한 보상'을 지불한다면 한국으로의 귀국을 받아들이는 정책을 실천하겠다고 주장했다.204) 또한 반대운동세력과 신문은 "〈북송희망자〉라 함은 일본이 태평양침략전쟁 당시 한국으로부터 강제 징용해서 혹사"한 사람들이며, 일본은 "강제징용에 대한 보상도 하지 않은 채, 공산노예 지역으로 대량 추방하려고 획책하고 있다"고 비판했다.205)

그러나 한일교섭이 중단되고, 일본정부의 '북송' 계획이 구체화되는 과정에서, 한국정부와 야당, '재일한인 북송반대 전국위원회', 신문·잡지 간에는 약간의 의견 차이가 생기고 있었다.

정부는 일본정부의 '북송' 계획 추진을 견제할 외교정책으로서 4월 15일에 재개된 한일교섭을 5월 28일에 다시 중단시키고, 6월 15일에는 대일통상을 중단한다는 성명을 발표했다.

이에 대해 6월 16일, 민주당 조병옥 의원은 국회에서 '재일교포 보호를 위한 강력한 시책'을 정부에 요구하며, 대일통상 중단조치가 국회 재경위나 상공위 등의 동의를 얻지 않고 이승만 대통령의 주관에 의하여 결정되었다며, 정부의 대일정책을 비판했다.206) 6월 18

---

204) 「일본의 재일한국인 추방 계획에 대한 한국정부의 견해(The Korean view on Japan's scheme to deport Korean residents in Japan)」, 1959년 7월 31일, 〈주미대사관 발표문 및 연설문, 1959〉, 『한국외교문서』 722.9US, 1959, C-0001.
205) 「재일한인 송북반대전국대회 멧세지 요지」, 『한국일보』, 1959년 2월 21일, 석간 ; 「〈사설〉 한일교섭을 열지 못하는 이유는 무엇인가」, 『한국일보』, 1959년 4월 5일.
206) 『제32회 국회임시회의 속기록』 제44호, 국회사무처, 1959년 6월 16

일에 열린 '재일한인 북송반대 전국대회'에서 발표된 「대정부결의안」에서는 ① 주일대표부의 인사진영을 쇄신할 것, ② 대한민국 재일거류민단의 교포북송반대운동을 적극 지원할 것, ③ 재일교포의 생활 향상을 위한 구체적인 대책을 강구할 것, ④ 대일외교에 관하여 초당파적 기본정책을 확립할 것을 주장하고 정부의 대일정책에 비판적인 태도를 보였다.207) 주요 신문이나 경제계도 대일통상 중단에 비판적인 태도를 보였으며, 북송문제를 한일교섭을 통해서 해결해야 한다고 주장했다.208) 그리고 6월 16일 재일거류민단도 한국정부와 자유당에 대한 지지를 철회하기로 발표하고, 정부의 대일정책을 비판했다.209)

어찌되었든, 한일 양 정부는 재일조선인의 '북송' 문제를 둘러싸고 격렬하게 대립하였고, 제4차 교섭에서 청구권 교섭문제는 거의 진

일. 조병옥은 특히 ① 일본 어부의 변호를 위한 변호사 입국을 거부한 것, ② 일본을 아시아 반공대회에서 제외시킨 것, ③ 평화선문제에서 일방적인 주장을 계속하는 것, ④ 10년간에 걸쳐 막연하게 일본을 침략자라는 구호만 내걸고 적대시하고 있는 것, ⑤ 동북아 공동방위체 구성을 일본이 제안했음에도 불구하고 제안자가 일본이라고 하여 이를 묵살한 것 등 이승만 정권의 대일정책을 비판했다(『동아일보』, 1959년 6월 18일).

207) 『동아일보』, 1959년 6월 19일.
208) 특히 무역업계는 대일통상 중단조치에 의해서 "극도의 혼란상태에 함입하고 우왕좌왕 어찌할 바를 몰랐으며 상공계에서는 원료나 부분품을 일본서 도입하고 있는 일부 중소공업계의 위기를 경고하였으며 또한 물가앙등 기세가 감돌기 시작하였다." 또한 업계에서는 "정부 시책에 순응한다고 하면서도 이구동성으로 중단조치에 기인하는 업계의 손실을 최소한도로 방지하기 위한 대책강구를 정부에 요구하면서 이러한 사태에 이르기까지 한 정부에 대하여 유감의 뜻을 표했다"(『동아일보』, 1959년 6월 21일, 6월 22일, 12월 15일).
209) 『동아일보』, 1959년 6월 17일.

전이 없었다. 그리고 1959년에 전개된 '북송' 반대운동은 냉전의 논리에 근거했다 해도, 식민지 지배청산 논리도 포함되어 있었다는 점을 지적해 두어야 할 것이다.

그 후 1960년 4월 15일 제4차 교섭이 재개되어, 제1회 본회담이 열렸으나, '4·19혁명'이 일어나 이승만 정권이 붕괴되었기 때문에 제4차 교섭은 종료되었다.

제3장

1960년대 장면 정권하의 청구권 교섭

제3장 1960년대 장면 정권하의 청구권 교섭

제1절 장면 정권의 한일경제협조론

1. 한일경제협조론과 청구권문제 – 타협으로 가는 길

청구권문제에 대한 구체적인 논의가 시작된 것은 장면 정권하의 제5차 교섭에서부터이다. 이 장에서 검토할 제5차 교섭에서 이루어진 청구권 논의는 후술하는 바와 같이 박정희 정권에서 벌인 청구권 교섭과 1965년에 체결된 재산청구권・경제협력협정의 내용에 직접적인 영향을 미치게 된다. 그 때문에 제5차 교섭에서 이루어진 청구권 논의의 내용을 검토하는 것은 중요하다고 볼 수 있다.

제5차 교섭에 대해서는 1990년대에 이원덕, 타카하시 소지(高橋宗司), 한상일, 요시자와 후미토시(吉澤文壽), 필자 등이 한국 측의 회의록과 외교문서 등의 1차 자료를 이용하여 교섭의 경위에 대해 새로운 연구 성과를 발표하고 있다. 이와 같은 실증적인 연구에 의해 제5차 교섭에서 이루어진 청구권 교섭의 실상은 어느 정도 명확히 밝혀졌다고 말할 수 있다.

이 장에서는 선행연구의 성과를 참고로 하면서도, 이들 연구가 충분히 그려내지 못했던 장면 정권의 대일정책 및 제5차 교섭에서의 청구권 논의를 소개・분석하고자 한다. 이에 대한 분석을 통해서 장면 정권이 청구권문제를 어떻게 해결하려고 했는가, 또한 장면 정권이 의도했던 바와 관계없이 청구권문제가 박정희 정권하에서 이루어진 제6차 교섭에 어떻게 계승되었는가 등 여러 문제에 대해 검토해 보고자 한다.

1960년에 '4・19혁명'이 일어나, 이승만 정권이 붕괴했기 때문에 제4차 교섭은 끝이 났다. 4월 28일에 성립했던 허정 과도정부는 5월 3일에 발표했던 당면의 시정방침에서 "한일관계의 정상화는 가장 중요한 외교문제의 현안인바 정부는 회담 재개에 앞서 양국의 이해 증진에 일조가 되도록 약간 명의 일본 신문기자의 입국을 허용할 것"이라고 말했다.[1] 5일에는 "일본정부가 재일교포의 강제 북송을 중지하면 정부는 한일회담을 곧 재개하여 양국 간에 개재해 있는 모든 문제를 해결함으로써 국교의 정상화를 기할 용의가 있다"고 발표하고 키시 수상이나 고위 정치가의 방한을 환영하겠다고 언명했다.[2]

전택보 상공부장관은 한일 간의 통상을 '보다 자유롭게' 하는 것을 원칙적인 방침으로 하겠다고 언명했다. 또한 『동아일보』는 중단되었던 한미합동경제위원회가 재개된 데 뒤이어 국제협력국(International Cooperation Administration, ICA) 원조에 의한 대일구매량이 증가하고, 민간무역 분야에서도 대일통상에 가해졌던 제약이 자유화될 것이라고 보도했다.[3] 5월 12일에는 이해익 농림부장관이 비료의 대일수입자유화 방침을 발표했고,[4] 6월 24일에는 일본이 한국 쌀 3만 톤을 수입하고 한국은 일본에서 같은 금액의 물자를 수입하는 협정이 체결되었다.[5] 이어서 29일에 허정 정권은 83품목의 일본 상품의 수입허가를 발표했다.[6]

---

1) 『조선일보』, 1960년 5월 4일.
2) 『동아일보』, 1960년 5월 5일. 정부는 7일에도 그 내용을 재차 확인(5월 7일), 11일 성명에서 "송북 중지가 한일회담개재의 전제조건이 아니다"고 수정하고 온건한 태도를 보였다(5월 12일). 그러나 16일에는 정부의 고위당국자가 재일교포 북송행위를 좌시할 수 없다고 말했듯이, 허정 정권은 재일한국인의 '북송' 중지를 한일교섭재개의 전재조건으로 한다는 정책을 기본적으로 그 이후에도 유지했다(5월 17일, 6월 3일, 17일).
3) 『동아일보』, 1960년 5월 1일.
4) 『동아일보』, 1960년 5월 13일.
5) 『동아일보』, 1960년 5월 25일.
6) 高崎宗司, 『檢證日韓會談』, 岩波書店, 1996년, 100쪽.

이와 같이 허정 과도정부는 일본의 '북송' 문제에 대해서는 강경한 입장을 보였으나, 그 이외의 문제에서는 한일관계를 개선하고자 하는 자세를 보였다. 그러나 그것은 단순히 일본에 대해 친근감을 표명하기 위한 것은 아니었다.

6월 20일, 허정 과도내각수반은 아이젠하워 미국 대통령과의 회담 후, 일본에 대해 다음과 같이 말했다. "수십 년의 일본 지배에서 나온 한국국민의 불가피한 증오와 분노를 일본이 충분히 이해하지 않았"을 뿐만 아니라 패전 후 미국의 지원을 받고 급속히 성장하여, "우월감을 갖고 한국인을 깔보고 있다." 그렇기 때문에 키시 수상에 대하여 "일본인이 한국국민의 국민감정을 이해하고 〈위로〉하기 위한 노력을 하지 않으면 문제는 해결되지 않을 것"이라고 경고했다. 허정 정부는 이와 같이 일본에 대한 불신을 나타냈다.7)

또한 허정은 1960년 안보투쟁으로 흔들리는 일본이 용공국가나 중립국가가 되면 그것은 한국으로서는 사활이 걸린 문제라고 지적하며 일본의 정치정세에 대한 우려를 나타냄과 동시에 이에 대한 미국 측의 정책 강구를 요구했다. 그리고 일본에 의한 재일조선인의 '북송'을 미국이 중지시킬 수 있을 것으로 기대했었는데, 중지시키기는커녕 협조적인 역할을 했다는 사실이 한일관계에 악영향을 끼쳤다고 말하며, 미국에 대해 실망을 표명했다.8)

허정의 회고에 따르면, 이때 아이젠하워에게 "한국을 아시아의 반공 주축으로 하기 위해, 장래 일본이(한국에 대해 – 인용자) 군사·경제 원조를 하도록 해주기를 바란다. 또한 한국을 주축으로 하여 필리핀·자유중국·타이, 그리고 자유국가를 결속시키는 것이 장래

---

7) "President's Far Eastern Trip, June 1960", FRUS, June 20, 1960, Vol.XVIII, pp.668~672.

8) Ibid ; 『동아일보』, 1960년 6월 23일.

아시아에 있어서 공산화를 막는 (…) 유효하고 적절한 방법"이라고 강조했다고 한다.9) 허정은 일본을 중심으로 하는 '지역통합' 구상을 비판하고, 한국을 중심으로 하는 '지역통합'의 채용을 미국 측에 촉구했던 것이다.

또한 외교소식통에 의하면 이 무렵 일본 측은 한국정부에 '대한경제원조계획'을 제의했던 것 같다. 이에 대해 이재항 주일공사는 일본 측의 제의가 "북송강행으로 인해 자극을 받게 될 한국 측의 감정을 무마하기 위한 간계"라고 비난하고, 일본이 한국경제 발전을 진정으로 희구한다면 "대한부채인 문화재, 선박, 금괴 및 그 밖의 증권을 먼저 돌려주어야 할 것"이라고 말하며, 일본 측의 '대한경제원조계획'을 비판했다.10)

이와 같이 허정 과도정부는 일본의 역사인식에 대한 불신과 일본인의 우월감, 재일조선인의 '북송', 미국에 의한 일본중심의 '지역통합' 구상에 불만을 표명했다. 그러나 한편에서는 미국의 대한원조삭감에 대한 우려도 있어서, 한일관계를 개선하지 않으면 한국이 정치·경제적으로 위험한 상태에 빠질 것이라는 위기의식이 작용해, 유화적인 대일정책을 추진하기도 했다. 또한 그 배경에는 이승만 정권의 비현실적인 대일강경정책에 대한 비판도 있었다. 이상과 같이 허정 과도정부의 대일정책은 이승만정책의 그것과는 다른 것이었다.

1960년 8월에 성립했던 장면 정권은 더욱 적극적인 대일정책을 제시했다. 장면은 이미 5월 7일 뉴욕타임즈와의 회견에서 한국이 "일본과 친선관계뿐만 아니라 동맹관계를 맺어야 하며 (…) 대부분의 한국민들은 일본과의 친선관계를 걱정하고 있다"고 말하고, 한일관

---

9) 권오기, 『現代史 주역들이 말하는 정치 증언』(허정편), 동아일보사, 1986년, 136쪽.
10) 『동아일보』, 1960년 7월 27일 석간.

계 개선과 '아시아 반공동맹 구상'을 제시하는 등 한발 더 나간 발언을 하고 있었다.11) 8월 20일에는 "미국의 대한경제원조가 점차적으로 삭감될 전망이 짙으므로 미국 외 다른 자유국가와 한국경제발전을 위해서 상호 협조할 필요가 있다 (…) 일본이 한국경제발전에 협조하겠다고 제의했던 것은 한국경제계를 위해서 〈유조(有助)의 길을 열어줄 것으로 안다〉"고 소신을 표명했다.12)

8월 23일에 장면 내각이 수립되면서 외무부장관에 취임한 정일형은 24일 외교7원칙을 발표하고 교포 북송을 즉각 중지하지 않는 한 한일회담의 개최에 불응하겠다는 과거 정부 방침을 지양하고 하루 속히 한일회담을 열어 북송 저지에 관해서도 협상을 추진하고자 하는 것이 새 정부의 방침이라고 말하고, 한일국교의 조속한 정상화를 위하여 한일 양국 간에 총리와 수상급의 소규모 정상회담을 개최하자는 일본 측 제의에 찬성할 용의가 있다고 언명했다.13) 이어서 26일 외무부는 일본의 코사카 젠타로(小坂善太郎) 외상 일행의 친선방한사절단 방문을 수락한다는 뜻을 일본정부에 정식 통고했다.14)

8월 27일, 장면 총리도 민의원 본회의 취임 연설에서 "한·일 양국 간의 외교관계를 정상화하기 위하여 양국 간의 회담을 재개할 것"을 표명했고,15) 9월 30일의 시정방침 연설에서는 "한일관계의 정상화도 긴박하고 절실한 문제이므로 과거 이 정권의 대일 감정외교를 지양하고 평등과 상호존중의 원칙 아래서 진지한 회담을 통하여 현안 해결에 최선을 다하고자 한다"고 선언했다.16)

---

11) 『동아일보』, 1960년 5월 8일.
12) 『동아일보』, 1960년 8월 20일.
13) 『동아일보』, 1960년 8월 25일.
14) 『동아일보』, 1960년 8월 27일.
15) 『동아일보』, 1960년 8월 28일.

장면 정권은 북·일 적십자사가 체결한 '귀국' 연장협정을 비판했지만, 이승만 정권과 같이 국민을 동원하여 '북송' 반대 시위를 조직하지는 않았다. 또한 어업문제에 있어서도 '평화선'을 수호할 것을 표명했지만, 이승만 정권과 같이 일본에 대한 정치적 대항 수단으로 이용했던 것도 아니었다. 오히려 장면 정권은 이승만 정권의 "대일통상 단절 조치가 졸렬했다"고 비판하고, 북일통상관계에 있어서도 '일본의 국내사정'에 어느 정도의 이해를 표명했다.17)

장면 총리를 비롯한 정부 각료는, 이승만 정권의 대일정책이 "지나치게 감정적으로 반일일변도"였으며 국내적·국제적으로 전혀 '무익'한 것이었다고 비판했다.18)

그렇다면 장면 정권의 대일 정책의 핵심은 무엇이었나? 결론부터 미리 말하면 그것은 '한일경제협조' 노선이었다. 장면 총리와 정일형 외무부장관, 주요한 상공부장관 등은 '경제제일주의'를 표방했으며,19) 그런 입장에서 '한일경제협조'에 대해서도 언급했다. 장면 정권의 '한일경제협조'에 관한 논의는 1960년 9월 코사카 외상의 방한, 1961년 1월 일본인 경제인시찰단 방한의 좌절, 5월 일본 국회의원단의 방한이란 세 가지 시점에서 활발하게 이루어졌다.

---

16) 『동아일보』, 1960년 10월 1일 석간.
17) 『동아일보』, 1961년 4월 12일.
18) 『제38회 국회 민의원속기록』 제4호, 민의원사무처, 1961년 1월 17일.
19) 민주당은 1960년 7월 29일 총선거 공약으로 ① 민권 확립과 책임정치 발전, ② 경제건설 제일주의, ③ 사회정의 실현을 내용을 하는 '개혁정책'을 내세웠는데, 그중에서 ② 경제건설 제일주의의 내용은 다음과 같다. "신정부의 정책수행의 중점은 경제재건에 두어야 할 것임으로 행정능력과 국민창의를 경제성장에 총집결하여 장기적인 산업개발 연차계획을 추진하고 산업을 현대화하여 국민소득의 가속적 증가를 도모하여야 할 것입니다"(중앙선거관리위원회, 『대한민국정당사〈1968년 증보판〉』, 1968년, 218쪽).

장면 정권은 8월 27일에는 코사카 외상을 단장으로 하는 '친선사절단'의 방한을 수락한다고 발표했다.[20] 한국정부는 9월 6일 코사카 외상의 방한으로 8·15 이후 최초로 일본정부의 공식방문단을 받아들였다.

정일형 외무장관과 코사카 외상은 10월 하순경에 토쿄에서 예비회담을 열기로 합의했으며, 양국 간의 현안을 빠른 시일 내에 해결함으로써 국교정상화를 이룩할 것을 확인하고 공동성명을 발표했다. 공동성명에서 코사카 외상은 "한국민에 대한 일본국민의 우의와 경애의 뜻을 전달했고 금후 한일 친선관계를 수립·증진코자 하는 일본정부와 국민의 희망과 결의"를 표명했다.[21] 또한 9월 7일에 장면 총리는 '정상적인 대일관계를 수립'할 것을 전제로 하여 "일본이 성의 있고 조건 없는 경제원조를 하겠다면 그 제의를 검토 후 수락하겠다"고 언명했다.[22]

이렇게 하여 한일 정부는 10월 25일에 제5차 교섭을 개시하고 각 분과위원회에서 제 현안에 관한 본격적인 논의를 시작했다. 11월 28일에는 김용식 외무부차관이 "원칙적으로 모든 현안이 일괄 해결되었을 때, 비로소 국교회복이 가능하지만, 중요 문제 중 하나인 재산청구권문제가 해결되면 타결 가능성이 있다"고 하여, 한국정부가 청구권문제를 가장 중시하고 있다는 것과 "회담이 막바지에 왔을 때에 정치적 타협을 꾀할 용의가 있다"는 뜻을 표명했다.[23]

---

20) 『동아일보』, 1960년 8월 27일 석간. 이 친선사절단에는 외무성에서 카츠마타 미노루(勝俣稔) 정무차관, 이세키 유지로(伊關佑二郎) 아시아국장, 마에다 토시카즈(前田利一) 동북아시아국장, 마츠다(松田) 외상비서가 들어 있었고, 기타 신문기자들이 포함되어 있었다.
21) 『동아일보』, 1960년 9월 7일 석간.
22) 『동아일보』, 1960년 9월 8일.
23) 『朝日新聞』, 1960년 11월 29일.

이와 같이 청구권문제의 해결이 국교정상화의 선결조건이라는 논의가 정착되어 가는 사이에, 『동아일보』는 '일본의 경제원조 제의'에 대해 다음과 같이 주목할 만한 내용을 보도했다. 정부의 고위소식통은 12월 11일에, ① 일본 측이 한국이 대일 재산권을 포기하는 것을 전제로 6억 달러 정도의 자본 원조와 기술 원조를 한국에 제공하는 내용을 비공식적으로 제기해 왔던 것, ② 미국 측도 한국정부에 대해 재산청구권을 포기하고 일본의 경제원조를 수탁하도록 요구하고 있는 것, ③ 한국정부 내부에서도 일본의 경제원조제의와 미국 측의 수락요청에 관한 문제에 대해 비공식의 검토가 행해졌다는 점을 명확히 했다.24) 이어서 12일에 같은 소식통은, 정부가 대일청구권을 주장하는 방침에는 변동이 없다고 하면서도 일본의 경제원조가 "연 3부 또는 3부 5리의 저금리로 20년간 분할 상환을 조건으로 하는 장기 차관의 형식"이고 "기술제공까지를 포함하는 일본 측의 이러한 비공식 제의는 미국의 〈달러〉 절약정책과 관련되어 매우 절박한 중대문제가 되어 있다"고 보충 설명했다. 더욱이 미국의 대한원조가 무상원조에서 차관으로 바뀌고, 금액이 점차로 줄어들고 있는 단계에서 일본의 '경제원조' 제안을 단지 배척만 할 수도 없어서, 장면 정부는 중대한 시련을 맞게 될 것이라는 논평을 덧붙였다.25)

현재 이 정부고위소식통이 명확히 했던 내용의 사실 경과를 1차 자료로 확인할 수는 없다. 그러나 한국정부의 방침이 여전히 '경제협력'과는 분리된 형태로 대일청구권을 주장하는 것이었다고 해도, 적어도 정부 내부에서는 대일청구권의 포기 대신에 일본으로부터의 '경제협력'을 받아들이는 방안이 검토되었을 것이다. 한국정부 내부

---

24) 『동아일보』, 1960년 12월 12일 석간.
25) 『동아일보』, 1960년 12월 12일 석간.

에서 식민지 지배의 청산우선론과 국익우선론이 서로 공방하기 시작했던 것이다.

새해가 밝아오자, 장면 정권은 일본의 민간자본의 도입에 대해 언급했고,26) 신문은 일본 민간경제시찰단 방한문제를 보도하기 시작했다. 그 사이 여당인 민주당의 김용주, 오위영, 조중서 참의원의원과 경제계의 일부가 중심이 되어 결성된 '제1차 민간경제시찰단 환영준비위원회'는 일본 민간경제시찰단을 받아들일 준비를 하고 있었다.27) 당초 정부도 이와 같은 움직임을 용인하고 '한일경제협조'를 추진하려고 했던 것 같다. 그러나 후술하겠지만 이런 시도는 국회에서 강한 반발을 받게 되었고, 일본인 민간경제시찰단 방한은 직전에 중지되었다. 그 결과, 장면 정권은 일본과의 국교정상화 이전에는 일본의 민간자본을 도입을 하지 않겠다고 공약하기에 이르렀다.28)

다음으로 4월 23일, 장면 정권은 일본의 자민당 국회의원들로 구성된 '친선사절단' 방한을 수락한다고 발표했다.29) 이때는 마침 제5차 교섭의 '일반청구권 소위원회'에서 한국 측이 '청구권 8항복'에 대해 구체적으로 설명하고 이에 대해 일본 측이 '증거의 제시'와 '법적 근거'를 요구하여, 양자가 대립하고 있었던 무렵이었다.

5월 6일 일본의 노다 우이치(野田卯一) 국회의원 방한사절단 단장 등 8명의 의원과 외무성의 이세키 유지로(伊關佑二郎) 아시아국

---

26) 『동아일보』, 1961년 1월 6일 석간 ; 1월 11일 석간.
27) 『동아일보』, 1961년 1월 11일 석간.
28) 1월 23일 장면 국무총리는 "국민이 바라는 것이라면 국교정상화 이전에 일본으로부터 자본을 도입한다거나 대규모의 경제시찰단을 초청하는 것은 하지 않겠다"라고 곽상훈 민의원 의장에게 약속했다. 또한 주요한 상공부 장관도 이와 같은 발언을 했다(『동아일보』, 1961년 1월 24일 석간).
29) 『동아일보』, 1961년 4월 23일 석간.

장 등이 방한했다.30) 이는 일본 국회의원으로서는 해방 후 최초의 공식방한이었다. 노다 단장은 도착 성명을 통해서 방한 목적이 한국의 실정을 직접 시찰하고, 각계 인사와 의견을 교환하고, 정치·경제·사회정세에 대한 인식을 깊게 하기 위한 것에 있고, '아세아의 반공 제일선'에 있는 한국과 '공통된 사고방식에 입각하여' 아시아 및 세계자본주의 진영과 '공동 매진할 결의'를 갖고 있다고 역설했다. 그들은 7일 동안 각지를 시찰하고, 장면 국무총리와 윤보선 대통령, 정일형 외무부장관, 주요한 부흥부장관 등과 공식회담을 가졌으며 여야당 국회의원과 경제계 인사들과 접촉했다.

김영선 재무부장관은 "한일 간 경제협조의 당면문제로 재일교포의 본국 송금 및 본국에의 투자, 그리고 귀국교포의 재산반입 등의 허용을 요청"했고, 주요한 부흥부 장관은 "한국의 수출용 경공업에 대한 투자문제에 대하여 일본의 관심을 촉구"했으며, '노동력이 풍부한 한국'에 투자할 것을 요청했다. 박재환 농림부 장관은 한국농촌의 빈곤한 실태를 설명하고 '한국의 유휴노동력 활용'에 대해 일본 측과 협의할 의사가 있다고 말했다. 태완선 상공부 장관은 '양국의 통상확대의 필요성'을 강조했다.31)

자민당 국회의원과 한국 측의 정재계 인사들은 한일 간의 상호이해와 반공유대를 촉진할 것에 의기투합하고, 한국 측의 기록에 의하면 다음과 같은 점에 합의를 보았다.

① 일본은 현재 난관에 봉착해 있는 재산청구권 문제를 대폭 양보키로 했다.

---

30) 『동아일보』, 1961년 5월 6일.
31) 「일본 중의원의원단 방한 보고」, 1961.5.24, 〈일본 중의원 의원단 방한, 1961.5.6~12〉, 『한국외교문서』 724.52JA, 1961, C-0009.

② 일본은 대공방위상에 있어서의 평화선을 인정하고 한국은 한일 간의 잠정적인 어로협정 체결에 동의했다.
③ 한일 간의 경제협력은 원칙적으로 양국 간의 국교정상화 후에 하되 국교정상화 이전이라도 재일한인의 약 65만 달러의 모국투자가 가능하도록 길을 터놓았다.
④ 양국이 경제사절단을 교환키로 하였다.
⑤ 한일 간의 국교징싱화 후에 있을 양국 간의 경제협력, 특히 GARIOA(Government and Relief in Occupied Areas), EROA(Economic Rehabilitation in Occupied Areas) 자금을 한국에 전용하는 문제에 대해서 한·미·일 3개국 경제위원회를 설치토록 한다는 안에 원칙적인 합의를 보았다.
⑥ 일본의 대한전력 차관은 5,000만 달러 선이고, 밀수방지 등 한국경제의 장래에 적극 협력키로 하였다.[32]

즉, 양국은 일본이 청구권문제에서 큰 폭의 양보를 할 것, '한일경제협조'는 국교정상화 후에 실시하지만, 재일한국인의 모국투자는 국교정상화 이전에 실현시킬 것, 양국이 경제사절단을 교환할 것 등에 합의했던 것이다. 이와 같이 양국이 설정한 공식·비공식 교섭의 의제는 주로 '경제협조' 추진에 관한 것이었다. 일본 측이 제시했던 한일 '경제협조' 추진 논리는 청구권문제의 '정치적인 타결'과 관련된 것이었다. 이에 대해 장면 총리는 국교정상화 이전에 일본정부에 차관을 요청한다든지 '경제원조'를 받는 일은 없을 것이라고 단언하였고,[33] 정일형 외무부장관과 김용식 외무부차관 및 유진오 제5차 한

---

32) 『동아일보』, 1961년 5월 12일 석간.
33) 주요한 상공부 장관도 국교정상화 이전에는 일본자본 도입이나 '경제적인 협조'를 할 수 없다고 장면 총리의 답변을 보충했다(『제38회국회

일교섭 수석대표도 역시 청구권과 '한일경제협조'는 어디까지나 별도로 해결해야만 하며, 청구권문제 등 양국 간에 현안이 해결되고 국교정상화가 이루어진 후에 '한일경제협조'를 추진시켜야 한다고 주장했다.34) 또한 장면 정권은 청구권문제의 '정치적 타협'은 시기상조라고 하며 그것을 계속 부정했다.35)

그러나 한편, 청구권문제의 '정치적 타협'에 관한 한국정부 내의 비공식적인 견해가 신문지상에서 자주 보도되고 있었다.36) 3월 19일자『동아일보』는 한일교섭 한국 측 대표단 일각에서 "재산청구권에 의한 지출금문제에서 타협할 경우, 한일경제협조 원칙에 입각해서 일본이 제창한 대한 경제원조의 테두리도 동시에 결정하여 한국 국민에게 공표하도록 하자"는 주장이 나오고 있다고 보도했다.37)

    민의원속기록』제2호, 민의원사무처, 1961년 1월 14일). 또한 장면 총리는 5월 10일 일본 자민당 국회의원단 방한 시의 기자회견에서도 국교정상화 이전에 '한일경제협조'의 추진은 어렵다는 견해를 밝혔다(『동아일보』, 1961년 5월 10일 석간).

34) 『동아일보』, 1960년 12월 23일 석간, 12월 24일 석간 ; 1961년 1월 11일 석간, 2월 9일 석간. 특히 1961년 1월 10일 정부 및 여야 대표들은 '대일문제간담회'를 열어 "① 우선 현안문제를 해결하고 ② 국교정상화를 달성한 후 ③ 한일 양국의 경제협력을 추진한다는 원칙에 대체적인 합의를 보았다"(『동아일보』, 1961년 1월 11일 석간). 또한 정일형은 일본 측의 '정치적인 타협' 제의에 대해 유진오 수석대표가 정부의 방침에 따라 "일언지하에 이를 거절했다"고 회고하고 있다. 「장면정부 외무부장관 고 정일형씨의 미공개 유고 - 왜 박정권의 한일회담을 반대했나」, 『신동아』, 1984년 10월호.

35) 『동아일보』, 1960년 11월 28일 석간 ; 1961년 2월 6일 석간, 2월 8일 석간.

36) 1960년 12월 27일 외무부의 어느 고위소식통은 "복잡한 환율문제 및 재산청구권 문제를 원만하게 조절하려면 최소한의 정치적인 타협의 시도가 필요할 것"이라고 전망했다. 『동아일보』, 1961년 12월 27일 석간.

이것은 한국 측 대표가 청구권문제를 '경제협조'와 결부시키는 해결책에 대해 처음으로 보도한 기사였다. 또한 4월 16일에 한국정부 고위당국자는 일본 자민당 국회의원의 방한이 청구권문제의 '정치적 타협'을 촉진하여 한일교섭이 5월 말까지 끝나면 양국이 '정치적 타협'을 위해 노력을 경주하게 될 것이라고 전망하면서 "정치적인 타협의 시도는 장면 총리와 이케다 하야토(池田勇人) 수상의 방미를 계기로 본격적인 단계에 들어서게 될 것"이라고 말했다. 이와 같이 하여 1961년 4월경에는 청구권문제의 '정치적 타협'에 관한 논의가 한층 활발해졌다.38)

그런데 당시 여당인 민주당 참의원 의원으로 일본과의 '경제협조'를 적극적으로 추진하고자 했던 김용주의 회고에 따르면, 과거의 한일회담에서는 한국 측의 청구권을 겨우 6,000만 달러 정도밖에 인정하지 않았는데 일본 국회의원단은 "매우 양보적인 태도를 보였다"고 한다. 특히 외무성의 이세키 아시아 국장과 과거 '만주'에서 이세키와 함께 외교관으로 근무한 바 있는 한통숙 참의원 의원 사이에 열렸던 비공식 회담에서, "무상 3억 달러, 유상 2억 달러 정도로 쌍방이 서로 노력하는 것으로 의견이 접근"되었다. 김용주가 이 사실을 장면 국무 총리에게 보고하자, 장면과의 사이에 "그 정도의 선이라면 추진시켜 보자"는 합의가 성립되었고, 한일 양국이 청구권문제에 대해 구체적인 토의를 추진하기 위해, 5월 23일에 한국 국회 대표단이 방일하기로 되었다고 한다.39)

---

37) 『동아일보』, 1961년 3월 19일.
38) 『동아일보』, 1961년 4월 16일 석간 ; 1961년 5월 14일 석간.
39) 「김용주」, 『재계회고2 – 원로 기업인편 II』, 한국일보사출판국, 1981년, 131쪽. 또한 장면 정권에서 한국경제의 그랜드 디자인을 설계했던 '종합경제회의'의 간사를 지낸 김립삼도 한통숙 의원이 무대 뒤에서 많은

'무상 3억 달러, 유상 2억 달러'라는 금액이 이미 이 시기에 나왔다는 것은 믿을 수 없다고 해도, 일본 측이 장면 정권에 대해 청구권과 '경제협조'를 일괄 타결하는 '경제협력' 방식을 제시했고, 장면 정권도 일본 측 제의를 진지하게 검토하고 있었던 것은 사실이라고 봐도 좋을 것이다.

이와 같이 장면 정권은, 한일국교정상화와 '한일경제협조'를 추진하고자 했다. 이 '한일경제협조' 노선은 일본 측이 제시했던 '경제협력' 방식을 반드시 수용하는 것이 아니고 '경제건설제일주의'에 입각한, 어디까지나 한국의 경제발전에 중점을 둔 것이었다고 말할 수 있다. 또한 말하자면 '한일경제협조'론은 직접적으로는 한국의 경제건설을 위해 일본의 자본과 기술을 도입할 것을 지향하는 것이지만, 그것은 강력하고 면밀한 경제계획에 토대를 둔 한국 경제의 '자주성'을 유지하기 위해 선택되었던 산업화 전략이었던 것이다.[40]

그렇다면 장면 정권은 왜 '한일경제협조' 노선을 선택했던 것일까? 그 배경에는 다음과 같은 국내적·국제적 요인이 있었기 때문이라고 생각된다. 국내적인 요인으로서, 먼저 '4·19혁명'으로 이승만 정권이 붕괴하고, 또한 그 '방일' 정책에 비판적이었던 민주당이 정권을 장악함으로써 '방일' 내셔널리즘이 급속히 약해졌다는 점을 지적할 수 있다. 둘째, 장면 정권이 내건 '경제건설제일주의'의 추진 자금의 문제이다. 국내자본과 점차 삭감되어 가는 미국원조만으로는 부족하여 일본으로부터의 자본도입이 필요했다. 셋째, 무력 통일노선을 취하지 않은 장면 정권은 한국이 근속한 경제발전을 달성하여 북한과의 산업화 경쟁에 승리하는 것을 당면 과제로서 설정하고

역할을 했다고 회고하고 있다(「증언-김립삼의 경제개발비사」, 『월간 조선』, 1999년 4월호).
40) 유진오, 『민주정치에의 길』, 일조각, 1963년, 252~259쪽.

있었기 때문에, 그 과제를 이루기 위해 '한일경제협조'를 선택하지 않을 수 없었다는 사정이 있었다.

다음으로 국제적인 요인으로서, 첫째, 고도 경제성장정책을 추진하려는 이케다 정권이 탄생했다는 점을 들 수 있다. 장면 정권이 이케다 정권과의 경제협력에 당초부터 전향적이었다는 것은 앞에서 말한 대로이다. 둘째, 미국의 대한 정책이 변화하기 시작했다는 점이 중요하다. 미국은 군사적·경제적인 면에서의 대한경제원조를 1950년대 말부터 삭감하기 시작했고, 그 대신 한일경제 '재결합'을 추진하는 것으로써 한국 정치·경제의 안정을 확보하는 길을 모색하기 시작했다. 이에 대해 장면 정권은 이승만 정권의 공세적인 반공주의를 수정하여 무력통일정책을 포기하는 한편, 군사적인 동맹 관계가 아닌 동북아시아 경제블록 형성에 참가하는 길을 선택하였고 '한일경제협조' 노선을 수용하게 된 것이다.

이상과 같은 국내적·국제적인 요인에서 장면 정권은 '한일경제협조' 노선을 추진하게 되었다. 단, 일본 측이 제시한 청구권문제의 '경제협력' 방식에 의한 처리방법에는 반대였고, 청구권문제와 경제협력을 분리된 형태로써 해결할 것을 원칙으로 했던 사실을 재차 확인해 둘 필요가 있다. 하지만 실제 청구권문제의 처리 과정에서는 그러한 장면 정권의 '한일경제협조'의 원칙도, 장면 정권의 의도에 반하여 '경제협력' 방식을 배제하기는커녕 유력한 선택지의 하나로서 받아들일 수밖에 없는 방향으로 추진되어 갔다.

2. 한국 내의 여론 – 비판과 지지의 충돌

장면 정권의 '한일경제협조'론은 국회에서 강한 비판을 받게 되었다. '4·19혁명' 후에 수립된 장면 정권은 의원내각제에 기반을 둔 정권이었기 때문에, 국회 활동은 이승만 정권 때보다도 활발하게 되었고 그 권한도 상대적으로 강했다. 1950년대의 이승만 정권하의 국회는 한일국교정상화 문제에 관한 토의를 손꼽힐 정도로밖에 하지 않았고 또한 그렇게 열성적이지도 않았다. 그러나 장면 정권하의 국회는 한일국교정상화에 관한 문제를 주요 의제로 다루었고, 또한 장기간에 걸쳐 활발한 논의가 전개되었다. 장면 정권하의 민의원과 참의원은 한일국교정상화 문제를 처음으로 본격적으로 심의했던 국회였다.[41]

야당은 한일국교정상화 추진에는 동의하고 있었지만,[42] 장면 정권의 '한일경제협조' 노선에는 강하게 반발했다. 우선 야당은 과거의 식민지 지배 청산이 이루어지지 않은 채 국교정상화를 추진하려고 하는 장면 정권의 대일 '양보' 자세를 비판했다. 1960년 9월 10일 민관식 외 30명의 야당 의원들은 「외교행정 등에 관한 질문 요지서」를 민의원에 제출하고 코사카 외상의 내한성명에 일본의 식민지 지배에 대한 "진사(陳謝)의 표명이 없고", 코사카 외상이 '과거에 구애됨이 없이'라는 말을 되풀이하고 있는 것은 "과거관계의 청산은 안하겠다고 말한 것"과 같다고 주장했다. 또한 정부가 "재산청구권, 문화재 및 선박반환문제는 다 한국이 포기하고 (…) 평화선을 철폐 내지는 축소"한다는 '일방적인 양보'를 하면서까지 한일국교정상화를 서두르는 것을 비판했다.[43]

장면 총리는 9월 10일에 야당의원이 제출했던 질문서에 대한 「답

---

41) 제2공화국 국회의 대일인식에 대해서는 정대성, 「제2공화국 정부·국회의 일본관과 대일논조 – 한일관계, 한일통상, 한일회담, "재일교포"를 둘러싼 담론」(『한국사학보』 제8호, 2000년 3월)을 참조.
42) 중앙선거관리위원회, 『대한민국정당사』〈증보판〉, 1968년, 215~236쪽.
43) 『제37회국회 민의원속기록』 제9호, 민의원사무처, 1960년 9월 12일.

변서」에서 코사카 외상의 성명에 '진사'한다는 구절은 없었으나 한일 고위층 교섭에서 한일교섭 재개를 향한 일본 측의 '충분한 성의'가 보이고, 코사카 외상의 '과거에 구애되지 않는다'는 말은 한국 측의 권리를 무시한 것이 아니라고 반론했다.44) 또한 이인 의원 질문에 대한 답변에서도 일본 측이 "머리를 굽히고 들어온다는 것은 과거에 모든 것을 (…) 사죄한다, 잘못을 바로잡는다는 의미가 거기에 다분히 포함되어 있다"고 해석하고,45) 코사카 외상의 성명을 과대평가하는 발언을 했다.

다음으로 야당의원들은 정부의 '대일경제협조' 노선을, 청구권문제와 '경제협조'를 일괄하려고 하는 '정치적 타결'로 간주하고 그것을 비판했다. 예컨대 신민당은 국교정상화 이전에 '경제협조'를 추진하고자 하는 정부방침을 비판하였으며, '배상문제를 해결하고' 국교가 정상화된 후에 '경제협조'를 추진해야 한다고 주장했다.46)

1961년 1월 13일 민의원에서 허혁 의원은 한국 측이 "굴욕적인 외교를 하는 것이 아니냐"고 지적했고,47) 박환생 의원은 정부의 태도는 "너무도 호혜평등 원칙과 (…) 자유 정신 및 한일 양국 간의 역사적인 과정과 역사적인 전망을 전연 망각한" 것이며 '무정견(無定見)한 상인근성'이며 '구걸외교'라고 비난했다.48) 전진한 의원은 한국이 일본에 '경제적인 예속' 상태로 빠질 위험성이 있기 때문에 일본의 '민간자본 도입을 반대한다'고 말했다. 또한 5월 13일 서민호 민의원 부의장 등은 자민당 국회의원단의 방한을 계기로 정부와 여당이 보

---

44) 『제37회국회 민의원속기록』 제16호, 민의원사무처, 1960년 9월 20일.
45) 『제37회국회 참의원속기록』 제11호, 참의원, 1960년 9월 20일.
46) 『동아일보』, 1961년 1월 10일 석간.
47) 『제38회국회 민의원속기록』 제1호, 민의원사무처, 1961년 1월 13일.
48) 『제38회국회 민의원속기록』 제2호, 민의원사무처, 1961년 1월 14일.

여준 태도는 '지나친 현금주의'였다고 말하고, 현안문제 해결 전에 국교정상화를 불사하겠다고 말하고 있는 민주당 간부들의 주장에 대해서 '굴욕적인 태도'라고 비판했다.49) 그것 이외에도 야당은 '용공을 실천하는 일본'을 반대하거나50) 청구권·'평화선' 교환계획설을 비판하였으며, '평화선' 옹호를 주장하거나,51) 대일외교보다 대미외교 강화를 요구하였고,52) 일본인의 우월감을 비판했다.53)

그리고 2월 3일 야당의원들은 민의원 본회의에서 「한일관계에 관한 결의문」을 통과시켰다. 이 결의문의 서문에서 '자유진영의 결속 강화'라는 냉전의 관점에서 '한일관계의 개선과 수호'에 '전적으로 찬동'하면서도 "역사적인 과정과 전망을 통하여 민족정기의 앙양과 자주정신의 견지 및 호혜평등 원칙의 관철이라는 거족적(擧族的)인 요청과 필요성에 입각하여 해결"해야 한다고 하며, 다음과 같은 네 가지를 결의한다고 말했다.

① 복잡다단한 국내외정세를 감안하여 대일국교는 '제한외교'로부터 점진적으로 '전면외교'로 진전시켜야 한다.

---

49) 『동아일보』, 1961년 5월 13일 석간.
50) 여운홍 의원의 발언. 『제37회국회 참의원속기록』 제44호, 참의원, 1960년 12월 3일.
51) 참의원에서 김형두, 이인, 이범석 의원들은 청구권문제와 '평화선' 문제의 교환설을 비판했다(『제37차 국회의원속기록』 제9호, 참의원, 1960년 9월 16일). 민의원에서 박환생 의원이 '평화선' 수호의 중요성을 설명했다(『제37회 국회민의원속기록』 제44호, 민의원사무처, 1960년 11월 18일).
52) 윤재근 의원의 발언. 『제38회국회 민의원속기록』 제4호, 민의원사무처, 1961년 1월 17일.
53) 박환생 의원의 발언. 『제38회국회 민의원속기록』 제5호, 민의원사무처, 1961년 1월 18일.

② 평화선은 국방 및 수산자원의 보존과 어민의 보호를 위하여 존중되고 수호되어야 한다.
③ 정식국교는 양국 간의 역사적 및 중요한 현안문제의 해결, 그중에 특히 일본의 강점으로 인한 우리의 손해와 고통의 청산이 있은 후에야만 성립된다.
④ 현행 통상 이외의 한일경제협조는 어떠한 형태를 막론하고 정식국교가 개시된 후부터 국가통제하에 우리의 경제발전계획과 대조해서 국내산업이 침식당하지 않는 범위 내에서만 실시되어야 한다.54)

이 결의문은 '한일관계의 개선과 수호'보다 '민족정기의 앙양과 자주정신의 견지 및 호혜평등 원칙의 관철'과 일본에 대한 '경계'에 중점을 둔 것이었다. 특히 한일국교정상화의 전제 조건으로서 '일본의 강점으로 인한 우리의 손해와 고통의 청산'이 필요하며, '한일경제협조'는 "정식국교가 개시된 후부터 국가통제하 (…) 경제발전계획에 대조하여 국내산업이 침식당하지 않는 범위 내에서만 실시되어야 한다"고 주장하고 있다. 이 결의문은 청구권문제의 '정치적인 타결'과 '경제협조' 방식에 반대하고, 정부가 그것을 받아들이는 것을 견제하고자 했던 것이다.

이러한 여당과 야당의 입장 차이의 배경에는 '민족정기'에 대한 인식차가 있었다고 생각한다. 야당 측은 과거 청산을 요구하고 일본자본을 경계하는 것이 '민족정기'라고 생각했다. 이에 대해 여당 측은 '국민을 잘 먹여 살리고 (…) 국가경제를 번영시키'는 것이 진정한 의미에서의 '민족정기'라고 인식하고 '고식적인 반일정신'을 버리고 '한일관계를 재검토'해야 한다고 생각했다.55) 또한 일본과의 교섭에

---

54) 『제38회 국회 민의원속기록』 제18호, 민의원사무처, 1961년 2월 3일.

서 "과거의 이야기를 되풀이하는 것은 〈공소(空疎)한 애국론〉"이라고 말하고, 우선 현안해결 이전에 국교정상화를 하는 것은 가능하며, '일본의 경제원조를 활용'하는 것이 '현실적인 애국'이라고 주장했던 것이다.56)

한편 경제계에서는, 이승만 정권이 1955년과 1959년에 단행한 대일통상 단절정책에 비판적으로, 대일통상을 조속히 정상화해야 한다는 목소리가 컸으며, 장면 정권은 그러한 경제계의 요구를 수용하려고 했다.57) 그러나 대일통상의 정상화보다 한 걸음 더 나아간 '한일경제협조' 노선에 대한 반응은 경제단체에 따라 달랐다.

경제계의 '한일경제협조'론에 대한 최초의 반응이 표면화된 것은 1961년 1월 일본 민간경제시찰단의 방한에 대한 비판이 고조되어, 그것이 급거 중지되었던 시기였다. 1월 13일 '일본 민간경제시찰단 환영위원회' 제1회 회의가 열려, 김용주 위원장의 초청으로 전택보 한국경제협의회 부회장, 이한원·심상준 한국경제협의회이사, 김용성·홍재선·송대순 대한상공회의소회장, 이동환 무역협회부회장, 서재식 한일은행장, 이필석 상업은행장, 고범준 한국은행부총재 등이 출석했다. 이 모임에서 대한상공회의소와 무역협회는 일본 민간 경제시찰단과의 교류에 소극적인 태도를 보였으나, 1월 10일에 설립

---

55) 야당 측이 제출한 「결의문」에 대해 여당 민주당의 유성권 의원은 「결의문」의 핵심용어인 '민족정기'를 비판했다(『제38회 국회 민의원속기록』 제5호, 민의원사무처, 1961년 2월 3일).
56) 『동아일보』, 1961년 5월 12일 석간.
57) 장면 총리는 국회에서, "대일통상을 하루바삐 열어야 우리나라 경제계에 도움이 되겠다는 것을 나는 여출일구(如出一口)로 듣고 있습니다. 그래도 그 사람들도 다 국가경제 면에 있어서 나라를 생각하고 우리 국부를 갖다가 증강하자는 의미에서 하는 것으로 알고 있다"라고 발언했다(『제37회 국회 참의원속기록』 제11호, 참의원, 1960년 9월 20일).

되었던 한국경제협의회는 민간경제사찰단을 환영하는 후원단체가 되겠다고 표명하고 그 입국에 적극성을 보였다.58)

　1월 19일 김연수 한국경제협의회 회장은, 일본의 대한투자에 대하여 "양국 간의 국교가 정상화되지 않는 한 사실상 실현될 수 없"을 것이라고 말하는 한편, '반공을 국시로 하고 자유민주주의를 표방하는 우리나라가 과거와 같은 쇄국주의사상을 고수하여 관념적 배타주의와 기우감에 사로잡히고만 있다면 도저히 국리민복을 기대할 수 없을 것이다. (…) 현재의 경제적 파행상태를 극복하자면 민간경제인의 친선교류가 필수조건이며 상대국의 경제인을 적극 유치, 환영하여야 한다'고 '한일경제협조'론을 지지하는 발언을 했다.59) 또한 전택보 한국경제협의회 부회장은 일본이 '지리적으로 가까운' 것, 일본자본주의가 새로운 시장 개척을 필요로 하고 있고, 외자가 부족한 '후진국'에는 '장기 또는 단기 〈신용〉'으로 차관을 줄 수밖에 없게 된 것, '원료공급지로서 한국경제에 큰 관심을 가지고 있'는 것 등을 이유로 외자도입의 "가장 가능성이 있는 지역은 일본"이라고 말하고 일본 자본의 도입에 적극적이라는 것을 시사했다.60)

　한편 대한상공회의소와 무역협회는 '한일경제협조'론에 신중하게 대응하려고 했다. 송대순 대한상공회의소 회장은 전년도에 한국 측 경제시찰단의 일본방문이 토쿄와 오사카의 상공회의소에서 거부되었던 것을 소개하면서 한국 측도 일본의 실업가를 초청하지 않을 것이라고 했다. 이동환 무역협회 부회장은 일본의 경제시찰단에 무역업자가 적다는 이유를 들어 역시 초청할 예정은 없다고 말하고, 일본의 민간경제시찰단 초청에 소극적이었다.61)

---

58) 『동아일보』, 1961년 1월 14일.
59) 『동아일보』, 1961년 1월 20일.
60) 『동아일보』, 1961년 1월 29일.

경제계는 장면 정권의 '한일경제협조' 노선을 큰 틀에서는 동의하고 있었지만, '한일경제협조'의 최초의 첫걸음이 되었던 일본의 민간 경제시찰단 초청문제에 대한 대응에 대해서는 행동을 통일하지 못하고 있었다고 할 수 있다. 경제계는 '한일경제협조' 노선을 받아들일 체제를 갖추고 있지 않았던 것이다.

다음으로 '한일경제협조'론에 대한 신문 논조를 검토하고자 한다. 『조선일보』와 『동아일보』는 장면 정권 기간에 한일관계에 관한 사설을 각각 19번과 10번씩을 실어, 한일문제에 큰 관심을 보였다.

우선 『조선일보』는 당초에는 냉전과 산업화의 관점에서 국교정상화의 필요성을 인정하고 있었지만,[62] 1961년에 들어 정부의 '한일경제협조'론이 표면화되자 이를 비판하기 시작했다. 예컨대 현안인 '일괄 타결' 방식에 대한 주일공사의 발언 및 정부에 의한 일본의 민간 경제시찰단의 방한 추진, 민주당에 의한 국교정상화 이전에 일본의 자본도입 장려방침, 청구권과 '경제협력'의 상쇄론 등을 비판하는 논설을 실었다.[63] 5·16군사쿠데타 바로 전날 게재된 사설에서는, 한국정부 및 민주당의 '한일경제협조'론이 '혈채(血債)를 방기'함으로써 '민족적인 과오'를 범하고 '경제적인 문제를 호전시키려는 단견'에 토대를 둔 것에 불과하다고 비난했다.[64]

---

61) 『동아일보』, 1961년 1월 14일.
62) 「〈사설〉 코사카 일본외상내한의 의미를 살리는 길」, 『조선일보』, 1960년 9월 5일 석간 ; 「〈사설〉 제2차 이케다 내각의 성립과 한일관계」, 『조선일보』, 1960년 12월 10일 석간.
63) 「〈사설〉 경솔했던 일본경제인시찰단초청」, 『조선일보』, 1961년 1월 13일 석간 ; 「〈사설〉 선후분별이 도착한 대일경제협조책」, 『조선일보』, 1961년 1월 22일 석간 ; 「〈사설〉 한일국교정상회담의 정체와 대한차관설」, 『조선일보』, 1961년 5월 7일 석간.
64) 「〈사설〉 국민의 신임과 유리된 대일정책은 있을 수 없다」, 『조선일보』,

그리고 『조선일보』는 2월 13일에 이루어진 민의원 결의가 한국 경제를 일본에 예속시키는 사태를 방지하고, 원칙과 순서를 무시하면서까지 대일친선을 서두르는 장면 내각을 견제하고자 했던 것이라며, 그것을 지지하고, 식민지 지배를 청산한 후에 국교를 정상화하는 '선국교정상화(先國交正常化)' 원칙의 준수를 호소했다.65)

이에 대해 『동아일보』는 정부의 '한일경제협조' 노선을 지지하는 논진을 폈다. 첫째, 한국인의 '반일감정'을 완화시키고 청구권문제를 해결하기 위해 '한일경제협조'가 필요하다고 주장했다. 한일국교정상화를 가로막고 있는 요인은 "일본국민의 대다수가 한국을 무시하고 있다는" 점과 '공산 측의 방해공작' 그리고 '한국민들의 대일감정'에 있고, 특히 '한일경제협조'를 한국경제를 일본경제에 예속시키려는 노력에 불과한 것이라고 밖에 생각지 않고 있는 한국인들이 절대다수를 차지하고 있는 상황에서 "한국 국민의 대일 경계심을 일소하는 방법은 일본 측이 말이 아니라 행동으로써 한국경제번영을 위한 성의를 보여주는 것"이라고 말했다. 따라서 일본 측이 청구권문제에서 양보하여 '대한경제원조'를 실행할 필요가 있고, "일본의 경제적 양보는 한국국민의 반일감정을 깨끗이 씻어버릴 수 있는 것이어야 한다"고 주장했다.66)

둘째, "한국경제를 번영으로 이끌어서 남한의 국민생활 수준이 북한의 그것보다 앞서도록 하"고,67) "남한과 북한 사이에 지금 치열히

1961년 5월 15일 석간.
65) 「〈사설〉한·일국교의 정상화 노력을 중단할 수 없는 이유」, 『조선일보』, 1961년 2월 7일 석간.
66) 「〈사설〉한·일 경제협조에 재계인을 활용하라」, 『동아일보』, 1960년 12월 13일 석간.
67) 「〈사설〉한·일 예비회담에 부친다」, 『동아일보』, 1960년 10월 26일

싸워지고 있는 경제번영 경쟁 [및] 경제건설전"에 승리하기 위해 '한일경제협조'가 필요하다고 주장했다.68)

셋째, "한일경제협조는 [동북아시아의] 방공 방파제"의 강화와 아시아 지역통합의 '쇼우 케이스'를 만들기 위해 필요하다고 주장했다. 즉, "한국이 자유진영에서의 최전선 반공보루의 지위에 위치해 있을 뿐만 아니라, 특히 일본의 민주독립을 수호해 주고 있는 가장 중요한 요새"이기 때문에 "한국을 정치적으로나 경제적으로나 부강하게" 할 필요가 있고,69) "한일 간의 경제적 친선을 통한 한국경제의 번영은 (…) 일본과 동남아시아 제국과의 경제적 친선을 건설하는 데 있어서도 꼭 보여주어야만 할 〈쇼우 케이스〉"라는 것이다.70)

넷째, 청구권문제의 '정치적 타결'을 위해서도 한일 양국의 재계인들이 '이니셔티브'를 장악해야 한다고 주장했다. 우선 "일본의 대한 경제협조란 일본의 자본과 기술을 한국으로 들여다가, 한국의 자연자원과 인적자원과 결합시킨다는 것"이라고 인식하고, 청구권문제에서 한국 측은 감정적인 것을 양보하여야 하고, 일본 측은 경제적인 것을 양보하여 "대국적 견지에서 정치적으로 타결"해야 한다고 주장했다.71) 또한 1961년 5월 일본 국회의원단 방한 시에는 한일국교정상화는 정치적으로 타결하는 길밖에 없으며, 정치적 타결이라는 점

석간.
68) 「〈사설〉 일본국민은 한국민의 입장에 서서 보라」, 『동아일보』, 1960년 12월 13일 석간 ; 「〈사설〉 한·일 양국의 이해 촉진을」, 『동아일보』, 1961년 4월 18일 석간.
69) 「〈사설〉 코사카 일본외상의 내한」, 『동아일보』, 1960년 9월 4일 석간.
70) 「〈사설〉 한·일 예비회담에 부친다」, 『동아일보』, 1960년 10월 26일 석간.
71) 「〈사설〉 한·일 경제협조에 재계인을 활용하라」, 『동아일보』, 1960년 12월 13일 석간.

에 한일양국의 원칙적 합의는 완전히 성립되었다고 단언하고,[72] 한일경제협조를 구체화하기 위해 쌍방의 재계인들을 충분히 활용할 필요가 있으며, 한일 쌍방의 재계인들이 이니셔티브를 잡아야 한다고 주장했다.[73]

이렇게 보면, 『조선일보』가 '선국교정상화'론의 입장에서 '한일경제협조'론을 비판한 데 대해, 『동아일보』가 남북의 '경제번영경쟁'과 '지역통합' 추진이라는 냉전의 관점과 한국의 경제발전이라는 산업화의 관점을 보다 중시하면서 장면 정권의 '한일경제협조' 노선을 지지하고 있었다는 것을 알 수 있다. 단, 이러한 상이점이 있었음에도 불구하고 냉전과 산업화의 관점에서 '한일경제협조'가 필요하다는 것에는 두 신문사 모두 동의했다는 점은 주목할 만하다.

이상과 같이 국회, 경제계, 주요 신문에서 장면 정권의 '한일경제협조'론에 관한 지지론과 반대론이 충돌하고 있었는데, 장면 정권의 '한일경제협조' 노선의 선택은 결과적으로 1960년대의 청구권 교섭의 방향성을 결정지은 것이었다고 할 수 있다. 이와 같은 상황 속에서 5·16군사쿠데타가 일어나고 장면 정권하의 '한일경제협조'론에 관한 지지·반대론의 충돌은 박정희 정권하의 논의로 이어져 가게 된다. 말할 것도 없이 큰 조류는 '한일경제협조' 노선으로 흘러가게 되는 것이다.

3. 일본의 대응 – '경제협력' 방식의 제시

다음으로 일본정부는 청구권문제에 어떻게 대응했는지 검토해 보

---

[72] 「〈사설〉정치적 타결의 길」, 『동아일보』, 1961년 5월 9일 석간.
[73] 「〈사설〉한·일 예비회담의 해동점은?」, 『동아일보』, 1961년 2월 12일 석간.

도록 한다. 우선 이케다 정권에서는 1960년 9월 6일 코사카 외상이 한국을 방문했다. 이것은 1945년 이후 일본정부 각료의 최초의 방한이었다. 코사카 외상은 공동성명에서 다음과 같이 말했다. 한일양국은 "예로부터 경제, 문화, 기타의 면에 있어서 깊은 관계가 있으며 일의대수(一衣帶水), 가장 친한 이웃나라로서 손에 손을 잡고 나아가야 할 사이"에 있었는데, 불행하게도 현재는 양국 관계가 본연의 모습에서 벗어나 있어서 유감스럽게 여긴다고 말했다. 그러나 "다행히도 한국의 지도자 여러분들이 과거에 구애되지 않고 금후에 처해 나가고 싶다고 말하고 있"기 때문에 "일본으로서는 이에 호응하여 한국민의 대일감정을 충분히 존중하여 공영의 방향으로 나아가고자" 생각하고 있다고 했다.74) 그는 일본의 식민지 지배 역사에 대해서는 전혀 언급하지 않았으며 한일양국의 '경제적인 협력'을 촉진할 것을 강조했을 뿐이다.75)

하지만 외무성은 7월 22일부로 「대한경제기술협력에 관한 예산조치에 대해서」라는 내부 문서를 작성하고 그 속에서 다음과 같은 방침을 세웠다.

> 재산청구권 문제는 일단 유보를 하는 것이 적당하다. 그 한편으로 일한교섭 타결을 위해 한국에 어떠한 형태의 경제협력을 할 필요가 있다. 우리나라로서도 과거의 보상(償)이라는 것이 아니라 한국의 앞으로의 경제에 기여한다는 취지라면, 이러한 경제적 원조를 행할 의의가 있다고 인정된다.

또한 이 문서를 열람했던 어떤 외무성 간부는 "무상원조는 한국

---

74) 『동아일보』, 1960년 9월 6일 석간.
75) 『동아일보』, 1960년 9월 7일 석간.

측 청구권을 모두 방기하게 하는 것이 아니면 국내에서 지지를 얻을 수 없다"라는 메모를 이 문서에 써넣었다.76)

즉 외무성은 1960년 제5차 교섭이 시작되기 이전에, 이미 한국측에게 대일청구권을 포기하게 하고, 그리고 동시에 식민지 지배에 대한 사죄의 뜻을 포함하지 않는 '경제협력'이라는 방침을 결정하고 있었다. 당시 외무성 조약국장으로 이 '경제협력' 방식을 발안했다고 하는 나카가와 토오루(中川融)는 '경제협력' 방식의 목적에 대해 다음과 같이 말했다.

> 큰 소리로 말할 수 없지만, 나는 일본의 돈이 아니라 일본의 물품, 기계, 일본인의 서비스, 역무(役務)로 지불하는 것이라면, 이것은 앞으로 일본의 경제발전에 오히려 플러스가 된다고 생각하고 있었다. 그것을 가지고 상대 국가에 공장이 생기거나 일본의 기계가 가게 되면, 수리하기 위해 일본으로부터 부품 등이 수출될 것이다. 공장을 확장할 때에는 같은 종류의 기계가 또한 수출될 것이다. 따라서 경제협력이라는 형식은 결코 일본의 손해가 되지 않는다.77)

이 증언에 의하면 나카가와는 "일본의 경제발전에 오히려 플러스가 된다"라는 생각에 '경제협력' 방식에 의한 청구권문제의 처리를 진행하고자 했다는 것이다. 제2장에서 논했듯이 일본정부는 제1차 교

---

76) 新延明, 「條約締結に至る過程」, 『季刊青丘』 16, 1993년, 41쪽. 또한 NHK, 「NHKスペシャル-調査報告, アジアからの訴え-問われる日本の戰後處理」(1992년 8월 14일 방송)에 의하면, 외무성의 내부문서 「대한경제기술협력에 관한 예산조치에 대해」는 1960년 7월 22일에 작성되었다고 한다.
77) 新延明, 위의 논문, 41쪽.

섭 당시부터 대한청구권 문제를 '경제협력' 방식으로 해결하는 방향에서 검토했다고 생각된다. 1950년대 후반에는 우선 동남아시아 제국과의 배상문제를 '경제협력' 방식으로 처리했고, 또 1957년을 경계로 미국의 대한원조가 삭감되기 시작하고, 미국의 아시아지역 통합구상과의 관련에서 아시아에서 일본의 역할이 인식되기 시작했기 때문에, 일본정부는 대한청구권 문제를 '경제협력' 방식으로 처리하기 위한 구체적인 검토 작업을 개시했을 것이다. 일본정부가 대한청구권 문제를 '경제협력' 방식으로 처리하는 것을 결정하는 과정에 대해서는 정부의 내부 자료가 공개되어 있지 않기 때문에 아직까지 그 전모가 명확하지 않다. 그러나 앞의 외무성 자료와 나카가와의 증언에 의해 외무성은 이승만 정권이 붕괴한 직후에는 한국과의 청구권 문제도 '경제협력' 방식에 의해 처리하는 방안을 본격적으로 검토하며, 한일청구권 교섭에 임했다는 것을 알 수 있다.

 확인할 수 있는 자료에 의하면 일본 측의 '경제협력' 방식에 의한 처리방안이 최초로 공식적으로 된 것은 1960년 10월 15일의 『아사히신문』의 기사였다. 14일 서울발 기사는 모 '권위있는 소식통'의 담화를 정리해서 "이승만 라인 문제에서 한국 측이 양보하면 재산청구권도 장기차관의 형태로 해결할 수 있다고 일본 측이 비공식적으로 제의하고 있고, 다른 현안도 호의적으로 해결하겠다는 일본의 의향도 확인하고 있다"고 보도했다.[78] 즉 이때 이미 한국 측은 일본 측으로부터 청구권문제의 '경제협력' 방식에 의한 처리방안에 대해 비공식 제의를 받고 있었던 것이다. 또한 『동아일보』가 같은 해 12월 11일에 한국고관의 담화를 근거로, 한국 측이 주장하는 대일재산청구권을 방기하는 것을 전제로 한국 측에 경제협력의 명목으로 자본

---

78) 『조선일보』, 1960년 10월 15일.

과 기술을 원조해 주고자 한다는 일본 측의 제의에 대해 보도했던 것은 이미 말했던 대로다. 1차 자료에서는 확인할 수 없지만, 아마도 9월에 방한했던 코사카 외상이 한국 측에 '경제협력' 방식을 제의했다고 봐도 좋을 것이다.

한편 일본 정재계의 움직임도 활발해졌다. 9월 16일에 최초의 경제시찰단이 방한했고, 12월 27일에는 아다치 타다시(足立正) 일본상공업회의소 회장과 우에무라 코고로(植村甲午郎) 경제단체연합회 부회장, 그리고 이강우(李康友) 삼아약품공업(三亞藥品工業) 회장과 서갑호(徐甲虎) 사카모토방적(坂本紡績) 사장이 발기인이 되어 '두 민족의 친선과 제휴를 구현할 목적'으로 '한일경제협회'를 설립했다.79) 또한 1961년 4월 26일 자민당은 이시이 코지로(石井光次郎) 부총재를 중심으로 '일한문제간담회' 설치를 결정했고, 27일에 그 첫 모임에서 적극적인 대한경제원조를 행할 것을 확인하고 '일한회담추진간담회'를 설치하기로 했다.

앞에서 말한 바와 같이 5월 6일, 노다 우이치(野田卯一), 타나카 에이이치(田中榮一), 타나카 카쿠에이(田中角榮) 등 국회의원 8명이 방한하고, 한일국교정상화와 '한일경제협력' 계획에 대해 한국 정재계의 요인들과 논의했다. 이들 자민당 국회의원은 늘 한일 양국이 '반공우방으로서 운명 공동체'라는 것을 강조했으며, 따라서 조속히 한일국교정상화를 달성해야 한다고 주장했다.80) 이 자민당 국회의

---

79) 日韓經濟協會, 『日韓經濟協會趣意書·定款』, 1960년 12월 27일.
80) 정일형·노다 회담에서, 노다 단장은 "양국은 반공우방으로서 운명 공동체"라고 강조했으며 이에 정일형 외무장관도 "한일 양국은 공동 운명체라는 말씀은 감명 깊은 말"이라고 응대했다(「일본 중의원 방한단과 외무부 장관과의 면담」, 1961.5.8, 〈일본 중의원 의원단 방한, 1961.5.6~12〉, 『한국외교문서』 724.52JA, 1961, C-0009).

원단 방한 시에 한국 외무부가 작성한 「일본 중의원 의원단 방한에 관한 보고서」에 따르면 방한단의 주요 목적은, ① 한국 국민의 대일본 감정을 현지에서 실지로 파악하고, ② 한국의 경제 실정을 현지 답사 내지 견문하고, ③ 정부 및 각계 인사들의 한일문제 해결에 대한 의견을 타진하는 데 있었다고 한다.[81] 그리고 이 보고서는 방한단이 한국 시찰의 결과를 다음과 같이 정리했다고 보고 있다.

우선 한국 국민의 일본에 대한 감정에 대해서, "일본에 대한 나쁜 감정은 추측 이하의 것이며 일부 인사를 제외하고는 일반 국민의 머리에서 이미 사라진 것"으로 결론을 내렸다고 보고 있다. 또한 한국민의 친일감(親日感)은 상상 이상으로 특히 실업계에서의 대일경제 제휴에의 강화열(强化熱)은 대단한 것이었다고 평가하고 있다고 하며, 한일친선・우호・친화 운운하는 단체가 우후죽순과 같이 나타나, 한일경제협조를 추진하고자 하는 경향이 강했다고 한다.

둘째, 한국 경제의 현상에 대해서 "한국 경제의 일반적인 후진성과 범람하는 실업자와 또한 비참한 농촌실정에 대하여 경악의 빛을 금치 못하였으며 (…) 외국경제 원조의 필요성과 한국 내 실업인들의 일본과의 경제적 접근 의욕을 실지로 견문함으로써, [방한단은] 자본을 투입하는 대상지로서 한국이 호적(好適)의 국가라는 인상을 가졌다"고 한다.

셋째, 한일교섭추진에 대해 방한단은 한국의 여야 모두 한일국교정상화를 바라고 있다는 인상을 받았으며 선진국들이 한국에서 경제적 지반을 견고히 하기 전에 일본의 자본을 투입하여 일본 측이 한일회담에서 양보한 것 이상의 것을 '경제협력'에 의해 취득할 수 있다면 목적달성을 할 수 있다고 판단했다고 한다.

---

81) 「일본 중의원 의원단 방한에 관한 보고서」, 〈일본 중의원 의원단 방한, 1961.5.6~12〉, 『한국외교문서』 724.52JA, 1961, C-0009.

이 방한단의 단장이었던 노다는 귀국 후에 행한 「경제협력을 착실히 이루어내서 상호 화해를」이란 제목의 강연에서 한국에서 만났던 "거의 모든 사람[이] 한일교섭이라는 것은 단순한 사무적인 교섭, 보통의 사무적인 것의 처리로써는 해결되지 않는다. 한일 간의 특수한 관계에서 보았을 때 어디까지나 대국적으로 정치적인 판단에 의해서 최종적인 판단을 내려야 한다"고 말했다고 지적하고, 일본 측이 '대한경제협력'을 적극적으로 행할 것을 호소했던 것이다.[82] 이들 자료를 통해 국회의원 방한단이 '한일경제협조'의 추진 및 청구권 문제의 '경제협력' 방식에 의한 처리 가능성에 대해 확실한 반응을 느꼈다는 것을 알 수 있다.

그런데『동아일보』는 자민당 국회의원 방한단을 수행했던 외무성 관리가 청구권문제의 '정치적 타결', 즉 한국 측의 청구권을 '무상경제원조'로 대체하는 방안을 한국 측에 제시했다고 보도했다.[83] 이 보도의 내용은 다음과 같은 사실에 의해 확인할 수 있다.

5월 10일 자민당 국회의원 방한단을 수행하고 있던 이세키 외무성 아시아 국장은 김용식 외무차관과 회담했다. 이 회담 내용은 일본정부의 청구권문제에 대한 접근 방식을 이해하는 데 중요하다. 이세키는 "일본정부로서는 먼저 국교를 정상화하고 특히 청구권과 평화선문제는 추후에 해결하는 것으로 하고 일단 shelve(보류 – 인용자)하는 것이 좋겠다. 이렇게 될 경우 일본정부는 정부나 민간의 차관을 한국에 공여할 것을 고려할 수 있다. 만일 먼저 모든 현안문제를 해결한 후에 국교를 정상화하려고 한다면 시간적으로 상당한 시

---

82) 野田卯一, 「經濟協力の積上げで相互和解を」, 『講演』 27, 1961년 7월 1일, 23쪽. 방한단의 다른 멤버들도 대한 '경제협력'을 호소했다(床次德二, 「民族理解の協力を」; 田中英一, 「相互協力で強力な韓國に」).
83) 『동아일보』, 1961년 5월 12일 석간, 5월 14일 석간.

일을 요할 것이므로 국교정상화가 지연될 가능성이 있다. 또한 일본정부로서는 청구권문제 해결에 관련되는 예산조치가 대단히 곤란[하고] 청구권문제에 관하여서는 (…) 무상원조의 형식을 취할 것을 고려하고 있다"고 말했다. 즉 이세키는, 국교정상화 후에 현안을 처리하고, 청구권문제를 '무상원조'로 처리할 의향이 있다고 명언한 것이다.84) 이것은 현재 확인할 수 있는 1차 자료에서 일본 측이 '경제협력' 방식을 한국 측에 제시했다는 사실을 보여주는 첫 자료이다.

이에 대해 김용식은 여러 현안의 해결 후에 국교를 정상화한다는 원칙에서 벗어날 수는 없으며, 일본국회에 한국에 지불해야 할 금액의 내용을 명확히 해 두는 편이 좋다고 반론하고, 청구권문제를 '무상원조'로 처리하는 것에 반대했다.

5월 12일 노다 단장은 귀국성명에서 "한국 측에서도, 양국이 하루라도 빨리 국교를 정상화해야 하며, 그것을 위해서는 대국적 견지에선 결단이 불가결하다는 것을 확신하고 있다는 것을 알게 되어, 매우 고무받았다"고 말했다.85)

제2절 제5차 교섭에서의 청구권 논의

1. 미국무부 각서에 관한 논쟁

제5차 교섭은 장면 정권하 1960년 10월 25일 예비회담의 형식으

---

84) 「이세키 외무성 아시아 국장과 김용식 외무부 사무차관의 면담」, 1961. 5.10, 〈일본 중의원 의원단 방한, 1961.5.6~12〉, 『한국외교문서』 724.52JA, 1961, C-0009.

85) 「野田團長の離韓に際しての挨拶」, 〈일본 중의원 의원단 방한, 1961.5. 6~12〉, 『한국외교문서』 724.52JA, 1961, C-0009.

로 토쿄에서 시작되었다. 한국 측 수석대표에는 유진오 고려대학교 총장이, 일본 측 수석대표에는 사와다(澤田廉三) 제4차 교섭 수석대표가 선출되었다. 11월 2일에 열린 본회의에서 쌍방은 기본관계와 청구권, 어업 및 평화선, 재일한국인의 법적 지위 등의 네 가지 위원회를 두었고, 제4차 교섭에 이어서 청구권위원회 산하에는 '일반청구권'·'선박'·'문화재' 소위원회를 설치하기로 했다.86)

청구권문제는, 주로 '일반청구권 소위원회'(1960년 11월 10일~1961년 5월 10일, 이하 일반청구권 소위원회)에서 토의되었다. 이 소위원회의 한국 측 수석대표는 유창순 한국은행부 총재, 일본 측 수석대표는 니시하라(西原直廉) 대장성 이재국장이었다.87) 이 회담은 제1차 교섭에서 한국 측이 제시했던 8항목의 '청구권요강 한국 측 안'(이하 청구권 8항목)의 내용을 쌍방이 처음으로 구체적으로 토의했다는 점에서 주목할 만한 교섭이었다.

제1회 청구권 소위원회(1960년 11월 10일)에서 우선 니시하라 수석대표는 "모든 현안이 원만하게 해결되기를 충심으로 기원한다"고 인사했다. 한편 유창순 수석대표는 "국교정상화는 평등하고 우호적인 통상교역을 위시한 양국 간의 긴밀한 경제협력으로서 크게 견고히 되는 것을 아는 바, (…) 한국의 청구권문제의 성의 있는 해결은 점차 우리가 기대하는 양국 간의 경제적 공영의 길로 전진하는 데 있어서 길을 여는 것"이어야 한다고 말했다.

---

86) 본서에서는 '일반청구권' 소위원회에서 재산청구권 문제가 집중적으로 논의되었기에 이 위원회에서의 논의를 다루도록 하고 '선박', '문화재' 소위원회에서의 논의는 제외하기로 하겠다.

87) 외무부 정무국 편, 『제5차 한일회담 예비회담 회의록(일반청구권위원회·선박위원회·문화재위원회)(Ⅲ급비밀)』, 발행년불명, 2~3쪽. 이하 『제5차 한일회담 예비회담 회의록』.

제2회 청구권 소위원회(11월 18일)에서 한국 측은 청구권 8항목의 개요를 설명했으며 이에 대한 일본 측의 회답을 요구했다. 그러나 일본 측은 예산안 편성, 국회 개회 중, 총선거 실시 등을 이유로 청구권 8항목의 토의를 회피하고자 하는 등 교섭에 소극적이었다. 이러한 상태가 제5회 청구권 소위원회(1961년 3월 8일)까지 계속되었다. 이 5회 회의에서는 토의의 진행방법에 관해 약간의 차이점이 발생했다. 한국 측이 '항목별로(Item by Item)' 토의를 진행시키고, '사실 관계 확인(Fact Finding)'에 앞서 '일반적 토의(General Discussion)'를 행해야 한다고 말해 '일반적 토의'의 중요성을 강조한 것에 대해, 일본 측은 '사실 관계의 확인' 후에 법률문제 및 미국 측 각서의 해석문제 등의 '일반적 토의'를 해야 한다고 주장했으며, '사실 관계의 확인'의 중요성을 강조했다.[88] 이와 같은 전초전은 있었지만 제6회 청구권 소위원회(3월 15일)부터 청구권 8항목에 대한 항목별 토의가 비로소 시작되었다.

　제6회 청구권 소위원회에서 청구권 8항목의 제1항, 즉 지금·지은 반환문제에 관한 토의가 시작되었는데, 이 회의에서는 이후의 한일교섭의 방향을 결정짓게 되는 논쟁이 있었다. 그것은 제5차 교섭의 전제가 된 1957년 12월 31일자 미국무부 각서에 관한 논쟁이었다.

　한국 측의 주장은 다음과 같은 것이었다. 대일강화조약 초안이 작성되기 전에 한국 측이 작성했던 "원래 한국의 청구(The original Korean claim)[는] 막대한 것(an enormous magnitude)"이었다. 그것은 "일본 식민지 지배하 조선인이 받은 커다란 피해(the heavy damage and suffering of Korean people under the Japanese

---

88) 『제5차 한일회담 예비회담 회의록』, 43~49쪽.

occupation)"에 대한 배상요구서였다. 그러나 한국정부는 일본 측이 대일강화조약 제4조를 받아들이고, 일본의 '재한일본인 사유재산' 청구권에 법적 근거가 없음을 인정했다는 사실을 감안하여, 일본에 대한 대부분의 '원래의 청구'를 포기했다. 그 결과 1952년 제1차 교섭에서 제의한 청구권 8항목은 '원래 청구의 최소한의 잔여(remainder)'이자 '배상(Reparation)'이 아닌 '반환(Restitution)'으로서 요구한 것이었다. 따라서 청구권 8항목은 일본 측이 "〈평화조약 제4조 해석에 대한 미국의 입장〉을 받아들였다고 해서, 아무런 영향을 받지 않는다"[89]는 것인데, 즉 "평화조약 제14조에 의한 전쟁 배상을 청구하고 있는 것이 아니며, 평화조약 제4조 수혜국으로서 평화조약 제4조에 의한 청구권을 요구하고 있는 것이다."[90] 청구권 8항목은 "평화조약 제4조 (b)항에 의하여 일본 측의 재한재산청구가 없다는 생각을 근거로 제출되었다. 그 후 미국 각서가 나왔으나 우리의 청구권에 새로운 변동이 없는 것은 당연하다"는 것이었다.[91]

즉 한국 측은 청구권 8항목이 미국 국무부 각서에서 말하는 소멸·충족의 대상이 되지 않음으로, 일본 측이 청구권 8항목을 무조건 받아들여야 한다고 주장했다.

이에 대해 일본 측은 다음과 같이 반론했다. 힌일 양국이 미국 국무부 각서에서 "일본이 평화조약 제4조 (b)항에 의해 재한일본재산 처리의 효력을 승인한 것은 제4조 (a)항에 정하여져 있는 특별규정의 고려에 관련된 것이며, 이 특별규정은 한국이 재한일본재산을 취득한 것으로 인하여 어느 정도까지 한국의 대일청구권이 소멸 또는 보충되었는지를 인정하는 것에 관한 결정을 포함하는 것이, 평화조

---

89) 『제5차 한일회담 예비회담 회의록』, 52~53쪽.
90) 『제5차 한일회담 예비회담 회의록』, 201쪽.
91) 『제5차 한일회담 예비회담 회의록』, 76쪽.

약 제4조의 해석으로서 확인되었다." 또한 "한국의 대일청구권이 어느 정도까지 소멸하고 보충되었는가 하는 정도는 한국 측이 일방적으로 결정하는 것이 아니라, 한일 간의 교섭으로서 결정되어야 한다는 것을 의미한다."[92] 따라서 "그 정도(extent)의 결정이야말로 본 소위원회의 가장 중요한 임무의 하나"이며 제1회 청구권 소위원회에서 한국 측이 제출한 청구권 8항목은 "일본이 재한재산 처분의 효력을 승인한 것에 의하여 당연히 영향을 받아야 한다"고 주장했다.

즉 일본 측은 한국이 '재한 일본인 재산'을 취득할 바에는 청구권 8항목의 내용과 금액이 재검토되어야 한다고 주장했던 것이다.

또한 일본 측은 한국 측이 언급한 '배상(reparation)' 즉 '방대한 원래의 청구'는 원래 처음부터 성립될 수 없는 논리라고 반박했다. "한국은 일본에 대한 교전국도 평화조약의 서명국도 아니며, 또한 동조약(同條約) 제14조의 이익을 받는 입장에 있는 것도 아니므로 일본에 대한 reparation을 청구할 권리가 없음은" 당연하다. 따라서 "원래 갖고 있지 않던 reparation의 성질에 속하는 권리가 있었다는 가정을 토대로 하여, 이러한 가정의 권리와 (한국 측이 – 인용자) 일본에 대한 청구권을 잃어버렸다는 것을 관련시킨 발언은 이해하기 곤란"하다고 말하며, 한국 측 주장을 비판했다.[93]

이러한 대립에 지친 일본 측은 1957년 12월 31일 한일 청구권문제에 관한 미국무부 각서 전문과 같은 날 조인된 한일 간의 합의의사록 중 청구권문제에 관한 부분을 3월 2일 신문지상에 공개했으며, 일본 측 주장의 정당성을 국민들에게 호소하고자 했다. 이것에 의해 한국 측도 미국무부 각서를 공표해야만 하게 되었고, 9일 신문지상

---

92) 『제5차 한일회담 예비회담 회의록』, 135~136쪽.
93) 『제5차 한일회담 예비회담 회의록』, 89~91쪽.

에 그것을 발표했다.94) 이리하여 미국 국무부 각서 전문이 공개됨으로써 한국 측은 일본 측 주장을 받아들일 수밖에 없게 되었다. 결국 그 후 한일청구권 교섭에서 일본 측의 주장대로 미군정에 의해 접수된 재한일본재산의 한국정부에의 이양에 의해 한국의 대일 청구권이 '어느 정도' 소멸, 또한 충족되었는지를 토의할 수밖에 없게 된 것이다.

2. 청구권 8항목의 논의 – 법률론과 사실관계

이와 같은 청구권 교섭의 틀에 관한 논쟁이 계속되면서 한국 측은 제6회 청구권 소위원회로부터 제13회 청구권 소위원회(5월 10일)까지 청구권 8항목의 내용을 설명했다. 이를 정리해 보면 다음과 같다.

1. 조선은행을 통하여 반출된 지금과 지은을 청구함.
   본 회의의 청구는 1909~1945년 기간 중에 일본이 조선은행을 통하여 반출하여 간 것임.
2. 1945년 8월 9일 현재 일본정부의 조선총독부에 대한 채무 변제를 청구함.
   본 항에 포함된 내용의 일부는 다음과 같다.
   (1) 체신부 관계
       (ㄱ) 우편저금, 우편대체(振替)저금, 우편환(爲替)저금 등

---

94) 『동아일보』는 외무부 관리의 논평을 인용하면서, "일본 측은 미국의 각서가 마치 한일 양국 간의 재산청구권의 상쇄를 의미하는 것처럼 왜곡하고 있을 뿐 아니라 한국 측에 불리하게 되기 때문에 한국 측이 각서의 발표를 꺼리고 있는 것 같은 인상을 먼저 주고 있으므로 그 내용을 모두 공개한다"라고 쓰고, 미국 국무성각서의 내용을 게재했다(『동아일보』, 1961년 3월 9일).

(ㄴ) 국채 및 저축채권 등
(ㄷ) 조선간이생명보험 및 우편연금 관계
(ㄹ) 해외 환(爲替)저금 및 채권
(ㅁ) 군정법령 제3호에 의하여 동결된 한국 수취금
(ㅂ) 기타
(2) 1945년 8월 9일 이후 일본인이 한국 내 각 은행에서 인출한 예금액
(3) 한국에서 수입된 국고금 중, 증거가 없는 자금 세출로 인한 한국 수취금 관계
(4) 조선총독부 토쿄사무소 재산
(5) 기타
3. 1945년 8월 9일 이후 한국으로부터 우편이체(移替) 또는 송금된 금원의 반환을 청구함.
(1) 1945년 8월 9일 이후 조선은행 본점에서 재일본 토쿄지점으로 이체 또는 송금된 금액
(2) 1945년 8월 9일 이후 재한금융기관을 통하여 일본으로 송금된 금액
(3) 기타
4. 1945년 8월 9일 현재 한국에 본사 또는 본점 또는 주사무소가 있는 법인의 재일재산의 반환을 청구함.
본 항의 일부는 아래 사항을 포함한다.
(1) 연합군 최고사령부 폐쇄기관령에 의하여 폐쇄 청산된 한국 내의 금융기관의 재일지점 재산
(2) SCAPIN 제965호에 의하여 폐쇄된 한국 내 본점 보유 법인의 재일 재산
(3) 기타
5. 한국법인 또는 한국자연인의 일본국 또는 일본국민에 대한 일본국채, 공채, 일본은행권, 피징용 한인의 미수금,

보상금 및 기타 청구권의 변제를 청구함. 본 항의 일부는
아래 사항을 포함한다.
(1) 일본 유가증권
(2) 일본계 통화
(3) 피징용인 미수금
(4) 전쟁으로 인한 피징용자의 피해에 대한 보상
(5) 한국인의 일본정부에 대한 청구, 은급 관계 및 기타
(6) 한국인의 일본인 또는 법인에 대한 청구
(7) 기타
6. 한국법인 또는 한국자연인 소유의 일본법인의 주식 또는 그 밖의 증권을 법적으로 인정할 것을 청구함.
본 항의 내용은 1945년 8월 9일 현재 한국법인 또는 자연인이 소유하고 있던 일본법인의 주식 또는 증권은 앞으로도 계속하여 유효한 것으로 법적으로 인정케 하라는 것임.
7. 위에 든 제 재산 또는 청구권에서 생긴 제 과실의 반환을 청구함.
8. 위에 든 반환 및 결제는 협정 성립 후 즉시 개시하여 늦어도 6개월 이내에 종료할 것.[95]

이와 같이 한국 측은 제5차 교섭에서 청구권 8항목에 대하여 그 내용과 요구 근거를 설명했으나, 금액을 제시하지는 않았다. 단, 한국정부에서는 내부적으로 청구권 금액에 대해 토의하였는데, 잠정적인 청구권 금액은 다음과 같았다.

제1항 한국에서 가져간 지금과 지은

---

95) 『제5차 한일회담 예비회담 회의록』, 17~29쪽.

지금-249톤 633킬로 198.61그램, 지은-89톤 76킬로 145.12그램

제2항 1945년 8월 9일 현재 일본정부의 대조선총독부채무 변제

(1) 체신부관계 채무-20억 9,748만 923원 92전
(2) 1945년 8월 9일 이후 일본인이 한국 내 각 은행에서 인출한 예금액-26억 6,944만 3,332엔 32전(추산)
(3) 일본국고금-9억 74만 8,844원 65전
(4) 조선총독부 토쿄사무소재산 반환-1,042만 8,250원 36전

제3항 1945년 8월 9일 이후 한국으로부터 대체(振替) 또는 송금된 금액의 총액-8억 9,332만 797원 1전

(1) 1945년 8월 9일 이후 조선은행 본점에서 토쿄지점으로 이체(移替) 혹은 송금된 금액-2억 3,189만 2,094원 36전
(2) 1945년 8월 9일 이후 재한 일본계은행으로부터 일본으로 송금된 금액-6억 6,142만 8,722원 71전

제4항 1945년 8월 9일 현재 한국에 본사(본점) 또는 주사무소가 있는 법인의 재산반환 총액-66억 7,388만 3,489원 17전

(1) 연합국최고사령부의 폐쇄기관령에 의하여 폐쇄 청산된 한국 내 금융기관의 재일지점 재산-64억 7,388만 3,489원 17전
(2) 위에 든 폐쇄기관 이외의 한국 내 본점 보유법인의 재일 재산-미정

제5항 한국 법인 또는 한국 자연인의 일본인 또는 일본국민에 대한 국채, 공채, 일본은행권과 피징용한인 미수

금, 기타 청구권의 변제
(1) 일본유가증권 - 74억 5,599만 8,887원 96전
(2) 일본계통화 - 16억 571만 8,274원 59전
(3) 피징용인 미수금 - 2억 3,700만원(추산)
(4) 전쟁으로 인한 인적 피해에 대한 보상(태평양전쟁으로 한인징용자가 입은 인적 피해에 대한 보상. 최소한 전후 일본이 자국민의 전쟁피해인에게 보상한 정도의 보상을 요구함은 당연하다) - 미정
(5) 한국인의 대일본정부 청구(연금 관계·일시금) - 3억 619만 4,910원
(6) 한국인의 대일본인 혹은 법인 청구 - 4억 7,333만 6,159원[96]

위의 잠정적인 청구권 내용은 지금과 지은의 반환에 더해서 제2항부터 제5항까지 합치면 233억 2,355만 3,868엔 98전이었다. 이들 금액을 제5차 교섭의 시점에서 어떤 환율을 가지고 달러로 환산하고자 했는지 알 수 없지만, 제6차 교섭의 실무회담에서 1945년 8월 15일 직후 1달러 15엔으로 환산한다고 하였으므로, 제5차 교섭의 현시점에서도 1달러 15엔으로 환산했다고 추측할 수 있다. 우선 제1장에서 제시한 방법에 따라 계산하면, 지금 249.6톤은 3억 825만 6,000달러, 지은 89.1톤은 223만 6,000달러 내지 406만 3,000달러, 또한 제2~5항까지는 1달러=15엔으로 계산하면, 약 15억 5,490만 달러가 되었다. 모든 금액을 달러로 환산하면, 약 18억 6,722만 달러가 된다. 이렇게 하면 제5차 교섭 시에 한국 측이 상정하고 있었던 금액은 이승만 정권이 초기에 제시했던 『대일배상요구조서』의

---

96) 외무부 정무국, 『한일회담의 제문제』, 1960년, 59~103쪽.

금액보다 줄어든 셈이 된다.

그러나 이 청구권 금액은 한국정부 내부에서 완전히 그리고 최종적으로 조사·검토되지 않았기 때문에 제5차 교섭에서는 제시되지 않았다.97)

제5차 교섭에서 최초로 한국 측이 청구권 8항목에 대해 설명하였고, 이어서 일본 측이 이에 대해 질문했는데, 전체적인 흐름은 다음과 같이 전개되었다. 우선 일본 측은 각 항목에 대해 법적 근거의 제시와 사실 관계 확인(Fact Finding)을 요구했다. 만약 법적 근거의 제시와 사실 관계 확인이 불가능하다면 한국 측의 청구권 요구는 성립되지 않는다는 것이었다.

이에 대해 한국 측은 '식민지정책' 비판을 무기로 일본 측의 '형식적 법률론'을 견제하고자 했다. 그러나 논쟁이 진행됨에 따라 한국 측은 "하나의 역사적 사실로 된 형식적 법률론보다도 이 청구권에서는 형평적인 입장에서 이야기해야 된다"98)라는 주장으로 후퇴하게 되었다. 여기서 한국 측이 제시한 '형평적인 입장'이란, 일본 측이 '형식적 법률론'을 강조하면 한국 측은 '식민지정책' 비판으로 대항할 수밖에 없게 되고, 이렇게 쌍방이 대립하면 청구권문제 해결은 불가능하게 되므로, 이러한 대립을 피하기 위해 '형평적인 입장'에서 해결해야 한다는 이른바 타협의 논리였다.

즉 일본 측은 '형식적 법률론'으로 '식민지정책'의 역사를 부정하려

---

97) 장면 정권의 외무장관이었던 정일형은, 한국정부는 제5차 교섭에서 금액을 제시하지 않았으나 "최소한 8억 5천만 달러 이상을 청구하여야 한다는 정부 측 입장을 세워놓고 있었다"라고 한다(「장면정부 외무부장관 고정일형씨의 미공개 유고 - 왜 박정권의 한일회담을 반대했나」, 『신동아』, 1984년 10월호).
98) 『제5차 한일회담 예비회담 회의록』, 63쪽.

고 했고, 이에 대해 한국 측은 '식민지정책'에 관한 전면적인 논쟁을 피함으로써 '형평적인 입장'에서 청구권문제를 처리할 것을 바랐다. 이와 같은 논리의 등장으로 인해 한일 양국은 청구권문제의 정치적 타협을 향해 크게 한 발을 내딛었다.

청구권 8항목 가운데 최초로 논쟁이 된 것은 1945년 12월 6일에 미군정청에 의해 공포된 미군정법령 제33호의 해석에 관한 문제였다. 미군정법령 제33호의 내용을 보면, 1945년 8월 9일 이후 재한일본인 재산의 '매매, 취득, 이동, 지불, 인출, 처분, 수입, 수출, 그 밖의 취급과 권리, 권력, 특권의 행사'를 금지하는 것을 정했던 미군정법령 제2호에 토대를 두고, 그 법령이 공포된 9월 25일부로 미군정청이 그 재산의 소유권을 취득하고, 그 재산을 소유한다고 규정되어 있다.[99] 여기에 표시된 '8월 9일'은 일본이 포츠담 선언을 수락한 날을 지칭하는 것이고, 따라서 미군정청은 이 법령 제33호에 토대를 두고 8월 9일 이후의 재한일본인 재산의 취득을 선언했다는 것이 된다. 한국 측이 이 미군정법령 제33호를 근거로 청구권 8항목의 제2~4항에서 8월 9일 현재의 재한일본인 재산을 일본 측에 청구했다.

이에 대해 일본 측은 청구권 8항목의 제2~4항의 내용을 비판하고, 한국 측이 청구할 수 있는 것은 미군정법령 제33호가 공포된 12월 6일 이후의 재한일본인 재산에 제한한다고 했다. 일본 측 주장의 포인트는 다음 세 가지로 요약할 수 있다.

우선 일본 측은 미군정이 여러 법령들을 발포했던 '재조선미육군 사령관의 권한'은 지역적 한정을 기초로 하여 인정되어 있는 것이고, 그 권한은 일본 국내의 재산까지 미치지는 않는다고 규정하고,

---

99) 법제연구회 편, 『미군정법령총람』, 1971년, 121~122쪽, 149쪽.

한국에 본사, 지점 또는 주요한 사무소가 있는 법인의 재일재산을 요구한 제4항을 비판했다.

다음으로 일본 측은 미군정법령 제33호 및 제2호에 적혀 있는 8월 9일이라는 날짜가 군령의 대상이 되는 재산의 '일본성(日本性)'을 결정하기 위한 기준으로써 사용되고 있는 것에 지나지 않고, 소속 변경행위 자체와 직접 법적인 관련을 가지는 것이 아니라는 것, 또한 미군정법령 제33호가 소속 변경의 대상으로 하고 있는 것은, 12월 6일 현재, 이 법령이 미치는 범위에 위치한(located within the jurisdiction of this command) 재산에 한정되어 있고, 따라서 9월 25일 현재 군정부의 관할지역 내에 있었다고 해도 군령포고인 12월 6일 시점에서 관할지역 내에 존재하지 않았던 재산에 대해서는 소속 변경의 효력이 미치지 않는다고 주장했다.[100]

마지막으로 일본 측은 그것이 1948년에 체결된 한미협정에 의거하여 미군정에서 한국으로 이전되었던 점을 법이론적으로 입증할 필요가 있다고 반박했다.

이에 대해 한국 측은 다음과 같이 반론했다. 우선 첫째, 미군정사령관 및 제법령의 권한에 대해, 1945년 9월 7일에 나온 태평양미육군총사령부포고 제1호는 조선총독부당국 및 모든 공공단체에 대해 재산과 기록을 현상대로 보존할 것을 명령했고, 같은 해 9월 7일에 발포된 포고 제3호는 일체의 재한일본재산의 해외이동을 금지시켰다고 말했다.[101] 한국 측은 태평양미육군총사령부 포고 제1·3호를 근거로 그것과 관련된 미군정 법령들의 권한이 한국 내에 한정되지 않는 것을 입증하려고 했던 것이다.

둘째, 8월 9일이라는 날짜의 문제에 대해 한국 측은 다음과 같이

---

100) 『제5차 한일회담 예비회담 회의록』, 138~141쪽.
101) 『제5차 한일회담 예비회담 회의록』, 155쪽.

반론했다. 태평양미육군총사령부의 법령들에 이어, 군정법령 제2호에 의해 8월 9일 현재 모든 일본재산은 동결되었고, 8월 9일 이후 9월 25일까지 성립되었던 일본재산의 거래는 허용되는 경우를 제외하고 모두 무효가 되었다. 또한 군정법령 제33호에 의해 8월 9일 현재의 일본재산은 군정청에 귀속·소유되었던 것이 명문으로써 규정되었다. 또한 군정법령 제33호 이전에 발표되었던 여러 포고령과 법령이 법령 제33호의 준비입법으로서 관련성이 있는(relevant) 것은 명백하다. 따라서 재산의 소속변경 시점은 당연히 8월 9일이어야 한다는 것이다.102)

셋째, '한미협정'에 대해 한국 측은 다음과 같이 설명했다. 1948년의 '한미협정'에 의해, 그리고 군정법령 제33호에 의해 미군정청에 귀속되었던 구 일본인 공유 및 사유재산은 미군정청이 이미 행한 처분을 제외하고 모두 한국에 이양되었다. 즉 1948년의 '한미재산재정협정'에 의해 미군정이 취득했던 일체의 재한 일본인재산은 재산목록에 토대를 두고 한국에 이양된 것이 아니고 포괄적으로 이양되었던 것이므로, 그 점을 새롭게 구체적으로 입증할 필요는 없다는 것이다.103)

결국 이 논쟁은 제5차 교섭이 끝나기까지 계속되어 결착이 나지 않았다. 이 논쟁의 귀추에 대해 제6차 교섭까지 앞질러서 말한다면 제6차 교섭에서 한국 측은 이 미군정법령 제33호의 해석에 대해 문제를 제기하지 않았을 뿐만이 아니라 그것에 대해 언급하는 것조차 피하려고 했던 것이다. 그 이유는 '법적 처분이 불확실'하고 '전후처리의 책임을 가졌던 미국의 견해와 상반'되기 때문에, 첫 번째의 재

---

102) 『제5차 한일회담 예비회담 회의록』, 154~156쪽, 204쪽.
103) 『제5차 한일회담 예비회담 회의록』, 156쪽, 161쪽.

일재산의 청구와 두 번째의 8월 9일 이후 일본이 반출했던 여러 재산의 청구를 강행하는 것이 곤란하다고 박정희 정권이 판단했기 때문인 것 같다. 이리하여 미군정법령 제33호의 해석에 관한 논쟁은 제5차 교섭에서 결착을 보지 못한 채 중단되어 버렸다.

  이와 같이 미국정법령 제33호의 법적 해석에 관한 논쟁은 일단은 일본 측이 '승리'하게 되었지만, 논쟁에는 다음과 같은 두 가지의 문제점이 감추어져 있었다. 하나는 이 논쟁이 미군정 법령에 대한 해석에 관한 것이었다는 점이다. 원래 미군정법령은 한일 양국이 합의한 것은 아니었지만, 양국의 논쟁은 미군정의 법적 조치와 미국 정부의 법해석에 좌우되는 것이었다. 원래 식민지 지배의 피해를 청산하기 위한 논쟁이 아니었던 것이다.

  또 하나의 문제는 이 논쟁에 '승리'했던 일본 측이 식민지 지배를 청산하려는 의사가 전혀 없었다는 점이다. 일본 측은 한국 측을 논파하고 미군정법령의 해석에 관한 논쟁에 승리하는 것에만 전력투구했을 뿐이었다.

3. 개인청구권에 관한 논쟁

  제5차 교섭의 막바지에 한국인의 개인청구권에 관한 중요한 논쟁이 있었다. 제12회 청구권 소위원회(4월 28일)와 제13회 일반청구권 소위원회에서 제5항(한국법인 또는 한국자연인의 일본국 또는 일본국민에 대한 일본국채, 공채, 일본은행권, 피징용 한인의 미수금, 보상금 및 기타 변제)에 대한 설명과 토의가 시작되었다.

  우선 제12회 청구권 소위원회에서 한국 측이 제5항에 대해 설명한 후, 한국자연인의 청구권 즉 개인청구권을 어떻게 처리할 것인가에 관한 논의가 이루어졌다. 거기서 최초로 문제가 되었던 것은 북한에 거주하는 개인에 대한 보상을 어떻게 할 것인가라는 문제였다. 우선 일본 측이 북한에 거주하는 개인의 보상문제에 대해 어떻게 생각하고 있는가에 대해 물었을 때, 한국 측은 '이론상' 그것을 포함한다는 인식을 표명했다. 그것에 대해 일본 측은 그 문제를 포함하게 되면 일본 측으로서는 대단히 곤란한 문제가 되고 책임문제가 될 가능성도 있으며, 물론 법률상 혹은 조약상 책임을 벗어날 수는 있지만 현실문제로서는 대단히 민감한 문제라고 말하고, 한국 측에 재차 검토해 줄 것을 요구했다.104) 이 문제에 대해서는 그 이상은 논의가 이루어지지 않았지만, 일본 측이 북한에 거주하는 개인에 대한 보상을 분리하는 방향으로 이야기를 진행시키고자 했던 데 대해, 한국 측이 북한에 거주하는 개인 보상도 요구에 포함하는 입장을 표명했던 것은 주목할 만하다.

다음으로 제5항 전체에 대해 일본 측이 사적인 청구가 대부분이라며, "앞으로 국교가 회복되고 정상화되면 일본의 일반 법률에 따라 개별적으로 해결하는 방법도 있다"고 주장하자, 한국 측은 "우리는 나라가 [개인을] 대신하여 해결하고자 하는 것이며, 또 여기에 제시한 청구는 국교회복에 선행해서 해결해야 한다"고 주장했다.105) 여기에 양국의 제5항목에 대한 어프로치의 큰 틀이 제시되었던 것이다.

제13회 청구권 소위원회에서는 한국인이 소유하고 있었던 일본은행권, 군표, 중국 저비은행권(儲備銀行券)의 보상문제가 토의되었다. 한국 측은 현물은 해방 직후에 소각 처분되었기에 존재하지 않지만 소각 시에 작성된 서면이 있고 당연히 청구권이 있다고 주장했다. 이에 대해 일본 측은 증거 제시를 요구했고 소각 처분된 것에

---

104) 『제5차 한일회담 예비회담 회의록』, 183~185쪽.
105) 『제5차 한일회담 예비회담 회의록』, 182쪽.

대해서는 청구권이 없다고 주장했다. 이리하여 양국은 대립과 논의의 평행선을 달리게 되었다.106)

 마지막으로 '전쟁으로 인한 피징용자의 피해에 대한 보상'에 관한 논쟁이 있었다. 다른 항목에 관한 논쟁보다 대립 정도가 심했던 이 논쟁은 제5차 교섭에서 개인보상문제를 둘러싼 논의의 본질을 잘 보여주고 있다는 점에서 가장 중요한 논쟁이었다. 좀 길어지지만 그 일부를 인용해 보고자 한다.

> 일본 측: 전쟁으로 인한 피징용자의 피해란 어떤 것인가?
> 한국 측: 생존자, 부상자, 사망자, 행방불명자 그리고 군인·군속을 포함한 피징용자 전반에 대하여 보상을 요구하는 것이다.
> 한국 측: 우리들은 새로운 기초하에 상당한 보상을 요구한다. (…) 다른 국민을 강제적으로 동원함으로써 입힌 피징용자의 정신적·육체적 고통에 대한 보상을 의미한다.
> 일본 측: 일본인으로서 징용되었기에 당시의 원호(援護)와 같은 것, 즉 일본인에게 지급했던 것과 같은 원호를 요구하는 것인가?
> 한국 측: 당시 일본인으로서 징용되었다고 하나 우리들은 그렇게 생각하지 않는다. 일본 사람은 일본을 위해서 일하였겠지만 우리들은 강제적으로 동원되었다.
> 일본 측: 피해자 개인에 대하여 보상해달라는 말인가?
> 한국 측: 우리는 국가로서 청구한다. 개인에 대하여는 국내에서 조치하겠다.
> 일본 측: 우리 측에서도 이러한 사람들 그리고 그 유족에 대

---

106) 『제5차 한일회담 예비회담 회의록』, 209~217쪽.

하여 상당한 원호 조치를 하고 있으며 한국인 피해자에 대해서도 가능한 한 조치하고자 하는데 한국 측에서 구체적인 조사를 할 용의가 있는가?

한국 측: 물론 그런 것도 생각할 수 있으나 이 회의와는 직접적인 관계가 없다고 본다.

일본 측: 이 소위원회[의 목적]는 사실 관계와 법률 관계를 확인하는 데 있다. 한국이 새로운 기초 위에서 고려한다는 것은 이해할 수 있으나 개인 베이스가 아니라는 것은 이해할 수 없다. (…) 우리 측으로서는 현재라도 미불금을 지불할 용의가 있다는 것을 전 회담에서도 언급하였었다. 요컨대 우리 입장은 미불금이 본인 손에 들어가지 않으면 안된다고 본다.

한국 측: 보상금에 있어서는 일본인 사망자·부상자에 대하여서도 상당히 보상하고 있는데, 다른 국민을 강제로 징용하고 정신적·육체적으로 고통을 준 데 대하여 상당한 보상을 하여야 하지 않는가?

일본 측: 징용 당시는 외국인이 아니고 종전 후 외국인이 되었다.

한국 측: 당시 일본인이었다고 하지만 좀 더 사실 관계를 정확히 하면 이해가 갈 것이다. (…) 한국에서는 길 가는 사람을 붙들어 트럭에 실어서 탄광에 보냈다. '카이로' 선언이나 '포츠담' 선언에도 표명되어 있는 것과 같이 일본은 한국인을 노예 취급했음에도 불구하고 그 당시 일본인이었다는 것은 사실을 은폐하는 것이다.

일본 측: 대단히 딱한 일로 의당 원호하지 않으면 안된다고 생각하나 그 가족이 일본 밖(外地)에 있으면 원호할

수 없다. 이러한 사람들의 명부를 명확히 하면 빨리 해결할 수 있다고 보는데 명확히 할 수 있는가?
한국 측: 약간의 자료가 있으나 불완전하다.
일본 측: 우리들도 그 점에 대해 정리하고 있으며 불완전하지만 상호 대조하면 명확하게 된다고 생각한다. 일본 원호법을 원용하여 개인 베이스로 지불하면 확실해진다고 생각한다. 일본 측으로서는 책임을 느끼며 피해를 받은 사람에 대하여 어떠한 조치도 취하지 못하여 미안하게 생각하며, 특히 부상자, 행방불명자, 사망자나 그 가족에 대하여 조치를 강구하지 않은 것에 대해 유감으로 생각하고 있다. (…) 징용자에는 부상자도 있고 사망자도 있으며 또 부상자 중에도 그 원인이라든가 정도가 있는데 이러한 사실을 전연 모르고 덮어놓은 채로 돈을 지불할 수는 없지 않은가? 한일 간에 국민적인 감정이 있다면 이러한 문제일 것이며 상호 국민의 이해를 촉진시키고 국민 감정을 유화하기 위해서는 개인 베이스로 지불하는 것이 좋다고 본다.
한국 측: 국내문제로서 조치할 생각이며 이 문제에는 인원수라던가 금액의 문제가 있으나 여하튼 그 지불은 우리 정부 손으로 하겠다.[107]

일본 측의 주장을 요약하면, 한국인 징용자는 징용 당시 일본인이었다는 전제하에서 "한국인 피해자에 대해서도 가능한 한 조치를 강구한"다는 것이었다. 그러기 위해서는 피용자의 명부, 부상자 및 사망의 원인, 정도 등을 조사하고 사실 관계를 명확히 할 필요가 있으

---

107) 『제5차 한일회담 예비회담 회의록』, 220~229쪽.

며, 그것을 토대로 일본의 원호법을 원용하여 개인 베이스로 지불하겠다는 것이었다.

이에 대해 한국 측은 한국인 징용자는 일본인으로서 징용된 것이 아니라 "강제적으로 동원되었다"라는 전제하에서 한국인 징용자의 "생존자, 부상자, 사망자, 행방불명자 그리고 군인·군속을 포함한 피징용자 전반에 대하여 보상을 요구"한다는 것이었다. 단 그들 개인 보상을 "국가로서 청구"하고 "개인에 대해서는 국내에서 조치한다"고 하여 일본 측과 대립했던 것이다. 그러나 이 논쟁도, 5·16군사쿠데타로 인해 제5차 교섭이 중단되면서 함께 중단되었다. 개인보상문제는 제6차 교섭에서 재론되었다.

마지막으로 개인보상문제에 관한 논쟁의 의의에 대해 정리해 보고자 한다. 먼저 일본 측에 대해 말할 수 있는 것은, 일본이 사실 관계에 토대를 두고 일본의 원호법을 원용하여 개인 베이스로 지불한다는 점은, 그 후에 진행된 역사를 생각해 봐도 상당히 이례적인 것이었다. 그러나 일본 측의 이러한 발언은 외무성 관료의 발언으로 이해하는 편이 좋을 것 같다. 현시점에서 단정할 수는 없지만 논쟁의 문맥과 앞서 소개했던 외무성 내부문서의 내용, 또한 그 후 개인청구권문제에 대한 일본 측의 대응으로부터 생각해 볼 때, 일본 측이 진정으로 개인보상을 행할 의사를 가지고 있었다기보다는, 한국 측의 청구권 금액을 가능한 한 줄이고 문제해결을 나중으로 미루려는 의도에서 나왔던 발언이었다고 생각된다. 일본 측은 최종적으로 피해자의 명부, 부상자 및 사망의 원인, 정도, 피해금액의 산정 방식 등 구체적인 증거의 제시와 입증이 불가능하다는 것을 한국 측에 알려, 개인보상요구를 포기시키고, 정치적 해결로 몰아붙이려고 했던 것이다.

다음으로 한국 측에 눈을 돌려보자. 한국 측이 제시한 "국가가 개인청구권을 처리한다"라는 논리는 다음의 제6차 교섭에서 약간 수정은 되었지만, 제5차 교섭에서 제시한 원칙은 한일조약 체결 후 견지되어, 한국정부의 개인보상 정책의 기본방침이 되었다. 본래 한국정부가 제1차 교섭에서 최초로 제시했던 청구권 8항목은 국가가 개인보상청구권을 흡수한다는 논리를 포함하고 있었던 것이었으므로, 제5차 교섭에서 나온 "국가가 개인청구권을 처리한다"는 논리는 당연한 귀결이었다고 할 수 있다.

또한 증거 논쟁 과정에서 관련 자료를 제시할 수 없었던 한국 측은 결국 정치적 타협 방법을 검토하지 않을 수 없게 되었다. 이 점에 대해 제5차 교섭 청구권 소위원회 한국 측 대표 중 한 사람이었던 문철순은 다음과 같이 회고하고 있다. "어떤 방법으로 무엇을 기준으로 한 사람당 얼마라고 금액을 계산할 것인가, 기술적으로도 불가능한 일입니다. 결국 하나하나 기술적으로 계산하는 것이 아니라 정치적으로 타협할 수밖에 없다고 생각하고 있었습니다. 즉 정치적인 결단으로 일본이 한국정부에게 상당한 금액을 지불하는 방법으로 타결하는 것이 좋다는 것이 한국 측이 선택한 입장입니다."[108]

결국 일본 측은 자신들이 가지고 있던 증거 자료를 제시하지 않은 채, 시종일관 철저한 법적 증거 제시와 사실 관계의 확인을 요구했다. 그럼으로써 식민지 지배에 대한 손실과 전쟁에 의한 피해의 역사를 은폐하고 '경제협력'으로 청구권문제를 해결하려고 했던 것이다. 식민지 지배와 전쟁으로 인한 손실과 피해를 입은 민중들의 보상문제를 청구권문제에서 배제시키게 되는 계기를 제공한 것은 일본 측이었다.

---

[108] 新延明, 앞의 논문, 41쪽.

제4장

1960년대 박정희 정권하의 청구권 교섭

제1절 박정희 정권의 '한일경제협조'론

1961년 5・16군사쿠데타로 수립된 박정희 정권은 한일교섭문제에 민감하게 반응했다. 5월 22일 김홍일 외무장관은 "현재 중단상태에 있는 한일예비회담을 재검토하고 진행 방법을 연구한 뒤 빠른 시일 내에 재개토록 한다"1)고 말해, 군사정부의 한일교섭에 대한 입장을 처음으로 표명했다. 군사정부가 한일국교정상화 문제에 일찍 반응한 이유는, "극동에 있어서 날로 증가하여 가는 공산주의 위협에 대응하기 위한 한일 양국 간의 정치・경제적 그리고 문화적인 제휴의 필요성을 인식하고 대국적인 견지에서 양국 간의 제 현안문제를 합리적으로 해결"할 필요가 있다고 판단했기 때문이었다.2) 이어서 김홍일 외무장관은 "국교정상화 전에는 일본과의 경제협력을 하지 않는다(5월 27일)",3) "현안문제 해결 없이 국교를 정상화할 수 없다(6월 17일)"고 말하고, 장면 정권하의 한일교섭에 대한 자세를 계승한다고 표명했다.4)

군사정권이 초기 단계에서 분명히 밝힌 방침은, 국교정상화는 현안해결 후에 하겠다는 점과 대일 청구권은 "확실한 근거를 가진" 것이기 때문에 경제원조는 국교정상화 이후에 검토하겠다는 두 가지 점이었다.5) 군사정권은 이렇게 신중한 태도를 보이면서도 초기부터

---

1) 『동아일보』, 1961년 5월 22일 석간.
2) 외무부 정무국 아주과 편, 『(제6차한일회담관계자료) 한일회담의 개관 및 제문제』, 발행년불명.
3) 『동아일보』, 1961년 5월 27일 석간.
4) 『동아일보』, 1961년 6월 17일.
5) 6월 17일 정일권 상공부 장관은 "일본의 대한원조설은 국교가 정상화된 후에 검토될 문제"라고 천명했다(『동아일보』, 1961년 6월 18일). 또한 6월 24일 김홍일 외무장관은 "경제원조는 한일 현안문제와 별개의 문제"

한일국교정상화 문제에 적극적인 자세를 보였다.

이러한 적극적인 자세는, 7월 3일에 박정희 소장이 국가재건최고회의 의장이 된 후 더욱 확고한 방침이 되었다. 그 첫 단계로서 최덕신 주베트남대사 등 4명의 친선사절단을 일본에 파견했던 사실을 예로 들 수 있다. 7월 5일 최덕신 등 친선사절단은 이케다 수상을 예방한 자리에서 박정희 국가재건최고회의 의장의 친서를 전달했다. 그 친서 속에서 박정희 의장은 "한일 양국 간의 따뜻한 우호관계를 굳게 하는 한편, 경제·문화와 같은 모든 분야에서 양국의 친선관계를 증진"하고자 한다고 표명했다.6)

그런데 군사정부의 공식 견해와는 별도로, 정부 내부에서는 한일문제에 관한 검토가 진행되고 있었다. 송요찬 내각수반의 지시에 따라 조직된 '대미교섭안작성특별위원회'(7월 18일에 설치, 위원장: 이한빈 재무장관, 7월 24일부터는 재무차관에게 인계)에서는, 7월 26일 「대미교섭안 내용 각 항에 대한 연구보고서」를 작성했다.7) 이 연구보고서는 11월에 예정되어 있었던 박정희·케네디(John F. Kennedy) 회담의 준비 과정에서 작성된 것이었으며, 제Ⅶ장의 「4. 한일관계의 재조정」(a)항에서 '대일재산청구권 문제'를 검토하고 있었다. 이 문서의 내용은 최종적인 결정은 아니었으나 이 시기의

이며 "한국의 대일 재산청구권은 모두 〈확실한 근거를 가진 것〉"이라고 말하고 "경제원조와 재산청구권을 혼동해서는 안된다"라고 말했다(『동아일보』, 1961년 6월 24일 석간).

6) 『동아일보』, 1961년 7월 6일.

7) 대미교섭안작성특별위원회, 「대미교섭안내용각항에 대한 연구보고서(단기4294년 7월 26일)」, 〈대미경제관계 교섭안 내용 각 항에 대한 연구보고서, 1961〉, 『한국외교문서』 761.1US, 1961, M-0002, 03. 이 자료는 요시자와가 먼저 발견했다(吉澤文壽,「日韓會談における對日請求權交涉の政治的妥結―1962年3月から12月までを中心として―」, 『朝鮮史研究會論文集』 36, 1998년 10월, 180~181쪽).

정부 또는 실무 관료들의 생각을 잘 나타내고 있다는 점에서 중요하다.

이 보고서는 우선 대일청구권 주장의 목적을 "한일회담 현안문제의 하나인 한국의 대일청구권 문제가 해결됨으로써 한국 측이 받을 변제액을 한국 경제재건을 위해 사용"한다고 했다. 다음으로 청구권 교섭의 현황을 다음과 같이 지적했다.

① 한국 측 청구 항목에는 근거가 불확실하거나(예: 지금 및 지은, 조선총독부의 대일 채권 중 8월 9일 이후 일본인이 인출한 금액, 동항(同項) 중 체신부 관계 채권 일부, 제5항의 청구권 중 일본계 유가증권 일부, 동항의 일본계 통화 중 일부, 동항 중 한국인의 대 일본 법인청구권 중 일부 등), 전후문제 처리의 책임을 가졌던 미국의 견해와 상반되는 항목(예: 제2항의 청구권 중 조선총독부의 재일재산, 제4항의 청구 즉 재한 일본계 본사 법인의 재일재산) 등 강행하기 곤란한 것이 있다.
② 한국 측이 제시한 청구권 항목 중에는 증빙 자료가 충분치 못한 것(예: 제2항의 청구권 중 전술한 8월 9일 이후 일본인이 인출한 금액, 제5항의 청구 중, 전쟁으로 인한 인원피해 보상, 한국인의 은급 청구 등)이 있으며 이러한 것들은 일본 측과의 숫자 대조에 의해 감소될 가능성이 있다.
③ 현재까지 한국 측의 대략적인 설명이 있었을 뿐 청구권 금액의 제시, 숫자의 대조, 법이론의 토의는 거의 없었으므로 각 항목별로 일본 측의 구체적인 태도가 어떠한가는 불명한 상태에 있다.
④ 평화조약 제4조의 해석에 관한 미 국무성 각서에 의하면

일본의 재한국재산이 귀속됨에 따라 한국의 대일청구권이 어느 정도 삭감되어야 한다. (…) 일본 측은 이에 따라 한국의 대일 청구권의 각 항 중 법적[근거] 또는 증빙자료가 확실한 청구권 자체를 삭감하려는 태도를 가지고 있으며, 우리 측은 이에 대하여 현재까지 반대하고 있으나 종국적으로는 양보하여야 할 것으로 생각된다.

⑤ 일본 측은 처음부터 청구권문제와 평화선문제의 연관적 해결을 의도하고 있고 우리 측은 이에 반대하여 왔으나, 종국적으로 한일회담의 모든 문제를 해결하기 위하여 청구권문제와 평화선문제는 필연적으로 연관적인 관계를 갖지 않을 수 없다.

또한 보고서는 다음과 같은 주목할 만한 판단을 내리고 있다. 한국 측이 받을 수 있는 금액은 한국 측 청구항목의 ① 법적 근거 ② 수학적인 증빙 자료 ③ 일본 측의 각 항목별 태도 여하에 따라 변동된다. ① 및 ②에 관하여 한국 측으로서는 "약한 청구항목이 있으므로 청구액수가 감소되는 것은 필연적임에 비추어 (…) 감소 한도를 최소한으로 하는" 데에 최선을 다해야 한다. 그러나 가능한 감소 한도를 짐작하기 위해서는 "일본 측의 각 항목별 태도를 구체적으로 아는 것이 전제가 되는바 아직까지의 토의에 있어서 일본 측의 태도를 짐작할 만큼 구체적인 논의는 되지 않았으므로 현재 단계에 있어서는 실제와 근소한 액수를 산출하기 곤란"하다.[8]

---

[8] 또한 제Ⅶ장 4. 한일관계의 재조정 (b)항에서 "한일통상 및 경제협력에 관한 문제"에서는 "① 일본이 대한경제협력 문제를 운운하기에 앞서 먼저 한국상품에 대한 수입제한을 완화하여 대한수입을 증대하도록 미국 측에 설득케 한다. ② 한일 간의 경제협력문제는 한일국교정상화 후에 구체화될 문제이나 일본의 대한경제원조 구상을 구체적으로 명시케 하

이 보고서의 요점은 한국 측 대일청구권에는 '법적 근거'와 '증빙 자료' 측면에서 확실하지 않은 부분이 있기 때문에 감액되는 것은 필연적이며, 한국 측은 '감소 한도를 최소한으로 하는' 데 최선을 다해야 할 것이라는 것이다. 결국 이 보고서는 청구권 교섭에 있어서 어느 정도의 타협은 피할 수 없다는 것을 강조하고 있는 것이다.

따라서 이 보고서는 장면 정권에서 진행되었던 제5차 교섭의 토의를 충분히 검토한 것이었으며, 박정희 군사정권은 장면 정권의 청구교섭권을 계승했다고 말할 수 있다. 그러나 박정희 군사정권은 장면 정권하에서 일본 측이 제시했던 청구권과 '경제협력'을 일괄 타결하는 '경제협력' 방식을 이 시점에서는 인정하지 않았다. 그 사실은 마에다 토시카즈(前田利一) 외무성 북동아시아과장 방한 당시에 외무부 내부에서 작성된 자료를 통해서 알 수 있다.

8월 2일 이동환 주일공사와 이세키 외무성 아시아국장 사이에 제6차 교섭 재개를 위한 예비교섭이 시작되었다. 박정희 군사정권의 안정성에 의문을 갖고 있었던 일본정부는 5·16군사쿠데타 후의 한국의 상황을 파악하기 위해 8월 7일부터 16일까지 마에다를 방한시켰다.

한편 한국에서는 마에다의 방한을 앞두고 외무부 내에서 한국 측의 기본태도에 대해 논의했다. 우선 통상국장은 마에다가 '경제협력' 문제를 제기할 것을 예상하고 '현단계에 있어 한국이 생각하는 〈한일경제협력〉'을 다음과 같이 설명했다. 결국 '한일경제협력'이란 "호혜적인 원칙에 입각한 통상증진을 도모하기 위하여 일본의 대한수

여 우리 측의 수입 체제를 조속히 완비할 필요가 있다. ③ 재일교포의 외자도입 및 재산반입에 관해서 일본이 동(同)재산 반출 및 송금절차에 있어 특별한 법적 조치를 취하여 간편하게 교포의 외자도입 및 재산반입이 가능하도록 한다"라고 결론을 내렸다(위의 자료).

입제한(흑연, 무연탄, 선어 및 냉동어, 가마니, 축산물 기타)을 완화하여 줌으로써 한국의 대일수출을 증가시키고 그만큼 일본의 대한 수출을 증진"시키는 것을 의미한다는 것이다.9)

또한 8월 7일에 외무성에서 확정된 한일문제에 관한 「한국 측의 기본태도」 중 「3. 한일회담에 관한 문제」에서는 다음과 같이 정리하고 있다. 한국 측은 "극동의 최근 정세의 추이에 따른 한·일 양국 간의 결속의 필요를 강조[하고] 한일회담의 조속한 결말을 위하여서는 일본의 재산청구권 문제에 대한 성의 표명이 중요한바, 일본 측의 태도 여하에 따라 우리 측도 평화선문제에 관하여 유연성 있는 태도를 취할 수 있음을 암시함. 가능하면 이번 기회에 일본이 대한변제액 및 경제원조액을 어느 정도 상정하고 있는지 탐색"하도록 할 것, 더욱이 「4. 일본의 대한경제원조 문제」에서는 "한국의 대일청구권 문제와 경제원조문제는 구별하여 별도로 검토되어야 할" 것을 마에다에게 강조해야 한다고 지적했다.10)

실제로 방한 중 마에다 동북아과장이 8월 8일에 열린 외무부 경제협력과장과 회담석상에서 "일본으로서는 가능한 한도 내에서 응분의 대한경제협력을 제공하여 재건사업에 도움이 되어졌으면 좋겠다"고 말하고 일본 측이 경제협력의 용의가 있음을 강조한 데 대해, 한국 측은 "양국의 협력은 어디까지나 국교정상화 후에 이루어져야 할 것이라는 점에 일치된 견해를 가지고 있다"고 말해, 국교정상화 이

---

9) 「일본정부 외무성의 〈마에다〉 과장 방한 대비책에 관하여」, 1961.8.7, 〈마에다(前田) 일본 외무성 동북아과장 방한, 1961.8.7~16〉, 『한국외교문서』 724.62JA, 1961, C-0009, 39.
10) 「일본 외무성 북동아세아과장 〈마에다〉의 방한시 토의할 사항에 관한 건」, 1961년 8월 7일, 〈마에다(前田) 일본 외무성 동북아과장 방한, 1961.8.7~16〉, 『한국외교문서』 724.62JA, 1961, C-0009, 39.

전의 경제협력에 부정적인 견해를 보였다.11)

이렇듯 적어도 5·16군사쿠데타 직후의 박정희 군사정권은 '호혜적인 원칙에 입각한 통상 증진'으로서의 '경제협력'은 추진하지만, 청구권과 '경제협력'을 일괄 타결하는 '경제협력' 방식은 거부하고, 일본자본 도입을 중심으로 하는 '경제협력'은 국교정상화 후에 검토해야 한다고 생각했다.

그러나 제6차 교섭의 재개가 가까이 다가옴에 따라서 박정희 군사정권은 청구권문제를 해결하기 위해 '정치적 타결'을 꾀하는 방향으로 움직이고 있었다.12) 주요 신문들도 한일 양 정부가 함께 '정치적 해결'을 주장하고 있다고 보도하기 시작했다.13) 제6차 교섭은 제5차 교섭과는 달리 교섭개시 당초부터 '정치적 해결'이 전제로 되어 있었다고 말할 수 있다. 이런 와중에 한국 측은 박정희·이케다(池田勇人) 수뇌회담의 실현을 모색하게 되었다.

1961년 10월 24일 김종필 중앙정보부장이 특사로 방일하여, 일본정부 수뇌를 만나고 "이케다 수상이 박 의장을 초청해서 고급 정치회담을 열면 어떤가"라는 제안을 했다. 또한 김종필 특사의 방일을

---

11) 「〈마에다〉 북동아과장 동태 보고」, 1961년 8월 8일, 〈마에다(前田) 일본 외무성 동북아과장 방한, 1961.8.7~16〉, 『한국외교문서』 724.62JA, 1961, C-0009, 39. 마에다도 귀국 후의 인터뷰에서 한국 측의 의향에 대해 같은 말을 했다(「第二のふるさとを語る-前田利一氏に訪韓視察の印象をきく」, 『親和』 제95호, 1961년 9월 15일, 7~8쪽).

12) 김동조, 『回想30年, 韓日會談』, 중앙일보사, 1986년, 216쪽. 10월 19일 최덕신 외무장관은 "정치적인 고려가 있음으로써 해결이 용이하게 될 것이며 그 정치적인 절충은 회담 진전에 따라 박 최고회의 의장이 미국에 가기 이전이라도 될 수 있을 것"이라고 말했다(『동아일보』, 1961년 10월 20일 석간).

13) 『동아일보』는 양국이 함께 정치적 해결을 주장하고 있다고 보도했다 (『동아일보』, 1961년 10월 20일 석간, 11월 2일 석간).

맞이하여 11월 2일에 스기 미치스케(杉道助) 제6차 교섭 일본 측 수석대표가 방한했다. 스기를 만난 배의환 제6차 교섭 한국 측 수석대표는 "사무적으로 타협키 어려운 문제는 정치적인 회담으로 해결 짓도록 일본 측과 협의"했다고 밝혔다.14) 이 시점에서 한일 양 정부가 청구권문제의 '정치적 해결'을 모색하는 데 합의했다고 생각해도 좋을 것이다.

11월 11일 박정희는 미국 방문길에 일본을 방문하여, 다음 날 이케다 수상과 회담하고 청구권문제에 대해 다음과 같은 합의에 도달했다.

> ① 한국의 대일청구권 요구란 개개인의 한국인이 일본에 대해서 갖는 연금(恩級), 지불 임금 등을 중심으로 한 청구권이며 배상적인 것이 아니라는 것, 따라서 그 금액은 한국이 말하는 것과 같이 몇 억 달러나 될 수 없다는 일본 측의 주장을 한국 측이 인정한 것(박의장은 기자회견에서 한국은 전쟁배상을 요구하지 않는다고 말한다).
> ② 청구권문제는 사무적으로 자료를 조사하고 계산해야 하는 것으로, 갑자기 정치절충으로 '금액(つかみ金)'을 결정해서는 안된다는 일본 측 입장이 인정되었다는 점.
> ③ 청구권을 엄밀하게 줄이는 대신 한국의 경제개발5개년계획에 대응한 경제협력을 한국 측에 극히 유리한 조건으로 공여할 것.15)

---

14) 『동아일보』, 1961년 11월 3일.
15) 『朝日新聞』, 1961년 11월 13일. 박·이케다 회담의 경위에 대해 기미야(木宮正史)는 「한일회담관련연구서 1961년 10월 23일」, 「박정희의장 이케다수상회담의록 1961년 11월 12일」 등의 파일이 들어 있는 『박정희 국가재건최고회의 의장 일본방문』이라는 『한국외교문서』(한

이와 같이 박・이케다 회담은 청구권과 '경제협력'을 결부시키는 '경제협력' 방식에 합의한 회담이었다고 말할 수 있다. 제6차 교섭에서 한일 양 정부는 이 '경제협력' 방식의 구체적인 내용, 즉 그 구성, 명목, 금액에 대해 토의하게 되었던 것이다.

박정희 군사정권이 한일교섭의 타결을 서둘렀던 요인으로 다음과 같은 점을 들 수 있다. 첫째, '급속한 산업화' 프로젝트를 실행에 옮기기 위해 타결을 서둘렀다는 점을 지적할 수 있다. 요컨대, 박정희 정권은 '급속한 산업화' 프로젝트에 필요한 자금과 기술을 일본에서 시급히 조달해서 경제개발5개년계획(8월 22일에 시안을 신문지상에서 공표)을 원활하게 실천할 필요가 있었다.[16] 1958년부터 미국의 경제 원조가 삭감되기 시작했고, 그것을 대체할 자본 공급원이 요청되고 있었다는 점, 1950년대 말부터 북한의 산업화가 급속히 진전됨으로써 생성된 북한 경제에 대한 한국경제의 상대적 침체감과 위

국외교안보연구원소장)를 사용하여 서술하고 있다(木宮正史, 「1960年代韓國における冷戰外交の三分類」, 小此木政夫・文正仁 編, 『韓日共同研究書4 - 市場・國家・國家體制』, 慶應義塾大學出版會, 2001년, 99, 137쪽). 그러나 필자가 한국외교안보연구원을 방문하여 확인한 바에 의하면 이 문서는 열람할 수 없게 되어 있다.

16) 당초 박정희 정권 내부에는 경제 재건을 위한 길이 일본으로부터의 자본 도입에 의존하는 방법 이외에 이론적으로는 두 가지 길이 있었다. 하나는 내자(內資)동원으로 인한 '자립갱생', 또 다른 하나는 자금원 다원화로 인한 대일의존도의 상대적 저하라는 길이었다. 군사정권의 일각에는 강한 국가주의를 지향하고 경제정책에서는 대외의존도를 회피하고 내자동원으로 인한 경제자립노선을 모색하는 움직임이 있었다(기미야 다다시, 「한국에서의 내포적 공업화전략의 좌절 - 5・16군사정부의 국가자율성의 구조적 한계」, 고려대학교 정치외교학과 박사학위논문, 1992년 2월 ; 木宮正史, 「韓國における內包的工業化戰略の挫折」, 『法學志林』 91(3), 1994년 1월 ; 李鍾元, 「韓日國交正常化の成立とアメリカ - 1960～65年」).

기의식이 있었다는 것 등이 그 배경이었다.

둘째, 냉전 구도 속에서 한국이 유리한 위치를 확보하기 위해 조기 타결이 필요하게 되었다. 북한과 중국, 소련의 연계라는 사회주의권의 안보체제에 대항하기 위해, 한미안보체제와 미일안보체제에 더해서 한일 안보체제 구축의 기반이 될 한일국교정상화를 시급히 실현시킬 필요가 있었다. 박정희 군사정권으로서는 한반도와 동북아시아, 세계 냉전, 어느 수준에서 생각해도 한일국교정상화의 실현이 긴요했다.

셋째, 한국 내 민주주의와의 관련에서 한일회담을 조기에 타결시킬 필요가 있었다. 즉 민정이양 이후에는 국회가 열려, 국민들의 군사정권에 대한 비판이 거세질 우려가 있었기 때문이었다.

그러면 박정희 군사정권은 왜 이 시점에서 청구권문제의 '경제협력' 방식에 의한 처리 방안에 사실상 합의했던 것일까? 첫째, 앞에서 말했던 바와 같이 박정희 정권은 장면 정권하의 제5차 교섭에서의 토의를 검토한 결과, 일본 측이 제시했던 '경제협력' 방식에 의한 처리방식을 받아들일 수밖에 없다고 판단했기 때문이라고 생각된다. 제5차 교섭에서의 토론에서 한국 측에 대일청구권의 '법적 근거' 및 '증빙 자료'가 불충분하다는 것은 이미 판명되었고, 그것에 의해 청구권 8항목 금액이 감액되는 것보다 '경제협력' 방식에 의해 한국 측에 보다 유리한 형태로 타결짓는 쪽이 국익에 합치한다고 판단했기 때문일 것이다.

둘째, 기미야 다다시가 지적하듯이, 박정희 정권이 이 시기에 '경제협력' 방식의 수용을 결단했던 것은 경제개발정책의 변화와 관련이 있었다고 말할 수 있다. 기미야의 연구에 의하면 박정희 군사정권은 당초 '내포적 공업화 전략'을 추진시키려고 했으나 그것이 좌절되자 '수출지향형 공업화 전략'을 선택했다. 그 배경에는 다음과 같은 미국과 일본, 그리고 한국의 냉전 인식의 '타협'이 있었다. 우선 미국정부는 '수출지향 공업화 전략'을 더 나은 경제개발전략으로 생각하여 한국 측에 경제발전 전략의 변경을 요구했다. 1960년대 일본에서는 한일 간의 국제분업체제를 강화하여 한국의 경제발전을 추진하는 것이 한국의 정치적인 안정을 가져와 반공진영을 강화한다는 '경제협력' 중시론이 주류가 되어 갔다. 박정희 정권은 이러한 미국과 일본의 냉전인식에 '타협'하고, 국제분업체제에 적응하며 경제발전을 지향하는 '수출지향형 공업화 전략'을 선택했다. 그 과정에서 '경제협력' 방식에 동의하게 되었던 것이다.17)

제2절 제6차 교섭에서의 청구권 논의
– 법률이론과 사실관계 논쟁

제6차 교섭은 1961년 10월 20일에 열렸다. 한일 양국의 수석대표는 한국 측이 배의환 전 한국은행 총재, 일본 측이 스기 미치스케 일본무역진흥회 이사장이었다.

한일 양측은 9월에 개최된 예비교섭에서, 청구권 교섭에서는 사무교섭과 정치교섭을 병행하여 진행시키는 방식에 동의했다. 제6차 교섭에 있어서 청구권 교섭은 10월 26일부터 시작되었다. 전체 교섭은 다음과 같이 크게 5단계로 나누어 볼 수 있다.

① 일반청구권 소위원회(1961년 10월 26일~1962년 3월 6일)
② 제1차 정치회담(최덕신・코사카 외상회담, 1962년 3월 12일~

---

17) 木宮正史, 「1960年代における冷戰と經濟開發 – 日韓國交正常化とベトナム派兵を中心にして」.

3월 17일)
③ 제2차 정치회담 예비절충(1962년 8월 21일~)
④ 제2차 정치회담(김종필·오히라 회담, 1962년 10월 20일, 11월 12일)
⑤ 제2차 정치회담 후의 절충(~1963년 5월 30일) 및 청구권관계 회담(1963년 2월 13일~4월 9일)

1. 일반청구권 소위원회

일반청구권 소위원회(이하, 청구권 소위원회)는 1961년 10월 26일부터 1962년 3월 6일까지 계속되었다. 한국 측은 김윤근(변호사) 수석대표와 이상덕(한국은행 참사) 대표, 고범준(한국은행 부총재) 대표, 한편 일본 측은 미야가와 신이치로(宮川新一郎, 대장성 이재국장) 수석대표와 우라베 토시오(卜部敏男, 외무성 참사관) 대표, 요시오카 에이이치(吉岡英一, 대장성 이재국) 대표였다.

청구권 소위원회 제1회 회의에서 일본 측은, "일반청구권 소위원회의 임무는 한국 측 청구에 대한 사실관계 및 법률관계를 명확히 하려는 데 있다"고 말하고, 제5차 교섭에서도 제시했던 원칙론을 반복하여 청구권문제 해결에 소극적인 태도를 보였다. 이에 대해 한국 측은 "제5차 교섭에서는 금액에 관한 자료의 대조가 없었으므로, 우리 측은 그러한 수액(數額)도 말하면서 제1항목부터 토의하자"는 적극적인 자세를 보였다. 결국 쌍방은 제5차 교섭에서 한국 측이 제시했던 청구권 8항목의 제1항부터 다시 검토하기로 했다.[18] 제5차 교

---

18) 외무부 정무국 아주과, 『(한일회담관계자료) 제6차 한일회담(평화선·일반청구권·선박)위원회 회의록(12. 22현재)(Ⅲ급비밀)』, 발행년불명, 101~105쪽. 이하『제6차 한일회담 회의록』.

섭과 다른 점은 한국 측이 구체적인 숫자를 들면서 청구권 8항목을 설명하였고, 일본 측이 '법률관계'과 '사실관계'를 무기로 한국 측의 대일청구권을 대부분 거절했다는 점이었다.

'청구권 8항목'에 관한 본격적인 토의는 제2회 회의(1961년 11월 12일)부터 시작되었다. 우선, 제1항의 지금·지은의 반환에 관한 논쟁이 있었다. 한국 측 김윤근 수석대표는 다음과 같이 말했다. 일본이 한국에서 산출된 금을 일본에 반출한 것은 "한국 경제를 일본에 예속시키기 위하여" 실천했던 정책이고, "일본의 이익을 중심으로 실행"했기 때문에 "반출의 목적 자체가 부당"하고, "매매라는 합법적인 형식을 취하였다 하더라도 그 매매는 합법을 가장한 것이므로 그 매매 행위는 무효"이다. "특히 전쟁 초부터 헌납이라던가 공출이라던가 그러한 목적하에 금이 반출된 사실을 상기한다면 이것은 누구나 정당한 매매였다고는 인정할 수 없다." 이렇게 김윤근 수석대표는 일본에 의한 금 반출의 '불법성'을 지적했다.[19]

이어서 제3회 회의(11월 16일)에서 김윤근 수석대표는 한국 측이 '금 반환을 주장하는 법적 근거'에 대해 다음과 같은 주장을 전개했다. 즉 금의 "가격이 불균등하였다는 것과 자유스러운 분위기 속에서 가지고 간 것이 아니있기 때문에 설시 일본이 금을 한국으로부터 반출하는 데 있어서 매매 형식을 취하였더라도 불균등한 가격으로 그리고 자유의사에 의하지 않고 매매되었으므로 그 무효를 주장하는 것"이라고 했다.[20]

이에 대하여 미야가와 수석대표는 "조선은행법 제22조에 의하면 조선은행권의 발행 준비로서는 지금·지은이 아니라도 일본은행권

---

19) 『제6차 한일회담 회의록』, 111쪽.
20) 『제6차 한일회담 회의록』, 126~127쪽.

을 가지고 있으면 되는 것으로 알고 있다. 일본이 금을 반출하는 데 있어서는 적정한 가격으로 매매하였고 또한 조선은행은 조선은행법에 의한 업무의 하나로서 정당히 거래한 것이므로 그 매매는 합법적으로 이루어진 것"이라고 반론했다. 또한 우라베 대표도 "1930년대 후기부터 금 가격이 통제되었기 때문에" 세계시장에서의 가격보다 쌀 때가 있었으나 그 당시 다른 상품가격도 통제되어서 쌌기 때문에 "가격의 불균등은 없었다." 또한 '가격 통제'는 조선뿐만 아니라 대만이나 일본 본토에도 동일하게 적용했고 차별대우하지 않았다. 따라서 "한국 측 주장은 법적 근거에 의한 것이 아니"라고 반박했다.[21]

지금·지은이 '합법적'으로 반출되었다고 하는 일본 측 주장에 대하여 이상덕 대표는 다음과 같이 일본 측의 금반출 '합법론'을 비판했다. 일본 측이 "조선은행법에 의하여 거래되었기 때문에 합법적이었다고 주장하나 가치의 변동이 있는 일본은행권과 교환한 것이 과연 타당한 것이었는가. 또 한국에서 산출된 금은 전부 일본으로 가지고 갈 수 있도록 법이 제정되었는데 지금 그 법을 기본으로 하여 합법 여부를 토의한다는 것이 과연 타당한 것인가"[22]라며 비판했다.

이에 대하여 미야가와 수석대표는 "당시는 동일 경제 단위였고 동일 경제 단위라는 전제 밑에서 여러 가지 매매 행위가 같은 조건하에 행하여진 것은 사실인데 이 사실은 사실로서 인정"해야 한다고 말했다.[23] 우라베 대표도 "매매가 불법적인 것이었다면 그 당시 재판소에 소송하면 시정되었을 것이다. (…) 사실 관계는 알겠으나 법률 면으로 본다면 납득할 수 없다"며 한국 측의 주장을 받아들이지 않았다.[24]

---

21) 『제6차 한일회담 회의록』, 128~129쪽.
22) 『제6차 한일회담 회의록』, 134쪽.
23) 『제6차 한일회담 회의록』, 135쪽.

이와 같이 일본 측은 식민지 지배하의 조선에서 시행한 '법'과 경제제도(조선은행법, 1930년대의 통제경제 등)에 근거하여 조선으로부터의 금 반출이 '합법적'인 것이었다고 논의를 전개했다. 한편 한국 측은 '부자유스러운 분위기' 즉 일본식민지하에서 일본이 제정·시행했던 '법'과 경제제도를 전제로 합법 여부를 토의하는 것 자체가 의문이라고 비판하고, 최종적으로는 식민지 지배의 역사인식을 논쟁의 주제로 하는 것을 제기했던 것이다. 그러나 일본 측은 그 문제가 의제로 상정되자 토의를 종결시키고, 다음 항목으로 넘어갈 것을 제의했다. 결국 지금·지은 반출의 '합법'과 '불법'을 둘러싼 논쟁은 평행선을 달린 채 끝이 났으며, 토의는 제2항으로 넘어갔다.

여기서 주목해야 할 점은, 일본 측이 일관적으로 주장한 '법적 근거'의 본질에 대해서다. 일본 측이 주장하는 '법'이란 식민지의 조선에서 식민지 지배국이었던 일본이 제정·실시했던 '일본의 법'을 의미한다. 또한 '법적 근거'를 명확히 하는 작업이란, '일본의 법'을 기준으로 '합법'인가 '불법'인가를 판단하는 것이었다. 이와 같이 일본 측의 '법적 근거'를 묻는 자세는 식민지 지배 종료로부터 16년이나 경과한 시점에 있어서 식민지하 '일본의 법'을 내세워 한국 측의 청구권요구를 물리치고자 했던 것이다. 바꾸어 말하면, 일본 측이 계속 주장해 왔던 '법적 근거'론이란 식민지 지배의 역사를 은폐하고 식민지 지배의 역사를 정당화하기 위한 관료주의적 무기이자 식민지주의를 계승하는 논리였다고 말할 수 있다.

제2항부터 제4항까지의 토의에서도 일본 측이 '사실관계'와 '법적 근거'의 제시를 요구하고, 한국 측이 이에 반론하는 형식으로 논의가 전개되었다. 단, 그 논의는 제1항과 같이 쌍방의 합의가 이루어

---

24) 『제6차 한일회담 회의록』, 137쪽.

지지 않은 채, 다음 항목으로 이행해 가는 것이었다.

  청구권 소위원회에서의 논의 가운데 제5항(한국법인 또는 한국자연인의 일본국 또는 일본국민에 대한 일본 국채, 공채, 일본은행권, 피징용 한인의 미수금, 보상금 및 기타 청구권의 변제를 청구하는 것)에 관한 논쟁은 식민지 지배·전쟁의 피해자들의 보상문제를 생각할 때 가장 중요하다. 이 제5항에 관한 설명과 토의는 제7회 회의(1961년 12월 15일)부터 시작되었다. 제7회 회의에서 한국 측은, 제5항의 내용을 아래와 같이 6개 항목으로 대별하며 각각의 금액을 제시했다.

① 일본 유가증권(일본국채, 조선식량증권 및 식량증권, 일본저축권, 일본정부 보증 사채, 일본 사채, 저축 및 보국채권, 기타 증권) - 87억 6,503만 574엔(1945년 당시 일본 엔화)
② 일본계통화(일본은행권, 일본정부 지폐, 일본 군표, 일본은행 소액지폐, 중국중앙저비은행권) - 15억 2,549만 3,702원 13전
③ 피징용인의 미수금(임금, 봉급, 수당) - 2억 5,000만 엔
④ 전쟁으로 인한 피징용자의 피해에 대한 보상(노무자와 군인, 군속으로 강제징용된 사람들에 대한 보상) - 3억 6,400만 달러
⑤ 한국인의 대일본정부 청구(연금 관계 및 기타) - 4억 1,996만 9,860엔 58전
⑥ 한국인의 대일본인 또는 법인 청구 - 4억 3,800만 엔[25]

---

25) 『제6차 한일회담 회의록』, 206쪽, 211쪽, 217쪽, 220~221쪽, 243쪽, 248쪽.

한국 측은 이 회의에서 처음으로 구체적인 금액을 제시했다. 제5항의 총액은 1945년 당시의 일본 엔화로 약 113억 9,849만 4,136엔 71전과 약 3억 6,400만 달러였다. 제5차 교섭 시에 잠정적으로 산출된 금액과 비교하면, ②와 ⑥ 이외에는 증액되어 있다. 그 후 새로운 조사 및 검토가 추가된 결과일 것이다. 김윤근 수석대표와 이상덕 대표는 이 제5항 가운데에서도 ④ '전쟁으로 인한 피징용자의 피해에 대한 보상'을 들어 피징용자의 인원수와 보상금 금액에 대해 다음과 같이 설명했다.

> 김윤근: 태평양전쟁을 전후하여 다수의 한국인이 노무자로서 또는 군인·군속으로서 일본에 강제 징용되었다. (…) 일본에 강제 징용된 한국인은 노무자가 66만 7,684명, 군인·군속이 36만 5,000명으로서 그 합계는 1,03만 2,684명에 달하며, 그중 노무자 1만 9,603명과 군인·군속 8만 3,000명 합계 10만 2,603명이 부상 또는 사망하였다. 우리 국민은 일본인과는 달리 단지 일본의 전쟁 수행을 위한 희생양이 되어 강제 징용되었던 점에 비추어 사상자에 대한 보상은 물론 생존자에 대하여도 그 피해에 대하여 보상을 청구하는 것이다.
>
> 이상덕: 보상금은 생존자에 대하여 1인당 200달러, 사망자에 대하여 1인당 1,650달러, 부상자에 대하여 1인당 2,000달러로 하여 금액은 각기 생존자가 1억 8,600만여 달러, 사망자가 1억 2,800만여 달러, 부상자가 5,000만 달러이다.[26]

---

26) 『제6차 한일회담 회의록』, 220~221쪽.

이에 대해 일본 측은, 한국 측이 제시했던 제5항의 금액에 대해 '법률관계'와 '사실관계'를 명확히 할 것을 요구했다. 일본 측의 견해를 요약하면 다음과 같다.

① 제5항 ④에 대해서는 인원수 산출의 근거와 금액의 산출 방법, 보상금의 기준, 부상 정도, 사망 날짜, 사망 원인, 매장료 지불의 기준, 개인·법인·정부의 구별 등을 명확히 할 것.
② 또한 '법률관계'와 '사실관계'가 분명한 것은 지불하겠으나 그렇지 않은 것은 지불하지 않겠다. 특히 ③과 ④의 피징용자문제 가운데 징용자 미수금에 관하여는 '납득할 수 있는 숫자'를 명확히 하여 지불하겠지만, 피징용자의 보상금에 관하여는 "한국 측이 정신적인 고통에 대한 보상을 청구하고 있으나, 그 당시의 한국인의 법적 지위가 일본인이었다는 점에 비추어 일본인에 지불된 바 없는 보상금은 지불할 수 없다고 생각된다. (…) 따라서 피징용자 보상금이라는 독립된 항목으로서는 응하기 어렵다."[27]

일본 측은 '사실관계'의 논증과 자료의 제출을 요구하면서도, 역으로 한국 측이 "일본 측에 정확한 자료가 있을 것"이라고 반론하며 일본 측에 의한 자료 조사의 실시와 자료 제시를 요구하자 "잘 모른다"고만 회답하며, 자료 조사와 자료 제시를 회피하고자 했다.

제5항을 둘러싼 쌍방의 논의가 평행선을 달리는 가운데, 피징용

---

[27] 외무부 정무국 아주과, 『(한일회담관계자료) 제6차 한일회담 회의록(Ⅱ)(Ⅲ급비밀)』, 발행년불명, 174~175쪽. 이하 『제6차 한일회담 회의록(Ⅱ)』.

자 문제에 대해서는 더욱 파고드는 논의가 이루어지게 되었다. 특히 피징용자 즉 군인·군속과 노무자의 인원수 규명이 논의의 초점이 되었다. 이 문제를 해결하기 위하여 양측은 청구권 소위원회와는 별도로 '피징용자 등에 관한 전문위원회'(1962년 2월 13일~2월 27일)를 설치하여 4회에 걸쳐서 토의를 했다.

우선 제1회 회의에서 양측은 군인·군속의 인원수에 대해 의논했다. 일본 측은 후생성에 존재하는 명부를 토대로 다음과 같은 숫자를 제시했다. 군인·군속의 총수는 24만 2,341명(사망자 2만 2,182명, 복원자(復員者) 22만 159명)이며, 육해군별로는 육군 관계가 14만 3,373명(각부대 명부와「임시군인계(計)」(육군성, 1945년 3월)에 근거), 해군 관계가 9만 8,968명(종래 진해에 있던「병적관계기록」을 패전 후 GHQ/SCAP의 허가를 얻어 일본으로 가져왔다). 또한 육군 군인의 지역별 인원수는 한국 내 약 8만 명, 일본본토 약 1만 7,000명(군인 6,000명, 군속 1만 1,000명), 해외 약 5만 명이었다.[28]

이에 대하여 한국 측은, 해군 관계는 일본 측 숫자와 거의 같으나, 육군의 군인 수는 한국 측의 추정 18만 명에 대해 일본 측 숫자가 9만 4,000명으로 되어 있어 큰 차이가 있다고 말하며 인원수의 재확인을 요구했다.

제2회 회의에서 일본 측은 다음과 같이 설명했다. 한국 측이 참조했던『외무성조사월보』(제1권 제9호)의 자료는 개인의 조사자료로 외무성이 조사한 것이 아니다. 또한 패전 당시의 조선인 군속이 11만 명이라는 숫자는 당시 입국관리청이 소지하고 있었던 자료에 근거하고 있다. 입국관리청의 자료는 후생성이 제공한 것이고, 후생성의 기록에 의하면 11만 명의 내역은 해군이 약 5만 명, 육군이 약 6

---

28)『제6차 한일회담 회의록(Ⅱ)』, 194~195쪽.

만 명이다. 또한 해군 6만 명 가운데 4만 3,000명은 사무상의 숫자로 정확하게는 육군이 1만 7,000명이고 그 일본 본토의 육군 1만 7,000명이라는 숫자는 패전 후 각 부대의 명부와 병적기록에 의해 확인되어 정확한 것이다. 그리고 한국 측이 참조했던 또 하나의 자료인 후생성의 『인양원호기록』의 숫자는 미국 측으로부터 제공받은 숫자이고 군인·군속만이 아니고 일반인도 포함되어 있어서 정확하지 않다는 것이었다.29)

이와 같이 군인·군속의 인원수문제를 둘러싼 논의는 육군의 인원수와 그 증거 자료가 타당한지 아닌지를 둘러싸고 대립했던 것이다. 쌍방의 토의와 검토 결과, 한국 측이 제시했던 숫자는 1946년에 미군정청이 피해자들의 신고를 토대로 산출한 것도 포함하고 있기는 하지만, "전반적으로는 추정한 것"이었으며 설득력이 떨어진다는 것이 명확해졌다.30) 이에 대해 일본 측이 제시한 숫자는 후생성에 보관되어 있는 "명부에 의한 것"이라고 했으나 일본 측이 그 후의 교섭에서 명부를 제시하여 상호 검토, 확인한 증거는 찾아 볼 수 없으며, 그 숫자도 역시 검토가 끝난 믿을 수 있는 숫자라고 말하기 어렵다.

또한 한국 측이 군인·군속의 유골 조사를 실시할 것을 요구했으나, 일본 측은 현재 후생성에서 보관하고 있으며 후일 그 숫자도 조사해서 통지하겠다고만 대답했다.31) 일본 측이 그 후 후생성 내에 보관되어 있는 군인·군속의 유골 조사 결과를 한국 측에 보고한 흔적은 보이지 않는다는 점에서, 이 문제도 흐지부지하게 되었던 것 같다.

---

29) 『제6차 한일회담 회의록(Ⅱ)』, 204~205쪽.
30) 『제6차 한일회담 회의록(Ⅱ)』, 210쪽.
31) 『제6차 한일회담 회의록(Ⅱ)』, 211쪽.

다음으로 제3회 회의에서 일본 측은 다음과 같은 지적을 했다. 징용된 조선인 노동자에 관한 통계자료에 대해, 1945년 이전의 개인별 명부는 각 직장에서 작성되었기 때문에 정부에는 개인별 명부는 존재하지 않지만, 집계된 숫자는 존재한다. 또한 1946년 6월에 후생성이 17개 현(縣)의 조선인 노동자 개인 명부를 수집하였으며, 그 이후의 개인 명부와 통계도 노동성 및 내무성 경찰국이 보관하고 있지만, 한정적인 수치이다. 이와 같은 점을 전제로 일본 측은 다음과 같은 숫자를 제시했다.

후생성 통계에 의하면 1939년 9월 이후, 종전(終戰)까지 집단적으로 일본에 온 한국인 노무자 총수는 66만 7,684명, 그 가운데 자유모집이 14만 8,549명, 관알선이 약 32만 명, 국민 징용령에 의하여 징용된 자가 약 20만 명, 또한 8월 15일 당시의 조선인 취로자(就勞者) 수는 32만 2,890명이다. 그러면 1939년부터의 이입노동자 총수에서 1945년 당시의 취로자 수를 뺀 34만 4,794명이 명확치 않지만, 그들 불명자(不明者)에 대해서는 내무성 경무국이 조사하고 있다. 후생성의 숫자와 약간 다르지만, 그 통계에 따르면 계약 기간 만료 귀환자가 5만 2,000명, 불량송환자가 약 1만 6,000명, 직장 이탈자가 22만 6,000명으로 기타 사망 또는 병으로 귀환한 자를 포함하여 조선에 귀환한 노무자 총수는 32만 8,000명이었다는 것이다.[32]

이에 대해 한국 측은 숫자의 조사방법, 노무자 사상자 수 등에 대해 질문했다. 일본 측은 전자는 자료에 토대를 둔 숫자이지만 조사방법은 분명치 않고, 후자는 명부가 각 직장에 있어서 불분명하다고 회답했다. 일본 측이 노무자 사상자 1만 2,000명의 근거를 질문하

---

32) 『제6차 한일회담 회의록(Ⅱ)』, 223~224쪽. 일본 측이 발표한 징용된 조선인 노동자 통계는 매우 중요하다. 하지만 이 자료에는 별첨으로 되어 있는 통계표가 없어서 정확하게 알 수 없다.

자, 이에 대해서 한국 측은 미군정하인 1946년에 조사했던 숫자라고 대답했다.

제3회 회의 마지막에 한국 측이 "일본 측은 전시 중 동원되었던 한국인 노무자를 관알선, 징용 등으로 구분하고 있지만, 관알선도 징용도 당시 한국인 노무자를 일본에 연행했던 방법은 대단히 잔혹했다는 것을 알아주기 바란다"고 말하자, 일본 측은 "지나쳤던 점도 있었는지는 모르지만, 한국인 노무자라고 해서 당시에 특별히 차별 대우했다고는 생각하지 않는다"고 대답할 뿐이었다. 한일 양국 사이에서는 노무자의 수의 문제만이 아니라, 역시 역사인식에 간극(間隙)이 있었다고 말할 수 있다.

제4회 회의에서는 양측이 제시한 군인·군속 수의 산출방법이 재차 논의되었다. 일본 측이 군인·군속 수의 산출 근거에 대해 한국 측에 질문하자, 한국 측은 "군인·군속에 관한 자료는 종전 후에 일본 측이 소각했는지 반출했는지, 육해군별이라든지, 군인·군속별의 구체적인 내용은 알지 못하지만 총수는 여러 자료로 추정했다"고 대답했다. 거꾸로 한국 측이 "일본 측의 숫자가 명부에 의해 산출된 것이라고 하면서도 부상자 수를 알 수 없다고 하는 것은 이상하지 않은가"라고 반박하자, 일본 측은 "정확한 것은 알 수 없지만 추정은 할 수 있다"고 대답했다.

결국 이 전문위원회에서 명확해진 것은 한일 양측이 제시했던 숫자의 대부분이 추정된 것으로 정확한 숫자는 명확하지 않다는 것이었다.

마지막으로 한 가지, 청구권 소위원회에서 개인보상문제를 둘러싸고 이루어진 중요한 논의를 소개해 두고자 한다. 1961년 12월 21일에 열린 제8회 회의에서, 김윤근 수석대표는 '청구권 8항목'의 제6항에 대해 다음과 같은 주목할 만한 발언을 했다. 그 내용은 한국 측이 제5차 교섭에서 제시했던 제6항의 내용을 크게 변경한 것이었다.

> 제6항은 제목이 '한국법인 또는 한국 자연인 소유의 일본법인의 주식 또는 기타 증권을 법적으로 인정할 것을 청구함'으로 되어 있으나 내용은 같으나 그 제목을 '한국인(자연인, 법인을 포함함) 또는 일본정부에 대한 권리 행사에 관한 원칙'으로 변경하겠다. 우리 측이 주장하는 내용은 한국인(자연인, 법인)의 일본인(자연인, 법인) 또는 일본정부에 대한 권리로서 요강('청구 8개 항목'―필자) 제1항 내지 제5항에 포함되지 않은 것은 한일회담 성립 후라 할지라도 이것을 개별적으로 행사할 수 있는 것으로 한다. 이 경우에 있어서는 양국 간의 국교가 정상화될 때까지는 시효는 진행되지 않는 것으로 한다. 이것을 넣은 취지는 회담 진행 도중에 여러 가지 종류의 청구를 주장하여 오는 것이 있는데 이것을 검토할 시간도 없거니와 과연 그 주장이 근기가 있는 것인지 없는 것인지 알 수 없기 때문에 이것은 별개 취급으로 하여 회담 성립 후라도 개인이 청구할 수 있는 길을 열어 놓기 위한 것이다.[33]

이에 대해 일본 측의 요시오카 대표가 "제1항목에서 제5항목에 들어가는 개인청구권 관계는 어떻게 되는가"라고 재확인하자, 김윤근은 "그것은 이 회담에서 일괄하여 결정하게 되는 것으로 개인으로서는 주장할 수 없고 그 외의 것은 실제 있는지 없는지는 모르겠으나, 있을 경우에는 그 권리를 주장할 수 있게 하자는 것이다"라고 대답했다.

이와 같은 김윤근의 발언은 제5차 교섭에서의 청구권 8항목의 내

---

33) 『제6차 한일회담 회의록』, 252~253쪽.

용 변경을 제기한 것이고, 청구권 8항목의 제1항부터 제5항까지의 내용에 포함된 개인청구권은 국가가 처리하고, 제1항부터 제5항 이외의 개인청구권은 한일교섭의 타결 후에도 청구할 수 있도록 하자는 것이었다.

　아마도 제5차 교섭에서 제6차 교섭 사이에, 한국 내에서 청구권 8항목의 제1항에서 제5항에 포함되지 않는, 일본의 식민지 지배·전쟁 피해자들에 의한 여러 가지의 보상요구가 제기 되었을 것이다. 그런 요구에 대해 한국정부 내에서 검토해 본 결과, 다음과 같은 제안이 있었다고 생각된다. 이 기간에 한국 내에서 일어난 보상요구운동에 대해서는 제5장에서 다루기로 하고, 개인보상청구권에 대한 논의 과정에 대해 좀 인용이 길어지지만 살펴보도록 하겠다.

> 우라베: 큰 빠져나갈 구멍(Loop Hole)이 남는 것이 아닌가?
> 김윤근: 다시 정부 간에 회담하는 것이 아니고 개인적으로 청구하게 되는 것이기 때문에 빠져나갈 구멍이라고 보지 않는다. (…) 개인의 청구권이 있다 하더라도 이 교섭에서 다시 토의하자는 것이 아니고 이 교섭은 이것으로 끝내고 그러한 청구권은 개별적으로 청구할 수 있는 길을 터놓자는 의미이다.
> 우라베: 군령(미군정법령 – 인용자) 33호와의 관계로서 한국인의 대일 부채는 없어지고 대일 채권은 교섭 설립 후에도 남는다고 하면 큰 문제가 일어나지 않겠는가?
> 김윤근: (…) 이 교섭에서 성립되었다고 해서 이러한 개인청구권이 없어지게 된다면 그것도 곤란한 문제가 아닌가. 따라서 이 경우에는 교섭과는 관계없이 개인 간의 청구 또는 재판소에 소송을 제기할 수 있게

하자는 것이다.

우라베: 우리로서는 역시 자연인이나 법인 관계의 청구권 일체가 이 교섭에서 해결되었으면 하는 희망이다. 또 일본에서는 개인 관계의 사유 재산권은 보호한다는 입장을 취하고 있으므로 이러한 항목을 넣지 않는다 하더라도 그 권리는 남게 될 것이다.

김윤근: 그러나 지금까지의 교섭에서 항목에 나온 것이나 안 나온 것이나 모두 교섭 설립이라는 이유로서 소멸된 것이라고 하면 소송이 있을 때 재판소에서 판단하는 데 오히려 곤란할 것이다.

우라베: 곤란한 문제가 있다.

김윤근: 그러나 개인 재산이 존중되는 경우라도 일단 정부 간에 협정이 되면(일본 측이 – 인용자) 이 회담을 방패로 거부하게 되면 곤란하다.

우라베: 한국 측의 취지는 알겠으나 이것은 역시 문제가 크다고 본다. 지금 당장 결론을 낼 필요도 없는 것이므로 좀 더 검토한 후에 다시 우리 측 의견을 이야기하도록 하겠다.[34]

일본 측은 한국 측의 방침 전환에 당혹했다. 그리고 개인청구권은 개인별로 처리한다는 제5차 교섭 때와 달리 모든 개인청구권을 한일교섭에서 처리해야 한다고 주장했다. 일본 측은 후일 식민지 지배·전쟁의 피해자가 개인별로 보상요구를 해 올 것을 무서워했기 때문에 청구권 일체가 이 회담에서 해결되어야 한다고 주장하고 '문제가 크기' 때문에 그 이상의 검토를 회피하려고 했던 것이다.

그 후 3월 6일에 열린 제11회 회의에서 개인청구권 문제가 다시

---

[34] 『제6차 한일회담 회의록』, 254~259쪽.

논의되었다. 일본 측은 "회담 성립 후에도 한국 측의 청구권만이 그대로 남는다고 하면 이것은 대단히 곤란한 문제"라고 되풀이했고, 이에 한국 측은 "동 6항은 당연한 규정이다. 예를 들면 종전 전부터 한국인이 〈미쓰비시〉 은행에 예금하고 있는 것을 한일회담이 성립되었다고 하여 줄 수 없다고 한다는 것은 일본국민도 상상하지 못할 것"이라고 말하고 일본 측 요구를 받아들이지 않았다.35)

이 논쟁도 결론이 나지 않았다. 그 후 개인청구권 문제에 관한 논의의 행방을 추적할 수 있는 자료는 현재로서는 발견되지 않지만, 결과적으로 1965년의 재산청구권·경제협력협정에서 일본 측의 주장이 관철되었다고 생각해도 좋을 것이다.

지금까지 제6차 교섭에 있어서의 청구권 소위원회에서의 논의를 살펴보았지만, 논의의 과정을 정리해 보면 다음과 같다. 한국 측은 제5차 교섭에서 제의했던 청구권 8항목의 법적 근거와 사실관계가 충분하지 못한 부분은 상당 정도 일본 측에 양보할 필요가 있다는 자세로 교섭에 임했고, 교섭에서는 가능한 한 법적 근거와 근거 자료를 제시하면서 청구권 8항목의 내용을 설명하고, 처음으로 공식적으로 금액을 제시했다. 한국 측은 청구권문제를 조기에 해결하려고 했던 것이다.

이에 대해 일본 측은 법적 근거와 사실관계에 대해 철저하게 따졌으며, 논의의 내용이 식민지 지배·전쟁에 의한 피해와 손해라는 본질적인 문제로 파급되자 논의를 피하고자 했다. 일본 측의 이와 같은 태도는 제5차 교섭 때와 마찬가지였다.

또한, 한국 측이 1952년의 제1차 교섭 이래 주장해 온 청구권 8항목의 내용에 관한 논의는, 제6차 교섭의 청구권 소위원회에서 사실

---

35) 『제6차 한일회담 회의록』, 185쪽.

상 종결되었다. 그뿐만 아니라 일본의 식민지 지배·전쟁 피해자들의 보상문제에 관해 충분한 논의가 되지 않은 채, 피해자의 보상요구의 목소리는 한일교섭의 문제로부터 배제되었다.

청구권 소위원회에서 논의가 뚜렷한 진전이 없었기 때문에 양측 대표단은 실무 레벨에서의 한계를 인정하고, 정치 레벨에서의 절충으로 문제를 해결하자는 데 의견의 일치를 보았다. 그래서 2월 21일의 회의에서 코사카 젠타로(小坂善太郎) 외무대신과 최덕신 외무장관의 정치회담을 3월에 토쿄에서 개최하기로 결정했다.

2. 제1차 정치회담(최덕신·코사카 외상회담)

코사카 외무대신과 최덕신 외무장관 간의 외상회담(이하, 최덕신·코사카 외상회담)은 1962년 3월 12일부터 3월 17일까지 토쿄의 외무성에서 열렸다.

최덕신 외무장관은 1962년 3월 10일의 출발 성명에서 "공산침략의 위협 아래 자유진영 보루를 더욱 굳건히 하기 위해서도 한일 양국이 이 이상 더 이해관계 대립만을 계속할 수 없기 때문에 현안문제를 정치적으로 협상하기 위한 공통기반은 이미 확립되어 있다"는 냉전의 관점에서 한일 양국의 조속한 정치적 타협의 실현을 강조하며 적극적인 자세로 외상회담에 임했다.

한편 코사카 외상은 12일에 있었던 첫 회담에서 다음과 같은 점을 언급했다.

① 한국의 대일청구권에 대하여 한일양국 간에 체결되야 할 특별 결정 대상은 한국정부와 남한 지역 주민의 청구권에 한한다.

② 대일강화조약 제4조에 관한 1957년 미국의 해석은 한국 측의 청구권이 어느 정도 소멸 또는 충족되었다고 인정할 것인가의 결정은, 한국 측이 일방적으로 해결하는 것이 아니라 한일 양국의 교섭에서 결정되어 할 것을 표명한 것이다. 또한 한국 측이 획득한 구일본재산은 막대했고, 그것은 한국 측 청구권을 상회하는 것이라는 것, 한국은 제2차 대전 중 일본과 교전국이 아니었으며 또한 평화조약 제14조의 배상청구권을 갖지 않는다는 것이 고려되어야 한다.
③ 한국 측이 요구하는 청구권 8항목 금액에는 '법률관계와 사실관계'가 명확하지 않은 측면이 포함되어 있으므로 그것들은 배제되어야 하고, 또한 미국의 해석 내용을 고려하면 그 금액은 적어질 것이다.

이와 같이 코사카 외상은 일본 측이 청구권 소위원회에서 제기했던 원칙적인 논의를 되풀이했다.36)

정치적 타결을 기대했던 최덕신 외무장관은 코사카 외상의 원칙론 반복에 대해 실망했고, 이에 반발했다. 특히 대일청구권의 '남한국한론'에 크게 반발했는데, 남한의 군대가 북한을 점령하지 못하고 있을 뿐이지 한국정부의 영향력이 북한 지역에 미치지 못하는 것은 아니기 때문에, 한국 측의 대일청구권은 한반도 전역을 대상으로 하는 것이어야 한다고 반론했다.37)

이렇듯 양측은 새로운 이야기를 하기는커녕 이미 청구권 소위원

---

36) 大藏省理財局外債課, 『日韓請求權問題參考資料(未定稿)(第2分冊)』, 1963년 6월, 13~17쪽. 타카사키 씨가 이 자료를 발견했으며, 필자는 이 자료를 빌려 볼 수 있었다. 감사드린다.
37) 배의환, 『보리고개는 넘었지만 – 배의환회고록』, 1991년, 161쪽.

회에서 제시되었던 원칙론을 계속 반복했다. 단지 이 회담에서 처음으로, 한일 양국이 공식적으로 청구권 8항목 금액을 제시했다는 것은 얼마 되는 않는 성과였다. 이 회담에 동석했던 배의환 제6차 교섭 수석대표에 따르면, 코사카 외상은 ① 순수청구권 변제 7,000만 달러, ② 일반차관 2억 달러를 제시했다. 이에 대해 최덕신 외무장관은 청구권 8항목 금액으로 7억 달러를 제시했다고 한다.[38]

결국 최덕신·코사카 외상회담은 교섭타결의 실마리를 풀지 못한 채, 사실상 '결렬'되고 말았다고 볼 수 있을 것이다. 최덕신 외무장관과 코사카 외무대신은 무대의 주역이 될 수 없었던 것이다.

그 후 8월의 제2차 정치회담 예비절충이 재개되기까지는 주일미대사 라이샤워(Edwin O. Reischauer)의 말을 빌리면 "먹구름이 낮게 깔려있는" 상태가 계속되었다. 4월 17일 라이샤워 주일미대사가 코사카 외상을 만나, 외상회담의 내용에 대해 설명을 듣는 자리에서 얻은 느낌에 따르면, 이케다 정권은 한국 측이 태도를 바꾸지 않는 한 고관 수준의 계속적인 교섭에 응하지 않을 의향이었다고 한다. 그 자리에서 라이샤워가 코사카 외상에게 "긴 식민지 지배의 기억을 없애기 위해" 한국에 대해 '관용의 제스처'를 보일 필요가 있다고 말하자, 고사기 외상은 다음과 같이 대답했다고 한다. 인도와 버마의 독립에 즈음하여 영국의 재산은 보전되었지만, "일본의 재한자산은 모두 미군에 의해 몰수되었다. 따라서 이것으로 실질적인 보상은 끝났다." 또한 미국이 "이 문제에 더 이상 압력을 넣으면 국민은 일본의 재한자산을 몰수한 미군의 조치의 합법성에 의문을 갖게 될 것이다. (…) 그것은 앞으로의 일미관계에 좋지 않을 것"이란 것이었다.[39] 일본 측은 미군에 의한 '재한일본재산'의 몰수 및 한국정부에

---

38) 『동아일보』, 1962년 3월 14일 석간.

대한 이양을 통해 '실질적인 보상'은 완료되었다고 생각했던 것이다.

그런데 최덕신·코사카 외상회담의 전후에 청구권의 구성과 명목의 윤곽이 분명하게 드러나기 시작했다는 것은 주목할 만하다. 배의환 제6차 교섭 수석대표는 다음과 같이 회고했다.

> 이때 자민당 내에서 의견이 모아지고 있던 청구권 해결 방식은 3단계 방식, 소위 세 가지 각본(三本立て)의 형식이었다. 즉 ① 순수청구권 변제방식으로 일정액을 한국에 준다(이 금액은 코사카가 제안한 7,000만 달러 선으로 내정이 되어 있었고 한국의 입장에서 보면 개인차원의 청구권에 대해 일본이 갚아 주는 액수였다). ② 제1의 청구권 변제에 대해 한국이 반드시 불만을 가질 것을 예상하여 이를 무마하는 목적으로 무상원조 방식의 일정액을 한국에 제공한다. ③ 상기 두 가지 방식의 무상 공여 외에 한국 측이 만족할 만한 선까지 일정액의 상업차관을 실시한다. 여기서 마지막 차관 항목은 청구권과는 무관한 것이었으나, 일본은 무상 공여에 대한 한국 측의 불만을 무마하는 데는 상업차관의 활용이 효과적일 것이라고 계산하고 있었던 것 같다. 이와 같은 '세 가지 각본'은 명목상 약간의 변동이 있었으나 결국 청구권문제의 최종 해결에 있어 기본적인 골격으로 채용되었다.[40]

즉 일본의 여당인 자민당에서는 순수청구권과 무상원조 및 상업차관이라는 세 가지 방식으로 청구권문제를 처리하고자 생각하고 있었다. 하지만 최덕신·코사카 외상회담 이후 일본정부는 청구권

---

39) エドウィン・O・ライシャワー, ハル・ライシャワー, 『ライシャワー大使日録』, 講談社, 1995년, 79~80쪽.
40) 배의환, 앞의 책, 161~162쪽.

과 무상 공여를 하나로 합쳐서 "청구권이라는 명목을 사용치 않고 무상원조와 차관형식"의 두 가지 방식으로의 처리로 변경한다고 주창하기 시작했던 것이다.41)

이에 한국 측은 "차관문제는 국교수립 전이라도 토의를 할 수 있으나 차관액수와 무상액수로는 청구권문제를 해결할 수 없다. (…) 한국의 국민감정으로 청구권이란 명목을 꼭 사용해야 한다"고 주창했다. 최덕신·코사카 외상회담 이후에 이루어진 비공식 교섭에서도 배의환은 '청구권과 무상'이라는 선에서 후퇴할 수 없다고 계속 주장했다.42)

그런데 한국 측에서는 주일대표부 배의환 주일대사(1961년 12월 13일 임명, 제6차 교섭 수석대표 겸임)를 중심으로 정보 수집과 막후 공작 활동을 하고 있었고, 일본 측의 동향과 의도를 파악하여 본국에 이를 보고하고 있었다. 이때 막후 공작을 맡았던 일본 측의 대표적 인물로서 코다마 요시오(兒玉譽士夫)를 들 수 있다. 예를 들어 코다마는 4월 19일 오히라 마사요시(大平正芳) 관방장관과 면담하고, 21일에 그 결과를 한국 주일대표부에 전달했다. 코마다의 보고에 의하면 그가 오히라를 만난 목적은, 한국 주일대표부 참사관과 오히라와의 '비공식회담 기회를 설정'하는 것이었다. 그러나 오히라는 총재 선거와 참의원 선거를 앞두고 있었고, 한일 양측이 청구권문제를 두고 강경한 자세를 바꾸지 않고 있는 시기에 한국 측 대표와 만날 필요는 없다고 말했다고 한다. 코다마에 따르면 오히라의

---

41) 「배의환이 외무장관에게 보낸 회담 상황 보고서(1962.4.30)」, 이도성 편저, 『실록 박정희와 한일회담-5·16에서 조인까지』, 도서출판 한송, 1995년, 60~67쪽.
42) 「배의환이 박정희에게 보낸 일본정세 보고서(1962.7.5)」, 이도성 편저, 위의 책, 72~75쪽.

태도는 다음과 같은 것이었다. 청구권문제에 있어서 한국 측이 38도선 이북의 청구권 지불을 끝까지 주장한다면 회담 타결은 어렵다. 또한 청구권 8항목 금액은 7,000만 내지 8,000만 달러로서 그 이상은 어렵지만, 외무성이 생각하는 최종안은 청구권과 무상을 합쳐서 1억 달러까지 가능할지도 모른다. 한국 측이 그 이상을 주장하면 타결의 가능성은 없다. 일본 측은 청구권 8항목 금액 이외에 3억 달러의 차관(4억 달러까지 가능)을 덧붙일 것을 생각하고 있으며, 따라서 총액은 4억 내지 5억 달러가 될 것이라는 것이었다.[43]

배의환은 코다마를 통해 입수한 일본 측의 의향이 '강경한 태도를 표시'한 것이라고 판단했다. 따라서 그는 한국 측의 최종적인 방침은 "좀 더 사태와 정세를 분석해서 취하는 것이 좋을 것"이라고 생각했고, "7월까지는 쌍방 간에 이상과 같은 강경 및 유연의 양면 작전이 표면 및 이면에서 계속될 것이며 그러한 작전에 있어서는 회담을 결렬시키지 않는 입장에서 상대방의 태도와 구상을 탐지하고 우리의 입장을 상대방에게 인식 및 ○○(원자료가 공백으로 되어 있다) 시키는 공작이 필요한 것"이라고 권고했다.

이러한 배의환의 보고에 대해, 박정희 국가재건최고회의 의장은 4월 27일, "일본 측에서 나오는 태도는 의외라기보다는 오히려 아측이 처음에 예측하던 바로서 별반 놀랄 것도 없고, 실망할 것도 없다"고 평가했다. 또한 박정희 의장은 "정부는 최대의 노력과 성의로써 한일국교정상화 문제를 추진할 것"이라며, 일본 측의 의향을 파악한 후에 배의환에게 한일교섭을 추진하도록 지시했다.[44]

---

43) 「주일대사의 일본 정세 보고」, 1962.4.21, 〈국교정상화 이전의 한·일 경제 협력 정책, 1961~64〉, 『한국외교문서』 761.1JA, 1961~1964, M-0002. 02.

44) 「박정희가 배의환에게 보낸 친서(1962.4.27)」, 이도성 편저, 앞의 책, 58~

배의환은 계속해서 4월 30일에 최덕신 외무부장관에게 상황 보고서를 보냈는데, 그 속에서 한국 측의 '작전지침'에 대해 다음과 같이 정리하고 있다.

① 분위기의 향상: 정계, 경제계, 언론계의 주요인물을 적극적으로 방한시켜 군사정권의 건전성과 경제재건 실천에 관한 실정을 인식시키고, 이를 일본국민에게 피알(PR)함으로써 일본국민의 대한감정을 호전시키는 동시에 회담 타결의 필요성을 느끼게 한다.
② 대표부의 막후 공작: 회담관계자는 물론 정계, 경제계, 언론계, 요인과 접촉하여 아측 입장을 이해시키는 동시에 청구권에 관하여 아측 입장에 접근할 수 있는 소지를 마련한다.
③ 초조한 태도의 불표시: 경제5개년계획에 영향이 있을 것이므로 한국 측은 초조해질 것이라고 일본 측이 생각하는 경향이 있는 만큼 그런 초조한 태도는 일체 보이지 않아야 할 것이며 이케다 수상이 적극성을 띠우도록 은근한 공작을 한다.
④ 미국에 대한 교섭: 미국에 대하여 한국은 한일국교정상화에 열의를 가지고 있지만, 그렇다고 값싼 조건하에서는 정상화하려는 태도가 아님을 인식시키고 일본이 아측 입장에 접근하도록 영향력을 발휘하여 달라고 교섭한다.[45]

마지막으로 배의환은 ① 청구권 기준의 하달, ② 일본 어선의 나

60쪽.
45) 「배의환이 외무장관에게 보낸 회담 상황 보고서(1962.4.30)」, 이도성 편저, 위의 책, 60~67쪽.

포 등 '자극적인 조치의 회피', ③ 한국의 실정을 보여 회담 타결의 필요성을 느끼게 하기 위해 '요직에 있는 일본인의 방한 추진' 등을 조속히 실시하도록 건의했다.

배의환의 건의 요점은 공식 교섭이 재개될 때까지 '이면 공작'에 힘을 쓰고자 하는 것이었다. 이 건의를 받고 본국 정부가 어떤 지시를 내렸는지 알 수 없으나, 한일교섭이 최덕신·코사카 외상회담 이후 8월까지 휴회 상태에 빠졌고, 특별한 사태 변화가 없었다는 사실에서 판단하면, 본국 정부는 배의환이 제시한 '지침'을 인정하고 사태 추이를 지켜보고 있었다고 할 수 있다.

8월에 들어가서 한국의 신문지상에서는, 이른바 '오히라 구상'과 '청구권 8항목' 금액에 관한 보도가 눈에 띄기 시작한다. '오히라 구상'의 내용은, ① 대일청구권에 관해서는 개인의 청구권에 한정한다, ② 한국 측 국내 사정으로 보아 상당액의 무상원조를 고려한다, ③ 기타 한국의 5개년 경제계획에 협력하는 뜻으로 차관을 제공한다, ④ 38선문제에 관해서는 쌍방에 타협의 여지가 없으므로 청구권 금액 산출의 기초는 38선 이남으로 하되 이를 협정 조문에는 기입하지 않는다, ⑤ 국교정상화에 있어서는 기본조약을 맺지 않고 '선언' 또는 교환문서의 형식으로 한다 등이었다.[46] 그러나 한국정부가 이 '오히라 구상'의 내용을 거절했기 때문에, 일본 측도 이를 철회한 듯하다.[47] 또한 금액에 대해서는 3억 달러에서 6억 달러라

---

46) 『동아일보』, 1962년 8월 14일 석간.
47) 1962년 8월 18일 한국의 고위 외교당국자는 조약을 맺지 않고 공동선언을 발표하고 국교정상화하자는 이른바 '오히라 구상'에 반대하는 정부의 방침을 명확히 했다. '오히라 구상'은 한국이 한반도의 유일한 합법정부라는 사실을 인정하지 않는 동시에 과거의 잘못을 깨달아 이를 청산하려는 것이 아니므로 이를 반대한다고 밝혔다(『동아일보』, 1962년 8월 19일 석간).

는 여러 설이 난무하며 보도되어, 금액의 크기가 강조되었다.48) 이러한 상황에서, 8월에 제6차 회담이 재개되었다.

제3절 청구권 교섭의 타결 – '경제협력' 방식의 확정

1. 제2차 정치회담 예비절충

1962년 8월 21일부터 제2차 정치회담 예비절충이 시작되어 제6차 교섭이 재개되었다. 양측의 수석대표는 한국 측이 배의환, 일본 측이 스기 미치스케였다. 이 예비절충에서의 한일 양국 간의 대립점은 청구권문제에 있어서 일본 측이 지불하는 금액과 명목에 관한 문제였다.

일본 측은 제1회 회의(8월 21일)에서 청구권이라는 명목을 사용하지 않고 '무상 공여'와 '유상 공여'를 사용하는 방안을 제시했다. 이에 반하여 한국 측은 '순청구권(純請求權)'과 '무상 공여'를 사용하는 방법을 역제안했다.49) 청구권문제를 '무상 공여'라는 '경제협력' 방식으로 처리하는 방안이 이미 이 회의에서는 전제되어 있었다.

그런데 '경제협력' 방식에 대한 검토는 언제쯤 시작되었으며, 공식적인 합의는 언제쯤 이루어졌을까. 현재로서는 충분한 자료를 볼 수

---

48) 예를 들면 8월 14일, 방한 중인 일본의 나카야스 요사쿠(中保與作)는 일본 측이 재산청구권 금액으로 5억 내지 6억 달러를 내놓자는 의견이 일본에서 일부 있다고 말했다(『동아일보』, 1962년 8월 15일 석간). 그 밖에 『동아일보』, 1962년 8월 18일 석간 및 8월 21일 석간을 참조.
49) 외무부 정무국 아주과, 『(한일회담관계자료)제6차 한일회담 회의록(Ⅲ) –제2차 정치회담 예비절충(1962.8.22~1962.12.25)(Ⅲ급비밀)』, 발행년불명, 3~34쪽. 이하 『제6차 한일회담 회의록(Ⅲ)』.

없기 때문에 판단할 수 없지만, 우선은 아래와 같이 정리할 수 있을 것이다.

우선 제2장에서 논했듯이, 일본정부는 1952년에 시작된 제1차 교섭에서 이미 '경제협력' 방식을 염두에 두고 있었던 것 같다. 그리고 외무성 내부 문서에 의하면 적어도 1960년 7월에는 청구권문제를 '경제협력' 방식으로 처리하는 것이 결정되었다고 한다. 또한 그 후 일본정부가 한국정부에 대해 '경제협력' 방식을 비공식으로 제안했다는 기사가 『아사히신문』과 『동아일보』에 보도되었다. 이에 따르면, 한국 측이 대일청구권 포기의 대가로 일본이 약 6억 달러 정도의 '경제협력'(자본, 기술원조)을 하겠다는 내용이었다. 이러한 보도로 볼 때, 제5차 교섭에서 '경제협력' 방식에 관한 한일 간의 비공식 회의가 있었을 가능성이 높다.

일본 측이 '경제협력' 방식을 공식적으로 처음 한국 측에 제시했던 것은, 아마도 제6차 교섭에서였을 것으로 추측된다. 1961년 10월경 이세키(伊關佑二郞) 외무성 아시아 국장은 방일한 지 얼마 되지 않은 배의환 한국 측 수석대표에게 "청구권으로 지불할 수 있는 금액은 적으니 무상지불로 보충하겠다"고 제의했다고 한다.50) 또한 일본 측은 10월 24일에 일본에 온 김종필 특사에게 "유상-무상-경제협력의 세 단계로 나누고, 청구권 명칭을 사용하지 않는 협정이 될 처리 방식"을 피력했다고 한다.51) 그리고 앞에서 언급했듯이, 11월 12일 박정희·이케다 수뇌회담에서는 '경제협력' 방식으로 청구권문제를 처리하는 것에 합의했다.

또한 1962년 초 박정희 국가재건최고회의 의장은 배의환 수석대

---

50) 『제6차 한일회담 회의록(Ⅲ)』, 10쪽.
51) 高崎宗司, 『檢證日韓會談』, 岩波書店, 1996년, 124쪽.

표에게 "그들이 경제협력이라는 말을 자꾸만 쓰고 싶어한다는데 그렇다면 청구권과 경제협력을 합쳐서 5억 달러 선이 된다면 합의를 하도록" 지시하고 있었다.52) 한국 측은 청구권과 '경제협력'을 아우르는 방법으로써 처리하는 방식으로 굳혔던 것이다.

이와 같은 경과를 배경으로 제2차 정치회담 예비절충이 시작되었다. 그 제1회 회의(8월 21일)에서 한일 양측은 "상호 양보하는 정신"과 "대국적인 견지에서 서로 양보하는 정신"으로 문제를 해결해 나갈 것, 한일국교정상화가 한일 양국의 "이익뿐만이 아니라 자유세계의 안전과 번영을 위하여 중대한 의미"를 가진다는 것 등을 확인했다.53)

우선 스기 일본 측 수석대표가 「청구권 지불 명목에 관한 일본 측 제의 문서」를 낭독하면서 다음과 같이 말했다.

> 일본 측이 도달한 결론을 한마디로 말하자면, 청구권의 해결이라는 것은 어떻게 하던지 간에 수천만 달러밖에는 지불할 수 없습니다. 그러나 청구권의 해결과는 별도로 한국의 독립을 축하하고 한국에 있어서의 민생 안정과 경제발전에 기여하기 위하여 무상 내지는 유상의 경제원조를 한다는 형식이라면, 상당한 금액을 공여하는 것에 대하여 일본국민의 납득을 얻을 수 있을 것입니다. 만일 한국 측이 청구권을 한일 양국의 장래의 우호 친선 관계 수립의 대국적 견지에서 '포기'한다거나 또는 청구권의 주장을 행하지 않는다는 입장에 서준다면 청구권이라는 테두리 안에서 낼 수 있는 이상의 금액을 낼 수 있게 된다는 것입니다.54)

---

52) 배의환, 앞의 책, 168쪽.
53) 『제6차 한일회담 회의록(Ⅲ)』, 23~27쪽.
54) 『제6차 한일회담 회의록(Ⅲ)』, 31쪽.

여기서 일본 측은 한국 측에 청구권이라는 용어의 포기를 정식으로 요구했으며 '무상, 유상의 경제원조'로 처리하는 방식을 제시했다. 이세키 외무성 아시아 국장은 보충 설명을 하면서 금액이 적어질 이유로 "만일 청구권과 무상 공여를 동시에 사용할 경우에는 청구권에는 추정 숫자를 넣을 수 없으므로 그 액수가 지극히 적어질 것이며 3~4천만 달러밖에 되지 않는다"55)고 말했다.

이 일본 측 제안에 대해 양측은 다음과 같이 논쟁했다.

> 최영택: 한국은 법적 근거가 확실하고 사실이 명백한 청구권을 포기한다던가 이에 대한 주장을 변경한다는 등의 입장을 취할 수 없다. (…) 한국 측으로서는 지금 일본이 제의한 청구권 포기는 고려할 수 없다.
> 이세키: 청구권의 포기가 어려우면 일본으로부터 무상원조를 받았는데, 이것으로 대일청구권이 해결되었다라는 식으로 해도 좋을 것이다. 장개석 총통은 배상을 포기했다. 한국은 사정이 다를 줄 알지만, 포기가 어려우면 조약상의 용어를 적당한 것으로 선정하여 해결하면 되지 않겠는가?
> 배의환: 일본 측 말을 듣고 놀랬다. (…) 한국 측이 도달한 결론은 청구권 명목을 쓰지 않을 수 없다는 것이다. (…) 작년 10월에 처음 일본에 왔을 때에 이세키 국장이 청구권으로 지불할 수 있는 금액은 적으니 무상지불로 보충하겠다고 말한 바 있으므로 본국에서는 청구권 지불만으로 해결하라고 하는 것을 여러 가지 사정을 설명하여 청구권과 무상 지불의 두 개의 명목을 쓰기로 한 것이다.

---

55) 『제6차 한일회담 회의록(Ⅲ)』, 6쪽.

이세키: 한국의 독립을 축하하고, 국교정상화를 기념하고, 한국경제 안정에 기여한다는 등의 이유를 부쳐 설명하면 된다. (…) 한국으로서는 청구권을 포기했다고 하지 말고 일측으로부터 무상 공여를 받았으니 청구권이 실질적으로 해결되었다고 하면 될 것이라고 생각한다. 따라서 명목의 문제는 서로 상의해서 국교정상화를 축하한다던가 또는 한국의 번영을 바라고 한일 친선을 기원하여라는 등의 명목으로 일측이 지불하는 것이라고 하고 한국은 이를 수령한 후 청구권이 해결되었다고 하면 될 것이다.56)

이와 같이 한국 측은 청구권이라는 명목을 절대 포기할 수 없다고 주장했으며, 이에 대하여 일본 측은 "청구권 포기가 어려우면 일본으로부터 무상원조를 받았는데, 이것으로 대일 청구권이 해결되었다라는 식으로 (…) 조약상의 용어를 적당한 것으로 선정하여 해결하면 된다"고 강변했다.

제2회 회의(8월 24일)에서 배의환은 다음의 세 가지를 지적했다. 첫째, "한국의 대일 청구권의 해결은 한일 양국 간에 존재하는 청구액을 청산한다고 하는 의미 이외에 (…) 한일 간의 불미스러운 과거를 청산한다는 하나의 상징"이라는 의미를 가지고 있다는 점, 둘째, 한일국교정상화는 "양국의 앞으로의 공동번영과 극동지역의 평화와 안전을 도모하는 데 중대한 요소가 된다"는 점, 셋째, "한국 내의 국민 여론 등의 어려운 국내사정과 대일청구권이 갖는 독특한 의의 및 그 이론 등으로 보아 그 해결이 순변제 지불 방식 이외의 것으로는 도저히 될 수 없는 것임에도 불구하고" 한국 측이 최대한 양보할 수

---

56) 『제6차 한일회담 회의록(Ⅲ)』, 7~19쪽.

있는 방안은 "청구권 해결이라는 테두리 안에서 순변제와 무상조 지불이라는 명목하에 각각 그 액면에서 최대한의 성의를 보이는 것"이어야 한다. 이렇게 배의환은 일본 측이 제시했던 '경제협력' 방식의 내용을 다시 거부했다.[57]

이에 대하여 일본 측은 한국의 경제개발5개년계획 등을 언급하면서, 논의를 '장기저리차관' 문제로 유도하려고 했다.[58]

제3회 회의(8월 29일)에서 한국 측은 "청구권문제의 테두리 안에서 순변제와 무상조 지불을 합치는 총액으로 해결"한다는 새로운 양보안을 제시했다. 그 양보안에 대해 한국 측은 "〈코리아〉가 요구하는 청구권의 해결로 일본은 순변제와 무상조 지불을 합쳐서 ○달러를 낸다는 식으로 하고, 이것으로서 한일 간의 청구권문제가 해결된다고 하면, 일본은 일본대로 자국민에 대하여 설명할 수 있고, 우리는 우리대로의 설명을 할 수 있다"고 보충했다.[59]

일본 측은 한국 측의 양보안을 큰 틀에서 받아들였지만, "이를 문장화할 때에는 청구권이라고 쓰지는 못한다. 일측 입장으로는 국교정상화를 기념하여 운운 등의 문구로 하지 않으면 안된다"고 말해 수정을 요구했다. 한국 측은 "문장화할 때에 청구권이라는 말을 쓰지 않겠다는 것은 안되겠다. 일본 측이 일본 국회나 국민에 대하여 정상화를 기념 운운으로 지불한다고 하는 것은 상관없겠지만 문장화할 때에는 청구권이라는 말을 써야 한다"고 말해, 명목을 둘러싼 논쟁은 계속되었다.[60]

이와 같이 한일 양측이 협정문의 문장화를 시도했다는 점은 주목

---

57) 『제6차 한일회담 회의록(Ⅲ)』, 55~57쪽.
58) 『제6차 한일회담 회의록(Ⅲ)』, 38~43쪽.
59) 『제6차 한일회담 회의록(Ⅲ)』, 63쪽.
60) 『제6차 한일회담 회의록(Ⅲ)』, 61~74쪽.

할 만하다. 명목을 둘러싼 논쟁 과정은 협정문의 작성 과정이었다고도 바꾸어 말할 수 있을 것이다. 쌍방은 재산청구권·경제협력협정의 조문작성에 관한 논의를 제6차 교섭에서 시작했던 것이다.

그런데 배의환은, 9월 17일에 최덕신 외무부장관에게 보낸 건의서에서 청구권 명목에 대해 다음과 같이 권고하고 있다. 한국 측이 제시해 왔던 "⟨청구권(문제 – 인용자)의 테두리 안에서(…)⟩"라고 전체의 지불액에다 테두리를 거는 방식은 일측이 받아들일 가능성이 없다"고 판단할 수 있다. 따라서 한국 측은 "순변제와 무상조 지불은 같은 평면에 놓는 식, 예를 들면 '청구권문제를 해결하고, ⟨한국경제에 기여하기 위하여⟩ ××을 지불한다'는 식으로 처리하는 방법을 추진하는 것이 좋을 것이다." 배의환은 공식 교섭에서 청구권문제를 어디까지나 '청구권'이라는 명목에서 처리해야 한다고 주장하고 있었지만, 실제로는 '청구권'과 '경제협력'을 병기하는 처리 방안으로 타결해야 한다고 생각하고 있었던 것이다. 이에 대해 본국 정부의 지시가 발견되지 않아 그 후의 방침을 확정할 수 없지만, 배의환의 건의는 1965년에 체결된 재산청구권 및 경제협력협정에 더 가까운 내용이었다는 것을 알 수 있다.[61]

한일정부는 금액문제를 두고 역시 대립했다. 제2차 정치회담 예비절충의 제1회 회의에서 일본 측은 무상 공여 명목으로 지불할 경우의 금액으로써 1억 5,000만 달러를 제시했다. 이에 대해 한국 측은 순변제 명목으로 3억 달러, 무상원조로써 3억 달러, 모두 6억 달러를 주장했다.

원래 '청구권 8항목' 금액에서 한일 양측이 언제부터 구체적인 금액을 제시하고 대립하게 되었는지는 확정할 수 없으나, 필자가 가지

---

61) 「배의환이 외무장관에게 보낸 입장 조정 건의서(1962.9.17)」, 이도성 편저, 앞의 책, 110~113쪽.

고 있는 자료에서 대립의 흔적을 대략 다음과 같이 정리할 수 있다.

우선 1958년에 개최된 제4차 회담에서의 일반청구권 소위원회(12월 1일)에서 한국 측이 청구권 8항목 금액을 3억 달러 이상, 이에 일본 측은 4,000만 달러 내외로 추산해서 대립했다.62) 다음으로 1961년 8월에 한국 측이 총액 8억 달러를 제시한 데 대해, 일본 측은 5,000만 달러를 암시했다.63) 그리고 1961년 9월의 김유택 경제기획원 장관과 코사카 외상과의 회담에서도 한국 측이 8억 달러, 일본 측이 5,000달러를 제시했었다.64) 일본정부 내부에서 오히라 관방장관의 지시에 따라 1962년 1월 10일에 대장성과 외무성이 각각 실시한 시산(試算)에 따르면, 청구권 8항목의 금액은 각각 약 1,600만 달러와 약 7,000만 달러였다.65) 그리고 1962년 3월의 최덕신 · 코사카 외상회담에서 한국 측이 7억 달러, 일본 측이 7,000만 달러라는 금액을 처음으로 공식적으로 제시했었다.66)

배의환은 제2차 정치회담 예비절충의 제6회 회의(9월 13일)에서 한국 측 제시 6억 달러와 일본 측 제시 1억 5,000만 달러를 각각 5억 달러와 2억 달러로 할 것을 제안했으나, 일본 측은 이를 거부했다.67) 여기서 청구권 8항목 금액문제에 관한 논의는 교착 상태에

---

62) 임병직, 『林炳稷回顧錄－近代韓國外交의 裏面史』, 女苑社, 1964년, 515쪽 ; 高崎宗司, 앞의 책, 93쪽.
63) 외무부 정무국 아주과, 『(제6차 한일회담관계자료) 한일회담의 개관 및 제문제』, 발행년불명, 9쪽.
64) 『동아일보』, 1961년 10월 20일 석간. 타카사키는 한국 측이 제시했던 8억 달러에 대해 1958년 당시는 3억 달러로 시산했는데, 왜 1961년에는 8억 달러로 했는지 모르겠다고 말했다(高崎宗司, 앞의 책, 119쪽).
65) 이 금액은 정확히 계산된 것이 아니라 추정해서 계산된 '시산'이었다 (大藏省理財局外債課, 『日韓請求權問題參考資料(未定稿)(第2分冊)』, 1963년 6월, 72쪽).
66) 『제6차 한일회담 회의록(Ⅲ)』, 15쪽.

빠졌고, 제8회 회의(9월 26일)에서, 금액문제는 제2차 정치회담(김종필·오히라 회담)에서 최종 금액이 결정되었다고 보고되었다.

그런데 제8회 회의에서 청구권 8항목 금액의 문제에 대해 한국 측의 중요한 지적이 있었다. 한국 측은 9월 24일 유엔 총회에 참가한 오히라 외상과 러스크 국무장관이 회담을 가지고, 청구권 8항목 금액에 대해 "상당히 깊은 의견 교환"이 있었으며, "청구권문제에 관한 전망이 세워"져 금액이 결정된 것이 아닌가 하고 질문했다. 그러나 일본 측은 "깊은 의견 교환이 없었다"고 말하고 오히라·러스크 회담에서의 밀약을 부정했다.[68]

청구권문제의 명목과 금액에 있어서 제2차 정치회담에 관한 대략적인 준비가 갖추어졌으므로, 제5회 회의(9월 6일)부터 토의의 중심이 '경제협력' 문제, 즉 한국의 경제 현황에 대한 설명과 일본 경제요인의 방한문제 등으로 이행되었다. 일본 측은 차관에 관한 이야기를 끄집어내면서 한국 측의 의향을 살펴보기만 했고, 한국 측도 차관 액수에 관심을 보이기 시작하는 상태가 지속되었다.

제5회 회의가 개최되기 일주일 전인 8월 30일, 배의환은 박정희 의장에게 "정부차관으로 2~3억 달러가 가능하게 보이는 바, 만일 일측이 최종적으로 무상 3억, 유상 2억 정도를 제안한다면 소직(小職)의 견해로서는 그 정도 선에서 낙착을 보는 것이 우리에게도 유익"하다고 보고하고 있었다.[69]

이와 같이 제2차 정치회담 예비절충은 한일 양 정부가 청구권 항목과 금액에 대해 타협해 가는 과정이었고, 그것은 문자 그대로 제2차 정치회담에서의 '김종필·오히라 합의'의 골격을 형성해 가는 과

---

67) 『제6차 한일회담 회의록(Ⅲ)』, 129쪽.
68) 『제6차 한일회담 회의록(Ⅲ)』, 165~173쪽.
69) 배의환, 앞의 책, 204쪽.

정이기도 했다고 말할 수 있다.

2. 제2차 정치회담(김종필 · 오히라 회담)

제2차 정치회담, 이른바 김종필 중앙정보부 부장과 오히라 외상의 회담(이하, 김종필 · 오히라 회담)은, 1962년 10월 20일과 11월 12일 이틀에 걸쳐서 토쿄에서 열렸다. 이 회담의 자세한 내용은 1991년에 간행된 배의환의 회고록에서 처음으로 소개되었으며, 청구권문제의 사실상 타결을 선언했던 문서인 '김종필 · 오히라 메모'(이하, '김종필 · 오히라 합의')의 원문은 1992년 6월 22일에 『동아일보』를 통해 처음으로 공개되었다.

김종필 · 오히라 회담을 앞두고 박정희와 김종필은 청구권문제에 대해 최종적인 방안을 검토했다. 김동주에 의하면 한국 측의 최종 방침은 '무상 3억 달러, 유상(해외 협력 기금=ODA) 3억 달러, 민간 베이스 차관 3억 달러'를 주된 내용으로 하는 것이었다.[70]

10월 20일 김종필 중앙정보부장과 오히라 외상이 첫 회담을 가졌다. 김종필은 귀국하지 않고 그대로 도미하여 러스크 국무장관과 회담했다. 이 제1회의 김종필 · 오히라 회담 내용에 대해 타카사키는 배의환의 회고록을, 이원덕과 기미야는 한국외교문서를 이용하여 서술하고 있지만,[71] 여기서는 미국외교문서(FRUS)에 실려 있는 김

---

[70] 김동조, 앞의 책, 231쪽. 김동조는 이러한 최종 방침은 김종필의 증언에 의한 것이라고 밝히고 있다.

[71] 이원덕은 『한국정부 미간행 비밀문서』를 사용하고 있는데(이원덕, 『한일 과거사 처리의 원점』, 서울대출판부, 1996년, 170~171쪽), 개인적으로 입수한 듯해서 열람할 수 있었다. 또한 기미야는 두 번의 김종필 · 오히라 회담에 대해, 「김부장과 일본수뇌와의 회담」, 「주일대사발 외무부장앞 전보, 1962년 10월 21일」, 「김종필부장 오히라외상회담

종필·러스크 회담에서의 김종필의 발언 내용을 통해 검토해 본다.

김종필·러스크 회담에서 김종필이 20일의 김종필·오히라 회담 내용에 대해 말한 바에 따르면, 오히라는 "연간 2,500만 달러씩의 분할 지불로 12년간 3억 달러 지불하"지만, 3억 달러라는 금액은 "본인만이 갖고 있는 안이며 이케다와는 논의하지 않았다"고 말했으며, 이에 김종필은 "3억 달러는 충분하지 않고 12년은 너무 길다", "3억 달러에다 합계 6억 달러가 될 수 있는 차관을 더할 것을 희망한다"고 주장했다고 한다.

오히라는 일본이 다른 국가에 "배상으로 연간 8,000만 달러를 지불하고" 있으며 한국이 "6억 달러를 제기하는 것은 비현실적인 일"이라고 지적하고 김종필에게 "차관에 대해 더 유연한 자세로 대처할 것"을 요청했다. 김종필은 "이승만 정권하에서 조장된 한국 사람들의 반일감정의 견지에서, 6억 달러는 받아들일 수 있는 최소한의 금액"이라고 대답했다.72)

결과적으로 오히라는, 금액은 3억 달러, 명목은 '배상(reparations)'이 아니라 "〈한국의 독립 축하금(congratulatory in recognition of Korean independence)〉으로 표현하자"고 주장했다. 김종필은 "3억 달러 이상의 배상과 나머지는 차관으로 합계 6억 달러"가 되어야 하며, 그 금액이 분명히 배상의 성격을 포함한다면 "〈배상〉이라는 표

내용 보고, 1962년 10월 21일」, 「제2차 김부장 오히라외상 회의록 (11·12)」 등의 파일이 들어 있는 『김종필특사 일본방문, 1962.10』이란 제목의 『한국외교문서』(한국외교안보연구원 소장)를 사용하여 서술하고 있다(木宮正史, 「1960年代韓國における冷戰外交の三類型」, 100~102쪽, 137~138쪽). 이 자료도 주 15)와 같이 현재는 열람할 수 없게 되었다.

72) "Memorandum Conversation", October 29, 1962, FRUS, 1961~1963, Vol. XXII, pp. 610~612.

현을 주장하지 않겠다"고 오히라에게 말했다.

또한 김종필·이케다 회담에서, 이케다 수상은 1억 5,000만 달러의 금액을 제시했다. 김종필이 오히라 외상이 제시했던 금액은 3억 달러라고 주장하자, 이케다는 이 문제는 이케다 자신이 결정할 문제이지 외상이 결정할 문제가 아니라고 반박했다고 한다. 계속해서 이케다는 금액이 완전히 결정된 것이 아니라고 하면서, "1억 5,000만 달러의 청구권 지불에 차관을 더해서 합계 6억 달러가 될 것이며, 이러한 차관은 정부 대 정부 차관으로 매우 낮은 이율"이라고 말했다고 한다.

지금까지 김종필이 러스크에 보고했던 김종필·오히라 회담, 김종필·이케다 회담의 회담 내용은, 배의환의 회고록과 한국외교문서에서 소개되었던 내용과 거의 같다는 것을 확인할 수 있었다. 그리고 김종필의 발언 내용으로부터 다음과 같은 것을 읽을 수 있었다. 첫째, 금액과 명목에 대해 이케다 수상과 오히라 외상 사이에 합의가 이루어지지 않았고 제각기 다른 견해를 보이고 있었다는 것이다. 특히 금액에 대해서는 오히라가 '3억 달러', 이케다가 "1억 5,000만 달러의 청구지불에 차관을 합쳐 합계 6억 달러"로 서로 다른 액수를 말했던 것이다.

둘째, 오히라가 청구권문제의 명목을 '한국의 독립축하금'이라고 표현하고 싶다고 말했다는 사실이다. 앞의 제2차 정치회담 예비절충의 최초 회의에서 스기와 이세키 국장이 '독립 축하금'이라는 표현을 사용했는데 이것을 오히라 외상도 사용했던 것이다. '독립 축하금'이라는 표현은 개인 레벨에서 사용되었던 것이 아니고 일본정부의 공식 입장이었다고 생각해도 좋을 것 같다.

셋째, 김종필이 명목에서는 한국 측이 양보하고 금액에서는 일본 측의 양보를 끌어내려고 하는 전술을 가지고 회담에 임했다는 것이다. 금액이 "3억 달러 이상의 배상에 차관을 더해 합계 6억 달러"라면, 명목에 있어서는 "〈배상〉이라는 표현을 주장하지 않는다"라고 말하는 것에서도 알 수 있듯이 김종필은 명목보다는 금액을 중요시하고 있었던 것이다.

결국 제1회 김종필・오히라 회담에서 쌍방이 금액을 제시하고 공여의 조건과 명목에 대해 의논했지만 완전한 합의에는 이르지 못했다.73)

11월 8일, 박정희가 김종필에게 보낸 긴급훈령서에서, 우선 청구권의 명목에 대해 "독립축하금 또는 경제협력으로 한다는 것은 도저히 용납할 수 없는 것이며, 어디까지나 청구권에 대한 변제 내지 보상으로서 지불된 것이라는 점을 국민에게 납득시킬 수 있는 표현이 되어야 할 것"이라고 지시했다.

다음으로 금액에 대해 박정희는 다음과 같이 지시했다. "순변제와 무상조의 합계액이 차관액보다 다액이어야 하며, 이들의 총액이 6억 달러이이야 한다는 입장"을 강조하고 10월에 오히라가 제안했던 무상 공여 3억 달러를 평가하면서, 일본 측이 그 금액을 공식적으로 제의하는 것이 앞으로의 교섭을 촉진시키는 계기가 될 것임을 강조하라고 지시했다.

또한 차관에 대해 박정희는 다음과 같이 주장하도록 요구했다. 한국 측은 "국교정상화 이후에 논의하자는 입장"이었는데 일본 측이 "금액을 올리는 데 필요하며, 또한 특별히 유리한 조건으로 제공한다"기에 양보했는데, 일본 측이 지금 와서 "차관은 별도로 국교정상화 후 취급하겠다"고 하는 것은 부당하며, 한국 측으로서는 "상업 베

---

73) 「김종필・오히라 1차회담 기록(1962.10.20)」, 이도성 편저, 앞의 책, 110~113쪽.

이스에 의한 차관이 아니라 청구권을 해결하기 위한 하나의 보충적 방법"으로서 정부 대 정부 차관을 바라고, 그 금액을 명시함은 물론, 조건도 특별히 유리한 것이어야 함을 강조하도록 지시했다.74)

그리하여 11월 12일 제2차 김종필·오히라 회담이 토쿄에서 열렸다. 이 회담에서 쌍방은 청구권의 금액과 조건의 틀을 제시했다. 오히라 외상은 한국이 "모처럼 독립하여, 곤란한 국가 건설을 해야 하는 셈인데 일본은 귀국의 영원한 이웃 사람으로서 상당액의 유상·무상의 경제협력을 해서 귀국의 미래로 향한 전진을 도와드리겠"다고 말했다.75) 김종필은 이것을 "원칙적으로 응락"했다. 이 회담에서 작성되었던 '김종필·오히라 합의'는 다음과 같다.

1. 무상을 / Korea 측은 3.5억 불(OA포함) / Japan 측은 2.5억 불(OA불포함) / 이것을 양자는 3억 불(OA포함)로 10년 기간, 단 조상(繰上) 가능조건으로 양 수뇌에게 건의한다.

2. 유상을(해외경제협력기금) / Korea 측은 2.5억 불(이자3부 이하, 7년 거치, 20~30년) / Japan 측은 1억 불(이자 3.5부, 5년 거치, 20년) / 이것을 양자는 2억 불(10년기간 조상(繰上) 가능조건, 거치7년, 이자3.5부, 20년 상환), 양 최고수뇌에게 건의한다.

3. 수출입은행(차관 – 인용자)에 대하여 / Korea 측은 별도로 취급함을 희망 / Japan 측은 1억 불 이상을 프로젝트에 따라 신장(伸張)할 수 있다 / 이것을 양자는 합의하고 국교정상화 이전이라도 협력하도록 추진시킴을 양 수뇌

---

74) 「박정희가 김종필에게 보낸 긴급훈령(1962.11.8)」, 이도성 편저, 위의 책, 129~132쪽.
75) 大平正芳, 『春風秋雨』, 鹿島硏究所出版會, 1966년, 157~158쪽.

에게 건의한다.76)

 결국 '김종필 · 오히라 합의'란 '무상 3억 달러', '유상(정부차관) 2억 달러', 민간상업차관 금액과 그 제공 및 상환 조건의 틀에 대해 합의했다. 단, '김종필 · 오히라 합의'에 대해 생각할 때 김종필 · 오히라의 개인 능력을 과대평가해서는 안된다. 물론 이 합의 내용은 제6차 교섭에서 청구권 소위원회, 최덕신 · 코사카 외상회담, 제2차 정치회담 예비절충 등의 과정에서 준비된 것이고, 제6차 교섭 결과라고 생각하는 것이 좋을 것이다. 또한 청구권의 명목과 협정문의 구체적인 내용에 대해서는 합의되지 않았고 그 후의 교섭에서 토의하게 될 것이었다.
 제2차 김종필 · 오히라 회담 직후에 열린 제2차 정치회담 예비절충 제16회 회의(11월 22일)는 김종필 · 오히라 회담의 기록을 대조하는 회의이자 동시에 청구권의 명목에 대해 논의하는 회의였다. 즉 김종필 · 오히라 회담에서 청구권 금액과 그 제공 및 상환에 대한 큰 틀이 결정된 사실을 전제로, 재산청구권 · 경제협력협정의 조문을 작성하는 작업에 들어갔던 것이다. 이 회의에서 배의환은 "한국 측

---

76) 『동아일보』, 1992년 6월 22일. 원문은 다음과 같다.
   1. 無償ヲ / Korea側ハ3・5億弗 / (O.A.包含) / Japan側ハ2・5億弗 / (O.A.不包含) / デ10年間, 但繰上可能條件 / デ兩首腦ニ建議スル.
   2. 有償ヲ(海外經濟協力基金) / Korea側ハ2・5億弗 / (利子3分以下, 7年据置, 20〜30年) / Japan側ハ1億弗 / (利子3・5分, 5年据置, 20年)/ 之ヲ兩者デ2億弗10年間 / 但繰上可能條件, 据置7年, / 利子3・5分, 20年デ兩最高首腦ニ建議スル.
   3. 輸出入銀行ノ方ニツイテ, / Korea側ハ別個ニ取扱 / フコトヲ希望, / Japan側ハ1億弗以上 / プロヂェクトヨリ伸長デキル / 之ヲ兩者デ合意シ國交正常化 / 以前トイヘドモ直チニ協力スル / ヨウ推進スルコトヲ兩首腦ニ / 建議スル.

으로서는 청구권의 개념이 들어가지 않으면 곤란하며 국민의 비난까지 받을 염려가 있다"고 말했다. 그리고 협정문의 "제1항은 김부장이 제안한 바와 같이 〈한일 간의 청구권문제를 해결하고 한일 간의 경제협력을 증진시키기 위하여〉"라고 규정하고, 제2항으로 "한일 양국은 한일 양국 간의 청구권문제가 완전히 그리고 최종적으로 해결되었음을 확인한다"고 규정할 것을 제안했다.[77]

이에 대해 일본 측은 명목에 대해 '청구권'이라는 용어를 삭제할 것을 요구하고 "일본으로부터 청구권으로 받을 수가 없었으므로 이런 것('독립 축하금' - 인용자)으로 받았다고 발표하면 어떤가"라고 말했다. 또한 협정의 제1항의 명목문제에서는, "한일 양국은 청구권문제를 해결하는 목적으로 행하여 온 교섭의 경위를 고려에 넣어, 양국 간의 우호 친선을 기원하고, 한일 간의 경제협력을 증진하기 위하여 아래와 같은 조치를 취한다"고 할 것을 제안했다.[78]

한국 측은 제17회 회의(11월 28일)에서 한국 측 안이 "외무부 장관, 최고회의 외무국방위원장, 경제기획원 장관, 최고회의 의장이 모인 자리에서 결정되었으며, 김부장에게 훈령되어 오히려 외상에게 이야기한 것이다. 지금 이 안을 수정한다는 것은 불가능"하다고 말하고 일본 측 안을 재차 거부했다.[79]

이어서 한국 측은 제20회 회의(12월 21일)에서 일본 측이 12월 10일에 수교한 「한일교섭에 관한 일본 측 입장 표명」에 대한 한국 측 의견서를 제출했다.[80] 그 의견서에서, 한국 측은 재산청구권·경제협력협정의 명칭에 대해 「대한민국과 일본국 간의 청구권 해결 및

---

77) 『제6차 한일회담 회의록(Ⅲ)』, 267~277쪽.
78) 『제6차 한일회담 회의록(Ⅲ)』, 276쪽.
79) 『제6차 한일회담 회의록(Ⅲ)』, 289~291쪽.
80) 『제6차 한일회담 회의록(Ⅲ)』, 13~21쪽.

경제협력에 관한 협정」이라는 일본 측 안을 수락할 것을 밝혔으며, 전문과 제1조의 수정안은 다음과 같은 것이었다.

전문
대한민국과 일본국은 제2차 세계대전 종결에 따라 발생된 양국 간의 청구권문제의 해결과 양국 간의 경제협력의 증진을 희망하여 다음과 같이 협정한다.

제1조
대한민국 정부와 일본국 정부는 다음과 같은 조치를 취할 것에 합의한다. (1) 일본국은 ＿＿ 아메리카 합중국 불과 동등한 엔의 가치를 갖는 일본국의 생산물 및 일본인의 역무를, 본 협정의 효력 발생일로부터 ＿＿ 년의 기간 내에 대한민국에 제공한다(3억 불분). (2) 일본국은 ＿＿ 아메리카 합중국 불과 동등한 엔의 금액의 차관을 본 협정 발효일로부터 ＿＿ 년의 기간 내에 대한민국에 제공한다(해외경제협력기금에 의한 것)(2억 불분). (3) 일본국은 ＿＿ 아메리카 합중국 불과 동등한 엔의 금액 이상의 차관을 본 협정 발효일부터 ＿＿ 년의 기간 내에 대한민국에 제공한다(수출입은행에 의한 것)(1억 불 이상의 분). (4) 대한민국과 일본국은 본 협정의 체결에 의하여 제2차 세계대전 종결에 따라 발생된 양국 또는 양 국민 간의 청구권문제가 최종적으로 해결된 것을 인정한다. (주) 1. 청구권 및 경제협력 문제 해결의 원칙이 〈기본관계조약〉중에 삽입되어야 한다.[81]

이 자료로부터, 1965년 6월 22일에 체결된 재산청구권 · 경제협력

---

81) 『제6차 한일회담 회의록(Ⅲ)』, 13~14쪽.

협정은 이미 이 시점에서 개략이 형성되었다는 것을 알 수 있다. 단, 한국 측 안과 일본 측 안에는 여전히 그 내용에 차이가 있었다. 가장 큰 차이점은 일본 측이 협정문에서 청구권이라는 문구를 삭제한 데 비해 한국 측은 삽입했다는 점이다. 이 명목문제에 관해서는 실무 레벨에서의 교섭에서 합의가 이루어지지 않았고 보류되었다. 후술하겠지만 1965년 봄에 겨우 청구권의 명목에 관한 합의가 이루어졌던 것이다.

그런데 이케다 수상은 '김종필 · 오히라 합의' 내용을 정식으로 인정한 것은 아니었고, 그 승인을 잠시 보류하고 있었다. 그러한 상황에서 오노 반보쿠(大野伴睦) 자민당 부총재는 12월 10일부터 13일까지 후나다 나카(船田中) 국회의원 등 총 30명을 대동하고 방한했다. 11일 오노는 박정희와의 회담에서 김종필 · 오히라 회담이 한일문제 타결을 위한 결정적인 길을 열어주었다고 평가하고, 이케다가 '김종필 · 오히라 합의'를 받아들이도록 설득하겠다고 약속했다.[82] 토쿄의 배의환은 오노의 방한이 "한일국교정상화를 일본국민에 PR하는 데 상당히 효과적인 결론을 가져왔으며 친선 무드 조성에 큰 역할"을 했고, "특히 한일 간의 현상 타개가 이케다 수상의 판단에 달려 있다고 하는 인상을 굳게 하였다"고 평가했다.[83]

오노 등의 자민당 실력자의 이케다 수상에 대한 설득이 유효했던지, 12월 17일 이케다는 오히라와의 회담에서 '김종필 · 오히라 합의' 내용을 승인하기로 했다.[84] 이어서 21일 이케다는 한국 측으로부터

---

82) 『동아일보』, 1962년 12월 10일, 12월 11일.
83) 「주일대사가 외무부 장관에게 보낸 전보」 1962.12.14, 〈오노 반보꾸(大野伴睦) 일본 자유민주당 부총재 및 국회의원단 방한, 1962.12.10~13〉, 『한국외교문서』 724.52JA, 1962, C-0009, 34.
84) 『朝日新聞』, 1962년 12월 18일 석간.

'김종필·오히라 합의' 승인을 요청하는 문서를 받고 이를 검토한 결과, 청구권문제를 '김종필·오히라 합의' 대로 처리할 것을 공식적으로 승인했다.85)

일본 측은 제2차 정치회담 예비절충 제21회 회의(12월 26일)에서 이케다 수상이 한국 측에 '김종필·오히라 합의' 내용을 공식적으로 승인한 사실을 전하고 청구권문제 합의의 일본 측 최종문안을 제시했다. 그것은 거의 '김종필·오히라 합의'에 따른 내용이었지만, 다음의 여러 곳에서 '김종필·오히라 합의'와 달랐다. 제1항의 일본 측이 공여하는 금액의 명칭이 '무상경제협력'으로 되어 있다는 점, 제2항에 '대한채권(4,573만 달러)의 상환' 문제가 새롭게 추가되었다는 점, 제3항의 일본 측이 제공하는 금액의 명칭이 '유상경제협력'으로 되었다는 점, 제4항으로서 '순수민간차관'은 "계약이 성립된 부분에 대해서는 일본정부는 한일국교정상화 이전이라도 시행이 될 수 있도록 조치한다"고 수정했다는 점 등이다.86)

---

85) 외무부 정무국 아주과, 『(한일회담 관계자료) 제6차 한일회담 회의록 (Ⅳ)-제2차 정치회담 예비절충(1962.12~1963.5)(Ⅲ급비밀)』, 발행년 불명, 23쪽. 오노나 후지야마 등 자민당 실력자들로부터 "김·오히라 라인대로 승인하라"라고 강력히 요청했기에, 이케다는 '김종필·오히라 합의' 내용을 승인했다(같은 자료, 23~24쪽).

86) 일본 측이 한국 측에 제시한 최종안은 다음과 같다. "(1) 무상 경제협력: 총액을 3억 달러로 하고, 매년 3,000만 달러씩 10년에 걸쳐 생산물 또는 역무(役務)로써 무상 제공한다. (2) 대한채권(4,573만 달러)의 상환: 한국 측은 위 금액을 3년간에 균등 상환한다. (3) 유상 경제협력: 유상 경제협력으로서 총액 2억 달러의 장기저리차관을 10년간에 걸쳐서 제공한다. 그중에서 1억 달러는 해외경제협력기금으로부터, 나머지 1억 달러는 수출입은행으로부터 하도록 하되, (…). (4) 순수민간차관: 민간베이스에 의해 적당한 프로젝트를 대상으로 하고 금액, 조건 등은 민간의 협의에 맡기되, 계약이 성립된 부분에 대해서는 일본정부는 한일국교정상화 이전에라도 시행이 될 수 있도록 조치한다"

12월 27일 박정희는 기자회견 석상에서 '김종필·오히라 합의'의 내용을 설명한 뒤 "한일국교정상화는 정권의 이양이나 국내 정치적인 목적을 떠난 역사적인 요구라고 보고 또 한일 양국이 선린우호관계의 수립이야말로 자유진영 결속의 요청이라고 믿는 데서 불만족스럽더라도 장래를 위해 기필코 성립시켜야 된다"고 말하고 '김종필·오히라 합의'의 내용을 사실상 공식적으로 승인했다.[87]

'김종필·오히라 합의'의 한일 양국 정부에 의한 상호승인에는 세 가지 역사적인 의의가 있다. 첫째, '김종필·오히라 합의'는 한일 양국 정부가 미국의 '지역통합' 구상을 부분적으로 실천에 옮기는 것이었다. 미국 정부로서는 동북아시아에서의 한일 양국의 '화해'와 '제휴'가 공산주의 진영과의 냉전에 있어서 대단히 마음 든든한 것이었다. 또한 박정희 정권, 이케다 정권으로서도 한일 양국 정부의 '화해'와 '제휴'는 자유주의 진영의 결속 강화를 의미하고 동시에 미국에게 빚진 마음을 주어 베트남전쟁 참전, 오키나와 반환 문제에 관한 대미외교를 유리하게 진행하기 위한 스탭이기도 했다.

둘째, '김종필·오히라 합의'의 승인에 의해 식민지 재배·전쟁에 의한 피해자의 보상문제 및 그 역사인식에 대한 정부 레벨에서의 논의가 한일교섭의 과정에서 사실상 종결되었다는 점이다. 이 합의를 승인함으로써 한일 양 정부는 1965년의 재산청구권·경제협력협정에서 제시되었듯이 "양 체결국 및 국민(법인을 포함한다)의 재산, 권리 및 이익과 양 체결국 및 국민 간의 청구권에 관한 문제가 (…) 완전히 그리고 최종적으로 해결된 것을 확인"했던 것이다. 적어도 한

(외무부 정무국 아주과, 『(한일회담 관계자료) 제6차 한일회담 회의록 (Ⅳ) - 제2차 정치회담 예비절충(1962.12~1963.5)(Ⅲ급비밀)』, 발행년 불명, 41~43쪽).
87) 『동아일보』, 1962년 12월 27일.

일 양 정부의 레벨에 있어서는 식민지 지배·전쟁에 의한 피해자의 보상문제 및 그 역사인식의 문제는 모두 이 표현 속에서 봉인된 것이 된다. 실제로 그 후 일본정부는 한국인으로부터의 보상 청구가 제기될 때마다 "한일조약에서 이미 해결되었다"는 말을 되풀이하게 되었다.

셋째, 한일 양 정부가 청구권문제를 처리하기 위해 '경제협력' 방식을 선택했다는 점이다. 우선 일본 측으로서 '경제협력' 방식의 추진은 식민지 지배를 '청산'하고 경제적 이익을 얻을 수 있는 가능성도 있는 일거양득의 처리방식이었다. 그러한 의미에서 '경제협력' 방식은 단기적으로는 일본의 '국익'에 합치되는 것이었다고 말할 수 있다.

또한 한국 측에 있어 이 '경제협력' 방식의 선택은 5·16군사쿠데타 직후의 '내포적 공업화 전략'을 포기하고 '수출지향형 공업화 전략'을 새롭게 선택하게 되는 경제재건 전략의 전환점에서 이루어졌다. 말을 바꾸면 일본으로부터 '경제원조'의 필요성을 느끼면서도 일본의 경제침투에 대한 위험성을 최소화시키기 위해 원조를 통제한다는 신중론을 포기하고, 일본의 '경제원조'를 적극적으로 활용하겠다는 '수출지향형 공업화 전략'을 공식화·구체화시킨 사건이었다.[88]

이렇게 '김종필·오히라 합의'는, 한일 간의 청구권문제에 관한 논

---

88) 그러나 나중에 언급하듯이 한국정부의 견해와 입장이 일률적인 것이 아니었음을 유의해야 할 것이다. 국교정상화전 한일 '경제협력' 문제를 둘러싸고 외무부는 자본도입 중심의 대일 '경제협력'에 매우 적극적이었던 반면, 상공부는 일본자본도입에 의해 한국경제가 일본경제에 '의존'하는 것이 아니라 '예속'되어 버리는 위험성이 있다고 주의를 환기시켰듯이 신중론도 여전히 존재했다(〈경제외교 조정위원회의 회의자료 - 외무부 경제협력과(1963.4.20)〉, 〈한일경제협력에 대한 수입테세(1963.5.27)〉, 「국교정상화 이전의 한·일 경제협력 정책, 1961~64」, 『한국외교문서』 761. 1JA, 1963, M-0002. 02).

쟁에 사실상 종지부를 찍은 것이고 이후 청구권문제에 관한 논의는 사실상 '경제협력' 논의로 변화되었다.

3. '경제협력' 논의

'김종필·오히라 합의'가 승인된 후, 제2차 정치회담 예비절충은 제40회 회의(1963년 5월 30일)까지 계속되었는데, 토의의 중심은 '경제협력'에 관한 내용이 되었다. 특히 1963년 2월 13일에는 제2차 정치회담 예비절충 산하에 청구권문제를 상세히 검토하기 위해 새롭게 설치된 회의가 시작되었다. 한국 측의 이상덕 대표는 이 회담을 '청구권관계 회의'라고 불렀으나, 일본 측 츠루미(鶴見淸彦) 외무성 경제협력국 참사관은 그것을 '경제협력관계 전문가회의'라고 부르며 한국 측과 제1회 회의부터 대립했다.

츠루미 참사관은 이 회의의 목적을 "경제협력을 원활히 진행하기 위하여 우선 서로가 알고 있어야 할 정보와 견해를 교환"하고, "한국의 5개년계획의 내용 및 운영 상황, 외자 도입 현황과 계획, 관계 법규, 무역 상황 등"[89]에 관한 정보를 얻는 것이라고 말했다. 그리고 츠루미는 한국 측에 대한 다음과 같은 질문 사항을 나열했다.

① 5개년계획에 관한 상세
    가. 계획 전반에 관한 일반적 설명
    나. 재원조달계획의 상세 및 현상
    다. 각 산업분야에 있어서의 프로젝트의 진척 상황 및 이

---

89) 외무부 정무국 아주과, 『(한일회담 관계자료)제6차 한일회담 회의록(Ⅳ) -제2차 정치회담 예비절충(1962.12~1963.5)(Ⅲ급비밀)』, 발행년불명, 424~427쪽. 이하 『제6차 한일회담 회의록(Ⅳ)』.

들 제 프로젝트 간의 상호 관계
라. 계획의 문제점
② 외자도입관계법 체계의 상세
③ 수출입무역관계법 체계의 상세
④ 제 외국의 무상 및 유상원조의 수입방법 및 수입기관, 용도
⑤ 행정, 금융 기관의 상세
⑥ 주요기업의 운영주체[90]

이에 대하여 이상덕 대표는 "본 회의에서 청구권문제의 해결을 위한 절차를 토의한다는 전제하에 (…) 실정에 관한 솔직한 정보를 교환하자는 데 동감"이라고 말했다. 그러나 위원회의 명칭에 대해서는 "청구권 해결을 위한 경제협력이므로 청구권이라는 어구를 반드시 사용하여야 하며 경제협력관계 전문가회의라는 명칭은 받아들일 수 없다"며, 일본 측이 제시한 명칭을 거부했다.[91]

이 회의는 제9회 회의(4월 9일)까지 계속되었지만, 실질적인 내용은 '경제협력'에 대한 토의였다. 이 시기에 이르러 한일 정부가 드디어 '경제협력'에 관한 구체적인 논의를 하기 시작했던 것이다.

그 후 '경제협력'에 대해 한일 간에 어떠한 논의가 오고 있는가는 한국 측의 외교문서를 통해 추적해 본다. 배의환에 따르면 일본 측은 제2차 정치회담 예비절충 제29회 회의(3월 7일)에서 "한국의 경제적 곤란을 돕기 위하여 국교정상화 전이라도 연지불(延支拂)에 의한 수출을 허가할 것을 고려 중인데 이에 대한 한국정부의 반응은 어떤지" 질문했다고 한다.[92]

---

90) 『제6차 한일회담 회의록(Ⅳ)』, 426~430쪽.
91) 『제6차 한일회담 회의록(Ⅳ)』, 424~428쪽.

다음 날 한국 외무부는 "일본의 대한투자, 차관, 경제협력의 범주에 속하는 연지불 수출 등은 한일 간 국교가 정상화되지 않는 한 현행법상으로 실현 불가능"하다는 원칙론을 강조하면서도 연지불 수출이 "순수한 무역형식의 것이라면, 일본 측의 구체적인 조건 및 내용 등을 검토한 후에" 한국 측의 방침을 결정할 것이라고 회답을 보류했다.[93] 이 외무부의 회답은 일본 측의 연지불 수출에 대한 타진에 대해, 정식 결정을 보류하는 것이었다.

토쿄의 배의환은 연지불에 관한 일본 측의 적극적인 자세를 한국정부에 보고하고 "한국 측의 연지불 수입에 대한 상세한 방침을 사전에 받아서 교섭하는 것이 유리"하다고 말했다. 특히 배의환은 '원자재의 구체적인 품목과 금액 한도, 지불기간 및 연지불 보증 문제' 등에 대해 조사하고 법률 개정도 시야에 넣은 대책을 조속히 마련해야 한다고 말하고 연지불 수출문제에 관해 적극적으로 일본과 교섭할 것을 권고했다.[94]

한국정부는 이러한 정세에 대응해 경제개발5개년계획의 사업을 촉진하고 국내의 경제적 난관을 타개하기 위한 방책으로 장기결제 방식에 의한 자본재 도입에 관한 특별조치법을 개정하고 일본으로부터 수출 신용에 의한 자본재 도입을 가능하게 했다. 또한 한국정부는 '경제외교조정위원회'를 설치하고, 보다 유리한 차관 및 직

---

92) 「주일대사가 외무부 장관에게 보낸 보고」, 1963.3.7, 〈국교정상화 이전의 한·일 경제 협력 정책, 1961~64〉, 『한국외교문서』 761.1JA, 1961~1964, M-0002. 02.

93) 「외무부 장관이 주일대사에 보낸 지침」, 1963.3.8, 〈국교정상화 이전의 한·일 경제 협력 정책, 1961~64〉, 『한국외교문서』 761.1JA, 1961~1964, M-0002. 02.

94) 「주일대사 보고」, 1963.3.8, 〈국교정상화 이전의 한·일 경제 협력 정책, 1961~64〉, 『한국외교문서』 761.1JA, 1961~1964, M-0002. 02.

접 투자의 도입을 검토하도록 여러 기관에 지시했다. 외무부 주재로 1963년 4월 23일에 예정되었던 경제외교조정위원회 회의에는 경제기획원, 재무부, 농림부, 상공부의 관계국장이 참가하게 되었다. 의제는 ① 외자도입제도 및 법류체계의 일원화 ② 국교정상화 이전의 한일경제협력과 우리 국내경제와의 관계성 ③ 국교정상화 이전의 한일경제협력의 경영방침의 수립이었다. 이 위원회의 목적은 일본으로부터의 차관 및 직접 투자도입을 위한 준비·검토 직입 및 관계 여리 기관의 의견 조정작업을 수행하는 데 있었다.[95]

4월 20일 외무부 경제협력과는 동 위원회에서의 검토 자료로서 「경제외교조정위원회 회의자료」를 작성하고 경제기획원, 재무부, 농림부, 상공부에 배포했다. 경제외교조정위원회 회의가 예정대로 23일에 열렸는지, 또한 토의의 결과는 어떠했는지, 현재 열람할 수 있는 자료만 가지고는 확인할 수 없다. 그러나 외교문서의 같은 파일에 경제기획원과 상공부의 회부자료가 포함되어 있어, 이 자료의 내용을 검토함으로써 한일 '경제협력'에 대한 한국정부의 방침이 어떠한 방향성을 기지고 있었는지 추측할 수 있다. 먼저 외무부 경제협력과가 동 위원회에 제출했던 토론 자료부터 살펴보고자 한다. 그 골자는 다음과 같다.[96]

「1. 회의 개최 취지」에서는 국교정상화 전 한일 경세협력의 범위와 대상 또한 이에 대한 정부의 방침을 명확히 함으로써, '경제협력' 교섭을 보다 강력히 추진하고자 하고 그때의 유의점을 다음과 같이

---

95) 「경제외교 조정위원회 회의자료 - 외무부 경제협력과」, 1963.4.16, 〈국교정상화 이전의 한·일 경제 협력 정책, 1961~64〉, 『한국외교문서』 761.1JA, 1964, M-0002. 02.

96) 「경제외교 조정위원회 회의자료 - 외무부 경제협력과」, 1963.4.20, 〈국교정상화 이전의 한·일 경제 협력 정책, 1961~64〉, 『한국외교문서』 761.1JA, 1961~1964, M-0002. 02.

지적하고 있다. 한국정부가 한일 간의 '경제협력'을 막아 온 정책적인 이유가 ① 대일 부채의 확대가 한일회담에 미칠 영향, ② 국내 경제계에 미칠 악영향 등에 있었음에 비추어 앞으로 국교정상화 전에 한일 '경제협력'을 추진함에 있어서는 일본 측의 저의 및 국내 경제에 미칠 영향 등을 관계 기관에서 예의(銳意) 검토한 후 범위 및 대상 사업 등을 사전에 확정하여 국내업계에 불필요한 물의를 야기시키지 않도록 조치를 취할 필요가 있다.

「2. 회의 참고 자료」에서는, '경제협력의 개념'과 '일본의 대한 경제정책', '국제정세 및 국내경제 사정' 등을 설명하고 '일본과의 경제협력'이 불가피하다고 주장하고 있다. 우선, '국제경제협력'의 역사에 대해, '국제경제협력'은 제2차 세계대전 종결 이후 냉전이 싹트기 시작할 무렵 미국이 자유진영국가에 대하여 정치적인 목적으로 제공한 원조로부터 시작된 것이며, 1950년대 후반기에 독일·일본·프랑스·이탈리아 등의 공업제국의 경이적인 경제성장을 이룩하게 되었다. 이윽고 공업제국에서도 과잉투자에서 발생하는 경제위기를 해결하기 위하여 해외에 대한 투자가 불가피하게 됨에 따라서 '순경제적인 것으로 옮겨지게 되었다'고 설명하고 있다.

'일본의 대한 경제정책'에서는 일본 측이 대한 '경제협력'을 추진하는 이유로서, ① 생산과잉에 의한 체화(滯貨)를 소화, ② 공업국가의 플랜트수출 경쟁이 치열화됨으로 대한수출시장을 미리 확보하자는 것, ③ 서구제국의 한국 진출에 자극되었다는 것, ④ 한국의 대일 부채를 확대시킴으로써 한일교섭을 보다 유리하게 유도하자는 것, ⑤ 자유진영국가의 일원으로서 한일 양국의 '경제협력'이 불가피한 것, ⑥ 일본국내 민간기업체 간에 한일 '경제협력'에 대한 기운이 고조되고 있다는 것 등을 들었다.

'국제정세 및 국내경제 사정'에서는, "핵무기와 미사일의 발달에 의한 대공산주의 전략의 변경 및 세계정세의 변화에 따라서, 미국의 외교정책이 군사적 정치 측면을 중심으로 한 단기적인 대결로부터 경제적 안정과 발전을 중심으로 한 총체적이며 장기적인 방향으로 전환"되었으며, 미국은 "대극동정책의 일환으로서 한일 국교의 정상화 및 경제적인 제휴를 적극적으로 추진"시키고, "경제개발5개년계획"을 촉진시키기 위해서 "일본과의 경제협력이 불가피한 것으로 판단된다"고 설명하고 있다.

「3. 외무부의 견해」에서는 '제도 및 법률 체계의 일원화'와 '한일 경제협력 운영방침의 확립'을 건의해서 일본과의 '경제협력'에 대비해야 한다고 결론지었다.

이 문서에 의하면 외무부 경제협력과는 한일 양국 간의 경제적 상호의존관계 촉진, 그것을 중심으로 하는 동아시아 자유주의 진영의 결속 강화를 내용으로 하는 미국의 '지역통합' 구상 및 일본 측의 대한 '경제협력'의 논리에 대해 분석하고 있었다는 것을 알 수 있다. 이러한 분석을 통해 한국 측이 미국의 '지역통합' 구상과 일본의 '경제협력'의 논리를 어느 정도 받아들이는 것이 한국의 국익에 부합된다고 판단했던 것 같다. 외무부는 한일 '경제협력'을 적극적으로 준비해야 한다는 입장에 있었다.

이상과 같은 외무부 경제협력과의 견해에 대해, 경제기획원은 5월 23일에 「국교정상 전 일본외자도입방침(안)」을 작성하고, 다음과 같은 견해를 제시했다. '정부사업 및 정부기업체'에 의한 외자도입의 경우 정부 관계부처 및 정부 기업체가 「대일외자도입 적격사업승인 및 교섭승인원」을 경제기획원에 제출했고, 경제기획원장관이 이것을 경제각의(經濟閣議)에 상정해서 결정한다. 또한 민간외자도입에 대해서는 "외자도입적격사업으로서 정부의 선정을 받음과 동시에 대일교섭의 승인을 받아야 한다", 대일교섭의 승인은 경제기획원장관이 행하고 또한 "민간사업의 외자도입은 대일청구권과 관련시켜서는 안되고, 이것을 계약상으로 명문화하여 삽입해야 한다."97) 일본으로부터의 차관 및 직접 투자의 도입을 승인하면서도 경제기획원의 이니셔티브를 강조하고, 민간의 외자도입을 대일청구권과 별도로 취급해야 한다는 것이 포인트라고 할 수 있다.

　다음으로 상공부는 27일부로 「국교정상 전의 한일경제협력」이라는 문서를 만들었다. 상공부 문서는 외무부와 경제기획원과 기조가 조금 다른데, 그 내용은 같다. 한국의 "산업과 경제가 일본으로 자본을 도입함으로써 일본에 대한 의존도가 높아지고 혹은 노예적인 관계가 생길 가능성이 있다는 개연성을 충분히 고려하고 각별한 주의를 해야 한다." 특히 일본으로부터 도입되는 "시설과 기재의 성능은 일반적으로 기존의 시설보다 우수하다고 예측되기에 생산품의 품질과 가격도(국내생산품보다도 - 인용자) 우위에 설 것이 예상된다. (…) 도입시설과 기재에 의한 생산품이 국내시장을 풍미하고 기존의 생산업계에 상당한 타격을 가하기에 국내의 기존 생산 시설과의 경합성의 가부 및 정도를 충분히 검토할 수 있을 것이다." 또한 "배상에 의한 투자자본도입은 공공부문에 한하도록 한다." 민간 베이스에 의한 투자 또는 자본 도입은 배상과 관련짓지 않고 민간 베이스에서 결정하도록 한다." 이와 같이 상공부는 '국내경제계에의 영향을 충분히 고려해야 한다는 것, "배상문제와 확연히 분리해야 하는 것" 등, 한일 '경제협력'에 대한 신중론을 제시하고 그것을 전제로 일본으로부터의 차관 및 직접 투자의 도입을 승인했다.98)

---

97) 「국교정상화전 대일본 외자도입 방침」, 1963.5.23, 〈국교정상화 이전의 한·일 경제 협력 정책, 1961~64〉, 『한국외교문서』 761.1JA, 1961~1964, M-0002. 02.
98) 「한일경제협력에 대한 수입테세」, 1963.5.27, 〈국교정상화 이전의 한일

요시자와(吉澤文壽)도 지금까지 말했던 자료를 검토하여 민간 베이스 차관을 "대일청구권과 관련짓지 않는다"는 점이 1964년의 한국정부의 기본적 입장이었다는 것을 강조하고 있다.[99] 필자도 동감이다. 한국정부는 국교정상화 이전에 차관 및 직접 투자를 도입하기 위해서도 "대일청구권과 관련짓지 않는다"는 입장을 특히 국내에 명확히 해 둘 필요가 있었다고 생각했을 수 있다. 여하튼 전체적인 흐름에서는 한국정부는 한일 간의 '경제협력'을 추진하는 방향으로 움직이고 있었고, 적어도 1963년의 전반에는 한일 간의 경제적 상호의존관계를 촉진함으로써 '수출지향형 공업화전략'의 본격적인 추진 의지를 명확히 해 왔다고 말할 수 있다.

그런데 한국정부 내에서 한일 '경제협력'에 대한 논의가 추진되는 한편, '김종필·오히라 합의'를 전후한 시기에 민간 기업을 중심으로 일본으로부터의 차관 도입 교섭이 구체화되어 있었다. 그 일례로써 울산 제3비료공장 건설을 위한 차관 도입 교섭을 들 수 있다. 이 차관 도입 교섭은 외무부, 경제기획원, 제3비료(공장), 그리고 일본정부와 코베제강(神戶製鋼) 사이에서 추진되었다. 그 결과 1963년 4월 15일 이병철 울산 제3비료사장은 코베제강과 차관 도입 계약을 체결했다.[100] 한국정부는 이것을 승인했지만, 일본 측은 4월 30일 한

경제협력 정책, 1961~64〉, 『한국외교문서』 761.1JA, 1964, M-0002.02.
99) 吉澤文壽, 「韓日國交正常化以前の借款交渉-'1964年問題をにらんだ日米韓の外交活動を中心に」, 第39回 朝鮮史研究會大會報告 발표문, 2002년 10월 22일. 한일차관 교섭에 대해서는 요시자와의 향후 연구를 기대해 본다.
100) 「울산 비료 건설 및 연지불 거래 계약 체결」, 배의한 주일대사가 외무부 장관으로 보낸 전보, 1963년 4월 16일, 〈대일 비료공장 건설차관 도입, 1962~63〉, 『한국외교문서』 761.65JA, 1962~1963, M-0002.23.

일 사무 레벨 비공식협의에서 청구권문제를 타결한 후에 승인할 예정이라고 말하고, 일단 차관 공여의 승인을 보류한다고 했다.101)

또한 소양강 발전소 건설에 필요한 차관 도입에 관하여 한국전력은 1963년 4월에 히타치(日立), 미츠비시(三菱), 토시바(東芝)의 3대 발전기 제조회사와 마루베니(丸紅), 미츠이물산(三井物産) 등 상사와 협의했다.102)

또한 한일 양 정부는 장기결제방식에 의한 플랜트수입 문제에 대해서도 '김종필 · 오히라 합의' 후에 논의를 시작했다. 한국 측은 「장기결제방식에 의한 자본재 도입에 관한 특별 조치법」, 「대일본 장기결제방식에 의한 자본재 도입 절차」(1963년 7월 30일 제76회 각의에서 의결)를 기준으로 1963년 12월 12일, 다음과 같은 세 가지 사업을 승인했다. ① P.V.C. 공장: 300만 달러, 3년 거치, 9년 상환, 연리 6%, ② 시멘트 공장: 581만 달러, 2년 거치, 7년 상환, 연리 5%, ③ 폴리아크릴 섬유공장: 380만 달러, 2년 거치, 7년 상환, 연리 6%.103) 수입 조건은 업자 사이에 합의된 것이었다.

한국정부는 이 자본재 도입을 경제개발5개년계획에 포함된 중요한 사업으로 인정하여, 지불 보증을 승인하고, 교섭을 외무부에 맡겼다. 일본 측과의 교섭에 임한 주일대표부는 1963년 초부터 일본

---

101) 배의환 주일대사가 외무부 장관으로 보낸 전보, 1963년 4월 30일, 〈대일 비료공장 건설차관 도입, 1962~63〉, 『한국외교문서』 761.65JA, 1962~1963, M-0002. 23.

102) 배의환 주일대사가 외무부 장관으로 보낸 전보, 1963년 4월 27일, 〈대일 중공업시설 건설 차관 도입, 1963〉, 『한국외교문서』 761.65JA, 1963, M-0002. 22.

103) 「푸랜트 연불 수입 교섭경위」, 외무부 장관이 경제기획원장관에게 보낸 서신, 1964년 11월 14일, 〈장기 결제방식에 의한 대일 자본재 도입, 1964〉, 『한국외교문서』 761.66JA, 1964, M-0003. 07.

외무성과 접촉하는 한편, 한일교섭 예비절충회의 또는 수석대표 간 비공식회의에서 이 문제의 조기 해결을 촉구했다.

단, 한일 간의 '경제협력'에 관한 모든 논의가 순조롭게 진행되었다고 할 수는 없다. 한국정부는 국교정상화 이전에 한일 '경제협력'을 추진하면 야당과 지식인, 언론, 학생 등에게 정부를 비판하는 큰 재료를 제공해 '국민감정까지 자극할 염려가' 있다고 생각하고,[104] 조심스럽게 접근하려고 했다. 또한 일본정부도 국내 여론을 배려하고 국교정상화 이전의 '경제협력' 추진에는 신중한 자세를 취했다. 한일 간의 '경제협력'에 관한 논의는 이와 같이 완만하게 전개되었던 것이다.

제4절 미국의 '불간섭정책'의 변화

1960년에 수립된 케네디 정권은 핵무기를 특화하고, 재래무기를 삭감했던 아이젠하워 정권의 뉴룩전략을 비판하고 '유연반응전략'을 내걸었다. 이것은 전면전쟁에서 지역 분쟁과 내란에 이르기까지의 모든 레벨에서 대항할 수 있는 전략이었다. 특히 제3세계의 정치·경제적 불안정에 대응하는 전략으로서 '로스토우 노선'으로 알려진 경제개발주의를 전면에 앞세우고 이것을 뒷받침하기 위한 '뉴 이코노믹스'를 표방했다.[105] 케네디 정권은 대외원조정책 속에서도 특히

---

104) 「김정태 동북아관장의 마에다 과장 면담 요록(1964.5.27)」, 이도성 편저, 앞의 책, 325~330쪽.
105) 李鍾元, 「東アジアにおける冷戰と地域主義 - アメリカの政策を中心に」, 鴨武彦編, 『講座·世紀間の世界政治 3: アジアの國際秩序 - 脫冷戰の影響』, 日本評論社, 1993년, 213~216쪽.

경제원조를 중시하게 되었던 것이다.

이종원이 이미 지적했듯이, 케네디 정권의 대한정책은 군사원조보다 경제원조를, 증여중심의 단기적인 원조보다 장기차관 제공을 강조하여, 한국 내부의 사회경제적인 개혁과 인적·물적 자원의 개발과 동원을 요구하는 것이었다. 여기에 더하여 한국에 대한 경제원조를 일본에 분담시키는 것이었다. 이러한 정책은 1950년대의 대한원조로 유발된 달러 유출에 기인한 국제수지 악화에 대한 반성과 베트남문제에 대한 개입을 심화시켜가는 과정에서 도출된 것이었다.

특히 미국의 대한정책에서 강조된 것은 한국의 경제개발계획의 수행과 일본의 '경제협력'을 연결시켜야 한다는 점이었다. 1961년 2월 9일에 열린 NSC(Nationnal Security Council) 제476회 회의에서 러스크 국무장관은 "일본과의 관계, 특히 무역관계를 회복할 수 있도록 한국정부를 고무하는 데 중대한 관심을 갖고 있다"고 말했다.[106) 서울의 매카나기(Walter P. McConaughy) 주한미대사는 한국의 경제발전을 위해 일본이 중요한 역할을 할 것이라 말했으며, 한일국교정상화를 위해 미국이 적극적인 역할을 수행해야 한다고 말했다.[107) 토쿄의 맥아더(Douglas MacArthur II) 주일미대사는 한일 양국의 신정권 탄생이라는 상황 변화를 교섭 타결에 유도할 수 있도록 중재 활동을 전개했다.

그러나 5·16군사쿠데타가 일어남으로써 위와 같은 미국의 '적극성'은 신중하게 대처하는 방향으로 약간 수정되었다. 1961년 5월에

---

106) NAC Action No. 2042-b, approved by the President on February 11 ; ibid., S/S-NSC (Miscellaneous) Files: Lot 66 D 95, NSC Record of Actions, FRUS, 1961~1963, Vol. XXII, p.446.

107) Jiyul Kim, "U.S. and Korea in Vietnam and the Japan-Korea Treaty", the dissertation of the degree of Master of Arts, Harvard University, May 1991, pp.26~27.

대한정책의 재검토를 임무로 하는 부처 간 기구로서 '한국에 관한 특별 조사위원회'가 설치되어,108) 6월 5일 이 위원회는 NSC에 다음과 같은 내용의 보고서를 제출했다.

첫째, 한일 간에 장기간 계속된 '경제적인 상호관계의 역사'는 현재 "일본 자체의 정치 전략적인 이익 속에서 한국을 지원하고 발전시키는 데 주도적인 역할을 담당하기 위한 기회와 의무"를 일본에게 제공하고 있다. 둘째, "상처를 입은 한국인의 감정과 흔들리는 일본인의 이익과 같은 것은 국교정상화를 막는 실체 없는 장애"이고 이것을 해결하는 것은 쉬운 일은 아니지만, '결코 극복할 수 없는 문제'가 아니다. 셋째, 쿠데타 이전에는 한일 양측에 국교정상화에 대한 희망의 증거가 있었으나 쿠데타의 결과 한국인의 냉담함이 강화되었다. 넷째, 미국은 "한국인과 일본인의 상호 이해의 발전을 촉진하고 고무시켜야 하지만 교섭에 직접 관여해서는 안된다"는 점 등이었다.109)

결국 보고서의 요점은 5·16군사쿠데타로 인해 한일 '경제협력' 추진에 브레이크가 걸렸고, 당분간은 군사정권의 행방을 주시하면서 신중히 대처해야 한다는 것, 단 한일 '경제협력'을 추진한다는 것은 변함이 없고, 그때 교섭에 "직접 관여해서는 안된다"라는 것이었다. 여기에 한일교섭에 대한 미국의 신중함이 나타난다.

6월 20일 케네디 대통령은 미국을 방문한 이케다 수상에게 "쿠데타 그룹의 민족주의적인(nationalistic) 경향과 일본에서 군사정권에 대한 일반적인 혐오 때문에 어렵겠지만 한일 국교정상화를 성취하

---

108) 李鍾元, 「韓日國交正常化の成立とアメリカ-1960~65年」.
109) Presidential Task Force on Korea: Reported to the National Security Council, June 5, 1961(한국정신문화연구원 현대사연구소 편, 『5·16과 박정희 정부의 성립(주제별 문서철)』, 1999년, 414~415쪽).

는 것이 가장 유용하다. 미국 대한정책의 목적 중에 하나는 한일 간에 긴밀한 관계를 수립하기 위해 노력하는 일이다. 또한 특히 일본의 지원이 한국의 강력한 발전을 위해 매우 유용하다"고 말했다.110) 결국 이 회담에서 케네디는 이케다에게 한국에 대한 '경제원조'의 제공을 요청했다.

미국의 신중함은 11월의 박정희의 미국 방문 시에 나타나게 된다. 우선 라이샤워 주일미 대사가 한일 수뇌회담을 위한 준비 작업을 시작했다.111) 다음으로 11월 초에 러스크 국무장관이 제1회 미일 무역 경제 합동위원회에 참석하기 위해 일본을 방문했고, 이어서 한국을 방문했다.

11월 2일 러스크 국무장관은 이케다 수상을 만난 자리에서 대일 청구권을 포함한 '3억 수천만 달러'라는 금액을 거론하면서 한국의 경제개발 5개년 계획에 7억 달러의 외자가 필요하기 때문에 조속히 해결하고 한국을 지원하도록 요청했다.112) 러스크는 당시 청구권문제의 정치적 타결에 소극적이었던 이케다에게 '타협'을 촉구했다고 말할 수 있겠다.

이어서 한국을 방문한 러스크는 11월 5일 박정희와의 회담에서 "미국에 가는 길에 토쿄에 머물고 이케다와 장시간 회담하는 것을 환영한다"고 말하고, "서로 얼굴을 맞댄 회담과 조용한 외교는 감정

---

110) "Memorandum of Conversation", Washington, June 20, 1961, FRUS, 1961~1963, Vol. XXII, p.490.
111) 라이샤워는 가족에게 보낸 1961년 11월 19일 서한에서 박정희·이케다 수뇌회담에 대해 "정말이지 내가 기대한 대로의 전개로 회합 준비를 한 나로서는 멋진 성과에 행복한 기분이 들었다(이 건에 대해서는 모두 비밀로 해두길 바란다)"라고 쓰고 있다(エドウィン・O・ライシャワー, ハル・ライシャワー, 앞의 책, 46쪽).
112) 李鍾元, 「韓日國交正常化の成立とアメリカ-1960~65年」.

이 얽혀있는 문제를 처리하는 유일한 방법"이다. 단, "미국정부는 한일교섭에서 직접 중개인 내지 중재인으로 참여할 수 없고, 또한 하지 말아야 하는"데, 박정희가 미국의 도움을 요청하면 가능한 일을 다 할 준비가 되어 있다고 말했다.

이에 박정희는 "한국인은 진심으로 국교정상화를 원하고 있으며 이케다와 직접 회담함으로써 성공적인 교섭의 기초가 구축되는 것을 원하고 있다"고 말하고 러스크의 도움 제공에 대해 감사의 뜻을 표시했다.113) 러스크의 한일 양국 방문은 쌍방의 의견을 조정하고 박정희의 방일을 간접적으로 촉진하는 것이었다.

박정희의 방미 직전인 11월 13일, 정책방침서「박정희 의장의 방미(1961년 11월 14~15일) 토의자료」가 케네디 대통령에게 제출되었다. 그중에서「한일관계」라는 항목의 '권고된 미국의 위치'에 의하면 미국정부는 한국의 대일 청구권문제에 대해 다음과 입장 표명을 준비하고 있었다.

① 미국은 양측이 과거의 실패를 극복하고 모든 현안을 해결하는 데 합리적인 타협에 도달할 것을 희망한다. 미국은 지금 한일 양측에 이익이 되는 국교정상화에 이르는 좋은 기회라고 하는 데 동의한다.
② 미국은 제2차 세계대전 후에 재한 일본인재산을 한국에 이양함으로써 한국의 대일청구권이 어느 정도 만족되었다고 믿고 있다. 그 이양이 얼마나 고려되는가 하는 것은 한일 양국이 직접 결정해야 하는 문제이다. 대일청구권

---

113) "The Secretary's Call on Chairman Park Chung Hee", Memorandum of Conversation, November 5, 1961, NSF, Country, Box 128, JFK Library.

에 대해 한국 측은 북한에 있는 재산을 포함하는 보상으로서 생각하고 있지만, 미국 정부가 그러한 생각을 지원하는 것이 매우 어렵다는 것을 한국정부는 이해해야 한다.
③ 일본의 대한경제원조는 아마 한국의 대일청구권 해결과 연결된 것인데, 한국정부는 한국 경제 발전을 가속시키기 위한 유망한 수단으로서 일본원조 의사를 이용하기 위해 전력을 기울여야 한다.
④ 미국은 항상 교섭하는 양측을 적극적으로 지원하면서도, 현시점에서 미국이 공식적인 중재자로서 활동하는 것은 효과적이지 못하다고 믿는다.[114]

그리고 정책방침서 '한국의 청구권' 문제에 관한 토론에서, 미국은 1957년 양국 정부에 보낸 각서의 입장을 견지하고 있음을 재확인하면서, "그 당시 미군정의 계산에 따르면 남한 일본재산은 23억 달러이며 북한의 일본재산은 29억 달러였다. 한국인은 일본인이 한국에 남겨간 재산보다 가져간 재산이 더 많다고 생각하고 있다"고 지적했다. 현시점에서 이 이상의 자료를 추적할 수 없으므로 위의 숫자와 내용이 어떻게 도출되었는지 알 수 없지만, 적어도 여기서 표시된 숫자는 '재한일본인 재산'이 한국인이 생각하는 것 이상으로 막대한 것이었다는 사실을 박정희에게 알리기 위한 표현이었다고 생각된다.

어쨌든 이 시점에서 미국 측은 청구권문제를 '경제협력' 방식으로 처리할 것을 지지하고 있었고, 박정희와의 회담에서 한국 측이 '경제협력' 방식을 도입하도록 설득했다고 생각된다. 또한 '불간섭정책'

---

114) "Korea-Japan Relations", Chairman Park's visit, Washington, November 14~15, 1961, Position Paper, Briefing Book, November 13, 1961, NSF, Country, Box 128, JFK Library.

을 계속 견지하겠다고 다짐하는 것도 잊지 않았을 것이다.

　청구권문제에 관한 이러한 미국 측 입장은 1962년에 들어가서 더욱 명확해졌다. 미국 측은 3월에 열린 최덕신·코사카 회담이 실패로 끝나자, 국무부를 중심으로 한일 양측 주장을 조정하기 위한 활동을 전개했다. 국무성은 3월 중순에는 해리만(W. Averell Harriman) 극동담당 국무차관보를 특사로 토쿄와 서울에 파견하여, 라이샤워 주일대사와 버거(Samuel D. Berger) 주한대사, 한일 정부 당국자들과 당면한 한일문제에 대해 협의하도록 했다.

　또한 국무성은 국제개발국(Agency for International Development)과 함께 4월부터 5월에 걸쳐서 미국의 행동지침을 검토하고 있었다. 그 결과, 국무성은 5월 17일과 18일에 열린 NSC상설위원회(Standing Group)의 배경문서(Background paper)로서 「한일관계」라는 문서를 작성했다. 그 내용은 다음과 같다. ① 급속한 한국의 경제발전은 안정을 위해 지극히 필요하며, 계속되는 미국 원조에 더해서 일본의 경제원조로 경제발전의 스피드가 가속될 것, ② 한국은 일본이라는 수출시장에 접근할 수 있을 것이며, 그것으로 한국 경제발전에 중요한 자극이 될 것, ③ 자유세계 통합과 힘에 대한 주요 장해가 없어질 것, ④ 한국과 북한 정권과의 심해지는 경쟁에서 한국의 위신이 확대된다는 이유로 한일 간의 현안 타결 촉진이 미국에 이익이 된다고 주장했다.[115]

　같은 날 러스크 국무장관은 케네디 대통령에게 다음과 같은 각서를 보냈다. "현재 국교정상화에 대한 주된 장해는 일본의 지배에서 생긴 한국 측의 비현실적으로 높은 청구권 금액과 비현실적으로 낮은 일본 측의 대항적인 금액 사이의 갭에 있다", 청구권문제를 해결

---

115) "Memorandum Prepared in the Department of State", Washington, May 17, 1962, FRUS, 1961~1963, Vol. XXII, pp.567~571.

하기 위해서는 "청구권 금액에 대해 서로가 접근하고, 한국 측이 〈일괄(package)〉타결의 일부분으로서 일본 측의 차관을 받아들이는 것"이 필요하다.116)

이 각서에 의하면 러스크는 일본 측이 생각하는 청구권문제의 '경제협력' 방식에 의한 처리 방안을 지지하고 있었다. 러스크의 건의를 받고 케네디가 어떠한 결정을 내렸는지 알 수 없지만 적어도 국무성에서는 청구권문제를 '경제협력' 방식에서 처리하는 것은 거의 확정적인 방침이 되어 있었다고 말할 수 있다.

이와 같이 국무성은 청구권문제에 관한 적극적인 방침을 제시하고 있었지만, 그 한편에서 '불간섭정책'의 견지도 집요하게 확인하고 있었다. 앞서 제시했던 「한일관계」라는 문서에서 국무성은 '불간섭정책'을 유지해야만 하는 이유를 다음과 같이 일곱 가지를 들어 설명했다. ① 일본 측의 대한경제원조에 대한 소극성, ② 한국인에 대한 일반적인 편견과 일본의 좌익세력의 반대, 7월에 참의원 선거와 자민당 총재 선거 등의 여러 요인 때문에 이케다 수상이 보이는 소극성, ③ 미국의 대한원조의 삭감과 일본의 경제원조에 대한 한국 측의 우려, ④ 한일 양국 서로가 미국이 중재자가 되는 것을 반대하면서, 한편에서는 미국의 영향력을 기대한다는 모순된 태도를 보이고 있는 것, ⑤ 일본이 다시 세계 패권국가로 될지 모른다는 경계, ⑥ 미국이 예전부터 한국에 대해 가졌던 막대한 영향력의 심각한 약화, ⑦ 이러한 상황하에서 미국이 압력을 가하면 한일국교정상화를 촉진하기는커녕 후퇴시킨다는 이유였다.117)

---

116) "Korean-Japanese Relations", Memorandum for President, May 17, 1962, NSF, NSC Meetings, Box 314, JFK Library.

117) "Memorandum Prepared in the Department of State", Washington, May 17, 1962, FRUS, 1961~1963, Vol. XXII, pp.567~571.

따라서 미국의 정책과 목표는 "한국과 일본이 서로 현실적이며 타협적인 자세로 현안 해결을 위해 교섭하도록 영향을 주고, 동시에 미국을 중재자의 위치에 두지 않은 채 국교정상화를 성취"하는 것이어야 한다고 주장했다.

국무부는 다음 날인 5월 18일에 열린 NSC상설위원회에 이 보고서를 제출했다. NSC상설위원회에서의 논의가 어떠한 것이었는지 확인할 수는 없지만, 앞의 자료를 통해 미국이 국무부를 중심으로 한일교섭에 대한 정책을 더욱 구체화시키고 있었다는 사실을 알 수 있다. 미국 정책의 포인트는 이종원이 말했듯이, 한일국교정상화를 촉진하는 '촉매(catalyst)'로서의 역할을 강화하는 것이었다. 다음 자료에도 그 점이 잘 나타나 있다.

7월 13일 러스크는 「한일국교정상화를 추진하기 위한 미국의 행동을 통일시키기 위해 고려된 정책 지침」을 라이샤워 주일대사에게 보냈다. 그 속에서 러스크는 미국이 교섭당사자로 행동하지 말고 '촉매의 역할'을 다할 것을 강조하면서도, 서울과 도쿄 대사관이 서로 정보를 교환해서 다음과 같은 활동을 전개하도록 지시했다. 특히 서울에서는 "고위 정부관계자를 접촉해서 (…) ① 재산과 청구권 지불, 반환, 장기저리차관을 포함하는 합리적인 비율의 청구권 일괄타결로서 생각할 것, 청구권으로서 수취하는 것은 강조하지 않는 일괄타결된 금액으로 받아들여야 할 것, ② 효과적이며 합리적으로 일본인과 토의할 수 있고 권위가 있는 인물을 대표로 임명할 것"을 요구하고, 만약 '합리적인 일본 측의 제의'를 한국 측이 거부하면 '미국 발전 차관(US Development Lending)을 교섭 타결에 관련시킬 것'이라는 압력을 가하도록 했다.118)

---

118) "Telegram From the Department of State to the Embassy in Japan", Washington, July 13, 1962, FRUS, 1961~1963, Vol. XXII,

1950년대 '불간섭정책'이 전후 처리 과정에서 미국의 책임을 회피하기 위해 유연성이 결여된 것이었다면, 1960년대 '불간섭정책'은 공식적으로는 '불간섭'을 표방하면서 한일 간의 의견 차이를 조정하고 양측의 타협을 촉구하는 '촉매' 역할을 한다는, 어떤 의미에서는 적극성을 띤 것이었다. 아울러 미국은 일본 측보다 한국 측에 타협을 요구했고 어떤 경우에는 압력을 가하기도 했다. 그러한 의미에서 1960년대의 '불간섭정책'은 실질적으로는 '간섭정책'이었으며 1950년대의 그것과는 구별해야 할 것이다.

1963년 11월 22일 케네디 암살로 인해 존슨(Lyndon B. Johnson) 정권이 수립되었다. 존슨 정권은 표면적으로는 케네디 정권의 정책을 계승하겠다고 밝혔으나, 대통령 취임연설에서는 미국의 '힘의 외교'를 추진하겠다고 강조하였고 케네디 정권이 지향했던 '평화공존 노선'을 부정하게 되었다.

1963년은 미국에서 정권 교체가 있었을 뿐만 아니라, 베트남문제에서도 큰 전환점이 되었던 해였다. 케네디 정권에서는 남베트남의 정치·경제·사회적 강화라는 로스토우 노선이 추진되었다. 그러나 1963년 군사쿠데타로 인한 남베트남 정권의 전복으로 인해 존슨 정권은 직접적인 군사적 압력을 강화시켰다. 또한 1964년 8월 2일 '통킹만 사건'을 계기로 1965년에 들어가서 북베트남에 대한 폭격을 개시하고, 3월에 해병대를, 7월에 본격적으로 지상부대를 파견함으로써 전쟁을 시작했다.119)

많은 기존 연구가 지적하듯이 미국의 베트남에 대한 군사적 개입이 심화되면서 일본을 비롯한 다른 아시아 제국에 대한 협력체제 구

---

pp. 579~581.
119) 谷川榮彦, 『ベトナム戰爭の起源』, 勁草書房, 1984년, 234~259쪽 ; 李鍾元, 「韓日國交正常化の成立とアメリカ-1960~65年」.

축이 급속히 추진되었다. 한일국교정상화 조기 타결도 그 일환으로써 추진되었다.[120]

한국에서는 1964년에 들어와 3월 1일 야당의원을 중심으로 "대일굴욕외교반대 범국민투쟁위원회"가 결성되는 등, 야당과 지식인들이 '한일조약' 반대운동 전개를 선언하자, 3월 24일부터 학생들도 가세하였고, 서울을 중심으로 대규모 시위가 전개되기 시작했다. 4월 9일 러스크는 맥아더의 장례식 참가를 위해 방미한 최두선 국무총리 등 한국정부 수뇌들과 회담을 가졌다. 그 자리에서 러스크는 학생들의 시위 상황에 대해 질문하는 한편, 한일국교정상화가 더 이상 "지연되면 비싼 비용을 지불해야 한다"고 논평하고, 한국 측이 얻을 경제적 이익 역시 지연될 것이라고 경고했다.[121]

또한 미국의 강경정책은 한일교섭 타결을 추진하는 박정희 정권의 퇴진을 요구하는 6월 3일의 반정부투쟁, 이른바 '6·3투쟁'에서 분명히 나타났다. 6월 3일의 학생 시위는 그 이전의 시위와 달리 학생들이 박정희 정권을 타도할 의사를 분명히 나타낸 최초의 대규모 시위였다. 같은 날 하우즈(Hamilton H. Howze) 유엔군 사령관은 다음과 같은 문서를 러스크에게 보냈다. "오늘 오후 서울에서 많은 학생과 찬동자들이 반정부 시위를 했다. (…) 청와대에서 약 1시간 반 동안 회의가 있었는데 박 대통령은 상황이 매우 심각하다는 의견을 말한 뒤, 미국대사와 나에게 계엄령 선포 의사가 있다는 것을 전하고 한국군 제6사단과 제28사단(서울에서 가장 가까운 위치에 있는 행동 부대)의 출동을 요청"했다. 박정희의 요청은 주한미대사의

---

120) 李鍾元, 위의 논문.
121) "Call on the Secretary by the Korean Delegation to General MacArthur's Funeral", Memorandum of Conversation, April 9, 1964, NSF, Country, Box 254, LBJ Library.

동의를 얻었고, 이전의 러스크의 지침과 일치했기 때문에 그 출동은 허용되었다.

아울러 하우즈는 박정희 대통령이 '민주적인 선거를 통해서 뽑힌 지도자'이며 대중의 지지를 받고 있다고 지적하고, "새로 선출된 이승만에 대해 대중이 매우 큰 분노를 가졌던 1960년의 상황과는 다르다"고 말하고 자신의 판단에 자신감을 보였다.[122] 그날 밤에 서울에 계엄령이 선포되었다.

이와 같은 1964년의 상황 속에서 미국의 한일교섭에 대한 대응은 다음과 같았다. 우선 1964년의 학생들을 중심으로 한 '한일조약' 반대 운동에 대해 박정희 정권의 강경 대응을 지지했다. 둘째, 야당 등의 반대세력에 직접적인 압력을 주었다. 셋째, 일본 측에 '사죄사절단' 파견을 촉구했다. 한일교섭에 대한 미국의 '압력'은 분명히 심화되었다고 말할 수 있다.[123]

그런데 이종원의 연구에 따르면, 8월 17일에 브라운(Winthrop G. Brown) 신임 주한미국대사와 이동원 외무장관은 "한일 간 현안문제의 조기 타결을 성취하기 위해 미국은 가능한 모든 방법으로 이것을 지원한다"고 하는 「공동합의사항」을 발표했다. 이종원은 이것이 한일교섭에 대한 미국의 관여 방침을 공식적으로 표명한 최초의 문서였다고 지적한다.[124] 그러나 1964년 11월 17일에 토쿄의 라이샤워 주일대사가 러스크 국무부 장관에게 보낸 다음과 같은 전보의 내용을 보면, 8월의 「공동합의사항」이 미국의 관여를 공식화했다고는

---

122) Incoming Telegram from CINCUNC Seoul Korea to SECSTATE UCS WASHDC, June 3, 1964, NSF, Country, Box 254, LBJ Library.
123) 李鍾元, 「韓日國交正常化の成立とアメリカ-1960〜65年」.
124) 李鍾元, 위의 논문.

반드시 말할 수는 없는 것 같다.

라이샤워는 "여름과 초가을의 부정적인 분위기는 분명히 적극적인 분위기로 바뀌었다. (…) 또한 사토 수상은, 어쩌면 이케다 수상이 성취하지 못했던 일을 성공시키려고 원하고 있으며 국교정상화를 위한 새로운 열정을 갖고 추진시키고 있다"고 말하고 한일국교정상화는 지금이야말로 이루어져야 하는 시점이라고 지적했다. 그리고 그는 미국이 공식적인 중재자로서 나설 시기가 다가왔다면서, 미국은 한일 양측에 '성실한 친구'로서 대응해 왔으나 교섭에 직접 말려 들어가고 싶지 않았다(왜냐하면 가장 바람직한 타결은 이해 당사국인 한일 양국끼리 해결하는 것이며 미국은 비난을 받고 싶지 않았기 때문이다). 그러나 이제 이러한 태도는 충분하지 못하다는 것이 명확해졌고, "미국은 이 문제에서 한국정부가 학생들과 야당에 과감히 대처하도록 정부를 설득하는 것이 유일한 방법이라고 믿는다"고 암시했다. 만약 위의 시도가 실패하면 미국은 '공식적인 개입을 고려'해야 할 것이며, 라이샤워 본인은 그 '마지막 극단적인 노력'에 동의할 것이라고 말했다.

하지만 러이샤워는 미국의 공식적인 개입은 "일본 측의 관용을 증대시키는 것보다 오히려 축소시키는" 것이 될 것이며 일본 측은 '경제협력'의 측면에서 다협할 용의가 있고, 특히 "과거에 대해 한국에 분명하고 충분한 사과를 할" 준비를 하고 있는데, "미국이 중재자로 나서게 되면 힘들게 될 것"이라고 지적하고 가능하면 공식적인 관여를 피하는 것이 바람직하다고 러스크에게 보고했다.[125]

이 자료에 따르면 미국은 적어도 1964년 11월 17일 시점에서는

---

125) Incoming Telegram from AmEmbassy Tokyo to SecState WashDC, November 17, 1964, NSF, Country, Box 250, LBJ Library.

한일교섭에 공식적으로 간섭하지 않은 것이 된다. 현단계에서는 다른 자료를 확인할 수 없기에 미국의 '불간섭정책'을 더 이상 추적할 수는 없다. 그러나 중요한 것은 미국의 '한일교섭'에 대한 관여의 공식화 유무와 시기를 명확히 하는 것이 아니고, '불간섭정책'의 내용이 어떠한 것이었는가라는 것이다. 앞에서 말했듯이 1960년대 미국의 '불간섭정책'도 1950년대의 그것과는 분명히 다른 것이었으며, 또한 존슨 정권의 '불간섭정책'도 케네디 정권의 그것과는 다른 듯하다. 각각의 시기에 '불간섭정책'의 실태가 어떠한 것이었는가에 대해 해명하는 것이 앞으로의 과제가 될 것이다.

존슨 정권의 '불간섭정책'의 실체가 어떠한 것이었던가에 대해 상세한 것은 앞으로의 연구를 기다려야 하지만, 필자는 현시점에서 6·3투쟁에 대한 대응을 통해서도 명확해진 존슨 정권의 '불간섭정책'은 한일교섭타결을 향해 사실상의 '개입'을 하는 것이었다고 생각한다. 이를 전제로 정리해 보면, 존슨 정권이 한일교섭타결을 향해 사실상의 '개입'을 꾀한 것은 미국이 베트남에서 '미국의 전쟁'을 수행하는 데 있어서 동북아시아 자유진영의 결속, 특히 한일 양국의 정치·경제적 결속이 시급히 필요하게 되었기 때문이었던 것으로 보인다. 또 하나의 이유로 박정희 정권이 미국의 '개입'을 적극적으로 요청했다는 사실도 중요하다. 박정희 정권은 국내의 반대운동을 억제하고 이케다 정권의 소극적인 태도에 압력을 주기 위해서는 미국의 지지가 효과적일 것이라고 생각했다. 또한 한일조약 체결과 베트남 파병에 의한 경제적 효과도 염두에 두고 있었다고 생각된다.

미국의 적극적인 '개입'에 관한 한·미·일 3국의 움직임은 한국의 경제발전이라는 박정희 정권의 '원대한 계획'의 서곡이었다고 말할 수 있겠다.

제5절 한일조약 체결과 비준

한일 양 정부가 '김종필·오히라 합의'를 정식으로 승인하여, 최대 현안인 청구권문제가 사실상 '해결'되었기에 국교정상화 교섭은 급진전되는 듯이 보였다. 그러나 한일조약 체결까지는 2년 반 정도의 시간을 필요로 했다. 교섭 타결이 지연되었던 요인으로는 어업문제, 기본조약문제 등 제 현안에 대한 마지막 조정 작업이 남아 있었다는 점, 이케다 정권이 교섭 타결에 소극적인 자세를 보였다는 점 등을 들 수 있는데, 보다 주된 이유는 1963년부터 1965년까지의 한국 내의 상황이 혼란과 충돌에 휩싸였기 때문이었다.

1963년 한국 국내정세는 불안정한 상황의 연속이었다. 박정희 최고회의 의장은 2월 18일 대통령 선거 불출마 선언, 3월 16일 군정 연장과 야당의 정치활동 금지 성명, 이어서 4월 8일 군정 연장을 묻는 국민투표 9월 실시 및 야당의 정치활동 재개 성명을 발표했다. 정치정세는 바쁘게 움직였다.

또한 1월 1일 민간인의 정치활동이 해금되고, 3월 18일에는 야당이 '한일회담간담회'를 결성하여 박정희 정권이 추진하는 한일교섭을 비판하였다. 또한 7월 23일에는 민정당, 신정당, 민주당, 민우당, 정민당 등 야당 측이 '한일교섭반대 공동투쟁위원회'를 결성하고 한일교섭을 본격적으로 비판하기 시작했다.

그리고 10월 15일에 대통령 선거가, 11월 26일에는 총선거가 실시되었고 그 결과 박정희 후보가 대통령에 당선되었으며, 총선거에서는 민주공화당이 175석 중 110석을 얻어 압승을 거두었다. 5·16 군사쿠데타 세력과 그 비판세력 간의 권력구조에 본질적인 변화는 일어나지 않았으나 두 번의 선거에 의해 군정은 민정으로 이관되었고 국회도 기능을 재개했다. 한일교섭에 대한 논의도 국회와 민간에서 '용공'이 되지 않는 범위 내에서 이루어지게 되었다. 그 결과 야당, 지식인, 학생, 언론을 비롯한 비판세력이 박정희 정권이 추진하는 한일교섭에 대해 저항을 시작할 수 있는 공간이 생기게 된 것이다.

1963년 12월 16일 박정희 대통령은 다시 한국을 방문한 오노 자민당 부총재와의 회담에서 '한일회담의 조속한 타결'이 필요하다는 견해를 피력했다.126) 이에 대해 1964년 3월 9일 야당을 중심으로 한 한일조약반대세력은 '대일굴욕외교반대 범국민투쟁위원회'를 결성하고, "박 정권은 한일회담을 즉각 중지하라, (…) 일본은 반성하라"는 내용의 선언문을 발표했으며,127) 15일부터는 전국에서 연설회를 개최해 "정부의 대일외교는 매국외교"라고 주장했다.128)

학생들은 24일에 '제국주의자 및 민족반역자 화형식'을 거행했고 한일조약 반대 시위를 전개했다. 신문과 잡지도 역시 한일교섭을 추진하는 박정희 정권의 대일정책을 '독선적인 태도', '대일저자세'라고 비판하기 시작하면서, 한일교섭을 중지할 것을 주장했다.129)

박정희 정권은 한일조약 반대운동에 대응해서, 4월 6일에 제6차 회담을 중지하고 5월 9일 정일권 내각을 출범시키며, 한일조약 체결을 위해 체제를 재정비했다. 그러나 5월 20일 학생들은 '한일굴욕외교반대 학생총연합회'를 결성하고 '민족적민주주의장례식 및 규탄

---

126) 「박대통령과 오노 특사와의 면담요록」 1963년 12월 18일, 〈오노 반보꾸(大野伴睦) 일본자유민주당 부총재 박정희 대통령 취임식 참석차 방한, 1963.12.16~20〉, 『한국외교문서』 724.712JA, C-0009, 43.
127) 『경향신문』, 1964년 3월 9일.
128) 『동아일보』, 1964년 3월 21일.
129) 「〈권두언〉 우상을 박멸하라! -굴욕외교에 항거한다」, 『사상계』, 1964년 4월호(긴급증간호) ; 「〈사설〉 정부는 사태를 정시하라」, 『동아일보』, 1964년 3월 25일 ; 「〈사설〉 믿을라는 정부와 믿지 못하는 국민」, 『경향신문』, 1964년 3월 27일.

대회'를 여는 등, 시위는 재차 격화되었다. 이 시위를 계기로 운동의 중심은 일본 비판과 정부의 대일정책 비판에서 박정희 퇴진요구 투쟁으로 바뀌어 가고 있었다.130) 그 후 학생시위는 전국으로 확대되어 6월 2일 학생들은 '박정권 하야'를 외치기 시작했다.131) 다음 날인 6월 3일 약 1만 명의 학생들이 시위에 참가했고, 시위현장의 슬로건은 '박정권 하야'에 집중되었다.132) 이에 정부는 비상계엄령을 선포하고, 폭력으로 한일조약 반대운동을 봉쇄했다.

박정희 정권은 한일조약 조기체결을 위한 여러 선전활동을 시작했다. 민주공화당 선전부는 3월 21일부터 전국 주요도시에서 지방유세에 들어갔으며,133) 『한일국교정상화 문제 – 한일회담에 관한 선전자료 – 보완판』을 발간하고 한일국교정상화의 필요성을 호소했다.134) 또한 4월 7일에는 한국대학생사회문제연구회 주최로 열린 강연회에 참가하여 그 강연회의 내용을 정리한 『한일문제강연집』을 발행하여, 국민을 상대로 한일교섭의 조기타결을 선전했다.135)

동아일보사는 이해 12월 10일부터 15일까지 대일교섭에 관한 여론조사를 실시했다. 그 조사에 의하면 일본과의 국교정상화에 찬성인가 반대인가라는 질문에 대해 찬성이 45%, 반대가 28%, 모르겠다가 27%였다. 국교정상화에 대한 찬성 45%의 내역은 한국정부의

---

130) 6·3동지회, 『6·3학생운동사』, 1994년, 92쪽.
131) 『동아일보』, 1964년 6월 2일 ; 『조선일보』, 1964년 6월 3일 ; 『경향신문』, 1964년 6월 3일.
132) 『조선일보』, 1964년 6월 4일.
133) 『경향신문』, 1964년 3월 21일.
134) 민주공화당 선전부, 『한일국교정상화 문제–한일 회담에 관한 선전자료』 보완판(一), 1964년 3월 10일.
135) 김종필 당의장과 김용식 무임소장관, 정일영 외무차관이 강연했다. 민주공화당 선전부, 『한일문제강연집』, 1964년.

방침이 올바르다가 19%, 야당의 방침이 올바르다가 18%, 모르겠다 가 8%였다. 결국 한국정부의 한일국교정상화 방침의 지지는 19%, 반대는 국교정상화 반대도 포함해서 46%로서, 여론은 박정희 정권 이 추진하는 한일교섭을 지지하지 않았다고 말할 수 있다.136)

　1964년 한일교섭에 관한 또 하나의 동향으로서, 제41·42회 국회 외무위원회에서 개인보상문제에 관한 주목할 만한 의논이 있었던 것을 들 필요가 있다. 이 외무위원회에서는 4월 16일부터 5월 12일 까지 4회에 걸쳐 '대일보상금청구에 관한 청원'이라는 안건이 심의 되었다. 서민호 의원 등의 소개로 '사단법인 범태평양동지회 준비위 원회'(대표이사: 공성규)가 국회에 낸 청원서를 근거로 외무위원회 가 이 의제를 심의하게 되었다.137) 제1장에서 말했듯이 제헌국회에 서도 피해자 단체가 제출했던 청원서에 대한 심의가 있었지만, 청구 권문제에 대해 집중적으로 심의되었던 것은 이번이 처음이었다. '사 단법인 범태평양동지회 준비위원회'가 제출했던 청원서의 내용에 대해서는 제5장에서 상술하는 것으로 하고 여기서는 외무위원회가 청구권문제를 어떻게 심의했는가를 검토해 보고자 한다.

　제41회 국회의 제7차(4월 16일), 제8차(4월 18일) 외무위원회에 서의 심의 결과, '범태평양동지회 준비위원회'가 제출했던 청원내용 에 '확실한 증거'가 없고, 다시 자료조사가 필요하다는 의견이 나와, 외무위원회 내에 소위원회를 구성하여 상세한 조사와 검토를 한 후 에 재차 외무위원회에서 논의하고 필요하다면 정부에 건의하기로 했다.138)

　소위원회는 강문봉 의원을 위원장으로 하여 박현숙, 김성용, 현진

---

136) 『동아일보』, 1965년 1월 11일, 1월 19일.
137) 『제41회 국회외무위원회회의록』 제8호, 국회사무처, 1964년 4월 16일.
138) 『제41회 국회외무위원회회의록』 제8호, 국회사무처, 1964년 4월 18일.

봉, 이만섭 의원 등으로 구성되어 5월 6일과 7일에 열렸다. 심의 결과 11일의 외무위원회에서 정부 측의 관계국장으로부터 증언을 청취하고 처리방안을 제시하기로 하였다. 11일의 외무위원회에서는 강문봉 위원장이 소위원회의 심의 결과를 보고한 후, 유덕준 교통부 해운국장, 김원기 재무부 이재국장, 방문기 체신부 우편국장, 이재설 재무외환국장, 남봉진 내무부 지방국장, 김원규 보건사회부 사회국장, 황호을 외무부 아태국장 등이 답변했다. 그들 정부 실무담당자가 답변한 내용을 정리해 보면 다음과 같다.

첫째, '국채, 일본은행권, 개인의 여러 가지 채권, 공채, 사채, 보험금, 우편대체저금, 우편저금, 연금' 등에 대해서는 한국정부가 "증빙서류를 보유하고 있다"고 답변하고, 제6차 교섭에서 일본 측에 제출했던 금액을 제시하면서 설명했다.

둘째, 청구권의 근거가 되는 증거서류가 존재하지 않는 것도 있다고 했다. 예를 들면 군인·군속에 대해서는 "정확한 숫자를 파악할 수 없지만" 미군정하의 1946년 3월부터 9월까지 보건사회부에 등록된 노동동원 등에 의한 노무자 또는 사망자의 수가 있다. 그것에 의하면 노무자는 105,551명, 사망자는 1,263명이었다. 이와 같은 숫자는 "일본에 징용되었다든지 사망했던(사람 - 인용자) 숫자와는 상당히 거리가 있다고 상식적으로 판단되었기에 일본관계 자료와 미국관계자료 등을 총합하여 (…) 교섭을 우리들에게 유리하게 하기 위해 상당히 많은 숫자를 제시했다." 그리고 제6차 교섭 시에 일본 측에 제시되었던 인원 수가 그 자리에서 제시되었다.

셋째, 개인보상문제의 대책에 대해서는 충분히 검토되어 있지 않다는 것이었다. 김원기 재무부 이재국장은 특별한 대책은 없고 앞으로 연구해야 한다고 말했고, 이재설 재무부 외환국장은 실무 레벨에서 검토되어 있지만 한일교섭이 타결되기 전에 공표하는 것은 적당하지 않다며 논의를 피했다. 황호을 외무부 아태국장은 전 국민이 받아야 할 '과거에 대한 보상'이기에 "국민전체의 이익에, 경제에 필요한 이익이 되는 부문에 이것을 사용"할 것인가, 개인의 청구권을 하나하나 조사하여 개인에 지불할 것인가에 대해, "앞으로 청구권문제가 타결된 후 정부에서 협의하여 정책적으로 결정해야 할 문제"이고, 개인청구권 문제의 해결은 앞으로의 과제라고 증언했다.139)

위와 같은 설명을 청취한 강문봉 위원장은 "정부의 각 부서가 대일청구권 문제에 관한 준비를 전혀 하지 않고, 또한 정부관계부서 간의 협조도 전혀 되어 있지 않다"고 비판하고, 개인청구권 문제를 해결하기 위해 정부 내에 전문기관을 설치할 것을 제안했다. 하지만 위원장은 다음 날 열린 제42회 국회 제2차 외무위원회에서 다음과 같은 '심의결과'와 세 가지 처리 방안을 제시하는 것에 그쳤다.

> 본 청원 내용은 청원당사자 또는 정부관계관이 제언했듯이 정확한 숫자적 조사는 거의 불가능하다고 사려되지만, 진정사유자체에 대해서는 충분한 이유가 있다고 판단되어 본 청원의 판단 방안으로써 다음과 같은 의견을 정부에 이송할 것을 의결했다.
>
> 1. 정부는 제2차 세계대전 시 일본국에 징용된 한국인의 미수노임 또는 보상금만이 아니라 한국법인 및 자연인의 일본국에 대한 유가증권 등(일본국채공채, 우편저금, 대체저금, 위체 저금, 저축채권, 간이생명보험)의 실체를 파악하고, 이것에 관한 처리방책을 수립할 것.
> 2. 일본의 후생성에 보관되어 있다고 하는 제2차 세계대전 시 희생이 되었던 동포의 유골 및 남양제도에 산재한다

---

139) 『제41회 국회외무위원회회의록』 제8호, 국회사무처, 1964년 5월 11일.

고 하는 동포 유골의 소재 상황을 확인하고 이것을 유족
에게 건네는 방책을 강구할 것.
3. 세계적십자사를 통해 구소련에 억류되었던 동포의 명부
를 파악하고 그들의 귀국, 구출을 위해 노력할 것.140)

개인보상문제에 대해서 외무위원회에서 정부에 그 실태 파악과
대책 수립을 촉구하는 토의가 이루어진 것은 주목할 만하지만, 토의
결과 그 전날 강문봉 위원장이 제시했던 제안의 내용에서는 후퇴한
것이었다. 즉 이날 외무위원회에서 강문봉 위원장이 개인보상문제
를 해결하기 위해 특별기관의 설치를 요구하지 않고 정부에 일임하
겠다고 부언했던 것, 또한 토의 결과 국회 본회의에 상정하여 조
사·심의·결의하지 않고 직접 외무위원회로부터 정부에 건의한다
는 '비공식'적인 처리방안이 결정됨으로써, 정부에 대한 건의가 대단
히 미약한 것이 되었던 것이다.

그 이유는 개인보상문제를 국회에서 공식적으로 논의하게 되면,
한국 측이 "한일회담에 있어서 아무런 준비가 되어 있지 않다는 것
이 만천하에 드러나게 되[고], 국가적인 이익이 저해된다"고 외무위
원장이 판단했기 때문이었다. 거기에는 대일외교를 불리한 상황으
로 몰아, 국내의 한일조약반대운동을 자극할지도 모른다는 국회의
원들의 기우가 들어 있었다. 그리고 무엇보다도 국회에서 개인보상
문제가 '국가적 이익'으로써 우선적으로 해결되어야 할 문제가 아니
었다는 사실이 외무위원회에서의 결의를 미약한 것으로 만든 최대
원인이었다고 말할 수 있다. 이렇게 하여 개인보상문제에 대한 국회
심의가 끝이 났다.

그런데 1964년 11월 9일 탄생한 사토 에이사쿠(佐藤榮作) 내각은

---

140) 『제41회 국회외무위원회회의록』 제8호, 국회사무처, 1964년 5월 12일.

한일국교정상화 조기 타결에 적극적인 자세를 보였다. 다음 해인 1965년 1월 12일 사토 수상은 존슨 대통령과 회담하면서, 안전보장 면에서 한일정부가 협조할 필요가 있다고 강조했다. 사토 정권은 미국이 베트남 전쟁에 깊이 개입하기 시작하는 시점에서 한일교섭 조기타결에 합의했던 것이다. 또한 오키나와 조기반환을 겨냥해 미국 측으로부터 어떤 형태로든지 확약을 받고자 했던 사토 정권은 한일국교정상화 촉진으로 대미교섭을 유리하게 추진할 수 있다고 생각했다.141) 한편 한국 측은 시이나 에츠사부로(椎名悦三郎) 외상의 방한을 요청함으로써 사토 정권의 적극적인 자세를 환영했다. 이러한 상황을 배경으로 1965년 한일교섭은 급진전되었다.

    1964년 12월 3일 마지막 한일교섭인 제7차 회담이 토쿄에서 시작되었다. 한국 측 수석대표는 10월 12일에 주일대표부 대사에 임명된 김동조가 맡았다. 일본 측은 당초 제6차 교섭에 이어 스기가 수석대표가 되었지만, 그가 12월 14일에 사망했기 때문에 1965년 1월 6일 타카스기 신이치(高杉晋一, 미츠비시전기 상담역, 미츠비시경제연구소 이사장, 경단련 경제협력위원장)가 새로 취임했다. 이 제7차 교섭에서 한일 쌍방은 기본조약 등의 여러 현안을 가조인한 뒤에 정식 조약을 체결한다는 분할조인방식을 채용했다.

    취임한 지 얼마 안 된 타카스기 대표는 7일 외무성에서 행한 기자회견에서 일본의 식민지 재배는 "선의로 했다", "좋은 일을 하려고 했다"는 등의 발언을 했다. 소위 '타카스기 발언'의 내용은 『동아일보』와 일본의 공산당 기관지인 『아카하타(赤旗)』에 실렸고, 한일 양측에서 비판이 거세졌지만 양국 관료의 이면 공작으로 봉쇄되었다.142) 또한 제7차 교섭에서는 2월 17일의 시이나 외상의 방한에

---

141) Jiyul Kim, Ibid, p.132.
142)『赤旗』, 1965년 1월 10일, 1월 17일, 1월 21일 ; 『동아일보』, 1965년

맞추어서 양측의 관료가 기본조약의 내용에 대한 검토 작업을 진행시켰다.

1965년 1월 25일 한국 외무부는 김동조 주일대사에게 기본조약문제에 대해 훈령을 보냈다.[143] 이 훈령에 의하면 기본조약에 관한 한일 간의 쟁점은 '한국정부의 유일합법성 확인 조항'과 '1910년 이전의 조약·협정 무효확인 조항'이었다는 것을 알 수 있다.

'한국정부의 유일합법성 확인 조항'에 대해서 한국 측의 교섭 목표는, "대한민국 정부가 한반도에 있어서의 유일한 합법정부라는 사실을 확인하는 취지를 협정 내에 삽입하도록" 하고, "유엔 결의 195(Ⅲ)와 평화조약 제2조 (a)는 언급하지 않도록" 할 것, 혹은 "유엔 결의 195(Ⅲ)만을 언급하되, 동 결의의 동 내용을 인용하지 않는 표현(예: 유엔결의 195(Ⅲ)에서 대한민국 정부가 유일한 합법정부임을 선언하고 있음에 비추어)을 사용하기로 할 것" 등이었다.

여기서 제시된 '유엔 결의 195(Ⅲ)'라는 것은 1948년 12월 12일에 국제연합 제3회 총회에서 결의되었던 「국제연합 총회결의 제195호(Ⅲ)」를 가리키고, 그 개요는 한국이 북위38도선 이남의 지역에서 이루어진 선거에 의해 수립된 유일한 합법정부인 것을 유엔 연합회가 선언했던 것이다.[144] 제5장에서 상세히 다루겠지만, 그것은 어

    1월 19일, 1월 20일. 한일교섭수석대표회의 석상에서 타카스기는 "전해진 보도는 전혀 사실 무근"이라고 말하고, '타카스기 발언'을 부정했다(『赤旗』, 1965년 1월 22일). '타카스기 발언'에 대해서는 제5장 및 다음 문헌을 참조. 高崎宗司, 앞의 책, 160~163쪽 ; 이원덕, 앞의 책, 257~260쪽.

143) 「65년 회담 속개에 관한 훈령(1965.1.25)」, 이도성 편저, 앞의 책, 272~280쪽.
144) 祖川武夫, 「日韓諸協定の法的フォミュレーションの檢討」, 『法律時報』 제435호, 1965년 9월.

디까지나 38도선 이남에 한정된 것으로써 한국정부가 한반도의 유일한 합법정부인 것을 선언한 것은 아니었다.

또 하나의 쟁점이었던 '1910년 이전의 조약·협정 무효확인 조항'의 교섭 목표는 다음과 같은 것이었다. 조약 명칭을 「대한민국과 일본국 간의 기본조약」으로 하는 것이 최선이지만, 「대한민국과 일본국 간의 기본관계조약」으로도 할 수 있다. 또한 이와 관련해서 '과거 청산과 1910년 8월 28일 이전의 조약 또는 협정의 무효확인'에서는 "과거관계의 청산에 관하여 본문 또는 전문에서 간단히 언급되도록 노력"한다. 예를 들면 '〈새로운 관계의 수립〉 앞에 적절한 문구를 삽입하는 방법'을 고려할 수 있으며, "〈당초부터〉라는 어구는 반드시 규정되지 않아도 가하나 내용으로서 이를 견지하고 그러한 조약 또는 협정이 무효하는 확인조항(예컨대 (…) are null and void)"을 두도록 하는 것은 어떤가 하는 점이었다.

이 '무효확인 조항'은 1952년에 열린 제1차 교섭에서 한국 측이 제시한 조항으로 계속 보류 상태에 놓여 있었지만, 제7차 교섭에서 한국 측이 다시 제기하게 되었던 것이다.

2월 15일에 있었던 주일대표부의 보고에 따르면, 이날 교섭에서 한국 측은 예정대로 '한국정부의 유일합법성 확인 조항' 문제에서는 한국이 "유엔 결의에서 선언된 바와 같이 유일 합법 정부(The only lawful Government in Korea as declared in the Resolution)"임을 주장했다. 또한 '무효확인 조항'에서 "무효이다(are null and void)"라는 어구를 반드시 삽입할 것을 강력하게 주장했다.[145]

이에 일본 측은 처음에는 한국 측의 주장에 반발했으나 그 후 타

---

145) 「시이나 방한에 따른 의견상신(1965.2.15)」, 이도성 편저, 앞의 책, 296~300쪽.

협안을 제시했다. 그 타협안에 따르면, '한국정부의 유일합법성 확인 조항' 문제에서는 "유엔 결의 195(Ⅲ)가 의미하는 범위에 있어서 유일한 합법정부임을 확인한다(the only lawful Government in Korea within the meaning of the Resolution)", 혹은 "유엔 결의 195(Ⅲ)에서 선언된 바와 같은 합법정부임을 확인한다(is such only lawful Government in Korea as declared)"라고 서술하는 안을 제시했다. 또한 '무효확인 조항'에 대해서는 "무효가 되었다(have become null and void)"고 표기할 것을 제안했다.

그러나 양측은 이 두 가지 쟁점에 합의를 보지 못한 채, 이동원·시이나 외상회담을 개최하게 되었다. 2월 17일 시이나 외상은 김포공항에서 "양국 간의 오랜 역사 중에 불행한 기간이 있었던 것은 참으로 유감스러운 일로서 깊이 반성"한다고 말하고 일본정부의 외상으로서 과거사에 대해 처음으로 '반성'의 뜻을 표명했다.[146] 이에 이동원 외무장관은 "한일 양국이 불행하였던 과거를 깨끗이 청산하고 신의와 신뢰에 입각한 영속적이고, 새로운 우호관계를 수립할 수 있는 계기를 마련할 수 있게 되기를 기대"한다고 화답하며, 시이나 성명을 환영했다.

다음 날인 18일 외상회담에서 한국 측은, '한국정부의 유일합법성 확인 조항' 문제에서는 "유엔총회에서 채택된 결의 195(Ⅲ)에서 명시된 바와 같이 대한민국 정부가 한반도에 있어서 유일한 합법정부임을 확인한다(the only lawful Government in Korea as specified in the Resolution 195(Ⅲ)"고 표현하고, '무효확인 조항' 문제에서는 "이미 무효이다(are already null and void)"라고 표기하는 '타협

---

[146] 「외무부의 시이나 방한 결과 종합보고(1965.3.20)」, 이도성 편저, 위의 책, 306쪽.

안'을 제시했다.147) 일본 측은 이 '타협안'을 받아들였고, 2월 20일 기본조약이 가조인되었다.

한일 두 정부는 '한국정부의 유일합법성 확인 조항'과 '무효확인 조항'의 내용을 애매하게 처리함으로써 서로 자국에 유리하게 해석할 수 있도록 했다. 결국 기본조약 타결 과정은 두 가지 논쟁점을 얼마나 두 가지 해석이 가능한 방법으로 처리할 것인가를 양측 관료가 고심해서 고안한 교섭이었다.

한편 한일 양국은 3월 말경에 '재산청구권·경제협력협정'과 '어업협정', '재일한국인 법적지위 협정'등의 일괄타결을 위한 마지막 협상에 들어갔다. 그중에서 재산청구권 및 경제협력협정에 관한 협정문 작성 작업에서는, '김종필·오히라 합의'에서 청구권문제의 틀에 대해 이미 타결한 상태에 있었기 때문에, 제6차 교섭 제2차 정치회담 예비절충에서 보류되었던 협정의 명칭과 명목문제, 민간 베이스 '경제협력'의 금액 확정문제가 쟁점이 되었다.

3월 23일 이동원 외무부 장관이 방일하여 직접 교섭에 참여했다. 25일 외무성에서 청구권문제에 관한 외상 회담이 열렸는데, 이 회담에서 한국 측은「재산청구권 문제 해결에 관한 합의 사항(안)」을 일본 측에 제출했다.148) 그 골자는, "대한민국의 대일청구권 문제를 해결하고 양국 간의 경제협력을 증진하기 위하여 일본국은 가. 무상 3억 달러, 나. 정부차관 2억 달러, 다. 상업차관 ( )억 달러, 라. 어업협력차관 ( ) 9,000만 달러를 대한민국에 제공한다", "이상으로 대한민국과 일본국 간의 청구권은 완전히 그리고 최종적으로 해결된 것으로 한다"는 것이었다. 또한 한국 측은 이전부터 민간 베이스의

---

147) 이원덕, 앞의 책, 267쪽.
148) 「청구권문제에 관한 외상 회담 중간 결과보고(1965.3.25)」, 이도성 편저, 앞의 책, 356~358쪽.

'경제협력'의 증액을 요구했는데,149) 이 회담에서도 증액을 요구한 것으로 보인다.

이에 대해 일본 측은 26일 외상 간의 비공식 회담에서 「한일 간에 청구권문제 해결에 관한 이・시이나 장관 간에 의견의 일치를 본 내용」을 제시했다.150) 그 내용을 보면, "1. 무상 경제협력 ① 금액: 총액 3억 달러 ② 기간: 10년 균등 (…), 2. 유상 경제협력 ① 금액: 총액 2억 달러 ② 기간: 10년, (3) 조건: 가. 금리: 3.5% 나. 상환기간: 7년 거치 기간을 포함한 20년"이었으며, '3. 통상의 민간차관'의 금액에 대해서는, "통상의 민간차관의 성격상 차관 총액의 최하한 및 최상한을 규정하지 않는 것이 원칙이지만 일본국으로서는 결과적으로 3억 달러 이상에 달하는 것에 이의가 없음. 동 차관은 어업협력을 위한 민간차관의 합의 금액 9,000만 달러를 포함하고, 또한 한국의 경제개발5개년계획에 따라서 한국 측이 제시할 프로젝트를 고려에 넣은 것"이라고 기술했다. 사실상 한국 측의 민간 '경제협력'의 금액 증액 요구를 받아들인 것이었다.

그리고 4월 3일 이동원 외무장관과 시이나 외상은 다음과 같은 사항에 합의했다.151) "1. 무상제공(생산물 및 용역), 총액 3억 달러

---

149) 예컨대 1965년 2월 17일 정일권 총리는 시이나 외상과의 면담에서 "〈김・오히라 합의〉를 백지화하라고 요구"하는 반대운동에 대치할 수 있는 "기술적인 수단"으로서, "〈김・오히라 회담〉을 통하여 합의된 청구권 액수 중 〈1억 달러 이상〉에 관련하여 일측이 한국 경제건설에 필요한 상업차관은 적극적으로 제공하겠다는 태도를 취하고 한국이 요청하는 공장시설 등을 1억 달러 외에 2.5억 또 3억 달러까지 제공하겠다고 약속하는 방법을 생각할 수 있다"라고 말하고 "일측의 배려"를 요청했다(「외무부의 시이나 방한 결과 종합보고(1965.3.20)」, 이도성 편저, 위의 책, 309쪽).
150) 「청구권문제에 관한 외상 회담 합의 결과(1965.3.27)」, 이도성 편저, 위의 책, 359~360쪽.

2. 장기저리차관(경제협력기금에 의한), 총액 2억 달러, (…)", 민간 베이스의 '경제협력' 문제는 "3. 민간신용제공(상업베이스에 의거한 통상의 민간신용제공), ① 민간신용제공 총액은 3억 달러 이상에 달하는 것으로 기대된다 ② 어업협력을 위한 민간신용제공 9,000만 달러 및 선박 도입을 위한 민간 신용제공 3,000만 달러는 상기 ①에 포함된다."

또한 '5. 청구권의 해결'로서, "관계협정의 성립 시에 존재하는 한일 양국 및 양국민의 재산과 양국 및 양국민 간의 청구권에 관한 문제는 샌프란시스코평화조약 제4조에 규정된 것을 포함하여 완전히, 그리고 최종적으로 해결된 것으로 한다"고 규정되었다.

이상과 같이 외상 간 합의 요점은 민간 베이스의 '경제협력' 금액이 '3억 달러 이상'으로 결정되었던 것, 청구권문제가 "완전히, 그리고 최종적으로 해결된 것으로 한다"라는 표기가 확정된 것이었다.

청구권문제에 관련해서는 4월 13일 수석대표회담에서, '청구권 및 경제협력 위원회'의 운용과 청구권의 법적 문제에 관한 토의가 있었다. 한국 측은 "이 토의는 〈이·시이나 합의사항〉의 테두리 내에서 토의되어야 할 것이며, 한국정부로서는 지금까지의 토의 결과로서 문제가 해결된 것으로 보는 만큼 일본 측으로서도 앞으로 새로운 문제를 제기하여서는 안될 것"이라고 일본 측에 강조했다. 이에 일본 측은 "협정 체결 이후에 청구권에 관련된 법적 문제가 다시 제기되고 또한 재판문제 같은 것이 발생하지 않도록 하기 위하여 문제점을 사전에 명백히 하고 넘어가려는 것뿐이며, 새로운 문제를 제기할 의도는 없다"고 말했다.[152]

---

151) 「한일 간 청구권 해결 및 경제협력에 관한 합의사항 보고(1965.4.3)」, 이도성 편저, 위의 책, 362~364쪽.
152) 「제11차 수석대표회담 결과보고(1965.4.13)」, 이도성 편저, 위의 책,

타카사키도 지적하듯이, 일본 측은 개인보상을 하지 않는 대신에 '경제협력'을 함으로써 앞으로 개인보상을 요구하는 재판이 일어날 것을 방지하기 위해 청구권문제가 '청구권 및 경제협력 위원회'에서 분명히 규정될 것을 요구했다.[153]

그러나 이후 사무적 수준의 교섭에서는, 협정의 명칭과 기본적 성격에 대한 논쟁이 한일조약체결 직전까지 계속되었다. 5월 20일의 '청구권 및 경제협력 위원회'에서 일본 측은 "청구권 및 경제협력에 관한 협정이라는 형식으로 될 것으로 생각은 하지만 한국에 대한 우리 측의 제공은 어디까지나 배상과 같이 의무적으로 주는 것이 아니라 그것보다는 '경제협력'이라는 기본적인 사고를 가지고 있다"고 말하고 '경제협력'이라는 점을 강조했다.

이에 대하여 한국 측은 2월의 '이동원 · 시이나 합의 사항'이 특정의 명칭문제에 관한 장기간에 걸친 논의의 최종 결론이라고 지적하고, "〈이 · 시이나 합의사항〉을 보면 청구권 및 경제협력이라고 되어 있어서 경제협력이라는 것에 청구권적인 성격이 엄연히 표현되어 있다"고 반론하고 '청구권'이라는 명칭을 반드시 삽입할 것을 요구했다.[154]

또한 6월 2일의 '제1차 과장급 전문가 회의'에서 일본 측이 「무상의 경제협력의 실시에 관한 협정」으로 할 것을 제안하자, 한국 측은 「청구권 해결 및 경제협력」 협정으로 해야 한다고 반론했다.

이 이상 그 후의 논쟁을 추적할 수는 없지만 최종적으로 「대한민국과 일본국 간의 재산 및 청구권에 관한 문제의 해결과 경제협력에

    365쪽.
153) 高崎宗司, 앞의 책, 170쪽.
154) 「청구권 및 경제협력 위원회 제6차 회의록(1965.5.20)」, 이도성 편저, 앞의 책, 372~384쪽.

관한 협정」이 되었다. 또한 개인보상을 포함한 법적 문제에 대해서는, 협정 체결의 앞날인 6월 21일, 청구권 및 경제협력 협정 제2조에 관한「합의 의사록」(g)항에서 개인청구권을 포함하는 "한국의 대일청구권(소위 8항목)"이 "완전히 그리고 최종적으로 해결된" 것을 확인했다.155) 명칭문제에서는 일본 측이 양보했지만 청구권의 법적 문제에서는 일본 측의 의지가 관철되었다고 말할 수 있다.

이리하여 1965년 6월 22일 기본조약과 네 개 협정이 체결되었다. 우선「대한민국과 일본국 간의 기본관계에 관한 조약」(이하, 기본조약)은 다음과 같다.

전문은 한일 양국의 "국민관계의 역사적 배경과 선린관계 및 주권의 상호 존중의 원칙에 입각한 양국관계의 정상화"와 "복지와 공통의 이익의 증진, 그리고 국제 평화와 안전을 위해 양국이 (…) 긴밀히 협력하는 것이 중요하다"라고 되어 있을 뿐이다.

제2조는 "1910년 8월 22일 및 그 이전에 대한제국과 대일본제국 간에 체결된 모든 조약 및 협정이 이미 무효임을 확인한다"고 규정했다. 앞에서 말했듯이 "이미(일본어로는 もはや, 영어로는 already)"라는 표현을 사용함으로써 한국정부와 일본정부는 서로 다르게 해석하고 국민에게 설명했다.

제3조는 "대한민국 정부가, 국제연합 총회의 제195(Ⅲ)호에 명시된 바와 같이, 한반도에 있어서의 유일한 합법 정부임을 확인한다"고 규정했으며, 이 조문도 역시 한일 두 정부가 서로 다르게 해석하고 국민에게 설명하게 되었다.

다음으로「재산 및 청구권에 관한 문제의 해결과 경제협력에 관

---

155)「재산권에 대한 최종 합의사항 보고(1965.6.21)」, 이도성 편저, 위의 책, 384~387쪽.

한 협정」은, 1962년의 '김종필·오히라 합의'를 바탕으로 직전까지 계속된 교섭에서 조정된 결과로 정리된 것이다. 제1조 (a)에서 일본이 한국에 "3억 아메리카 합중국 달러과 동등한 일본엔의 가치를 가지는 일본국의 생산물 및 일본인의 용역을 (…) 무상으로 제공"하고, (b)에서 "2억 아메리카 합중국 달러과 동등한 일본엔의 액수에 달하기까지의 장기 처리의 대부"를 '해외경제협력기금'에 의해 '일본국의 생산물 및 일본인의 용역'으로 제공할 것을 규정했다.

또한「상업상의 민간신용 제공에 관한 교환공문」의 「일본 측 서간」에서, "3억 아메리카 합중국 달러의 액수를 초과하는 상업상의 기초에 의거한 통상의 민간 신용 제공이 (…) 대한민국의 정부 또는 민간에 대해 행하여질 것으로 기대된다"고 규정했다.

그리고 제2조 1항은 "양 체약국은 양 체약국 및 그 국민(법인을 포함함)의 재산, 권리 및 이익과 양 체약국 및 국민 간의 청구권에 관한 문제가, 1951년 9월 8일에 샌프란시스코에서 서명된 일본국과의 평화조약 제4조 (a)에 규정된 것을 포함하여, 완전히 그리고 최종적으로 해결된 것이 된다는 것을 확인한다"고 규정했다.

이 2조의 내용과 관련하여, 「재산과 청구권 및 경제협력에 관한 협정에 대한 합의 의사록」 2. (g)는, "동조 1에서 말하는 완전히 그리고 최종적으로 해결된 것으로 되는 양국 및 국민의 재산, 권리 및 이익과 양국 및 국민 간의 청구권에 관한 문제에는, 한일회담에서 한국 측으로부터 제출된 '한국의 대일 청구 요강'(이른바 8항목)의 범위에 속하는 모든 청구가 포함되어 있고, 따라서 동 대일청구 요강에 관하여는 어떠한 주장도 할 수 없게 됨을 확인하였다"고 규정했다.

후일 일본정부는, 식민지 지배와 전쟁으로 피해를 입은 모든 개인의 보상요구에 대해 이 부분을 근거로 "완전히 그리고 최종적으로 해결"되었다고 주장하게 되었다.

이렇게 한일 간의 최고 국제법규인 한일조약에는 식민지 지배·전쟁의 피해에 대한 사죄와 보상문제가 일체 표현되지 않았다.

한편 한국 내에서는 한일조약이 조인되자 조인과 비준에 대한 반대운동이 전개되었다. 한일조약 반대운동의 논리에 대해서는 다음 장에서 자세히 논하기로 하고 여기서는 어떤 운동이 일어났는지, 그 개략을 기술하고자 한다. 우선 『동아일보』는 6월 25일부터 「현해탄에 물결 높다 – 한일협정조인 뒤에 오는 것」을,156) 『조선일보』는 7월 4일부터 「그대로 비준될 수 없는 한일협정의 중대 결함」을 연재157)하는 등, 주요 일간지가 한일조약 조인을 비판하고 그 비준을 경계하는 논진을 폈다. 또한 당시의 대표적인 종합잡지인 『사상계』는 7월 13일 긴급증간호를 발행하여 "한·일협정 조인을 폐기하라"고 주장했다.158)

7월 1일, 기독교 목사 교역자 166명이 한일조약 비준 거부를 호소하는 성명을 발표하였고,159) 9일 재경(在京) 문학인 82명과 역사교육연구회, 역사학회, 한국사학회가 각각 성명서를 발표하고 "악조약(惡條約)의 즉각 파기"와 비준 거부를 선언했다.160) 이어서 12일에

---

156) 『동아일보』, 1965년 6월 25일~7월 13일.

157) 『조선일보』, 1965년 7월 4일~7월 8일.

158) 「〈권두언〉 한·일협정 조인을 폐기하라」, 『사상계』, 1965년 7월 13일(긴급증간호).

159) 기독교목사교역자 「성명서(1965.7.1)」, 『크리스챤신문』, 1965년 7월 ; 『사상계』, 1965년 7월 31일(긴급증간본). 한경직, 김재준, 강원룡, 박형규, 함석헌 등의 목사와 교역사 166명이 서명했다. 또한 이 성명은 주요 일간지에도 게재되었다(『조선일보』, 1965년 7월 3일).

160) 『조선일보』, 1965년 7월 10일 ; 『사상계』, 1965년 7월 13일(긴급증간호). 역사학회의 성명서 발표경위에 대해서는 김성준, 「역사관계학회의 한일협정비준반대성명회고」(『근현대사강좌』 제6호, 1995년 2월)를

는 서울시내 18개 대학의 교수 344명이 「한일협정 비준반대 선언」을 발표, '불평등협정' 거부를 선언했다.161) 또한 '조국수호 국민협의회'가 결성되고 '국회비준저지와 협정의 폐기'를 위해 노력할 것을 결의했다.162) 8월 말에 대학이 개강하자, 학생들도 비준 무효를 외치고 시위를 전개했다. 그러나 정부는 8월 26일 위수령(衛戍令)을 발동하여 비준 반대운동을 진압했다.163)

7월 12일, 제51회 임시국회가 개회되었다. 이 임시국회에서 한일조약 비준문제가 토의되었지만, 야당의 저항으로 7월 21일에 폐회되었다. 그 후 임시국회는 29일에 재개되었는데, 31일 민주공화당과 민중당 등 국회의원 28명으로 구성된 '한일 간 조약과 제협정 비준동의안 심사특별위원회'가 설치되었다.164) 이 특별위원회에서 한일조약의 비준문제가 토의되었지만, 충분한 토의가 이루어지지 않은 채, 8월 11일에 여당 의원의 찬성다수로써 비준 동의안이 가결되었으며, 8월 13일 본회의에 상정되었다.165) 다음 날 14일 여당인 민주공화당은 단독으로 본회의를 개최하여 출석의원 111인 가운데 찬성 110, 기권 1로써 비준서를 가결했다.166)

참조.

161) 재경대학교수단, 「한·일협정비준반대선언(1965년 7월 12일)」, 『사상계』, 1965년 7월 13일(긴급증간호). 한흥수의 연구에 의하면 당시 연세대학교 정치외교학과 서석준 교수가 이 선언문을 기초했다고 한다(한흥수, 「1965년 한일협정비준반대운동 석산서석준」, 『석산서석준박사고희기념문집』, 석산서석준박사고희기념문집위원회, 1981년 ; 『조선일보』, 1965년 7월 13일).
162) 『동아일보』, 1965년 7월 31일.
163) 『조선일보』, 1965년 8월 25일.
164) 『제52회 국회회의록』 제2호, 국회사무처, 1965년 7월 31일.
165) 『제52회 국회회의록』 제11호, 국회사무처, 1965년 8월 13일.
166) 『제52회 국회회의록』 제12호, 국회사무처, 1965년 8월 14일.

한편 일본에서는 10월 5일에 제50회 임시국회가 개회되었다. 26일에 국회는 '중의원 일한특별위원회'를 열었고 한일조약비준 문제의 검토에 들어갔다. 야당의 저항이 있었으나 11월 6일 '한일조약안건'에 대한 채결(採決)을 강행했고, 11월 12일 중의원 본회의에서 이것을 가결시켰다. 참의원에서도 채결이 강행되었고, 12월 11일 참의원 본회의에서 한일조약은 비준되었다.

이로써 1965년 12월 18일, 한일 두 정부는 서울에서 비준서 교환식을 열었고, 한일조약은 발효되었다.

제5장

한일조약을 둘러싼 한국 내의 갈등

제1절 박정희 정권의 한일조약 체결 논리

1. 한국 측 수석대표의 논리 – 배의환과 김동조

박정희정권은 한일조약을 체결하고, 한일국교정상화를 달성했다는 점에서, 해방 후 한일교섭사 중 가장 주목받아야 할 정권이라는 점에는 의심의 여지가 없다. 따라서 이 박정희 정권하에서 이루어진 제6·7차 한일교섭도 중요하다고 할 수 있다. 제6차 교섭은 한일조약의 핵심부분인 청구권문제의 틀에 합의한 교섭이었다. 또한 1964년 한일조약 반대운동으로 제6차 교섭이 중단되었지만, 그해 12월에 시작한 제7차 교섭은 14년에 걸친 한일교섭에 종지부를 찍는 것이었다.

제4장에서는 주로 박정희 정권하에서 이루어진 한일교섭의 경위

〈박정희 정권의 한일교섭 대표〉

	수석대표	대표	기타
제6차 회담 (1961.10 ~1964.4)	배의환 (차석대표: 이동환, 고문: 이한기)	이상덕, 김윤근, 이천상, 김재천, 고범준, 이홍직, 황수영, 지철근, 홍승희, 정태섭, 정일영, 전상진, 이규성, 김명년, 박동섭, 윤기선, 문철순, 문인구	최덕신, 김종필, 박태준, 김용식, 원용석
제7차 회담 (1964.12 ~1965.6)	김동조	문철순, 방 희, 이규성, 연하구, 이경호, 이봉래, 김명년, 김영준, 전상진, 이상덕, 김봉은, 이홍직, 황수영	이동원, 차균희

출전: 대한민국 정부, 『한일회담백서』(1965년 3월, 160~164쪽)에서 작성.

에 대해 분석했지만, 이 절에서는 박정희 정권의 한일조약 체결 논리가 어떤 것이었는가를 분석해 보고자 한다. 이때 원칙적으로는 1차 자료에 근거하여 박정희 정권의 정책결정 과정과 박정희 대통령, 김종필 민주공화당 의장 등 두 핵심인물의 사고를 면밀히 추적조사, 분석해야 할 것이다. 그러나 현재 많은 1차 자료가 열람불가능한 상태이다. 그 때문에 제6·7차 교섭 한국 측 대표의 교섭추진 논리를 출판물과 회고록을 통해서 검토함으로써, 박정희 정권의 한일조약 체결 논리에 대해서 분석해 보고자 한다.

제6·7차 교섭의 한국 측 대표는 앞의 표와 같이 구성되어 있었다.

제6·7차 교섭의 한국 측 대표는 각각 배의환, 김동조였다. 또한 청구권 교섭 실무를 담당한 것은 이상덕, 김윤근, 전상진, 이규성, 문철순이었다. 그 외 외무장관 또는 특사로서 김종필, 박태준, 김용식, 원용석, 이동원 등이 관여했다.

청구권 교섭의 실무담당자들은 청구권문제의 정책기획·입안, 교섭, 홍보 등 실무 작업을 하는 과정에서 중요한 역할을 담당했다. 그중에서도 제6, 7차 교섭의 수석대표였던 배의환과 김동조는 실질적으로 한일교섭을 주도하고, 교섭 과정·결과에 다대한 영향을 끼쳤던 인물이었다.

또한 1964년과 1965년에는 김종필, 김용식, 원용석 등이 강연회, 출판물, 방송 등을 통해 정부의 입장을 홍보·선전했다. 그리고 그들은 한일조약 반대세력과 대일인식 및 국가발전전략에 대해 논쟁을 전개했다.

이하, 제6·7차 교섭의 수석대표였던 배의환, 김동조, 그리고 한일조약체결에 임하여 홍보·선전활동을 한 김종필, 김용식, 원용석의 한일교섭추진논리, 대일인식, 국가발전전략에 대해서 고찰해 보고자 한다.

먼저, 제6차 교섭의 수석대표였던 배의환에 대해 살펴보고자 한다. 배의환은 1904년에 태어나, 식민지하 보통학교와 상업학교에서 약 7년간 일본어로 교육을 받고, 그 후 약 8년간 조선은행에 근무했다. 또한 1920년대 말에 도미하여 링컨대학, 노스이스턴대학, 뉴욕대학에서 화폐론과 금융론을 공부하고, 1940년대에는 미 법무성, 전시검열국, 대외경제국 등에서 근무했다. 해방 후에는 1946년 미군정청 재무부장 특별보좌관으로서 귀국하였고, 1960년에는 한국은행 총재에 취임했다.[1] 이처럼 배의환은 식민지조선, 미국, 한국에서 금융 분야의 엘리트 관료로서 활약한 인물이었다.

배의환은 1961년 10월 12일 제6차 교섭의 수석대표로 임명되어, 같은 해 12월 13일부터 주일한국대표부 대사를 겸임하게 되었다. 배의환에 따르면 박정희가 그를 수석대표로 임명한 것은 다음과 같은 이유 때문이었다고 한다. 배의환이 5·16쿠데타를 지지했다는 것,[2] 청구권문제의 처리와 한일 '경제협력'의 추진이 중심과제가 된 상황에서 그가 경제전문 테크노크라트로서의 경력을 가지고 있었다는 점,[3] 배의환이 일본어와 영어를 구사할 수 있을 뿐만 아니라 일본과 미국사정에 대한 숙지, 인맥, 영향력을 겸비한 인물이었다는 것 등이다.

또한 배의환의 회고록에 따르면, 그가 일본을 생각할 때마다 그의

---

1) 배의환의 경력에 대해서는 배의환, 『보리고개는 넘었지만-배의환회고록』, 1661년을 참조할 것.
2) 배의환은 5·16군사쿠데타 직후에 미국의 국회의원과 일본의 언론에 '혁명지지'를 호소하는 사신(私信)을 보냈다고 한다. 배의환, 위의 책, 104~109쪽.
3) 배의환 자신은 미국에서 한 관리생활이 제6차 교섭 수석대표로 뽑힌 중요한 요인이었다고 말하고 있다. 배의환, 위의 책, 115쪽.

머릿속에 늘 떠올랐던 것은 전근대사회에서 조선이 일본보다 문화적으로 우위에 있었다는 점과 3·1운동이었다. 특히, 3·1운동에 대해서는 일본인의 '잔인성'과 그들에 대한 '증오심'이 아니라, '자유'와 '독립'에 대한 열망, '민족의 위대함' 등이 그 기억으로서 되살아났다는 것이다.4)

다음으로 제6차 교섭 수석대표로서의 배의환의 주요 활동은 다음과 같았다. 첫째, 한일교섭에서 수석대표 임무를 수행하였다. 그는 항상 교섭을 통해 문제를 해결한다는 '합리적'인 신념하에서 보다 한국 측에 유리한 선택을 하고자 했다.5)

둘째, 공식적인 교섭 이외에 강연회, 기념식 같은 행사에 참가하거나 비공식 교섭을 하기도 했다. 특히, '미국인의 심리상태를 최대한으로 이용하여 일본 측에 더욱 압력을 가하'기 위해 미국인 관리와 교섭하였고,6) 키시 노부스케, 오노 반보쿠 등 '친한파' 정치가와 '재일한국인 상공회연락회'의 신격호, 서갑호, 그리고 '일한경제협회'의 안도 토요로쿠(安藤豊祿), 우에무라 코고로(植村甲午郞) 등 일본 정재계 실력자를 한국 측에 '유리하게 이용키 위하여' 비공식교섭을 가졌다.7)

셋째, 배의환은 공식·비공식 회담에서 얻은 정보와 그 분석, '막후 공작'에 대한 반향, 한일교섭의 행방, 한국 측 정략의 지침과 건

---

4) 「三·一運動記念辭(1962년 3월 1일)」, 배의환, 위의 책, 171~174쪽.
5) 「배의환의 한일관계 보고(1963년 여름, 확대당정연석회의)」, 이도성 편저, 『실록 박정희와 한일회담-5·16에서 조인까지』, 도서출판 한송, 1995년, 167쪽.
6) 「배의환이 박정희에게 보낸 외상회담 결과보고(1962.3.22)」, 이도성 편저, 위의 책, 56쪽.
7) 배의환, 앞의 책, 165~167쪽, 175~178쪽, 264~265쪽.

의 등을 본국 정부에 보냈다. '미국인의 심리상태'와 '일본경제인과 자민당 내 친한파 또는 한일 친선민간단체' 등의 이용에 관한 건의, 김종필·오히라 회담의 추진과 청구권문제의 타협촉진 권유 등은,[8] 그의 활동과 사고의 산물이었다. 제6차 교섭에서 한국 측의 정책은 이러한 배의환의 정세분석과 정책의 입안·권고에 근거하고 있었다고 보아도 좋을 것이다.

배의환의 활동에서 그의 신념이 가장 잘 드러난 것은 청구권자금의 처리 과정이었다. 전술한 바대로, 제6차 교섭에서 청구권문제의 타결 과정은 한일교섭사의 클라이맥스였다. 현재까지 이 클라이맥스의 중심에는 '김종필·오히라 합의'가 가로놓여 있었고, 당시의 김종필 중앙정보부장과 오히라 마사요시 외상의 영향력이 주목되어 왔다. 여기서는 실질적으로 '김종필·오히라 합의' 내용을 도출한 배의환에 주목하고자 한다.

1962년 8월부터 시작된 제2차 정치회담 예비절충은 일본 측이 제시한 '경제협력' 방식에 대해 검토하는 실무차원의 교섭이었지만, 배의환은 이 교섭에서 '김종필·오히라 합의'의 골격을 작성하는 작업에 참여했다.

제4장에서 서술한 것처럼, 8월 21일의 제1회 회의에서 스기 수석대표가 「청구권 지불 명목에 관한 일본 측 제의 문서」 속에서 '청구권'이라는 명목이 아니라, '무상', '유상'이라는 '경제협력' 방식으로 처리하자고 제안했다.[9] 이에 대해 배의환은 제2회 회의(8월 24일)

---

8) 「배의환이 박정희에게 보낸 외상회담 결과보고(1962.3.22)」, 이도성 편저, 앞의 책, 53~58쪽 ; 「배의환이 외무장관에게 보낸 회담 상황보고서(1962.4.30)」, 같은 책, 60~67쪽 ; 「배의환이 박정희에게 보낸 일본 정세보고서(1962.7.5)」, 같은 책, 72~75쪽.

9) 외무부 정무국, 『제6차 한일회담 회의록(Ⅲ) - 제2차 정치회담 예비절충

에서, "청구권 해결이라는 테두리 안에서 순변제(純辨濟)와 무상조 지불이라는 명목하에 각각 그 액면에서 최대한의 성의를 보일 것을 전제로 (…) 하나의 건설적인 방안"을 제시할 수 있다고 말했다.10) 즉 배의환의 주장은, 청구권문제의 해결이 '과거를 청산한다'는 의미를 갖고 있기 때문에 '청구권'이라는 테두리는 양보할 수 없고, 다만 '순변제와 무상조'의 금액을 늘리면 '건설적인 방안'을 고려할 수도 있다는 함축성 있는 발언이었다. 이것은 일본 측의 '경제협력' 방식을 받아들일 용의가 있다는 의사표시였다.

배의환은 그 직후 8월 30일에 박정희에게 "정부차관으로 2~3억 불이 가능하게 보이는바, 만일 일측이 최종적으로 무상 3억, 유상 2억 정도를 제안한다면 소직(小職)의 견해로서는 그 정도 선에서 낙찰을 보는 것이 우리에게도 유익"하다고 보고했다.11)

또한 9월 17일 외무장관에게 보낸 보고에서는 일본 측이 '청구권의 테두리 안에서'라는 방식을 받아들일 가능성이 희박하기 때문에 "순변제와 무상조 지불은 같은 평면에 놓는 식, 예를 들면 〈청구권문제를 해결하고, (한국경제에 기여하기 위하여) ××을 지불한다〉는 식으로 처리하는 방법을 추진하는 것이 좋을 것"이며, 금액문제에서도 '순변제+무상조'의 총액을 "4, 5억으로 제시하여 일본 측이 이에 대하여 2억 선으로 대응하도록" 하며 일본 측에 "경제협력조지불(차관)"을 늘리는 방향으로 제시하는 방안을 건의했다.12)

(1962.8.22~1962.12.25)』, 발행년불명, 31쪽. 이하 『제6차 한일회담 회의록(Ⅲ)』.
10) 『제6차 한일회담 회의록(Ⅲ)』, 55쪽.
11) 배의환, 앞의 책, 204쪽.
12) 「배의환이 외무부장관에게 보낸 입장조정건의서(1962.9.17)」, 이도성 편저, 앞의 책, 110~113쪽.

이렇게 배의환이 본국 정부에 보낸 건의는, 일본 측이 요구하는 '경제협력방식'을 한국정부가 수용하고 '김종필·오히라 합의'에 나타난 금액을 결정하는 데 적지 않은 영향을 끼쳤을 것으로 보인다.

또한 배의환은 '김종필·오히라 합의' 후에 열린 제2차 정치회담 예비절충 제16회 회의(11월 22일)에서도 중요한 발언을 했다. 그는 "한일 양국은 한일 양국 간의 청구권문제가 완전히, 그리고 최종적으로 해결되었음을 확인한다"는 규정을 협정에 명시할 것을 제안했다.[13] 이 규정은 1965년에 체결된 재산청구권·경제협력협정의 핵심부분이 되었던 것이다.

이렇게 배의환은 '김종필·오히라 합의'와 재상청구권·경제협력협정의 골격을 만드는 중심적인 역할을 한 인물이었다. 그의 한일교섭의 전략적 목표는 일본의 '경제협력'을 통한 '한국경제재건'의 달성에 있었다. 배의환은 한국정부가 추진한 경제발전 전략을, 즉 '수출주도형 공업화 전략'으로의 방향전환을 한일교섭이란 장에서 추진한 경제관료였던 것이다.

다음으로 제7차 교섭의 수석대표였던 김동조에 대해 살펴보고자 한다. 김동조는 1918년에 태어나, 큐슈제국대학 법문학부를 졸업하고, 1943년 고등문관시험에 합격하였으며, 1945년까지 쿄토부청에서 연수생으로 근무한 경력을 가지고 있었다. 또한 대한민국 수립 후에는 외무 관료로 일하였고, 1951년 10월부터 시작된 한일교섭에서는 외무부 정무국장으로서 교섭 실무를 지휘했다. 이때 그는 '평화선'을 고안해 입안 작업을 주도하였고, 그 과정에서 독도를 '평화선' 내로 포함시키는 전술을 정부에 제안하였으며, 제1차 교섭 후에는 『한일회담약기』를 편집했다. 1950년대 후반에는 외무부차관으로

---

13) 『제6차 한일회담 회의록(Ⅲ)』, 277쪽.

서 제4차 교섭재개에 분주하는 등, 1950년대 한일교섭에 가장 깊이 관여한 한일문제전문 외무관료였다.14)

박정희 정권하에서는, 1964년 10월 17일 주일대사로 임명되었으며, 12월부터 시작된 제7차 교섭 수석대표로서 한일교섭을 타결하는 역할을 맡았다. 이러한 인선은 그가 한일문제전문 외무관료였다는 점이 평가된 결과였다.

제7차 교섭에서 김동조의 임무는 제6차 교섭에서 합의한 틀의 연장선상에서 국교정상화를 실현하는 것이었고, 타협은 불가피했다. 타협은 두 가지 문제에서 현저하게 드러났다. 먼저, '타카스기 발언'의 수습 과정에서 김동조는 한일교섭의 조기타결이 최우선과제라고 판단하여, 일본 측과 협의한 후에 타카스기 대표에게 발언을 철회시킨다는 '위장극'을 연출했다고 한다.15)

또 하나의 타협은 '1910년 이전의 조약·협정 무효확인 조항' 문제에서 드러났다. 김동조는 기본조약조문 작성 과정에서 일본 측이 한국관할권 문제에서 "일본 측이 성의를 보인 만큼 구조약 무효문제에 대해 〈무효임을 확인한다〉는 표현에 부사 〈이미(already)〉를 덧붙이는 타협안"을 일본 측에 제기했다고 한다.16)

이처럼 김동조의 외무관료로서의 신념은, "외교는 힘의 압도적 우위가 뒷받침되지 않는 한은 서로 주고받는 타협의 산물"이며 그 타

---

14) 1945~1948년 경상남도 과장, 1951년 외무부 정무국장, 1957년 외무부 차관, 1963년 민주공화당 외교국방위원회 위원장, 1964년 대한무역진흥공사 사장, 주일대표부대사, 1967년 주미대사, 1973년 외무부 장관, 1976년 대통령 외교담당 특별보좌관 등을 역임했다. 김동조, 『回想30년, 韓日會談』, 중앙일보사, 1986년 ; 『한국인명사전 - 연합연감 1996년판 별책』, 연합통신, 1996년.
15) 김동조, 위의 책, 268~275쪽.
16) 김동조, 위의 책, 279쪽.

협 과정에서 한국의 '국가이익'을 최대한 확보하는 것이었다. 따라서 그에게 '타협'과 '국가이익'은 반드시 모순되는 것은 아니었다. 그렇다면 그에게 있어서 무엇이 '국가이익'이었던 것일까?

 김동조는 제7차 교섭 직전에 한국 측의 전술을 최종적으로 확인하고자, 박정희 대통령과 면접했을 때, 가장 노력해야 하는 것은 '대일경제협력의 확대'이고, "상업차관 몫으로 거액을 끌어들여 단시일 안에 조국 근대화를 달성하는 것"이라고 말했다.17) 실제로 그는 제7차 교섭 기간에 삼성물산의 이병철과 협력하여 일본으로부터 차관 증액계획을 추진했다.18) 결국 이 계획은 실패했지만, 한일조약 체결 후 '경제협력'에 의거한 산업화 정책을 예고하는 계획이었다.

 김동조에게 '국가이익'이라는 것은, '조국의 근대화'를 추진하는 것이었다. 더욱이 그는 '근대화'라는 것은 산업화이고, 산업화를 추진하기 위해서는 일본과의 '경제협력'이 필요하다고 생각했던 것이다.19)

2. 한국 정치가의 논리 – 원용석, 김용식, 김종필

 다음으로 제6·7차 교섭에 관여한 한국 정치가의 논리를 살펴보고자 한다. 한일교섭 타결의 최종점을 목전에 두고 있었던 한국정부는 1964년과 1965년의 한일조약 반대운동으로부터 격렬한 비판을 받고 있었다. 그런 와중에 제6·7차 교섭에 관여하고 있었던 한국

---

17) 김동조, 위의 책, 260쪽.
18) 이병철의 회고에 의하면, 미츠비시물산으로부터 6억 달러의 상업차관 도입교섭을 추진했지만, 한국정부의 결정에 의해 좌절되었다. 이병철, 『호암자전』, 중앙일보사, 1986년, 152~157쪽.
19) 김동조, 앞의 책, 296쪽.

정치가는 강연회와 출판물, 방송을 통해 한일조약 반대운동의 논리에 대항하는 선전활동을 했다. 그 대표적인 인물로, 농림장관으로서 어업교섭을 주도했던 원용석, 외무장관 및 무임소장관으로 교섭에 관여한 김용식, 그리고 초대 중앙정보부장 재임 시에 '김종필·오히라 합의'의 주인공이 되었고, 여당 민주공화당 의장으로서 교섭을 추진했던 김종필이 있었다.

먼저 그들이 '과거의 극복' 문제를 어떻게 인식하고 있었는지 살펴보고자 한다. 원용석은 전근대에 있어서의 일본인의 '침략성'과 근대 이후의 식민지 침략사를 소개하고, 기본조약의 '1910년 이전의 조약·협정 무효확인 조항' 문제에 대해 다음과 같이 평가했다. 기본조약 제2조 "1910년 8월 22일 또는 그 이전에 대한민국과 일본제국 간에 체결된 모든 조약 및 협정이 무효임을 확인한다"는 규정은 '역사적인 청산과 양국 간의 기본적인 자세'를 명기했던 것으로, 기본조약을 '강화조약 또는 준평화조약'으로 높게 평가할 수 있다고 설명했다.[20] 즉 식민지 지배의 청산문제는 기본조약 제2조에서 해결되었다고 주장한 것이다.

또한 원용석은 한일조약반대운동 진영에서 가장 격렬히 비난하고 있었던 청구권 및 '평화선' 방기문제에 대해서 다음과 같이 말했다. 청구권문제에 대해 한국은 '대일선전포고국'이 아니었기 때문에 대일강화조약의 서명국이 되지 못했고, 배상을 요구할 수 없었다. 따라서 한국 측은 '대일배상요구'에서 후퇴한 대일청구권을 한일교섭에서 주장했지만, '증거서류'의 상실과 대일강화조약 제4조에 관한 미국 각서에서 제시된 지적에 따라,[21] '정치적 해결'이 불가피하게

---

20) 원용석, 『韓日會談十四年』, 삼화출판사, 1965년, 28~44쪽.
21) 미국의 각서는 1952년과 1957년에 한국 측에 전달되어, 그 개요는 "한국이 인수한 귀속재산은 무상으로 받은 것이기 때문에 한국의 대일

되었다. 그는 이러한 경위에서 볼 때 '경제협력' 방식을 한국정부가 수용하는 것에 대해서 '대일자세가 굴욕적'이라고 비난하는 것은 타당하지 않다고 주장했다.

또 원용석은 어업문제에 대해서도 지적했다. 원래 '평화선' 선포는 대일강화조약 제9조에 근거하여 '한국과 일본 사이에 어업협정이 체결될 때까지 잠정적으로' 선언된 '일방적 조치'였다. 새로 체결될 한일어업협정에서 한국어업을 근대화하기 위해 '9,000만 달러의 상업차관' 도입이 결정되었고, 어업문제는 해결되었다. 원용석은 이렇게 말하고, 국민의 '냉철한 판단'을 요구했다.[22]

다음으로, 제6·7차 교섭에 관여한 한국정치가들은 한일조약반대운동의 '신식민주의론' 또는 '신일본제국주의론', 즉 한일 '경제협력'에 의해 정치·경제적으로 일본 '종속화'가 심해질 것이라는 비판에 대한 반론을 전개했다. 원용석은, 한국이 "유구 반만년의 역사를 누려온 문화민족"인 데 비하여, 일본은 "이천수백 년의 역사밖에 가지지 못하고 있는 〈후진국〉"이다. 일본이 먼저 근대화했다고 해서 한국이 "문화적으로 뒤떨어져 있는 것처럼 착각하고 또 그들의 무력침략을 받아 경제적으로 착취를 당하였다고 하여 곧 민도가 떨어질 수밖에 없다고 체념하는" 것과 같은 '열등의식'을 버려야 한다고 주장했다.[23] 또한 김용식도 한국이 "일본사람의 식민지가 된다고 하는 사람은 벌써 〈임페어리티 컴플렉스〉 즉 열등감정을 가지고 있기 때

청구권은 이것으로 어느 정도 소멸되고 충족되었다"라는 내용이었다 (원용석, 위의 책, 72쪽, 378~380쪽).

22) 원용석, 위의 책, 58~107쪽 ; 김용식, 「제3공화국의 대일외교정책」, 『한일회담백서』, 대한민국 정부, 1965년, 197~208쪽 ; 정일영, 「한일회담의 계쟁점」, 같은 책, 242~259쪽.

23) 원용석, 위의 책, 11~14쪽.

문"이라고 '신식민주의론'을 비판했다.24)

이에 관련해서 김종필은 한국인의 '대일국민감정'을 수정해야 한다고 주장했다. 그는 "오늘날 국제협조사회에 있어서 일본은 과거와 같이 우리를 침략'할 상황에 있지 않고, 따라서 지금까지 한국인이 가졌던 "식민주의 기반(羈絆) 위에서 착취해 왔다"는 일본에 대한 '낡은 신화와 감정'을 버려야 한다고 주장했다.25)

더욱이 그들은 한일 '경제협력'에 의존한 산업화의 추진이라는 국가발전전략을 제시했다. 이것은 그들이 가장 강조했던 점이었고, 한일조약반대운동의 '신일본제국주의'론과는 정반대의 논리였다. 김종필은 세계와 아시아가 기존의 냉전의 틀을 벗어나 정치·경제관계를 증대시키고 있는 점, 유럽제국의 대중국정책이 변화하고, 북한의 경제가 성장한 점, 또 일본경제가 세계 제5위로 급성장한 점 등을 열거하며, 세계와 아시아가 '중대한 전환점'에 서 있다는 세계정세인식을 보여주었다. 한국도 이러한 '세계사적 인식'을 획득하기 위해 노력하고, "일본에 지지 않는 정도의 능력과 장비를 갖추고 기술을 향상시키"고 "조속히 근대화"를 진척시켜야 한다고 주장했다.26) 김용식은 "해외에서 자본과 기술을 도입하여 우수한 노동력을 이용해 가지고 우리의 상품을 해외에 진출시켜서 국가부흥"을 달성하는 것이 '제3공화국의 대일외교정책'의 핵심이라고 주장했다.27)

---

24) 김용식, 앞의 글, 211쪽.
25) 김종필, 「한일회담의 진상과 그 문제점」, 민주공화당 선전부, 『한일문제 강연집』, 1964년, 28쪽 ; 이 글은 1964년 4월 7일 한국대학생 사회문제연구소 주최 강연회에서 발표되었고 그 내용이 그대로 『서울신문』에 게재되었다(『서울신문』, 1964년 4월 8일, 4월 9일자).
26) 김종필, 위의 글, 20~29쪽.
27) 김용식, 앞의 글, 211쪽.

이렇게 제6·7차 한일교섭에 관여한 한국 정치가들은 일본에 대한 '낡은 신화와 감정'을 버리고, 한일조약체결과 '경제협력'을 통해 한국의 산업화를 추진하는 것이 '민족의 살길'이고, 그렇게 함으로써 북한과의 국가발전경쟁에서도 승리할 수 있을 것이라고 생각하고 있었다.28)

박정희 정권의 한일교섭대표·정치가의 논리를, 이승만 정권과 비교하면서 정리하면 다음과 같다. 박정희 정권의 한일교섭대표·정치가의 논리는, 일본의 사회주의권 접근을 비난하지 않고 세계사의 한 측면으로 인정하고 있다는 점에서, 이승만 정권의 한일교섭대표·정치가의 '방일' 내셔널리즘에 근거한 냉전의 논리와는 다른 것이었다.

양자의 가장 큰 차이점은, 박정희 정권의 한일교섭대표·정치가가 '경제협력'에 의한 산업화의 촉진을 강조한 점이다. 그들은 한일 '경제협력'에 근거한 '수출지향형 공업화전략'을 국가발전 전략으로 상정하고, 그 전략을 관철하기 위해 대일정책을 기획·입안·교섭·선전했다. 이러한 국가발전전략은 1964년과 1965년에 전개된 한일조약반대운동 진영으로부터 격렬한 비판을 받았지만, 그 후 한국의 급속한 산업화에 국민을 동원하게 되었다.

이러한 차이점에도 불구하고, 박정희 정권과 이승만 정권의 한일교섭대표·정치가의 일본인식에는 공통점도 있었다. 그것은 그들의 대일인식이, 표면적으로는 ① 식민지 지배 비판, ② 공산주의 진영에 대한 대항·자본주의 진영의 결속이라는 입장에서 한일국교정상

---

28) 김종필은 북한과의 국가발전 경쟁에 승리해야 할 것을 강하게 의식하고 있었다(김종필, 「5·16군사혁명과 나〈대담: 1966년 2~3월〉」, 『권오기 정계비화 대담 – 현대사 주역들이 말하는 정치증언』, 동아일보사, 1986년, 52쪽).

화를 추진하고자 한 냉전의식, ③ 내셔널리즘이라는 삼중구조로 이루어져 있었다는 점이다. 그리고 이 세 가지 내용은 서로 영향을 주고받으면서도, 그중에 돌출되었던 것은 내셔널리즘이었다.

그것은 이승만 정권하에서는 '방일'이라는 한국 국내와 일본를 향한 두 가지 방향의 벡터를, 박정희 정권하에서는 한일 '경제협력'에 의한 '수출지향형 공업화전략'이라고 하는 한국 국내를 향한 하나의 벡터를 가진 내셔널리즘으로서 나타났다.

이러한 1950~1960년대의 한국 내셔널리즘은 국가 발전을 위해, 국민의 일본인식(기억, 의사, 희망)을 흡수하고, 한국정부의 대일정책 및 대일인식에 국민의 '동의'를 조달하여, 국가에 대한 '내면적 복종'을 요구함으로써, 국민을 통합하고자 한 것이었다고 생각된다. 또 한국 내셔널리즘은 북한과 일본의 내셔널리즘과 경쟁하면서 강화되었다.

그 결과, 식민지 지배·전쟁으로 인한 피해자와 그 역사를 경험한 민중의 기억, 의사, 희망은 한일교섭에서는 배제되어, 당분간 '국가의 역사'라는 무대에서 말소되었던 것이다.

제2절 한국에서의 한일조약 반대운동의 논리

1965년 6월 22일의 한일조약 체결은, 국교를 회복하고 그 후의 한일관계를 규정하였다는 의미에서 1945년 이래의 한일관계의 새로운 출발점이 되었다. 그런데 1964년과 1965년에 이 한일조약 체결에 대해 한국의 학생, 지식인, 야당, 언론은 대규모적인 반대운동을 전개했다.

한일조약 반대운동을 다룬 선행연구로서, 먼저 이재오, 김삼연,

6·3동지회의 연구를 들 수 있다.29) 이 연구들은 주로 운동에 참가한 사람들이 저술한 것이다. 그들의 연구 특징은, 운동의 경위를 개괄하고, 반대운동의 성격을 '민족주의운동', '반군사독재 민주주의운동'이었다고 높이 평가하고 있는 점이다.

이에 대해 이정오, 조희연, 김동춘, 박태순, 한국역사연구회 현대사연구반 등 1980년대 민주화운동에 참가한 세대는, 위의 연구를 비판적으로 검토하고 1964년의 '6·3항쟁'을 중심으로 한 운동의 주체, 조직, 성격, 한계에 대해서 논하고 있다. 그들은 한일조약 반대운동은 '4·19의 계승'이고 '학생운동 조직화의 시도'였으며, 또한 박정희 정권의 반민족성, 반민주제의 파쇼화를 저하하는 데 크게 기여했다고 평가했지만, 또 한편으로는 '반공'과 '냉전체제'에 본질적인 비판이 없는 민족주의, 반제적 의식이 없는 소박한 민족주의적 감성, 소박한 반일감정을 표현한 것이었다고 그 한계도 지적했다.30)

---

29) 이재오, 『한·일관계사의 인식 I – 한일회담과 그 반대운동』; 이재오, 「한·일회담 반대 학생운동」, 『해방 후 학생운동사』; 6·3동지회, 『6·3학생운동사』, 1994년; 김삼연, 『한·일 굴욕회담 반대 – 민족학생운동사』, 도서출판 우삼, 1996년; 유영렬, 「6·3학생운동의 전개와 역사적 의의」, 『한일기본조약 및 협정의 역사적 재평가』, 한일조약 30주년 학술심포지엄, 1995년 4월 29일. 이들 저자는 반대운동에 직접 참가한 사람들이다.

30) 이종오, 「반제 반일 민족주의와 6·3운동」, 『역사비평』, 1988년 여름호; 조희연, 「전후 한국사회운동의 발전 과정에 관한 연구」, 『동향과 전망』, 1989년 겨울호; 박태순·김동춘, 「한일국교 정상화와 6·3운동」, 『1960년대의 사회운동』, 까치, 1991년; 한국역사연구회 현대사연구반, 「한일협정과 굴욕외교 반대투쟁」, 『한국현대사 3 – 1960·70년대 한국사회와 변혁운동』, 풀빛, 1991년. 약간의 시각차가 보이기는 하지만 이광일, 「한일회담 반대운동의 전개와 성격」(민족문제연구소 지음 『한일협정을 다시 본다 – 30주년을 맞이하여』, 아세아문화사, 1995년) 도 위와 같은 성격규정에 동의하고 있다.

그런데, 이러한 한일조약 반대운동에 대한 평가가 타당한지 여부와는 별도로, 그 운동이 한일조약 비판과 박정희 정권 비판이라는 두 가지 측면을 가지고 있었다고 한다면, 선행연구는 후자에 초점을 맞추어 분석한 것이었고, 전자에 대해 충분한 검토를 했다고 할 수는 없을 것이다.31) 이 절에서는 선행연구에서는 충분히 다루어지지 않았던 한일조약 비판이라는 시점에서 반대운동의 논리가 어떠한 것이었는지를 뒤따라가 보고자 한다. 이때 한일조약 반대운동의 전제가 된 일본제국주의 인식, '신식민주의' 인식, 또 반대운동이 기본조약문제와 재산청구권·경제협력협정 문제를 어떻게 인식하고 있었던가를 중심으로 고찰하여, '한일조약체제'에 대신할 대안에 대해서도 검토해 보고자 한다.

1. 한일조약 비판의 사상적 전체 – '일제근대화론' 비판과 '신식민주의' 비판

1962년 '김종필·오히라 합의'가 이루어지기 바로 1개월 전에, 한국에서는 어느 일본인 학자의 발언이 문제가 되고 있었다. 10월 22일 고려대 아세아문제연구소의 초청으로, 타나카 나오키치(田中直吉, 호세이대학교 교수, 재단법인 일본국제문제연구소 전무이사)를 필두로 한 일본인 학자 4명이 한국을 방문했다. 식민지 시기에 경성제국대학에서 한일외교사를 강의한 적이 있는 타나카는 고려대에서 이루어진 「한·일관계의 과거, 현재 및 장래」라는 강연에서 다음과 같이 말했다.

---

31) 池明觀, 「日韓條約批判の論理に關する實證的研究」, 『日韓關係史研究－一九六五年體制から二〇〇二年體制へ』, 新教出版社, 1999년.

귀국 사람들은 총독부 통치의 압박·착취만을 입에 담지만, 일본은 귀국에 근대 문화를 전해주고, 근대산업을 일으켰으며, 근대교육을 베풀었다. 오늘날 자유아시아에서 근대적 산업을 가지고 있는 것은 일본 다음으로 한국이고, 교육 정도에서도 동남아시아보다 상위에 놓여 있다. 일본인은 종전 후 그 재산을 모두 귀국에 놓아두고 빈손으로 도망쳐 돌아왔으며, 그 배상을 모두 방기했음에도 불구하고, 귀국은 일본에 대해 거액의 청구권을 요구하고 있다. (…) 이것이 일반 일본인이 가지고 있는 숨김없는 기분이다.[32]

이 강연내용은 한국의 주요 신문에 크게 보도되어, 학생들만이 아니라 일반시민 사이에 커다란 논의를 불러 일으켰다.[33] 타나카의 발언 속에서 "일본은 36년간 한국의 근대화에 기여했다"는 부분이 문제가 되었던 것이다. 신석호(고려대교수, 역사학)는 "일본 외무성을 대변한 빌인이라는 느낌을 주기도 한다. 대일청구권에 관한 견해는 과거에 일본이 한국을 통치한 사실을 합리화하고자 하는 일본인의 일반적인 생각을 보여준 것은 아닐까"라고 논평했다.[34] 또 『사상계』사장인 장준하는 타나카의 강연을 '쿠보타 망언의 망령'이라고 평했다.[35]

"일본식민지 지배가 한국의 근대화에 기여했다"는 견해가 일본정부만의 것이 아니었다는 사실은, 타나카는 물론 한국의 지식인들도 지적하고 있다. 1960년대 초두의 '일반적인' 일본인 사이에는 "앞서

---

32) 田中直吉, 『日本を動かす日韓關係』, 文敎書院, 1963년, 34쪽.
33) 『경향신문』, 1962년 10월 27일 ; 『동아일보』, 1962년 10월 26일.
34) 『고대신문』, 1962년 10월 27일.
35) 田中直吉, 앞의 책, 39쪽.

나간 일본이 뒤쳐진 조선을 근대화시켰다"는 역사인식이 잠재되어 있었던 것이다.36)

　한국의 지식인들은 제5・6차 교섭이 진행되어 가는 과정에서, '일제근대화론' 비판을 위해 식민지 지배의 역사규명작업을 본격화하고 있었다.

　1953년에 창간된 『사상계』는 1960년대 한국의 대표적 종합학술지였다. 이 『사상계』에 일본론이 본격적으로 등장한 것은 1960년부터이다. 『사상계』는 같은 해 6월호에서 특집으로 「한일문제의 기반」을 기획한 것을 시작으로, 이후 예리한 일본론을 전개하게 된다. 1960년대 전반 『사상계』에 게재된 일본론의 내용은 ① 한일교섭론, ② 식민지 지배의 역사적 규명, ③ 제2차 세계대전 후의 일본인식 등 세 가지로 대별될 수 있다.37) 여기서는 다른 두 가지에 비해 양질 공히 충실하며, '일제근대화론' 비판을 전개한 ② 식민지 지배의 역사적 규명에 대해서 살펴보고자 한다.

　그중에서 주목할 만한 것은, 조동필(고려대 교수, 경제학), 홍이섭(연세대 교수, 역사학), 변태섭(서울대 교수, 역사학), 김용섭(서울대 교수, 역사학) 등 경제학 및 역사학 분야 연구자의 성과였다. 이들은 모두 일제 식민지 지배정책을 정치・경제・문화의 측면에서 분석하여, '일제근대화론'을 비판했다.

---

36) 梶村秀樹, 「〈日韓會談と日本人の氣持〉」, 『歷史評論』, 1993년 9월.
37) 『사상계』는 1960년부터 1965년까지 다음과 같은 특집을 기획했다. 「특집: 다시 대일외교론」(1960년 6월), 「특집: 일본의 재인식」(1961년 12월), 「특집: 한일관계의 저류」(1963년 6월), 「긴급증간호」(1964년 4월), 「특집: 일본자본주의와 한국」(1964년 5월), 「특집: 변동하는 국제정치와 한미일」(1964년 12월), 「특집: 한일회담의 파멸적 타결」(1965년 6월), 「긴급증간호」(1965년 7월), 「특집: 항일투쟁반세기」(1965년 9월), 「특집: 전후 20년의 일본」(1965년 10월).

조동필은 일본자본에 의한 식민지 수탈 과정으로서 토지조사사업과 화폐금융제도의 창설 과정을 외부로부터의 '근대화' 과정으로 파악하고, 이러한 외부로부터의 '근대화'는 심각한 착취·피착취관계를 동반하여, 조선의 경제구조를 기형화시켰다고 간주했다.38)

홍이섭은 식민지 권력에 의한 재정·산업기술정책 등은 '근대적인 방향을 취한 것이지만', 식민지 지배의 수행을 목적으로 한 '최소한의 근대적 개혁'이었기 때문에 조선민족의 빈곤화를 초래했고, 교육 및 언론분야의 문화정책은 '근대적'인 의의를 거의 가지고 있지 않았다고 결론짓고 있다.39)

변태섭도 토지조사사업, 산미증식계획 등 1910~1920년대의 경제정책, 1930년대의 공업화정책은 일본자본주의의 요구에 의한 것이고, "식민지통치기의 한민족이 받은 고난과 착취는 도저히 형언할 수 없을 정도로 컸다"고 서술했다.40)

개설적인 위 세 사람의 글에 비하여, 김용섭은 조금 더 구체적인 분석을 했다. 김용섭에 따르면, 식민지기의 조선사연구를 주도한 것은 일본인 관학자들이었고, 그들의 한국사연구는 식민지 문화정책의 일환이었다. 일본인 관학자들이 가진 사관의 핵심은 타율성이론과 정체사론이었다. 이 두 가지 사관은 한국사학의 발전을 저해했을 뿐만 아니라, 1960년대 한국인의 뇌리에 남아있었다. 한국사학의 '근대화'의 길이 한국사로서의 개별성을 살려가면서 세계사의 발전 과정을 일반화시킬 수 있는 이론을 체계화시키는 사관의 확립에 있

---

38) 조동필, 「일본경제의 한국식민지화 과정 – 각종의 경제수탈은 이렇게 이루어졌다」, 『사상계』, 1964년 4월.
39) 홍이섭, 「일본침략정책의 분석 – 한국 근대의 정치·경제·문화」, 『사상계』, 1964년 3월.
40) 변태섭, 「교활한 일제의 식민지정책」, 『여원』, 1964년 8월.

었다고 한다면, 일본인 관학자들의 한국사연구는 한국사학의 '근대화'를 저해했다는 것이다.41)

물론『사상계』에 실린 식민지시대의 체험담과 회고, 혹은 1960년대 전반에 막 시작된 식민지연구에는 일본제국주의를 '감성적'으로 규탄하는 데 그친 것도 적지 않다. 또 당연한 것이지만, 대부분의 '일제근대화론' 비판은 문제제기의 수준에 머물러 있었다. 더욱이 많은 논자가 지향하는 '근대' 자체에 노예제와 식민지 지배가 내포되어 있다는 '근대'의 폭력적인 측면을 간과하고 있는 한계성도 지적할 수 있다.

그러나 그런 문제점을 가지고 있었지만, 한국의 지식인은 일본의 식민지 지배가 한국의 정치 · 경제 · 사회 · 문화 등 모든 분야에서 '근대적' 발전, 즉 민주주의의 전개를 막았다고 주장하고 있었다. 이러한 한국 지식인의 역사규명작업은, 1960년대의 '한일조약체제'를 직시하기 위한 작업의 일환이었다.

한일조약 반대운동의 또 하나의 사상적 배경이 되었던 것은, 일본에 의한 '경제협력'을 '신식민주의'로 포착하여, 과거의 제국주의와의 차이점에 주목하면서 비판하는 논조였다.

제5 · 6차 교섭의 진행과 함께, 한일양국의 정재계는 '경제협력'에 관한 논의를 활발하게 전개하고 있었다. 이런 상황 속에서 송건호(경향신문 논설위원)는,『사상계』1963년 3월호에「식민주의와 제국주의 – 보이지 않는 손이 더 무섭다」라는 논문을 써서, '제국주의의 새로운 식민정책'으로서의 '신식민주의'를 소개했다. 송건호는 '신식민주의'가 과거의 식민주의의 연장선 위에 있다고 하면서도 '신식

---

41) 김용섭,「일제관학자들의 한국사관 – 일본인은 한국사를 어떻게 보아왔는가?」,『사상계』, 1963년 2월.

민주의'의 특질을 다음과 같이 소개했다. '선진국'은 과거의 식민주의로부터 벗어난 '신생국'에 대해 '동맹관계'라는 이름으로 '원조'를 행하는데, "그 〈원조〉가 일방적으로 원조국의 이익에 바탕을 두고 있거나, 원조에 복잡한 조건이 들어 있는 것에서, 후진국의 고뇌가 발생하고, 여기에서 〈네오 콜로니알리즘〉이라는 낙인과 함께 후진국의 반발이 확대되어 간다"고 하며,42) '원조'를 통해서 '신식민주의'가 유지되어 간다고 주장했다.

또 문형선(경향신문 기자)은, 1963년 당시 서울에 사무소를 가진 일본기업 약 50사를 분석한 글에서, "선진공업국의 잉여자본 및 상품의 수출은 (…) 수입국의 대외의존도를 높여, 경제의 종속화를 가져" 온다는 생각을 바탕으로, 일본기업의 한국진출이 일본경제에 대한 의존도를 높여, 한국경제의 종속화를 가져온다고 지적했다.43) 문형선은 이보다 반년 전 『사상계』에 「새로운 식민주의의 대두 – 낡은 식민주의와 새로운 식민주의」라는 글을 게재하였는데, 역시 '신식민주의론'을 소개했다. 문형선에 따르면 '신식민주의론'의 개요는 다음과 같다.

제2차 세계대전 이후, 선진 자본주의 제국은 새로운 대외경제정책으로서 제3세계에 '경제원조'를 실천하기 시작했다. 그러한 '경제협력'은 표면적으로는 경제개발을 목적으로 하고 있지만, 실제로는 원료자원 및 해외시장의 전략적 확보를 목표로 하고 있는 것이었다. 제3세계 제국은 '경제협력'에 숨겨진 부등가교환이라는 '수탈'을 받고, 선진 자본주의 경제권에 '종속화'되었다. 그 근저에는 "후진국 개

---

42) 송건호, 「식민주의와 제국주의 – 보이지 않는 손이 더 무섭다」, 『사상계』, 1963년 3월.
43) 문형선, 「서울의 일본재벌 – 조용한 경제공세, 일본의 한국붐」, 『사상계』, 1963년 7월.

발을 매개로 한 선진자본주의와 후진국의 경제적 통합이라는 위대한 목표가 숨겨져 있다"는 것이다.44)

더욱이 문형선은 제2차 세계대전 후 제3세계 경제가 선진 자본주의 경제에 종속된 원인으로 두 가지를 들고 있다. 첫 번째 원인은, 오랫동안 계속된 '기형적'인 식민지경제구조의 유산이란 존재이다. "비약한 민족자본, 저소득, 극도로 저하된 생산성, 상품 및 자본수출시장으로서의 모노컬쳐 구조, 이에 따른 식량난ㆍ물가고를 시작으로 하는 정치ㆍ사회의 불안" 등이 존속하기 때문에 종속상태가 계속된다는 것이다.

두 번째는 외국자본에 대한 의존이다. 선진 자본주의국의 대외원조는 증여ㆍ차관만이 아니라, 전쟁배상ㆍ기술원조 등 광범위한 '경제협력'을 통해 이루어졌다. "대외원조를 높이는 것은 경제적인 종속화를 초래한다. 더욱이 경제적 종속화는 원조국 공업의 이식을 촉진하고, 모노컬쳐 구조를 지속시킨 채 공업화를 가져온다. 이렇게 됨으로써 식민지의 새로운 재편이 시작된다"는 것이다.

그 후의 역사가 한국의 지식인이 지적한 것처럼, 반드시 '신식민주의'가 심화되는 방향으로 나아갔다고는 말할 수 없지만, '신식민주의' 비판이 이루어졌던 것은, 한일조약 반대운동이 단지 '소박한 반일감정'으로부터 발생한 것은 아니었다는 것을 보여준다는 의미에서 중요하다.

한국의 지식인은, 1960년대 초 한일교섭이 본격화된 시기에 본격적인 역사적 규명작업을 시작했다. 그리고 그 작업을 통해서, 한일조약 체결을 전후한 시기에, 일본의 '신식민주의'를 경계하기 시작했

---

44) 문형선, 「새로운 식민주의의 대두 – 낡은 식민주의와 새로운 식민주의」, 『사상계』, 1963년 7월.

다. 다시 말하면, '일제근대화론' 및 '신식민주의론' 비판은, 한일교섭 과정에서 시작되고 본격화되었던 것이다. 그리고 1964년과 1965년 의 한일조약 반대운동은 이런 논의를 배경으로 전개되어 갔다.

2. 한일조약 비판

(1) 기본조약

먼저 기본조약 비판의 내용에 대해서 검토해 보고자 한다. 기본조 약은 한일 간의 과거·현재·미래의 관계를 규정하는 조약이며, 한 일조약 전체의 핵심 부분이었다. 한일조약 반대운동은 주로 기본조 약의 전문과 제2조(1910년 이전의 조약·협정 무효확인 조항), 제3 조(한국 유일합법성 확인 조항)를 비판했다.

① '전문' 비판

> 전문
> 대한민국과 일본국은, 양국 국민관계의 역사적 배경과, 선 린관계와 주권 상호 존중의 원칙에 입각한 양국관계의 정상화 에 대한 상호 희망을 고려하며, 양국의 상호 복지와 공통 이익 을 증진하고 국제 평화와 안전을 유지하는 데 있어서 양국이 국제연합 헌장의 원칙에 합당하게 긴밀히 협력함이 중요하다 는 것을 인정하며 (…)[45]

---

45) 대한민국 외무부 방교국, 『조약집 양자조약 제2권』, 1968년, 234쪽. 일본어 전문은 『官報(號外)』, 大藏省印刷局, 號外 제135호, 1965년 12월 18일, 2쪽에 따른다.

전문에는 '양국 국민관계의 역사적 배경'이라고 기술되어 있을 뿐, 식민지 지배의 역사에 대해서는 언급이 일절 없다. 조약체결 당시 일본정부가 식민지 지배를 어떻게 인식하고 있었는가에 대해서는 지금에 와서 정부의 공식기록을 통해서는 알 도리가 없다. 여기서는 1965년 1월 7일 타카스기 신이치(高杉晋一) 제7차 교섭 수석대표가 기자회견에서 한 다음의 발언, 이른바 '타카스기 발언'의 내용을 살펴봄으로써, 당시 일본정부의 역사인식을 살펴보고자 한다.

사고방식에도 여러 가지가 있다. 36년간은 착취를 한 것이 아니다. 선의로 했던 것이다. (…) '일본은 조선에 대한 36년간의 통치에 대해 사과하라'는 소리도 있지만, 사과하라는 것은 무슨 말인가? 교섭은 쌍방의 존엄에 상처를 주어서는 안 된다. 국민감정을 보아서도 사과할 수 없을 것이다. 일본은 조선을 지배했다고 하지만, 우리나라는 좋은 일을 하고자 했다. 산에는 나무 한 그루도 없었지만 이것은 조선이 일본에서 분리되었기 때문이다. 20년쯤 더 일본과 관계를 가지고 있었다면 이렇게는 되지 않았을 것이다. 우리들의 노력은 패전으로 좌절되었지만, 20년쯤 더 조선을 가지고 있었더라면 이렇게는 되지 않았을지도 모른다. 타이완의 경우는 성공한 경우이지만 (…). 일본은 조선에 공장과 가옥, 산림 등을 모두 그냥 두고 왔다. 창씨개명도 좋은 것이었다. 조선인을 동화하여 일본인과 똑같이 취급하기 위해 취해진 조치였고, 착취라든가 압박이라든가

前文
日本國及び大韓民國は、兩國民間の關係の歷史的背景と、善隣關係及び主權の相互尊重の原則に基づく兩國間の正常化に對する相互の希望とを考慮し、兩國の相互の福祉及び共通の利益の增進のため並びに國際の平和及び安全の維持のために、兩國が國際連合憲章の原則に適合して緊密に協力することが重要であることを認め、(…).

라는 것은 아니다. 과거를 이야기하려고 하면 저쪽에도 할 말이 있겠지만, 우리 쪽에는 더 할 말이 있다. 따라서 과거를 들추는 것은 좋지 못하다.46)

이 '타카스기 발언'의 내용은 제3차 교섭의 '쿠보타 발언'과 마찬가지로, 일본의 식민지지배는 조선의 근대화에 공헌했으므로, 사죄할 필요가 없다는 것이었다. 아마도 '타카스기 발언'과 일본정부의 견해는 대동소이했을 것이다. 기본조약 전문에 식민지 지배의 역사에 대한 언급이 없는 것은 이러한 일본정부의 인식이 관철되었기 때문이었다.

한편 한국정부는, 한일조약체결 직후에 작성한『대한민국과 일본국 간의 조약 및 해설』이라는 책자에서 다음과 같이 설명했다. 전문이 "양 국민의 과거 관계를 고려하고 상호 주권을 존중함으로써 장래 선린우호국가로서의 관계를 유지한다는 것을 내용으로 하고 있는바 '과거 관계의 고려'는 양국 간에 불행하였던 과거 관계가 있었음을 상기하여 이를 청산한다는 의미를 갖는 것"이라 했다.47) 이것이 무리한 해석이라는 것은 명백하다.

이에 대해서 제49회 국회에서 야당 민정당의 윤재술 의원은, "36년간 강제 점령된 나라로서 (…) 피해자로서 상대와 강화를 맺을 때, 이른바 기본조약의 전문에 한마디 없으면 안 되는 반성이라는 문자 정도는 없어서는 안 된다. 미안하다거나 사죄한다거나, 창피하게 생각한다거나"라고 발언했다.48)

---

46)『アカハタ』, 1965년 1월 21일.
47) 대한민국 정부,『대한민국과 일본국 간의 조약 및 해설』, 1965년 7월 5일, 9쪽.
48)『제49회 국회회의록』제11호, 국회사무처, 1995년 4월 29일.

잡지 『사상계』의 「권두언」은, "기본조약을 체결하는 이상은, 당연히 과거 반세기에 걸친 일본군국주의와 제국주의에 대한 침략행위를 깨끗이 청산한다는 기본적 목적이 명문화되었어야 했음에도 불구하고, 이 중차대한 문언은 이 조약에서 고의로 제거되었다"고 비판했다.49) 또 서울대 교수 양호민은 다음과 같이 분석하고 있다. "〈기본관계조약〉은 한일국교정상화의 의의와 그 기본적 방향을 명시하는 것으로 볼 수 있"으며 그렇다면 "전문에서는 국교를 정상화하여 앞날의 새로운 친선관계를 맺음에 있어 과거의 제국주의 통치관계를 사과는 못할망정 이것은 영원히 청산한다는 의미의 어떤 구절이 응당 삽입되었어야 했을 것"이다. "이 한 마디는 한국 민족이 지난 15년 동안을 두고 기대했던 말"이며 한국이 "앞날의 일본에 대한 불신을 깨끗이 불식할 수 있는 말"이며, 또한 일본이 "군국주의의 일본으로부터 탈피했음을 표시함으로써, 그 위신을 역사적으로 떨칠 수 있는 말이다. 그러나 그러한 구절은 없다. 이것은 일본정부가 한반도에 대한 제국주의 정책과 식민주의 통치를 사실대로 시인하고자 하는 의사가 깨알만큼도 없다는 것을 표시하는 것이요, 그것을 시인하고자 하는 의사가 없다는 것은 뒤집어 말한다면 장차도 그러한 침략행위를 그대로는 아니라고 해도 적어도 형태를 바꾸어 다시 되풀이해도 무방하다는 것을 뜻하는 것이다."50)

양호민은 전문에 '과거의 청산'이 명기되었더라면, 한국인의 일본

---

49) 「권두언」, 『사상계』, 1965년 5월호.
50) 양호민, 「기본관계 조약」, 『사상계』, 1965년 7월(긴급증간호). 또 당시 연세대학교 교수였던 서석순은 많은 대학교수가 기본조약에 "일본의 정식 사죄가 들어 있지 않은 것에 불만이 컸다"라고 회고하고 있다 (碩山徐碩淳博士古稀記念文集刊行委員會, 『碩山徐碩淳博士古稀記念文集』, 1991년, 40쪽).

에 대한 불신감이 불식되고, 일본이 진정한 의미에서 '군국주의'에서 빠져나왔다고 표명했을 가능성도 있었지만, 실제로는 '과거의 청산'은 명기되지 않았는데, 이것은 장래 일본이 모습만 바꾼 '침략행위'를 반복할 수 있다는 것을 보여준 것이라고 비판했던 것이다.

학생들은 1964년에 발표한 「4·19 제5선언문」 속에서 "일본 식민주의자들의 도덕적 반성의 구체적 표명이 한일교섭의 전제가" 된다고 주장했다.51)

이렇게, '일본군국주의와 제국주의의 침략행위를 완전히 청산한다는 기본적인 목적'을 기본조약의 전문에 명문화해야 하는 것이, 한일조약반대운동의 공통된 주장이었다.

② '제2조' 비판

제2조
1910년 8월 22일 및 그 이전에 대한제국과 일본제국 간에 체결된 모든 조약 및 협정이 이미 무효임을 확인한다.52)

전술한 바와 같이, 한일 양 정부는 이 제2조의 조문내용에 관해

---

51) 서울대학교 문리대 학생회, 「4·19 제5선언문(1964년 4월 20일)」, 『대학신문』, 1964년 4월 23일.
52) 대한민국 외무부 방교국, 『조약집 양자조약 제2권』, 1968년, 234쪽 ; 『官報(號外)』, 大藏省印刷局, 號外 제135호, 1964년 12월 18일, 2쪽. 일본문은 다음과 같다. "千九百十年八月二十二日以前に大日本帝國と大韓帝國との間で締結されたすべての條約及び協定は、もはや無效であることが確認される." 한편 정문인 영문은 다음과 같다. "It is confirmed that all treaties or agreements concluded between the Empire of Korea and the Empire of Japan on or before August 22, 1910 are already null and void."

제1차 교섭 시부터 논쟁을 계속해 왔다. 이른바 '1910년 이전의 조약·협정 무효확인 조항'을 둘러싼 논쟁이었다. 여기서는 조약 체결 당시의 한국정부 및 일본정부의 공식견해를 재차 확인한 다음, 반대 운동의 비판내용을 살펴보고자 한다.

　일본정부는, 1965년 11월 외무성이 작성한『일한제조약에 대해서』라는 책자에서, 이 조약을 최종적으로 다음과 같이 해석했다. 일본 측은 1910년 '병합조약' 및 그 이전에 한일 간에 체결된 "조약 및 협정이 이전에는 효력을 가지고 있었다는 객관적인 사실을 번복하여, 처음부터 무효였다고 하는 것은 불가능하지만, 현재는 이미(もはや) 효력이 없다는 사실을 확인하는 데는 이의가 없으므로, 이들 제 조약, 협정은 '이미 무효이다(もはや無効である)'라고 규정하는 데 동의했다." 즉 "'병합조약'은 대한민국이 독립할 때에 효력을 잃었고, 병합 이전의 제 조약, 협정은 각각 소정의 조약의 성취 또는 병합조약의 발효와 함께 실효되었다는 것이 확인되었다."53)

　더욱이 외무성 조약국 조약과의 후쿠다 히로시(福田博)도, "구조약 및 협정이, 대일본제국과 대한제국 사이에, 모두 정당한 수속을 거쳐 체결되었던 것으로, 이것이 당시 유효하게 성립되고 실시된 것이라는 점은 다툴 여지가 없다"고 명언하고 '병합조약'은 "한국의 독립이 이루어진 시기, 즉 1948년 8월 15일에 실효되었다고 해석하는 것이 타당하다"고 했다.54)

---

53) 外務省,『日韓諸條約について』, 1965년 11월, 3~4쪽.
54) 福田博,「基本關係」,『時の法令 別冊—日韓條約と國內法の解說』, 大藏省印刷局, 1966년 3월, 14쪽. 이 책자의 서문에서는 모든 해설이 '필자의 사견'이라고 하고 있지만, 모든 해설은 각 성청의 전문담당관이 집필하고 있으므로, 그 내용으로부터 판단해 보아도, 여기서 드러난 견해가 일본정부의 견해로 생각해도 지장이 없을 것이다.

한편, 한국정부는 '무효의 시기'에 대해 "'무효(null and void)'라는 용어 자체가 국제법상의 관용구로서는 '무효'를 가장 강하게 표시하는 문구이며, '당초부터' 효력이 발생되지 않는 것을 의미하는 것으로서 '이미'라고 강조되어 있는 이상 소급하여 무효임은 두말할 필요가 없다"는 해석을 보이고 있다. 즉 1910년 이전에 체결된 "조약, 협정, 의정서 등 명칭 여하를 불문하고 국가 간의 합의문서는 모두" 당초부터 무효라고 주장했던 것이다.55)

이동원 외무장관은 8월 14일 비준국회에서, '무효' 앞에 '이미(もはや)'가 삽입되었다고 해서, "Null and void는 구한말의 조약을 당초부터 무효라고 하는 의미이고, 조금도 후퇴한 것이 아니라"고 단언했다.56)

이에 대해서 한국 국회에서는, 야당인 민정당 강문봉 의원이, 'null and void'에 대해서 "단지 무효라고 하는 것만으로, 소급하여 무효라는 의미는 아니다"라는 『Black's Law Dictionary』의 설명을 소개하면서, 정부의 해석이 잘못되었다고 지적했다. 여기에 더해서 1910년 이전에 존재한 국제법에 입각해 보아도, 병합조약 및 제 협정이 "당초부터 무효라는 주장을 관철시킬 수 있다"고 주장하며 한국정부의 대응을 비판했다.57)

『사상계』의 「권두언」은, 일본정부가 '이미 무효'가 되었던 시점을

---

55) 대한민국 정부, 『대한민국과 일본국 간의 조약 및 해설』, 1965년, 11쪽.
56) 『제48회 국회회의록』 제2호, 국회사무처, 1965년 2월 27일 ; 『제52회 국회회의록』 제12호, 국회사무처, 1965년 8월 14일.
57) 강문봉 의원에 따르면, 『Balck's Law Dictionary』의 1216쪽을 보면, 'null and void'라는 용어는, "The words null and void, When used in a contract or stature are often construed as meaning 'Voidable'"이라고 정의되어 있다고 한다(『제48회 국회회의록』 제2호, 국회사무처, 1965년 2월 27일).

1948년 8월 15일로 하는 해석을 비판하고, "만일 그러한 해석이 통하게 된다면 대한민국 독립을 선언한 날까지의 일본의 침략통치는 완전히 정당화될 뿐만 아니라, 우리나라의 대일청구권은 그 법적 근거를 상실하게" 된다고 말했다.58)

양호민은 이 제2조가 "이 조문은 일본제국주의의 식민지 통치를 합법적인 것으로 보느냐 불법적인 것으로 보느냐를 역사적으로 판정하는 중대한 규정"이라고 말하면서, "과거의 군국주의 통치를 합법화, 합리화할 수 있는 여유를 남겨 준 것이 이 '이미'라는 말이다. (…) 총독부 통치를 합법적인 것으로 보느냐는 해방된 한국의 주체성에 관한 문제요, 한일수교의 성격을 규정하는 기준"이라고 비판했다.59)

기독교 목사 교역자들은, "한일 간의 제 조약 무효화 시점을 애매하게 함으로써 일본으로 하여금 을사, 경술 등 국권 강탈행위를 합법화할 구실을 갖게 하여 항일 선열들의 정신적 유산에 오손을 가져온 것"이라고 성명을 냈다.60) 재경문학자 82명은, 한일 간의 "모든 불평등 강제조약의 본원적인 부인과 무효화를 전제로 해야 하고, 일본의 한국에 대한 과거의 모든 속죄를 구체적으로 제시, 실천하는 것을 선결조건"으로 해야 한다고 선언했다.61)

또한 재경교수단 358명도 "기본조약은 과거 일본 제국주의의 침략을 합법화시켰을 뿐만 아니라 우리 주권의 약화 및 제 협정의 불평등과 국가적 손실을 초래할 굴욕적인 전제를 인정해 놓았다"고 선

---

58) 「〈권두언〉 現行韓日會談을 粉碎하자」, 『사상계』, 1965년 5월.
59) 양호민, 앞의 논문.
60) 기독교목사교역자, 「성명서(1965.7.1)」, 『사상계』, 1965년 7월(긴급증간호).
61) 재경문학인, 「성명서(1965.7.9)」, 『사상계』, 1965년 7월(긴급증간호).

언하며, 제2조를 비판했다.62)

　이렇게 한일조약 반대운동은, 1910년 이전에 대한제국과 대일본제국가가 맺은 모든 조약·협정은, 일본제국주의의 강제에 의한 것이고, 한민족의 의사에 반하여 체결된 것이기 때문에, 이들 조약·협정은 당초부터 무효였다고 기술해야 한다고 주장하고 있었던 것이다.

③ '제3조' 비판

　　제3조
　　대한민국 정부가 국제연합 총회의 결의 제195(Ⅲ)호에서 명시된 바와 같이 한반도에 있어서의 유일한 합법정부임을 확인한다.63)

　제3조는 한국의 관할권과 지위에 대해 규정한 조문이다. 제4장에서 언급한 대로, 한일 양 정부는 이 조문에 1948년 12월 12일 '국제연합 총회의 결의 제195(Ⅲ)호'를 삽입하는 것으로 타협하였고, 자국민에게 각각 따로따로 설명하기로 했다.

　조약체결 직후 일본정부는 '국제연합 총회의 결의 제195(Ⅲ)호'의 내용에 따라, '조선에 있는 유일 합법적인 정부'임을 확인했다고 했

---

62) 재경 대학교수단, 「한·일 협정 비준반대 선언(1965년 7월 12일)」, 『사상계』, 1965년 7월호(긴급증간호).
63) 대한민국 외무부 방교국, 『조약집 양자조약 제2권』, 1968년, 236쪽 ; 일본문은 다음과 같다. 「第三條 大韓民國政府는, 國際連合總會決議書 第百九十五號(Ⅲ)에 明らかに 示されている とおりの 朝鮮にある 唯一の 合法的な 政府であることが 確認される」, 『官報(號外)』, 大蔵省印刷局, 號外 제135호, 1965년 12월 18일, 2쪽.

다.64) 즉 일본정부는 한국이 38도선 이남의 유일합법적인 정부라고 설명했을 뿐으로, 한국이 한반도의 유일한 합법정부라는 것을 인정하지는 않았던 것이다.

한편 한국정부는, "일본 측이 한국정부의 관할권이 '이남에만 한정되어 있다'는 표현을 두고자 기도한 것을 봉쇄하는 동시에 국제연합 총회 결의에서 명시된 바와 같이 대한민국 정부가 한반도에 있어서의 유일한 합법 정부임을 명확히 규정하도록 함으로써 일본으로 하여금 이 밖으로 이탈할 여지를 주지 않은 것"이라고 해석했다.65) 이동원 외무부장관도 국회에서 그렇게 설명했다.66) 즉 한국정부는 '국제연합 총회의 결의 제195(Ⅲ)호'가 한국이 한반도의 유일한 합법정부임을 규정한 것이고, 따라서 제3조도 이를 확인했다고 주장한 것이다.

이렇게 한국정부는, 한국의 정통성을 주장한다는 입장에서 한반도의 유일 합법정부라고 주장하였고, 이에 대해 일본정부는 이것이 정치적으로 미묘한 문제였기 때문에 동의할 수 없었다. 또 한국의 관할권과 정통성의 문제는, 청구권문제와도 직접 관련되어 있었다. 제6차 교섭에서 한국 측은 북한도 포함한 한반도 전체의 청구권을 요구하여, 받을 금액을 최대화하고자 하였는데, 일본 측은 한국 측이 주장하는 청구권을 38도선 이남으로 한정하여, 지불할 금액을 최소화하고자 했다.67) 결국 쌍방은 청구권을 38도선 이남으로 한정

---

64) 外務省, 『日韓諸條約について』, 1965년 11월, 4쪽.
65) 대한민국 정부, 『대한민국과 일본국 간의 조약 및 협정 해설』, 1965년 7월 5일, 13쪽.
66) 이동원 외무부장관은 강문봉 의원의 질문에 "대한민국은 한반도의 유일한 합법정부라는 사실을 일본정부가 정식으로 기본조약에 설정"했다고 대답했다(『제48회 국회회의록』 제2호, 국회사무처, 1965년 2월 27일).

하기로 했지만, 한국정부는 이를 국민에게 전달할 수 없었다.

　위와 같은 대립을 봉합하기 위해, 실제 조문에 한일 쌍방은 '국제 연합 총회의 결의 제195(Ⅲ)호'를 삽입하여, 한국이 '조선의 유일한 합법적 정부'라고 했다. 양측은 이렇게 함으로써 국민들의 비판을 회피하는 것이 최선이라고 생각했던 것이다.

　이에 대해서, 한국 국회에서 야당 의원들은 제3조에 대해서 한국정부의 해석이 잘못되었다고 지적했다. 강문봉 의원이 제3조는 "대한민국 정부가 38도선 이남 또는 휴전선 이남에서 합법정부라는 것을 인정했다"는 것이 된다고 지적했다.68) 민주당의 정일형 의원도 "두 개의 한국을 용인하는 것에 의해 한국의 국제적 지위와 위신을 완전히 실추시켰다"고 주장했으며,69) 민주당 의원 김성용 의원도 "영토주권의 축소이며 주권의 방기"라고 비판했다.70)

　또 양호민은, 이 조항에는 한국정부의 "영토 관할권이 법적으로 북한에까지 미치는지 아닌지, 또는 국련(國聯, 유엔) 결의를 무시한 북한의 공산집단을 합법적(de jure) 정부는 아니지만 사실상의(de fact) 정부로까지도 인정하지 않는지는 뚜렷하게 표시되어 있지 않다"고 말했으며,71) 정치학자 한배호도 "국회결의를 조약에 인용함으로써 한국정부의 관할권은 남한에 국한되어 있다는 것을 암시했는데, (…) 북괴와 일본과의 관계에 대해서는 일언반구도 언급된 바 없는 것"이라고 지적하며72) 제3조를 비판했다.

---

67) 김윤근, 「대일재산청구권」, 『政經硏究』, 1965년 3·4월 합병호. 김윤근은 제6차 교섭 '일반청구권 소위원회'의 한국 측 대표였다.
68) 『제48회 국회회의록』 제2호, 국회사무처, 1965년 2월 27일.
69) 『제49회 국회회의록』 제12호, 국회사무처, 1965년 4월 30일.
70) 『제49회 국회회의록』 제14호, 국회사무처, 1965년 5월 5일.
71) 양호민, 앞의 논문.

즉 야당과 지식인은, 한국이 한반도에서 유일한 합법정부라고 주장하였고, 이를 명기하지 않은 제3조에 대해 한국정부가 국민에게 잘못된 설명을 하고 있다고 비판했다. 이러한 비판은 국제연합 결의에 관한 한국정부의 해석과 설명이 잘못되었다고 지적한 점에서는 정확했다고 할 수 있지만, 한국이 한반도의 유일한 합법적 정부라는 것을 명기해야 한다고 주장한 점에서는, 냉전의 관점에서 자유롭지 못했다고 할 수 있다.

(2) 재산청구권·경제협력협정

다음으로 재산청구권·경제협력협정을 비판한 내용에 대해 살펴보고자 한다. 재산청구권·경제협력협정의 중요한 부분은 다음과 같다.73)

---

72) 한배호, 「對等關係속의 侵略根性－基本條約에 自慢하고 있는 朴政權」, 『사상계』, 1965년 6월.
73) 대한민국 외무부 방교국, 『조약집 양자조약 제2권』, 1968년, 234쪽 ; 일본문은 『官報(號外)』, 大藏省印刷局, 號外 제135호, 1965년 12월 18일, 6쪽에 따른다.
日本國及び大韓民國は、両國及びその國民の財産並びに両國及びその國民の間の請求權に關する問題を解決することを希望し、両國間の經濟協力を增進することを希望して、次のとおり協定した.
第一條
1 日本國は、大韓民國に對し、
  (a) 現在において千八十億円(一〇八，〇〇〇，〇〇〇，〇〇〇円)に換算される三億合衆國ドル(三〇〇，〇〇〇，〇〇〇ドル)に等しい円の價値を有する日本國の生産物及び日本人の役務を、この協定の效力發生の日から十年の期間にわたつて無償で供與するものとする. (…)
  (b) 現在において七百二十億円(七二，〇〇〇，〇〇〇，〇〇〇円)に換算される二億合衆國ドル(二〇〇，〇〇〇，〇〇〇ドル)に等し

대한민국과 일본국은, 양국 및 양국 국민의 재산과 양국 및 양국 국민 간의 청구권에 관한 문제를 해결할 것을 희망하고, 양국 간의 경제협력을 증진할 것을 희망하여, 다음과 같이 합의하였다.

제1조
1. 일본국은 대한민국에 대하여
(a) 현재에 있어서 1천8십억 일본 원(108,000,000,000원)으로 환산되는 **3억 아메리카합중국불($300,000,000)과 동등한 일본 원의 가치를 가지는 일본국의 생산물 및 일본인의 용역**을 본 협정의 효력발생일로부터 10년기간에 걸쳐 무상으로 제공한다. (…)
(b) 현재에 있어서 7백20억 일본 원(72,000,000,000원)으로 환산되는 **2억 아메리카합중국불($200,000,000)과 동등한 일본원의 액수에 달하기까지의 장기 저리의 차관으로서,** (…) 일본국의 생산물 및 일본인의 용역을 대한민국이 조달하는데 있어 충당될 차관을 본 협정의 효력 발생 일로부터 10년 기간에 걸쳐 행한다. (…)

い円の額に達するまでの長期低利の貸付けで，(…) 日本國の生産物及び日本人の役務の大韓民國による調達に充てられるものをこの協定の效力發生の日から十年の期間にわたつて行なうものとする．(…)

第二條
1 兩締約國は，**兩締約國及びその國民(法人を含む)の財産，權利及び利益竝びに兩締約國及びその國民の間の請求權に關する問題**が，千九百五十一年九月八日にサン・フランシスコ市で署名された日本國との平和條約第四條(a)に規定されたものを含めて，**完全かつ最終的に解決された**こととなることを確認する(강조 - 인용자).

제2조

1. **양 체약국은 양 체약국 및 그 국민(법인을 포함함)의 재산, 권리 및 이익과 양 체약국 및 그 국민 간의 청구권에 관한 문제가** 1951년 9월 8일에 샌프런시스코우시에서 서명된 일본국과의 평화조약 제4조 (a)에 규정된 것을 포함하여 **완전히 그리고 최종적으로 해결된 것이 된다는 것을 확인한다**(강조 – 인용자).

재산청구권 · 경제협력협정은, 직접적으로는 청구권 및 한일 '경제협력' 문제의 처리에 대해 규정한 것이지만, 박정희 정권의 산업화 프로젝트, 일본의 경제적 이익, 미국의 지역통합구상 등 한 · 미 · 일의 정치 · 경제적 문제의 이해에도 깊이 관련된 것이었다. 이 협정에는 한일 간의 중요하고도 해결곤란한 제 문제가 포함되어 있었던 것이다. 그 때문에 한일조약 반대운동은, 이 협정의 내용에 가장 강한 관심을 가지고 토론하였고, 그 결과 이 협정에 가장 많은 비판이 집중되었던 것이다.

제4장에서 언급한 것처럼, 한일 양 정부는 제6차 교섭에서 '김종필 · 오히라 합의'에 따라 재산청구권 · 경제협력협정을 체결했는데, 이 협정의 내용에 대해서도 한일 쌍방은 각각 상이한 해석을 보이고 있었다.

한국정부는 청구권문제와 '경제협력' 문제가 정치적으로 일괄타결된 것으로 해석하고, 그러한 '정치적인 방법'을 선택해야 했던 이유에 대해 다음과 같이 설명하고 있다. 첫째, '법적 근거와 사실증거'라는 점에서 청구권문제를 해결하는 것이 불가능해졌기 때문이었다고 지적하고 있다. 즉 제5 · 6차 교섭에서 한일 양 정부는, 한국 측 청구권요강을 검토하기 시작했지만, '법적 근거와 사실증거'를 둘러싸고 의견이 대립했다. 더욱이 "일본 측의 고의적인 증거인멸, 장시일의 경과 및 6·25동란으로 인하여 증거보존이 불충분한 점 또한 현재 대한민국의 시정권이 사실상으로 미치지 못하고 있는 지역에 관련된 사실관계를 어떻게 입증할 것인가 하는 문제 등을 고려할 때, 결국 청구권문제는 8개 항목의 청구를 세목별로 법이론과 사실관계를 따지는 사무적 방법이 아닌 다른 방법에 의하여 해결할 수밖에 없음이 명백하여졌다"는 것이다.

둘째, 1957년에 한일 양 정부에 제출된 대일강화조약 제4조에 관한 미국 측의 「각서」에 의해, '정치적 방법'의 선택은 불가결한 것이 되었다고 하였다. 즉 미국 측의 「각서」에 의하면, 일본 측은 '재한 일본인 재산'에 관한 어떠한 청구권도 주장할 수 없으나, "한국 내의 일본자산을 한국정부가 인수한 것으로 인하여 일본에 대한 한국의 청구권이 어느 정도 '소멸', '충족'되었는지에 관한 결정을 한일 간의 특별약정에서 정"해야 했는데 이러한 "결정은 이미 법이론적 내지 사실적 산출의 범위를 벗어난 문제에 속하는 것이므로, (…) 각 항목을 일괄하여 타결하는 해결방법 즉 정치적인 방법에 의한 해결이 불가피"하다고 판단했다는 것이다.[74]

이 한국 측의 설명은 대략 사실에 입각한 것으로, 그 설명의 중점은 청구권문제에 있었다. 이에 대해 일본정부는 다음과 같이 설명했다. "법률관계 및 사실관계의 많은 점에서 한국 측과 의견이 대립하여 회담이 난항을 거듭하고 청구권의 변제액을 계산할 공통적인 기반이 일한 간에 존재하지 않는다는 것이 명백하여졌다." 이러한 대립과 곤란을 넘어서기 위해, "한국이 일본과 일체였다는 특수한 관

---

74) 대한민국 정부, 『대한민국과 일본국 간의 조약 및 해설』, 1965년 7월 5일, 79~80쪽.

계를 고려하여 금후 오랜 기간 일한 양국 간의 친교관계를 확립한다는 견지에서, 우리나라가 한국의 민생안정과 경제발전에 공헌하기 위한 경제협력을 공여하고, 동시에 일한 간의 청구권문제가 해결되었음을 확인하려는 아이디어"에 입각하여 '김종필·오히라 합의'가 성립되었다.75)

이렇게 일본 측 설명의 중점은, 청구권문제가 아니라 '경제협력' 문제에 있었다. 이 점을 외무성 조약국 조약과의 타니다 마사미(谷田正躬)는 다음과 같이 설명하고 있다. "제1조에 규정된 5억 달러의 자금 공여는 한국 측이 말하는 한국의 대일 청구에 대한 채무지불의 성격을 갖는 것"이 아니라 "어디까지나 경제협력으로서 실천되는 것"이며 "이러한 공여와 병행해서 재산 및 청구권에 관한 문제에 대해서는 완전히 또한 최종적으로 해결된 것으로서, 양국 사이에 어떤 문제도 존재하지 않게 될 것을 확인한 것이 제2조의 취지"이다. 따라서 경제협력 증진과 청구권문제 해결 사이에는 아무런 법률적인 상호관계가 존재하지 않는 것이다.76)

이와 같은 한일 양 정부의 해석에 대해, 한일조약 반대운동 진영은, 먼저 재산청구권·경제협력협정의 구성 자체에 문제가 있다고 지적했다. 예를 들면 『사상계』 편집위원인 부완혁은, 이 협정이 두 개의 이질적인 내용을 억지로 하나로 정리한 것이라고 비판했다. 즉 청구권은 과거의 식민지지배국·피지배국 관계로부터 발생한 한국 측의 권리이고, '경제협력'은 과거의 관계와는 무관한 것으로, '선진국'과 '후진국' 사이에 행해지는 재화와 용역의 원조와 수원을 내용으로 하는 것이다. 따라서 청구권문제와 '경제협력' 문제는 별도로

---

75) 外務省, 『日韓諸條約について』, 1965년 11월, 15~16쪽.
76) 谷田正躬, 「請求權問題」, 『時の法令 別冊 – 日韓條約と國內法の解說』, 大藏省印刷局, 1966년 3월, 62~63쪽.

다루어야 할 것으로, 청구권이 해결되고 국교정상화가 달성된 후에 논의되어야 할 것이라는 비판이었다.[77] 이 점은 한국에서 모든 한일조약 반대운동 진영이 공유하고 있었던 주장이었다.

그 밖에 한국의 한일조약 반대운동에서는, 청구권문제에 대해서는 금액, 청구권문제의 법적 근거가 된 대일강화조약 제4조, 협정 제2조의 "완전히 그리고 최종적으로 해결된 것이 된다는 것을 확인한다"고 한 부분, 그리고 '경제협력' 문제에서는 한국에 '제공'하는 금액의 내용, 도입방식, 차관에 대한 비판이 있었다. 이하 그 내용을 서술하고자 한다.

① 청구권 비판

(가) 금액

한국의 한일조약 반대운동은 처음에 재산청구권·경제협력협정의 제1조에 제시된 금액, 즉 '3억 아메리카합중국불'의 '무상 공여'와 '2억 아메리카합중국불'의 '대부'가 정치적 타협의 산물이었다는 것을 지적하고, 그 금액을 비판했다. 국회에서는 장면 정권의 외무부 장관이었던 정일형 민주당 의원이, 장면 정권이 일본 측에 요구한 '청구권 8항목'의 내용과 금액(8억 5,000만 달러 이상)을 보여주면서, 그 금액과 비교해 보면 박정희 정권의 3억 달러는 "40년간의 왜정에 의한 탄압의 피해와 수탈의 보상이기니는커녕, 정당한 청구권을 방기"한 것이라고 비판했다.[78]

---

77) 부완혁, 「請求權·經濟協力」, 『사상계』, 1965년 7월호(긴급증간호).
78) 『제49회 국회회의록』 제12호, 국회사무처, 1965년 4월 30일. 정일형은 각 정권 및 정당이 일본 측에 요구했던 금액은, "자유당시대 27억불, 민주당시대 8억 5,000만 불 이상, 삼민회 12~30억 불, 민정당 27억 불'이었다고 말했다.

또 하진오(합동통신 기자)는 필리핀, 인도네시아, 버마 등 일본의 침략을 받은 다른 피해국이 수취한 금액과 비교하여, 한국에 지불될 금액이 적당하지 않다고 지적하고, "3억의 산출 근거가 일제의 지배 년 수에 있었던 것도 아니며, 일제가 한국으로부터 가져 간 지금, 지은, 강매한 각종 유가증권, 징병과 징용 등 구체적인 사례에 근거하지도 않은 소위 일괄적인 정치적 타결에 있었다"고 비판했다.79) 홍성유(경제평론가)도 "40년간에 걸치는 식민주의의 수탈과 전쟁으로 인한 희생을 생각한다면 동남아 제국에 대한 전쟁배상액보다 훨씬 낮은 이러한 청구액수는 한국과 한국민에 입힌 일제 죄상의 보상이 될 수 없"다고 논했다.80)

다음으로 한일조약 반대운동은 금액의 내용을 비판했다. 학생들은 1964년 3월 반대운동 과정에서, '무상', '유상', '차관'이라는 청구권금액의 틀을 결정한 '김종필·오히라 합의'의 백지화를 요구하고, "'매국정상배 김종필을 즉시 송환하라", "제2의 이완용을 추방하라"는 슬로건을 외치며, 김종필을 공격했다.81) 또 같은 해 3월 24일 서울대에서 열린 '제국주의자 및 민족반역자 화형식'에서는 청구권 문제를 '경제협력' 방식으로 처리한 한일 양 정부를 다음과 같이 규탄했다.

> 이것이 일본제국주의자가 반세기에 걸쳐 한국을 강점하면서
> 백만 장정을 징용으로, 군대로, 노예노동으로 강제 사역시키고

---

79) 하진오, 「한일회담의 기본적인 문제점 – 정치가적 양심과 지식인의 통찰과 학생들의 충성으로 해결하여야 한다」, 『청맥』, 1964년 8월.
80) 홍성유, 「한일회담의 논쟁점」, 『大學新聞』, 1964년 3월 9일.
81) 『대구매일신문』, 1964년 6월 6일 ; 유형섭, 「구호로 본 '3.24'의 본질」, 『사상계』, 1964년 5월.

민족문화의 재보를 착취해 가고 마지막 순간까지 금괴를 도탈해 가고 은행권을 남발하는 단말마의 발악을 자행하던 대가이다. 무상원조, 어업협력, 정부차관, 민간차관 등등의 허다한 조건이 붙은 6억 불이 일본제국주의가 음모와 학살과 억압으로 한국을 병참기지로, 상품시장으로, 식량공급지로 착취해 간 제국주의자들의 반성이다. 민족문화를 절변(絕變)시키고 오늘의 이 빈곤을 강요하는 파행적 경제구조를 남겼고 살인적인 정치탄압을 자행한 일본제국주의자들의 참회가 이 위장된 6억 불이란 말인가.82)

이렇게 한일조약 반대운동은, '무상' 3억 달러, '대부' 2억 달러가 식민지 지배에 의한 피해를 청산하는 것이 아니라는 점을 강력하게 비판했던 것이다.

(나) 대일평화조약

재산청구권·경제협력협정 제2조 1항에 대해, 한국정부는 다음과 같이 설명했다. 청구권은 제1차 교섭에서 한국 측이 제출한 '8개 항목으로 된 이른바 대일청구요강'에 기초한 것이며 그것은 민사상의 청구권적인 성격의 것이며 전시 중 피해를 입은 데 대하여 전승국이 패전국에 요구하는 배상과는 다르다는 것이다.83) 이렇게 한국정부는 대일강화조약에서 한국 측의 배상청구권이 거부되었고, 이에 대신하여 동 조약 제4조 (a)에 의해 한일 간의 청구권 교섭이 개시되었다고 설명하고, 한국 측 청구권이 배상청구권이 아니라는 것을 명

---

82) 「서울대학교 제국주의자 민족반역자 화형식 선언문(1964년 3월 24일)」, 『大學新聞』, 1964년 3월 26일.
83) 대한민국 정부, 『대한민국과 일본국 간의 조약 및 해설』, 1965년 7월 5일, 74쪽.

확히 했다.84)

이에 대해 한일조약 반대운동 진영은, 대일강화조약을 비판했다. 부완혁은 한국이 '일본과의 전쟁에 대한 참전국도 아니며 그 식민지였으니 배상 기타 청구권이 없고 (…) 샌프란시스코 평화조약에 규정된 것 이상의 것을 일본에 요구할 수 없다는 것'은, 대일평화조약의 '두 개의 신화'라고 말하고 한국은 독립국가로서 '본연의 자주권에 입각한 청구권'을 요구할 수 있다고 주장했다.85) 또 조선일보 논설위원인 이열모는 다음과 같이 대일강화조약의 부당성을 호소했다. "청구권에 관한 한일 간의 대립은 본질적으로 미국이 기초한 대일평화조약에 연유"했고, 한국은 '국제법상' 대일참전국이 아니었기 때문에 대일평화조약에 서명하지 못했다. 더욱이 이는 한국 측의 아무런 의사표시와 동의 없이 타율적으로 규정된 두 가지 불행이었다는 것이다.86) 학생들도 "샌프란시스코 강화조약에 의하여 배상을 요구하는 권리는 부당히 폐쇄되고 재산 및 채권에 대한 청구권만 인정되었다"고 비판했다.87)

(다) 제2조 "완전히 그리고 최종적으로 해결된 것이 된다"

한국정부는 재산청구권·경제협력협정의 제2조 제1항에서 보여준, 대일청구권이 '완전히 그리고 최종적으로 해결된 것이 된다'는 규정에 대해 다음과 같이 언급했다.

재산 및 청구권 문제의 해결에 관한 조항으로 소멸되는 우

---

84) 대한민국 공보부, 『한일협정 문제점 해설』, 1965년, 61쪽.
85) 부완혁, 「韓日協定은 批准·同意될 수 없다」, 『사상계』, 1965년 8월.
86) 이열모, 「反省 없는 賠償」, 『사상계』, 1965년 6월.
87) 서울대 한일문제연구회, 「현 한일회담저지투쟁의 정당성」, 『사상계』, 1965년 7월(긴급증간호).

리의 재산 및 청구권의 내용을 보면, 우리 측이 최초에 제시한 바 있는 8항목의 대일청구요강에서 요구한 것은 모두 소멸케 되는바, 따라서 지금 및 지은에 관한 청구, 과거 조선총독부 체신국 관계의 청구(우편저금, 간이생명보험 등), 한국에 본사를 둔 법인의 재일재산에 관한 청구, 한국인 소지의 일본계 통화, 각종 유가증권(국채, 공채 등), 피징용자의 미수금 및 보상금, 은급 등에 관한 청구, 한국인의 대일정부 및 일본국민에 대한 각종 청구 등이 모두 완전히 그리고 최종적으로 소멸케 되는 것이다.88)

이는 한국 측이 제1차 교섭에서 제시하고, 제5・6차 교섭에서 구체적으로 토의한 '청구권 8항목'의 내용을 열거하고, 이 대일청구권이 "모두 완전히 그리고 최종적으로 소멸한다"는 것을 명시한 것이다. 그러나 한국정부는 '청구권 8항목'이 소멸된 경위와 그 내용에 대해서는 국민에게 자세히 설명하지 않았다.

실은 이 '청구권 8항목'의 소명에 대해, 재산청구권・경제협력협정의 「합의의사록」의 2의 g에 '청구권 8항목'을 포함한 대일청구권이 "완전히 그리고 최종적으로 해결된 것으로 되는 양국 및 그 국민의 재산, 권리 및 이익과 양국 및 그 국민 간의 청구권에 관한 문제에는 한일회담에서 한국 측으로부터 제출된 '한국의 대일 청구요강'(소위 8개 항목)의 범위에 속하는 모든 청구가 포함되어 있고, 따라서 동 대일청구요강에 관하여는 어떠한 주장도 할 수 없게 됨을 확인하였다"고 규정되어 있었다.89) 이 「합의의사록」의 2의 g의 내용

---

88) 대한민국 정부, 『대한민국과 일본국 간의 조약 및 해설』, 1965년 7월 5일, 84쪽.
89) 일본에서 발표된 「합의의사록」 2의 g와 h는 다음과 같다. "(ｇ)同條1にいう完全かつ最終的に解決されたこととなる兩國及びその國民の財

은, 한일조약체결 후에 미디어를 통해 공개될 예정이었다. 그러나 『조선일보』, 『사상계』, 『합동연감』은 「합의의사록」의 2의 g를 삭제한 조문을 싣고 있다.90) 지금으로서는 이것이 어떤 경위에서 삭제되었는가는 확실하지 않지만, 한국정부가 반대운동의 고양을 억제하기 위해서 삭제했을 가능성이 크다.

이에 대하여, 한일조약 반대운동 진영은, 한국정부가 국민의 합의를 얻지 못한 채로, 대일청구권이 "완전히 그리고 최종적으로 해결되었다"는 조문에 조인했다는 것을 강력히 비판했다. 특히 개인보상 문제에 대해서 다음과 같은 문제제기가 있었다는 것은 주목할 만하다.

국회에서는 윤재술 민정당의원이 "피해자에 배상할 수 있는 예산이 배정되어 있는"지 여부를 질문하였고, 김삼 민정당의원도 "정부는 일본에 징용된 사람들에 피해배상할 수 있는 금액을 3억 달러 안에서 지불할 생각인가"라고 질문했지만, 문덕주 외무차관은 답변을 회피했다.91)

產、權利及び利益並びに兩國及びその國民の間の請求權に關する問題には、日韓會談において韓國側から提出された「韓國の對日請求要綱」(いわゆる八項目)の範圍に屬するすべての請求が含まれており、したがって、同對日請求要綱に關しては、いかなる主張もなしえないこととなることが確認された．(h)同條１にいう完全かつ最終的に解決されたこととなる兩國及びその國民の財産、權利及び利益並びに兩國及びその國民の間の請求權に關する問題には、この協定の署名の日までに大韓民國による日本漁船のだ捕から生じたすべての請求權が含まれており、したがって、それらのすべての請求權は、大韓民國政府に對して主張しえないこととなることが確認された」(『朝日新聞』, 1965년 6월 23일, 강조－인용자). 한국에서 발표된 조문에서는, 강조부분이 삭제되었다.

90) 『조선일보』, 1965년 6월 23일 ; 『사상계』, 1965년 7월(긴급증간호), 136쪽 ; 『합동연감(1966년판)』, 560쪽 ; 高麗大學校 亞細亞問題研究所 日本研究室, 『韓日關係資料集』 제1집, 1976년, 194쪽.

더욱이 부완혁은 다음과 같이 지적하고 있다. "국가의 청구권을 방기할 권한은 누구에게 부여된 것인가? 그 때문에 국민의 민사상의 권리마저 방기된 것을 무엇을 가지고 정당화할 수 있는가? (…) 정부는 비준동의를 얻은 후에 재정적으로 여유가 생기면 국민에게 보상한다고 하고 있지만, 국민에 대한 보상을 국가가 재정능력의 한도에 따라 제한하는 등 하는 것이 있어서는 안 된다." 특히 "증거가 있는 민간의 청구권을 한일협정 같은 것으로 정치적으로 방기하여 해결하는 것은 불가능하며, 그것은 반드시 소송문제까지 파급되지 않으면 안'될 것이다.92) 이렇게 부완혁은, 정부가 개인청구권을 방기했던 사실을 비판하고, 개인보상문제를 경시해서는 안 된다고 강조했다. 이것은 개인보상문제에 대해 그 후 역사의 전개를 예감시키는 예리한 문제제기였지만, 이 이상의 논의는 이루어지지 않았던 것 같다.

② '경제협력' 비판

재산청구권·경제협력협정의 제1조에서는, 1억 달러의 '일본국의 생산물 및 일본인의 용역'을 '무상으로 공여'하고, 2억 달러의 '일본국의 생산물 및 일본인의 용역'의 '대부'를 행하는 것이 규정되었다. 또 부속문서 「상업상의 민간신용공여에 관한 교환공문」의 「일본 측 서한」에서는 3억 달러를 넘는 상업상의 '민간신용공여'의 실시가 촉진될 것이라고 되어 있다.93) 한국 측이 이 '경제협력'을 정치적으로

---

91) 『제49회 국회회의록』 제11호, 국회사무처, 1965년 4월 30일 ; 『제49회 국회회의록』 제15호, 국회사무처, 1965년 5월 6일.
92) 부완혁, 「韓日協定은 批准·同意될 수 없다」.
93) 『時の法令 別冊―日韓條約と國内法の解說』, 大藏省印刷局, 1966년 3월, 184쪽.

청구권문제를 일괄 처리한 결과로서 이해하고, 일본 측이 청구권문제와는 무관한 문자 그대로의 '경제협력'으로서 생각한 것은 전술한 바와 같다.

이에 대해 한일조약 반대운동 진영은, 일본경제의 노후시설 '폐기물 처리장'이 된다는 관점에서, '경제협력'을 비판했다. 국회에서는 정일형 의원이 '경제적인 협조이기는커녕, 일본상품과 그 공장의 폐품 처리장'이 될 것이라고 말했다.94) 또 하진오도 "무상 3억은 지극히 돈벌이 되는 배상이다. 일본은 노후화된 기계·시설을 처분할 곳이 없다. (…) 오직 한국만이 이것들의 처리장으로 남아 있을 뿐"이라고 말하였고,95) 홍성유는 "동남아 제국에 대한 재상의 실적에서 볼 수 있듯이 차관으로 노후 '플랜트'를 팔고 그 '플랜트' 운영에 필요한 원자재와 기술을 수출함으로써 완전히 한 묶음의 장사로 배상을 운용하여 왔"다고 비판했다.96)

다음으로 반대운동은 한국경제의 일본경제에 대한 종속화의 심화라는 관점에서 '경제협력' 비판을 전개했다. 그 비판은 앞서 서술한 것처럼 '신식민주의론'에 의거한 것이었다.

홍성유는 차관의 연이율이 높고, 상환기간이 짧은 점, 생산물·용역의 가격, 질적 수준이 일본 측의 일방적 평가에 의해 결정되는 점, 구매품목·절차·산업계획까지 일본 측과 협의하기로 한 점 등, 재산청구권·경제협력협정의 규정이 한국 측에 불리하다고 지적하고, "일본중화학공업제품의 수입과 한국의 일차 산업의 수출이라는 전형적인 수직적 분업관계가 더욱더 확립되면 한국경제는 일본자본

---

94) 『제48회 국회회의록』 제17호, 국회사무처, 1965년 3월 25일.

95) 하진오, 앞의 논문.

96) 홍성유, 「'協力'이냐, '侵蝕'이냐-韓日經濟交涉의 來日」, 『신동아』, 1965년 6월.

지배하의 영원한 종속적 구조를 면치 못할 것"이라고 경고했다.97)

배한경(한양대 강사)은 "일본의 거대기업은 소위 아시아에 있어서의 빅·비지니스로서 '세계기업화'의 방향으로 진출하고 아시아 후진 제국의 값싼 노동력과 원료 그리고 상품판매 시장에서 가일층의 독점이윤을 추구할 것"이라고 말했으며,98) 경향신문 논설위원 송건호는 일본정부와 일본의 지식인이 "일본의 활로가 아시아에 엔화(円貨) 지역을 만드는 데 있음을 역설하고 있다"고 지적했다.99) 또 권병순(경제평론가)은 "일본은 자립경제를 지향하는 저개발국에 대하여 경제협조, 공동시장이라는 미명하에 현대판 대동아공영권을 모색하면서, 이들 저개발지역을 확고한 상품시장으로 일본경제에 예속시켜 국제적 수탈을 꿈꾸고 있다"고 주장했다.100) 임종철(서울대 전임강사)은 그러한 '신식민주의'의 목적은 '수탈이 보이지 않는 제국'의 건설에 있다고 평했다.101)

학생들도 일본의 '경제협력'을 비판했다. 일본은 "한국에 자본재를 투자함으로써 한국의 값싼 노동력과 원료를 이용하여 일본대기업을 위한 반제품을 생산하는 하청부적 예속관계를 구축하고 일본상품을 판매함으로써 민간기업을 진출케 하고 연불 방법을 통하여 산업, 금융, 외환 제 부문에 압력을 증가시킬 수 있는 자국본위의 경제팽창을 기도하고 있다." 더욱이 그러한 한일 '경제협력'이 실현된다면, "민족자본이 멸망하고, 매판자본이 거대자본과 결합함으로써 민족자립경제는 예속으로 변전하고, 국민의 기풍은 비상한 혼란에 빠져,

---

97) 홍성유, 위의 논문.
98) 배한경, 「일본의 재벌」, 『청맥』, 1965년 5월.
99) 송건호, 「신임을 상실한 대일외교」, 『사상계』, 1965년 6월.
100) 권병순, 「일본이 노리는 것」, 『청맥』, 1965년 10월.
101) 임종철, 「내일은 있는가」, 『청맥』, 1965년 4월.

농민·노동자·소시민은 자본의 초과이윤 속에서 초기아상태에 빠질" 것이라고 경고했다.102) 이러한 한일 '경제협력' 비판은, 그 후 역사의 전개를 생각하면, 반드시 정곡을 찌른 것은 아니지만, 일본 경제의 노후시설의 '폐품처리장'이 된다고 한 점, 일본의 거대기업이 '세계기업화'하여, 아시아의 노동력과 원료, 상품 시장을 획득함으로써, '엔화지역' 또는 '현대판 대동아공영권', 여기에 더해서 '수탈의 보이지 않는 제국'의 건설을 지향하고 있다고 한 점 등은, 일본자본주의의 문제점과 장래를 예리하게 분석한 논의였다고 할 수 있다.

3. 한일조약 반대운동의 대안
– '한국민족주의'·탈냉전·새로운 한일관계

한국의 한일조약 반대운동 내부에는 '한일조약 체제'를 비판하고, 대안을 제시하고자 한 움직임이 있었다. 그 움직임은 일부 지식인과 학생 사이에서 일어났는데, 이것을 반드시 반대운동의 커다란 조류였다고 할 수는 없을 것이다. 그러나 반대운동이 보여준 대안을 검토하는 것은, 1970년대 이후 한국 내의 정치·경제·사회 상황을 이해하는 데 의미 있는 작업이라고 생각한다. 여기서는 반대운동이 제시한 대안을 '한국민족주의', 탈냉전, 새로운 한일관계라는 세 관점으로 나누어 정리하고 검토하고자 한다.

(1) '한국민족주의' – 민중·세계·자립경제·통일

'한일조약체제'에 대해 반대운동 진영에서 제시한 최초의 대안은

---
102) 서울대 한일문제연구회, 앞의 논문.

'한국민족주의'였다.103) 1961년 5·16군사쿠데타로 성립한 박정희 정권은, 전년의 4·19혁명에서 주창된 '한국민족주의'를 계승하겠다고 공언하고, '민족의식'과 '민족적 주체성', '통일독립된 민족국가의 건설' 등의 슬로건을 내걸었으며, 1963년 10월 대통령선거에서는 '민족적 민주주의'의 실현을 호소했다.104)

이에 대해 1963년 11월 5일, 『사상계』 사장 장준하는 고려대에서 열린 '사상학술강연회'에서, 박정희 정권의 '민족적 민주주의'가 4·19혁명에서 결실을 맺은 '한국민족주의'와는 다른 것이며, '독재와 국제적 고립을 초래하는 민족주의'라고 비판하며, 그 철회를 요구했다.105) 장준하는 재야인사로서 한일조약 반대운동을 리드했으며, 박정희 정권의 '민족적 민주주의'를 아마도 최초로 비판한 인물일 것이다.106)

4·19혁명을 주도한 학생운동 진영은 학내에서 '연구회'라는 각종 서클을 조직했고,107) 박정희 정권의 '민족적 민주주의'를 비판했으

---

103) '한국민족주의'가 1960년대부터 1980년대 초에 걸친 전개 과정에 대해서는, 滝沢秀樹, 『韓國民族主義論序説』, 影書房, 1984년을 참조.
104) 박정희, 『國家와 革命과 나』, 향문사, 1963년, 81~82쪽 ; 「北韓同胞(1961.10.3)」, 대통령비서실, 『박정희대통령 연설문집 1』, 1973년 ; 「三·一獨立記念碑除幕式致辭(1963.8.15)」, 같은 책 ; 『동아일보』, 1963년 10월 9일.
105) 『高大新聞』, 1963년 11월 9일.
106) 장준하는 1964년 3월 9일 결성된 '대일굴욕외교반대 범국민투쟁위원회'(민정당, 삼민회, 한독당 등 야당정치가와 언론인, 학계, 종교계, 사회·문화단체 등 저명재야인사가 참가)의 중심 멤버였고, 15일부터 시작된 지방연설회에서 변사로서 활약했다. 또 그는 한석헌과 함께 학생들로부터 절대적인 지지를 얻고 있던 인물로, 학생들이 주최한 집회에서도 강연했다.
107) 대표적인 '연구회'로, 서울대의 '민족주의비교연구회', 고려대의 '민족사상연구회', 연세대의 '한국문제연구회', 성균관대의 '민족문제연구회'

며, 1964년에는 한일조약 반대운동을 전개했다. 그들은 3월 24일에 처음으로 가두로 진출하였고, 초기에는 '신일본민족주의'와 박정희 정권의 '굴욕적인 대일외교'를 집중적으로 공격했다.

그러나 이러한 비판은, 5월 10일 '민족적 민주주의 장례식'에서 박정희 정권의 '민족적 민주주의'와 전면대결로 발전했다. 학생들은 '민족적 민주주의 장례식' 「선언문」에서 다음과 같이 주장했다. "5월의 군부 쿠데타는, 4·19의 민족적 민주이념에 대한 전면적인 도전이며, 노골적인 대중탄압의 시작이었다." 박정희 정권의 '민족적 민주주의'의 본질은, 민중을 탄압하는 '파시즘'의 수단이며, 경제적으로는 '일본제국주의를 수입하고, 대미의존적이어서 반신불수의 한국경제를 이중의 예속의 철쇄에 속박'하고, '매판성 반민족자본의 비만을 후원'하는 '반민족적인 음모'이다.[108] 그리고 드디어 6월 2일, 고려대 학생들은 '박정권 타도'를 선언했다.

이렇게 한일조약 반대운동은, 1964년과 1965년에 전개된 반대운동 속에서 박정희 정권의 '민족적 민주주의'와의 대결을 통해, 다음과 같은 '한국민족주의'를 제시했다.

첫째, '한국민족주의'는 민중을 주체로 하는 것이어야 했다. 송건호와 사회평론가 이진영은 '민중의 역사참여'라는 시각에서, 과거의 한국 민족운동의 주역이 민중이었다고 규정하고, 장래에도 민중의 역할과 참여, 통합이 민족운동의 중요한 요소가 되어야 한다고 주장

      등이 있었다(신동호, 『오늘의 한국정치와 6·3세대』, 도서출판 예문, 1996년, 17쪽). 이러한 '연구회'는 4·19혁명 당시의 민통련계의 학생들이 중심이 되어 결성되었다. 또 '연구회'의 많은 학생이 사회주의사상의 영향을 받고, 한일조약 반대운동을 이론적으로 지원했다.

108) 한일굴욕회담 반대 학생총연합회, 「민족적 민주주의 장례식 선언문(1964년 5월 20일)」, 『청맥』, 1965년 1월.

했다.[109] 또 고려대생 최장집은 박정희 정권의 민족주의가 파시즘의 수단이 되고 있다고 비판하고, 진정한 의미에서의 민족주의는 "권력과 '파시즘'에 도전하는 젊은 세대와 학생의 강한 의지가 반영되어야 하며, 그것이 민중의 의사를 대변하고 민중을 발언하게 할 수 있는" 것이어야 한다고 주장했다.[110]

둘째, '한국민족주의'는 세계에 열린 것이어야 했다. 임종철은 서구근대국가의 성립 과정이 정복과 약탈·착취·살육의 연속이었다고 이해하고, 그 최대의 원인은 경제적 불평등의 국내적·국제적인 작용에 있었다고 말했다. 특히 경제적 불평등을 낳은 자본가와 국가를 해체하고, 장래 "내적으로는 민주주의의 승리를 확보하고, 외적으로는 일체의 민족적·국가적 편견을 지양한 세계사회를 건설"할 필요가 있다고 했다.[111] 또 사회평론가 이재학은 20세기 후반을 세계사의 이행기라고 하고, 1955년의 제1차 아시아·아프리카회의, 1957년의 모스크바선언, 1964년의 비동맹제국회의에 주목하면서, "역사는 명확히 평화와 민주주의를 위한 반독재·반전쟁의 연합전선을 필요로 하고, 선의의 결집과 통일, (…) 폐쇄적인 단결이 아니라 열린 연합"을 필요로 하고 있다고 주장했다.[112]

모든 '한국민족주의'론자가 외치고 있었던 것은 아니었지만, 이러한 설은 박정희 정권의 '민족적 민주주의' 비판의 중핵적 요소로서 빠뜨릴 수 없는 것이었고, 기존의 배타적·폐쇄적인 민족주의의 한계를 극복하고, 세계에 열린 '한국민족주의'를 지향하고자 한 것이

---

109) 송건호, 「韓國 民族主義의 歷史的 背景」, 『청맥』, 1965년 11월 ; 이진영, 「民族運動의 擔當者」, 『청맥』, 1965년 11월.
110) 「학생간부 좌담회」, 『高大新聞』, 1964년 3월 28일.
111) 임종철, 앞의 논문.
112) 이재학, 「우리는 어느 時點에 서 있는가」, 『청맥』, 1964년 2월.

었다.

셋째, '한국민족주의'는 통일을 전제로 한 자립경제 시스템을 지향하는 것이어야 했다. 박정희 정권이 최종적으로 선택한 수출주도형의 '자립경제체제'에 대해,[113] 반대운동 진영은 종속적인 경제구조를 심화시킨다고 비판하고, 종속적이지 않은 자립경제 시스템의 구축을 호소했다.[114] 반대운동이 주장한 자립경제 시스템은, 공업과 농업 사이에, 소비재산업과 생산재산업 사이에 유기적인 관련이 있는 국민경제의 형성, 나아가서 독점자본의 기능을 억제하고, 농업과 중소기업의 발전을 기초로 한다는 것이었다.[115]

또 반대운동이 제창한 자립경제 시스템은, 통일을 전제로 하는 것이었다. 박희범(서울대 교수, 경제학)은, 한일조약체제가 한국경제의 매판성을 심화시켜, "통일을 저해하는 남북 간의 이데올로기적 격차를 확대시킬 뿐만 아니라, 외세에 의해 집중적으로 또한 치열한 간섭의 기반을 만들어 내어, 통일의 성취를 저해하"기 때문에, '한일국교보다도 통일에 대한 모색'이 중요하다고 주장했다.[116]

학생들은, '통일, 민주, 자립국가의 건설이 긴급하고 중대한 민족적 과제이고', 이를 위해서는 '침략적 외세'의 도입에 반대하고, '민족의 주체성을 확립'하는 것이, '기초적 작업'이라고 말했다.[117] 또 고려대의 한 학생은, 선진제국이 세계주의를 표방하고, 상호개방주의체제를 주장하는 것은 제3세계에 대한 '제국주의형의 정책'이라고

---

113) 박정희, 「1964년 대통령 연두교서(1964.1.10)」, 대통령비서실, 『박정희 대통령 연설문집 3』, 1973년.
114) 서울대 한일문제연구회, 앞의 글.
115) 구석모, 「買辦經濟人」, 『청맥』, 1965년 5월.
116) 박희범, 「우리경제는 기로에 있다」, 『청맥』, 1965년 5월.
117) 「6・19 서울대학교 총학생회 선언문」, 『大學新聞』, 1965년 6월 21일.

비판하고, 나아가 한일조약이 체결된다면, 한국이 "미일에 의한 이중의 종속상태를 벗어날 수 없게 된다", "통일을 달성하여 자립경제를 확립하는 것은, 우리 민족이 당면하고 있는 최대의 역사적 과업이며, 또 이것은 우리들의 정치·경제·문화·교육 등 모든 분야에서, 나아가야 할 방향과 진로를 지시하는 대전제"가 된다고 주장했다.[118]

이들 자립경제론은 다분히 추상적인 것이었고, 자립경제론을 주장한 논자도 반드시 반체제적인 지식인이었던 것은 아니었으며, 로스토우(Walter W. Rostow)의 '테이크 오프(take-off)' 이론을 원용하여 고도성장정책의 채용을 지지한 체제 측의 지식인도 있었다.[119] 그렇지만, 한일조약 체결과 수출지향형 공업화 전략에 기초한 박정희 정권의 '자립경제체제'론에 대항하는 논의로서, 반대운동이 제3세계의 입장에서 자립경제론을 제시하고 있었다는 것은 중요하다.

넷째, '한국민족주의'는 한일조약체제보다 평화적인 남북통일의 실현을 선택해야 한다고 하는 통일론을 포함한 것이어야 했다. 박정희 정권이 제시한 통일론은, '선건설, 후통일', 즉 '수출지향형 공업화'의 달성 및 서방제국과의 안전보장의 강화에 근거한 승공통일론이었다.[120] 이에 대해서 반대운동은, 강력한 반공이데올로기가 사회를 뒤덮고 있어서, 남북통일이라는 슬로건을 외칠 수는 없었지만, '한일조약체제'보다도 평화적인 남북통일을 지향하는 목소리를 내기 시작했다.

예를 들면, 송건호는 "한일조약이 타결될 경우, 남북통일에 어떠

---

118) 김징훈, 「위장된 경제협력을 경계해야」, 『高大新聞』, 1965년 8월 7일.
119) 滝沢秀樹, 앞의 책, 169쪽.
120) 정해구, 「남북한 통일정책의 비교」, 『민족통일과 민족운동』, 한백사, 1991년, 292쪽.

한 영향이 있을까? 통일을 더 촉진할 것인가? 더 방해할 것인가?"라고 문제제기를 했다.121) 『청맥』은 "한일관계의 결과가 통일과 직접적인 관계가 있다는 것을 잊어서는 안될 것"이라고 주장했다.122) 한 발 더 나아가 양자는, 한일조약체결이 한반도 통일문제에 끼칠 영향을 논의할 필요가 있다고 주장했다. 또 『영남일보』의 사설에서는 "남북통일의 지상명제가 일대과제로서 남아있지만, (…) 한일회담이 진전되고 있어서, 전후가 역전되어 있는 듯하다"고 하였고,123) 여정동(경북대 교수, 정치학)은 "일본의 실리외교는 두 개의 한국정책을 책동, (…) 한반도의 영구분단을 획책, 분단을 악화"시키고 있다고 비판했다.124)

또 한 시민도, "한일 국교타결은 당연히 국토통일문제의 차원에서 검토되어야 한다. 한일 국교타결이 민족의 통일에 공헌하는 것이라면, 과거의 유산인 민족감정을 억누르고, 현실적인 손해가 있어도 감수하고 강행해야 하며, 통일에 방해가 되는 것이라면 목전에 이익이 있더라도 최후까지 이를 거부해야 한다"고 주장했다.125) 학생들도 민주정부의 수립과 남북통일이 실현된 후에 한일조약을 체결해야 한다고 생각하고 있었다.126)

---

121) 송건호, 「한일회담 논쟁」, 『세대』, 1965년 4월.
122) 「〈권두언〉 나무를 심자」, 『청맥』, 1965년 4월.
123) 「〈사설〉 단장의 휴전선에도 봄소식이 분명하다」, 『嶺南日報』, 1965년 3월 4일.
124) 여정동, 「展開될 아시아의 새 樣相」, 『청맥』, 1965년 6월.
125) 김광년, 「〈독자의 편지〉 언론인에게」, 『청맥』, 1965년 5월. 또 어느 시민은 "한일회담의 강행보다 (…) 남북통일에 그 외교지표를 전환시키는 편이 좋다"라고 생각하고 있었다(박춘근, 「정내각에 바라는 200자 민성 – 제2 이완용내각이 되진 말자」, 『경향신문』, 1964년 5월 12일).
126) 최장집 씨와의 인터뷰(고려대학교 최장집교수 연구실, 1992년 10월

그러면 반대운동은 어떠한 통일을 지향하고 있었던 것일까? 반공이데올로기가 사회를 뒤덮고 있었던 정황에서 본격적인 통일논의는 불가능했겠지만, 황용주(세대 편집위원)의 다음과 같은 문장은 그 실마리가 될 수 있을 것이다. 한국은 비동맹제국의 "집단적 안전보장에 적극적으로 참여하는 것을 전제로 하여 (…) 강대국으로부터 자유로울 필요가 있고, 휴전상태라는 현실을 해제하여야 한다. 따라서 우리들은 남북한의 적대관계를 만들어 내고 있는 군사적 관계를 해소하는 방안을 강구해야 한다." 이 문장은 1964년 10월 토쿄 올림픽에서 북한의 육상선수 신금단과 서울에 사는 부친이 20년 만에 재회한 직후에 발표되었던 것이다. 황용주의 주장은, 한반도가 냉전체제로부터 빠져나와, 무력통일이 아닌 아시아·아프리카 비동맹의 입장에서 평화통일의 달성을 지향해야 한다고 주장한 것이었다. 이것은 직접적으로는 4·19학생혁명에서 제기된 '중립화통일론'을 계승하는 논의였다고 할 수 있다.

이상과 같이, 한일조약 반대운동이 제시한 '한국민족주의'론은, 근대국민국가의 틀을 넘어서는 논의라고는 할 수 없다. 그러나 그것은 박정희 정권의 '민족적 민주주의'와 대결함으로써, 제3세계의 입장에서 민중성, 세계성, 자립경제, 평화적 통일의 정당성을 운동 측에서 획득하고자 한 계기가 되었던 것이다.

(2) 탈냉전 – 미국의 한일교섭 개입 비판과 한국군의 베트남 파병비판

한국전쟁으로 분단이 고착화된 이래, 미국의 대한정책에 대한 비

16일).

판은 4·19혁명에서 처음으로 공개적으로 이루어졌는데, 이것은 한일조약 반대운동에서도 표면화되었다.

　남재희(조선일보 문화부장)는, 미국의 아시아정책의 중심이 "한·미·일 극동안보체제의 확립"에 있다고 이해하고, "한일국교정상화는 미국의 대아시아정책의 일환이고, (…) 일본을 중심으로 한국 등을 주변으로 하는 극동안보체제"의 구축에 있다고 주장했다.127) 또 학생들은 미국이 한일조약체결을 추진한 이유를, ① 커다란 위기(국제수지 적자에 의한 달러 위기)를 모면하기 위해, 작은 위기(한국시장)를 희생으로 하지 않으면 안 된다는 점, ② 장래 한국시장에 진출할 일본의 대기업이, 그 이윤을 미국에 분배할 것이라는 점, ③ 일본을 축으로 하는 대공산주의 방위체제의 형성이 필요하다는 점에 있다고 간주하고, "미국은 한일교섭에 간섭하지 말라", "Yangkee Keep Silent" 등의 슬로건을 내걸고, "Made in USA 최류탄 화형식", 노가바 등으로 미국의 한일교섭에 대한 '간섭'을 비판했다.

　다음으로 주목할 것은, 한일교섭 반대운동이 한국군의 베트남 파병문제를 어떻게 인식하고 있었는가에 대한 것이다. 한일조약 체결과 한국군의 베트남 파병문제는, 존슨 정권과 박정희 정권에게 각각 다른 의미에서 중요했다. 이 점을 반대운동 진영은 어떻게 보고 있었을까?

　1964년, 존슨 정권은 박정희 정권에게 한국군 비전투부대의 베트남 파병을 요청했다. 한국정부는 그 요청을 받고, 같은 해 9월에 의료부대와 태권도 교관단을 처음으로 베트남에 파견했으며, 다음 해 2월에 공병대 비둘기부대를 파병했다. 나아가 한국정부는, 5월에 전투부대 파병을 결정하고, 국회에서 베트남 파병 동의안의 여당 단

---

127) 남재희, 「한일회담 뒤에 오는 것」, 『청맥』, 1965년 5월.

독 채결을 거쳐, 10~11월에 해병대 청룡부대, 육군 맹호부대 등 본격적인 전투부대 파병을 시작하여, 1973년까지 연인원 약 31만 명을 파병한 것으로 되어 있다.128) 또 파병 과정에서 생긴 '베트남특수'로 한국의 산업화는 촉진되었다.129)

한일조약 체결을 전후한 시기에, 베트남 파병문제를 둘러싸고 여당과 야당, 지식인들 사이에 찬성론과 반대론, 신중론의 응수가 있었다. 여당 민주공화당은 당연히 베트남 파병을 찬성하였고, 야당과 지식인은 이에 반대하였다. 그러나 그들은 반대론과 신중론의 근거로, 한국의 안전보장과 경제발전의 관점에서 한국의 국익에 반하기 때문이라고 주장하는 데 그쳤다. 이에 학생들도 본격적인 베트남 파병 반대운동을 전개할 수 없었던 것 같다.

이렇게 한일조약 반대운동이 베트남 파병 비판운동을 거의 전개할 수 없었던 것은, 이 미국 비판이 한일교섭에 대한 '간섭'과 동아시아 '지역통합' 구상에 대한 전면적인 비판이 될 수 없었다는 것을 보여주고 있는지도 모른다. 이것은 한일조약 반대운동의 한계였다고 말할 수 있지만, 동시에 박정희 정권하에서 반미=용공이라는 이데올로기적 상황이 존재하고 있었다는 것에도 주의를 기울일 필요가 있다. 정경희(한국일보 외신부장)는 "우방으로서의 미국을 비판

---

128) 이기종, 「한국군참전 결정요인 결과 연구」, 고려대학교 대학원 정치외교학과 박사학위논문, 1991년 ; 清水知久, 『ベトナム戦争の時代』有斐閣新書, 1985년, 28쪽. 한국군의 베트남 파병에 대해, 종래의 연구가 미국 측의 일방적인 주도권을 강조한 것에 대해, 근래에 들어와 파병결정에 관한 한국정부의 자발성을 중시하여, 베트남 파병을 비판적으로 검토한 새로운 연구가 나오고 있다(木宮正史, 「1960年代における冷戦と経済開発ー日韓國交正常化とベトナム派兵を中心として」, 『法學志林』 제92권 제4호, 1995년 3월).

129) 베트남 특수에 대해서는, 朴根好, 『韓國の経済發展とベトナム戦争』(御茶の水書房, 1993년)을 참조.

한다는 것은, 여차하면 '반미'가 되고, '반미'는 용공과 친공으로서 통하여, 그 때문에 비도적적이 된다는 감각의 양식 (…) 이것은 한국의 모든 정치활동을 규정하고 있는 분위기이고 불문율"이라고 했는데, 이는 당시 미국 비판을 하는 것이 얼마나 곤란했는가를 웅변하고 있다.130)

그러나 그 외에 반대론이 전혀 없었던 것은 아니었다. 먼저 김질락(청맥 주간)은, 한국의 베트남 파병문제와 한일조약 체결이 서로 관련되어 있다고 생각하여, "아시아 자유우방국가의 군대를 대량으로 동원하여 '아시아의 전쟁은 아시아에' 맡겨, (…) 아시아에서의 반공체제를 강화하기 위해, 일본에 중심적인 역할을 담당시키"는 것이 미국의 아시아정책의 목적이고, 그러한 미국의 정책은 한반도 민중의 통일에 대한 의사를 무시하고, 분단을 영구화시키는 것이라고 지적했다. 나아가 반식민주의와 비동맹의 입장에서 미국의 아시아 정책과 한국의 베트남 파병을 비판했다.131)

또 한 시민은, 한국군 증파에 관한 동의안 국회심의를 방청하고, 여야당의 논의가 '전쟁경기 비교론'과 '돈키호테식 식민의식'에 대한 '바보같은 질문'이라고 비판하고, "파병의 부당성과 모순을 역설하고 싶어도 할 수 없는 입장이었기 때문에 (…) 가슴이 찢어질 정도로 마음이 괴로웠다"고 한탄했다.132)

『영남일보』는 여당의 '적극적 찬성론'과 야당의 '소극적 반대론'이 파병군대의 안전보장과 피해보상에 대해 명확한 약속이 필요하다고 하는 것은 본말이 전도된 이기주의라고 지적하고, 베트남 파병에서 한국이 '세계의 고아'가 되고, "베트남 출병, 참전 자체가 조국의 운

---

130) 정경희, 「우방으로서의 미국」, 『청맥』, 1965년 12월.
131) 김질락, 「우리에게 내 나라를」, 『청맥』, 1965년 5월.
132) 신동문, 「나의 방청기」, 『조선일보』, 1966년 3월 17일.

명을 잘못된 방향으로 이끌 공포"를 느낀다고 하며, 베트남 파병에 반대 입장을 표명했다.133) 또 베트남 전쟁의 심각화는 '제3차 대전을 유발할 도화선'이 될 가능성이 있으며, 제2차 세계대전 시 위협을 받은 세계 각국의 사람들은 모두 영원한 세계평화를 염원하여 왔으므로, 베트남 전쟁을 하루빨리 중지시키고, 휴전협정을 체결해야 한다고 주장했다.134)

이렇듯 강력한 반공 이데올로기하에서 작은 목소리이기는 했지만, 베트남 파병 비판이 있었다는 것을 확인할 수 있다.

(3) 새로운 한일관계

일본의 한일조약 반대운동은 1965년 9월경부터 본격화되어, 일본사회당, 일본공산당, 일본노동조합총평의회가 주도했다. 그러나 타카사키와 이원덕의 연구에서도 지적되고 있는 바와 같이, 일본의 한일조약 반대운동은 베트남전쟁 반대운동에 역점을 둔 것이었으며, 한일조약 자체에 대한 관심은 상대적으로 적었다고 할 수 있다.135) 일본에서의 한일조약 반대운동에서 발표된 문장과 성명 등을 분석하면, 그 논리는 대략 다음과 같다.

첫째, 한일조약을 한·미·일 군사동맹의 일환으로서 파악하고, 한일 '군사동맹' 체결을 비판하는 것이었다. 일본의 반대운동은, 당

---

133) 「〈사설〉 국군은 타국의 용병일 수 없다 - 월남파병의 법적 근거를 밝히라」, 『영남일보』, 1965년 1월 10일.
134) 「〈사설〉 첨예화하는 미소관계를 주목한다」, 『영남일보』, 1965년 3월 25일.
135) 高崎宗司, 『檢證日韓會談』, 岩波書店, 1996년, 193쪽. 일본에서의 한일회담반대운동에 대해서는 타카사키 외에 이원덕(『한일 과거사 처리의 원점』, 서울대출판부, 1996년, 274~279쪽)이 검토하고 있다.

시 베트남 전쟁에 본격적으로 개입하고 있던 미국이 아시아 군사 전략으로서 '동북아시아군사동맹(NEATO)'의 형성을 목표로 하고 있었다는 점에서 한일조약을 그 군사동맹의 일환으로 일본의 안전과 평화를 위협하는 군사동맹으로 이해하여 이를 비판했다.

둘째, 한일조약 체결에 의한 일본의 대한 '경제협력'을, 일본의 독점자본이 대한경제를 침략할 기회를 주는 것으로 인식하여, 대한 '경제협력'을 비판한 것이었다.

셋째, 한일조약 체결을 한반도의 분단을 고정화시켜, 남북통일을 저해하는 것으로 파악하고 이에 반대했다. 나아가 박정희 정권은 '군사독재정권'이기 때문에, 한국에 민주적 정권이 수립될 때까지 일본은 국교정상화 교섭에 응해서는 안 된다고 주장했다.

이러한 상황에서 가장 강조되었던 것은 첫 번째 논리였다. 베트남 전쟁이 본격화되어 가고 있었으므로, 베트남전쟁 반대가 운동의 주된 목표였기 때문이었을 것이다. 그런 점에서 일본의 반대운동 논리는, 한국에서의 반대운동이 가장 강조하고 있던 일본의 식민지 지배 청산이라는 논리와는 명백히 다른 것이었다. 일본에서의 반대운동은 아시아 민족해방운동을 지지하면서도, 미국의 베트남전쟁에 대한 본격적 개입과 이에 협력하여 한국군 파견을 실행에 옮기고 있던 박정희 정권의 반동성에 주목하여, 한국 민중이 일본의 식민지 지배의 청산을 가장 강력히 바란다는 사실을 간과할 경향이 농후했던 것이다.

그러나 와다 하루키(和田春樹)도 지적하고 있는 것처럼, 이러한 일본에서의 반대운동 논리에 비판적인 논의도 있었다.[136] 1965년 9월 11일, 역사학연구회위원회 주최로 열린 '한일조약에 반대하는 역사

---

136) 和田春樹, 『韓國民衆をみつめること』, 創樹社, 1981년, 29~30쪽.

가의 모임'에서는 다음과 같은 성명을 발표했다.

> 한국역사학 3단체의 공동성명도 포함하여, 한국인민 각층의 선언문, 성명이 똑같이 지적하는 것은, 일한조약의 매국적·굴욕적 성격이다. 그 근원은, 무엇보다도 먼저, 이 조약이 과거 일본제국주의의 조선지배를 단죄하는 정신으로 체결되어 있지 않다는 것에 있다. 이것은 심각한 반성을 요구하는 지적이다. (…) 일본제국주의의 조선지배는 20여 년 전에 끝났지만, 일본국민의 정신적 문제로서는 결코 끝난 것이 아니다. (…) 일본국민은 과거 일본제국주의의 조선지배를 엄격히 단죄하고, 민족적 멸시감을 스스로 안에서부터 내버리지 않는다면, 자주독립을 요구하는 조선 인민의 벗이 될 수 없다. (…) 그러나 오늘날 일한조약을 추진하는 일본정부는 과거 일본제국주의의 조선지배를 긍정하고 있다. 그것은 이 조약 그 자체의 제국주의적 성격에 근거하고 있는 것이다.[137]

즉 한일조약 비판의 가장 중요한 점은, "일본제국주의의 조선 지배를 엄격히 단죄하고, 민족적 멸시감을 스스로 안에서부터 내버리"는 것이라고 할 수 있다.

또 조선사 연구자인 하타다 타카시(旗田巍)는 1963년에 발표한 「일한회담의 사상」이라는 글에서, 한일교섭 추진파와 반대파의 논리에 존재하는 '커다란 공통점'을 다음과 같이 지적했다.

> 오늘날, 한일회담에 열중하고 있는 사람은 많지만, 여기에는 사고방식에 커다란 문제가 있다. 회담을 진척시키고 있는

---

[137] 「〈日韓條約に反對する歷史家の集い〉開かる」, 『歷史學硏究』 제305호, 1965년 10월.

사람은 물론, 반대운동에 관여하고 있는 사람들 중에도 문제가 있다. 이는 이전에 있었던 일본이 조선지배를 어떻게 보는가, 일본의 식민지통치의 책임을 어떻게 할 것인가라는 점이 결락되어 있는 것이고, 동시에 조선인이 일본의 구 식민지통치에 대해 어떻게 생각하고 있는가를 잊어버리고 있는 것이다. 이런 사고방식은 의식의 바닥에 깊숙이 뿌리를 내리고 있는 일본인의 조선관에 연결되어 있고, 한일회담에 관해 생각하기 위해서는, 그곳까지 파고 들어가서 검토해야 한다.[138]

하타다는 한일교섭 추진파도 반대파도 "일본의 구 식민통치의 책임을 건드리지 않고, 배상책임도 건드리지 않는, 환언하면 조선인이 무엇을 요구하고 있는가를 건드리지 않는" 점을 비판하고 있는 것이다. 나아가 하타다는 한일조약체결 직후에 발표한 「일한조약과 조선문화재 반환문제」라는 글에서 다음과 같이 주장했다.

　　일본과 조선의 우호는, 구식민지지배와 식민지사이의 우호였고, (…) 우리들이 조선과 우호하기 위해서는, 스스로 식민지 지배를 부정해야 한다. 그것이 우호의 출발점이다. (…) 우리들이 우호적으로 교류해야 할 상대는, 일한조약에 반대하고 있는 남북조선의 민중이다. 남조선의 반대운동은 단지 배일민족운동이 아니고, 이 본질은 민족해방·식민지주의반대 운동이다. 과거의 식민지 지배를 긍정하고, 또다시 진출하고자 하는 일본정부·독점자본에 대해, 이들과 악수하는 박 정권에 대해, 양자의 악수를 재촉하는 미국에 대해, 남조선 민중은 투쟁하고 있다. (…) 일한조약을 저지하기 위해서는, 이 사람들과 연계를 가지지 않으면 안된다. (…) 그러나 진실로 조선인과의

---

[138] 旗田巍, 「日韓會談の思想」, 『朝鮮研究月報』, 1963년 6월.

우호를 깊이 하기 위해서는, 일본인 측에서 조선에 대한 식민지 지배의 책임을 스스로 해결하려는 태도가 필요하다. 식민지 지배의 부정은, 옛 군국주의를 배격하는 것만으로 끝나지 않는다. 그것은 지금도 해결되지 않은 채로 방치되고 있는 문제이며, 그것을 우리는 스스로의 책임을 가지고 해결해야 한다. (…) 그래야 비로소 일한조약 반대운동이 일본과 조선(남북을 포함하여)과의 우호·연대를 깊게 하는 토대가 된다고 생각한다.139)

하타다는 이 논문에서 한국의 한일조약 반대운동이 '단지 배일민족운동'이 아니라 '민족해방·식민지주의반대운동'이라고 이해하고, 일본의 한일조약 반대운동이 식민지 지배의 책임을 스스로 해결하는 태도를 가지는 것이, 진실로 조선인과 우호를 심화시키는 출발점이라고 호소했다. 이 하타다의 주장은, 한국의 반대운동과 남북한의 민중에 대해 '우호와 연대'의 의사를 표명한 것이다.

그런데 이러한 '우호와 연대'의 목소리에 화답한 한국인이 있었다. 그는 종합잡지『사상계』의 편집주간을 맡고 있었던 지명관이었다. 지명관은 일본의『복음과 세계』라는 잡지에「일한문화교류의 과제」라는 글을 썼는데, 여기서 다음과 같이 말하고 있다.140)

먼저 그가 강조한 것은, 역시 식민지 지배의 청산이 필요하다는

---

139) 旗田巍,「日韓條約と朝鮮文化財返還問題」,『歷史學研究』제304호, 1965년 9월. 이 글은 나중에『日本人の朝鮮觀』(勁草書店, 1969년)에 수록되었다.

140) 池明觀,「日韓文化交流の課題」,『福音と世界』, 1966년 7월. 지명관은 이 문장을 1965년 12월에 한일조약 발효 직전에 썼다고 기술하고 있다. 또 이 문장은『流れに抗して: 一韓國キリスト敎者の證言』(新敎出版, 1966년)에 재록되었다.

점이었다. 그에 따르면, 한국 민중은 한일조약 반대운동을 통해 "새로운 일한관계는 과거를 청산한다는 새로운 결단을 표명하는 데서 출발해야 한다"고 주장하여 왔다. 그러나 그 주장은 "과거를 들어서 책임을 묻는 데 의미가 있는" 것이 아니라, "새로운 관계에 대한 결의이기 때문에 의미가" 있다. "과거를 반성하지 않고 바른 미래는 있을 수 없다. 과거의 일한관계가 국가의 소리(小利)에 구애된 정복과 피정복의 관계였고, 새로운 진정한 의미에서 호혜평등을 요구하는 아시아와 인류의 평화와 발전을 위한 관계라고 한다면" 이를 위해 일본은 "일본의 과거 제국주의가 저지른 죄과와, 그것이 초래한 아시아의 불행에 대해서" 책임을 져야 한다. 만약 "그러한 방향의 전환을 향한 결의를 일본으로부터 기대할 수 없다면, (…) 아시아 민중의 절실한 욕구에, 그들의 참여를 기재하는 것은 어렵다."

나아가 지명관은 한일조약의 내용을 분석하고, 한일조약이 "일본의 국가이익을 철저하게 옹호한 굉장한 조문일지도 모른다. 그러나 그것이 멀리 내다보면 계속해서 일본의 국가이익이 될 것인가"라고 의문을 던졌고, 하타다의 "일한조약에서 양 민족의 우호는 기대할 수 없다"141)고 한 문장을 인용하여, 공감의 뜻을 표명하고, 식민지 지배에 관해 언급조차 하지 않은 한일조약에서는 한일 간의 '진정한 우호'는 달성되지 않을 것이라고 주장했다.

다음으로 지명관은, 한일교섭에서 "정치적인 레벨에서의 관계는, 양국 간의 진정한 우호를 증진시키는 데 어떠한 도움도 되지 않는다"고 하고, 진정한 우호에 대한 시도는 다음과 같이 새로운 길을 통해야 한다고 말했다.

---

141) 旗田巍, 「日韓條約で兩民族の友好は望めない」, 『親和』, 1965년 9월 15일.

양심적인 세력의 교류로 대립의 해소와 그들의 정치에 대한 견제적인 역할이 새로운 과제가 되어야 한다. 정치수준에서 실패하더라도 계속될 상호유대, 그리고 그것을 통해서 불행을 감소시킬 것을 모색해야 한다. 지성인은 역사에 내재적이면서도 거기에 매몰되지 않고 초역사적인 비판자가 될 수 있다. 앞으로도 양국 지성인은 한일문제에 관심을 갖고 생성되는 정치사의 감시자 내지 조언자가 되어야 한다. (…) 우리들은 과거의 우정의 단절을 반성하면서 협소한 국가적 이익주의를 고집하지 않도록 노력해야 한다. (…) 일본의 지성인이 구체적으로 저항의 목표로 설정한 것과 우리 한국 지성인이 투쟁하는 대상은 다를지도 모른다. 그들이 서로가 놓여 있는 상황이 다르기 때문에 비판과 저항의 뉘앙스가 다를 것이다. 그러나 두 나라의 지성인이 (…) 본래적인 인간과 그 자세에서 우리들은 공감과 연대를 모색해야 한다. (…) 일본의 지성인이 타자를 이해함으로써 자기비판을 하는 자세를 확립해 줄 것을 원한다. 진정한 일본국민이 우리들의 친구라고 말함을 주저하지 않는 우리들은 충심으로 일본인에게 기대한다.

마지막으로 지명관은, 한국의 반대운동이 "너무나도 일본에 대한 피해자의식에 사로잡혀 있"으며, "일본의 통치자와 양식 있는 일본국민을 구별하지 않고, 적으로서 증오한 잘못"이 있다고 반성하고, 일본에 대한 많은 비판이 한국에 대한 비판도 된다는 것을 충분히 이해해야 한다고 했다. 그럼에도 불구하고, "일본의 이니셔티브에 의해 아시아의 운명이 결정되기 쉽다는 이 역사적 현실을 어떻게도 부정할 수 없"기 때문에, 먼저 일본인에게 묻지 않을 수 없다고 글을 맺고 있다.142)

1960년대 초까지 일본의 혁신운동은, 아시아・아프리카의 민족해방운동을 지지하면서도, 한국의 민중운동은 경시하는 경향이 있었다. 북한을 한반도의 정통 정부로 간주하고, 한국의 정권을 '반공독재정권'이라고 인식하고 있었기 때문에, 정권과 민중을 구별하지 않았으며, 민중운동을 발견하고자 하지 않았던 것이다. 한편, 한국의 한일조약 반대운동은, 반공 이데올로기 및 '방일' 내셔널리즘의 영향으로 일본의 민중운동에 주목하지 않았다. 그러나 한일조약 반대운동을 헤쳐 나오면서, 이러한 상황은 점차 변화하기 시작했다. 지명관과 하타다의 글은, 한일 간의 새로운 가능성으로서 민간인의 교류를 제시하고, 한일 간의 문제를 민간인의 '공감과 연대'에 의해 해결해 갈 것을 호소한 것이었다. 실제로 한일조약 체결 이후, 기독교계,143) 한국원폭피해자와 일본의 운동, 시민, 지식인 등의 민간교류가 시작되었고, 1970년대에는 인권운동, 노동운동 등의 분야에서 교류가 확대되었다.

---

142) 지명관은 일본의 지식인과 교류할 기회를 갖지 못해, 일본의 한일회담 반대운동에 대해서도 알지 못했다고 한다(지명관 씨와의 인터뷰, 1993년 12월 5일). 그럼에도 불구하고 그가 일본의 지식인에게 연대의 메시지를 보낸 것은, 직접적으로는 1965년 10월에 일본 크리스크교단 대표 오무라 이사무(大村勇)가 방한하여, 식민지 지배를 사죄하고, 한일의 기독교회의 교류가 시작되었던 것에서 기인한다고 생각된다.

143) 1965년 10월 2일, 일본크리스트교단 대표 오무라 의장이 한국 기독교 장로회 제50회 총회에 초청받아 방한하였고, 식민지 지배를 사죄했다. 그 후 일본 크리스크교단과 한국 기독교단의 교류가 시작되었다(『キリスト敎新聞』, 1965년 10월 2일 ; 『크리스찬신문』, 1965년 10월 2일).

제3절 한일교섭하에서의 식민지 지배·전쟁피해자의 목소리 – '조용한 저항'의 재개[144]

식민지 지배·전쟁에 의해 억압받았던 사람들은, 식민지 지배와 전쟁이 끝난 후 어떻게 존재해 왔던 것일까? 그리고 그들은 어떠한 목소리를 내고 있었던 것일까?

한국 및 일본 양국에서 식민지 지배·전쟁에 의해 피해를 입은 사람들에 대한 사실이 본격적으로 알려지게 되었던 것은, 1990년대의 보상요구운동에서부터이다. 그러나 여기서 알려진 것은 주로 식민지 지배·전쟁 피해의 역사와, 1990년대 피해자들의 모습에 관해서였고, 식민지 지배·전쟁 후의 피해자들의 존재방식에 대해서는 그다지 알려져 있지 않았다.

따라서 식민지 지배·전쟁에 의해 억압받았던 사람들의 그 후 역사를 서술하는 데, 해방 후 한일관계사에서 '다른 형태의 기억, 서술 혹은 목소리'[145]를 표현하는 것이 의미있는 것은 아닐까 생각할 수 있을 것이다. 조금 더 구체적으로 이야기해 보면, 다음과 같다.

지금까지 발굴된 한일교섭 관련 자료와 이에 기초한 한일교섭사 연구에서는, 냉전의 역사로서, 또는 국가가 수립·전개되어 가는 역사로서, 미국의 관여, 한국정부와 일본정부의 정책, 또 한국과 일본에서의 반대운동의 내실 등이 검토되어 왔다. 즉 한일교섭의 역사는 국가와 엘리트(정부관계자, 관료, 국회, 지식인, 학생 등)의 기억·

---

144) 이 절은 그 후 발견된 자료를 보충하여 가필 수정하여 게재한 「한일교섭시기 식민지 지배 피해자의 저항」(『역사문제연구』 14, 2005년)으로 대체하였다.

145) R. グハ/G. パーンデー/P.チャタジー/G. スピヴァック(竹中千春譯), 『サバルタンの歴史 – インド史の脱構築』, 岩波書店, 1998년, X쪽.

서술·목소리로서 기술되어 왔던 것이다. 물론 이러한 역사의 기술이 중요하다는 것은 말할 나위도 없다.

한편, 국가와 엘리트에 속하지 않는, 즉 식민지 지배·전쟁에 의해 억압된 사람들에 대한 부분은, 지금까지의 한일교섭 관련 자료와 연구 속에서는, 그다지 정면으로 다루어지지 않았다. 다루어졌다 할지라도, '한일교섭반대운동'의 일부로서 이해되고 묘사되어 왔다고 말할 수 있다.

이 절에서는, 한일국교정상화교섭이 이루어지고 있었던 1950~1960년대에, 국가와 엘리트 이외에 식민지 지배·전쟁으로 인한 피해자, 이른바 '사회의 구석으로 밀려난 사람들'이 어떻게 '저항'하고 무엇을 호소하고 있었는가, 우리들은 여기서 무엇을 읽어내야 하는가에 대해 생각해 보고자 한다.

그들의 '다른 기억'을 명확히 하고, 그들의 목소리에 귀를 기울이는 것이, 식민지주의를 극복하는 하나의 실마리가 되는 것은 아닐까? 역사의 기억을 억압받은 사람들의 손에 조금이라도 되돌려 주는 것이, 식민지 지배·전쟁에 의한 피해자들의 한을 그 일부라도 풀어주는 것은 아닐까? 또한 이는 세계의 식민지주의·전쟁에 의한 피해에 저항하는 사람들의 역사로 이어지는 회로를 조금이라도 드러내는 것이 되는 것은 아닐까 생각한다. 이런 의미에서, 이 절은 일본의 식민지주의를 비판하기 위한 하나의 시도가 될 것이다.

1. 재산(구 일본은행권)을 잃어버린 사람들의 움직임

해방 직후 조선에서는, 식민지 지배·전쟁에 의한 손실과 배상을 요구하는 목소리가 제기되었다. 그러나 1950년대 전반은, 한국전쟁이 발발하였으며, 냉전과 국가주의가 강력해지고, 또한 피해자들도 전쟁으로 인해 곤란한 생활을 하지 않을 수 없었다는 여러 가지 이유로 의해, 문헌자료상에서는 피해자들의 움직임을 거의 찾아보기 어렵게 되었다. 그러다 한국전쟁이 휴전이 되고, 차차 한국 사회가 전쟁의 황폐함으로부터 부흥하고, 또한 1960년대 초에 제5·6차 한일교섭에서 재산청구권 교섭이 어느 정도 진전되기 시작하면서, 피해자들은 과거의 피해에 대해 조금씩 '주장'하게 되었다.

먼저 구 일본은행권을 둘러싼 재산 반환 문의에 대해서 살펴보도록 한다. 해방 직후에 일본으로부터 귀환한 노무자나 소득생활자는, 1946년 3월에 발표된 미군정법령 제57호에 의해, 소지하고 있던 모든 구 일본은행권을 조선은행 등 7개 은행에 예입하고, 예입금액이 기록된 증서를 받았다. 조선은행 청산위원회 사무국 자료에 의하면, 예입금의 총액은 약 5억 3,000만 원, 당시의 환율로 환산하면 약 3,500만 달러에 달했다.[146]

1963년 1월 22일, 조선은행 청산위원회 사무국은, 구 일본은행권 변제를 위한 구체적인 대책에 대해서 국가재건최고회의에 보고했다. 보고를 받은 국가재건최고회의는 한일교섭이 같은 해 봄에 타결되어 "대일청구권의 금액과 그 윤곽이 드러남에 따라" 모든 "변제 조치를 강구하여 구체화시킬 것"이라고 발표했다.[147] 이러한 발표가 있었던 것은 '김종필·오히라 합의'가 이루어지고 약 2개월이 지난 후였다.

1946년 당시, 조선식산은행에 구 일본은행권을 예입했던 사람들은, 국가재건최고회의 발표 직후부터, 조선식산은행 청산위원회(이

---

146) 조선은행 청산위원회, 『대일민간청구권 현황』 11-2-2-4(成業公社寄贈資料, 서울대학교 중앙도서관소장, 이하 동일). 이 자료는 정병욱 씨와 서울대학도서관의 김창섭 씨의 협력을 얻어서 볼 수 있었다.
147) 『동아일보』, 1963년 1월 22일.

하 '청산위원회')에 예입금액의 반환에 대한 문의 편지와 '일본은행 권보관증'의 사본을 보내기 시작했던 것 같다.[148] 이 중에서 대표적 인 것을 몇 가지 살펴보도록 한다.

최초의 서한은, 마산시 거주의 N씨가 1963년 6월 18일부로, '청산 위원회'에 보낸 것이다. 해방 후에 일본으로부터 귀환한 N씨는, 보 상요구의 방법에 대해서 '청산위원회'에 문의했다. 이에 대해서 '청 산위원회' 측은, '정부로부터 본건 관계 지시사항이 없으므로 귀 조 회에 대하여 회답하기 난(難)하'다는 회신을 보냈다.

또 그들 중에는, 해방 직후의 혼란과 한국전쟁 등으로 '일본은행 권보관증'을 잃어버렸으므로, '일본은행권보관증'의 재발행을 요청 하기도 하고, 그 대처방법에 대해서 문의하는 사람들이 있었다.

경상남도 진양군에 사는 I씨는, 1963년 9월 13일부로 다음과 같 은 진정서를 '청산위원회'에 보냈다. "서기 1946년 3월 미군정법령 제57호에 의해 (…) 구 일본은행권을 예입하였던바 뜻하지 않은 6·25동란으로 말미암아 예입한 카드를 분실하였다." 그는 '일본은 행권보관증'의 재교부를 요청하였다. 예입금액은 7만 2,000엔이었다.

이에 대해서 '청산위원회'는 "진주지점에서 취급한 일본은행권 회 수업무 관계 장부 및 서류는 당 사무국에 승계되지 않았으므로(동란 피해 및 구 부산지점 화재로 인하여 소실된 것으로 사료됨) 귀하가 요청하신 일은행권 예입증의 재교부는 실무상 처리하기 난(難)"하다 고 회신했다.

또 충청북도 청원군에 사는 C씨는, 1966년 4월 27일에, 2,750엔 의 예입금의 반환을 요청하는 다음과 같은 진정서를 '청산위원회'에

---

148) 조선식산은행 청산위원회, 『일본은행권 회수업무 관계서류』 22-2-3-13(成業公社寄贈資料).

송부했다.

　　무지한 백성 (…) 지금부터 21년 전 병술년의 저금한 금액 이천칠백오십 원을 국가의 혜택과 은행의 농후한 은혜를 밧짜이 혜택을 비나이다. 본인이 일본 모집에 갓다가 다행히도 해방을 만날 적에 일본은행에서 하난 말에 이만한 삼천 원 돈만 가지면 조선 가서 중농 이상 토지를 매슈한다 하야 육감적으로 희불자승(喜不自勝) 부자될 줄 알엇십이다.

　이 서한의 내용으로부터 판단해 보면, C씨는 식민지하에 '모집'에 의해 일본으로 건너가, 해방 후에 가져온 일본은행권 2,750엔을 조선식산은행에 예입했지만, 그 후 '일본은행권보관증'을 분실했던 것 같다. 이에 대한 '청산위원회'의 회답은, "취급은행 및 식은과의 거래 내용 제시가 없으므로 귀 조회에 응하기 난"하고, "식은과의 거래에 관하여 조회를 받을 경우에는 (…) ① 식산은행과의 거래 내용, ② 그 거래와 귀하와의 관계, ③ 그 거래에 관하여 식산은행에서 발행한 서류의 사본"을 제출하지 않으면 안 된다는 것이었다.
　후술하는 바와 같이, 민간의 재산반환 및 보상요구는 「대일민간청구권 신고에 관한 법률」(1971년 1월 19일 공포), 「대일민간청구권 보상에 관한 법률」(1947년 12월 21일 공포)에 근거하여 처리되게 된다. 아마도 위에서 인용한 사람들도 이들 법률에 따라 재산반환 및 보상요구 신청을 하였을 것으로 추측되지만, 그 후 어떻게 되었는지는 추적할 수 없다. 그러나 적어도 증서를 잃어버리거나 어떤 이유로 신청을 못했던 사람들은 자신의 재산을 받을 수 없었을 것이다.
　어쨌든 여기서 중요한 것은, 제6차 교섭에서 '김종필·오히라 합의'가 맺어지고, 청구권문제의 틀이 결정된 직후부터, 민간에서 재산반환 및 재산손실에 대한 보상을 요구하는 움직임이 시작되고 있었다는 사실이다.

2. 재한 원폭피해자의 움직임

다음으로 재한 원폭피해자의 움직임과 보상요구에 대해서 살펴보고자 한다. 일본의 식민지 지배·전쟁하에는 히로시마와 나가사키에도 많은 조선인이 이주하고 있었다. 그들 대부분은 식민지 지배하 조선으로부터 온 구직이주자들, 또는 '모집', '관알선', '징용', '징병' 등에 의해 강제로 이주당한 사람들이었다. 히로시마와 나가사키에서 피폭당한 조선인들 중, 해방 후 조국으로 귀환하여 1948년에 대한민국 국민이 된 사람들을 재한 원폭피해자라고 한다.

재한 원폭피해자의 정확한 총수는 명확하지 않지만, 약 2만 3,000명으로 추산된다.149) 그들은 피폭에 의한 직접적 피해와 후유증으로 고생하였고, 조국에 귀환한 후에는 장기간에 걸쳐 원호도 받지 못했다. 그러나 1950년대 말부터 공공의 장에서 그들의 피해와 삶에 대한 이야기가 나오기 시작했다.

1958년 3월 27일 『동아일보』에 「최초의 원자병자/일본 히로시마(廣島)서 귀국한 17세 소녀 – 한국에도 '원자병(原子病)' 환자가 있다」는 제목의 기사가 실렸다. 기사 내용은 다음과 같다.

> '혁자라는 17세의 소녀'는 해방 이전 히로시마에 살고 있었다. 그 후 몸은 점점 쇠약해지고 1년 전부터는 눈에서 고름이 생기고 피부에 이상한 증세가 나타나기 시작하여 한때는 '나병'

---

149) 市場淳子, 『ヒロシマを持ちかえった人々』, 凱風社, 2000년, 27~30쪽.

으로 오인하기까지 하였다. 부산시내에 있는 경상남도 나병요양소에서 진찰한 결과 나병은 아니고 병 증세가 현재 일본 '히로시마'(廣島)지방에 발생되고 있는 원자병과 유사하다는 진단을 받았다고 한다. / 그런데 한국에서는 의학상으로 '원자병'이라고 진단된 것은 이 혁자양의 경우가 처음인 만큼 과연 진성 '원자병'인지는 앞으로 전문의들의 진단 결과 판정될 것으로 주목되고 있다. / 한편 혁자양은 부친 정수씨가 6·25 전에 사망하고 모친 조기순여사가 남의 집 품팔이 일을 하여 정형태군과 혁자양을 공부시키고 있는데 생활은 어렵고 치료비 때문에 가산 도구를 전부 방매하여 (…) 딱한 실정이라고 한다.150)

필자가 아는 한, 한국의 주요 신문에서 재한 원폭피해자에 대한 것이 보도된 것은 이 기사가 처음이다. 짧은 기사지만, 정혁자는 당초 '나병'으로 오인되었고, 이때 처음으로 '원자병'으로 진단되었던 것처럼, 당시의 재한 원폭피해자가 어떠한 상태에 있었던가를 추측할 수 있을 것이다. 일본에서는 1956년에 '일본 원수폭 피해자단체 협의회'가 결성되었고, 다음 해에는 「원자폭탄 피해자의 의료 등에 관한 법률」이 제정되어 피해자에게 '피폭자건강수첩'이 교부되어, 국가부담으로 치료를 받을 수 있게 되었다. 한국에서 원폭 피해자가 처음으로 보도된 것은 그로부터 1년 후였다.

다음으로, 1959년 8월, 『한국일보』에 실린 「히로시마 회상기(廣島回想記)」도 중요하다.151) 당시 전라북도 전주시에서 고등학교 교사를 하고 있었던 곽귀훈 씨가 쓴 「히로시마 회상기」는, 8월 7일부

---

150) 『동아일보』, 1958년 3월 27일.
151) 『한국일보』, 1958년 8월 7~10일. 이 기사는 곽귀훈 씨의 교시를 받았다. 감사의 뜻을 표한다.

터 4회에 걸쳐 연재된 아마도 최초의 피폭체험기일 것이다. 곽귀훈 씨는 "1945년 8월 6일은 히로시마(廣島)에 8월 9일 나가사키(長崎)에 원자탄이 투하되었던 날이다. 일본민족이 많이 죽기는 했지만 우리 동포들도 많은 수가 죽었다. 이러한 동지들을 애도하는 뜻에서 14년 전을 회상하면서 이 글을 쓴다"고 전제를 단 뒤, 1945년 8월 5일부터 25일까지의 체험을 적고 있다. 이 피폭체험은, '비참한 광경', '발광', '전율', '단말마', '신음', '지옥경색(地獄景色)', '인간을 저주', '무표정' 등의 언어로 표현되어 있다.

1962년 봄, 곽귀훈 씨는, "한일회담에서 원폭피해자의 보상문제를 제기해 주기를" 외무부와 관계방면에 호소하고, 구원운동의 목소리를 높였다. 다음 해 1963년 여름에는, 이종욱・오남련 부부가 한국정부, 미 대사관, 일본대표부, 신문사 등에 진정서와 탄원서 등을 제출하여 보상을 요구했다.152) 한일교섭에서는 '김종필・오히라 합의'를 전후한 시기였다. 이때에 그들의 호소는 받아들여지지 않았다.

그런데 '한일조약'의 체결을 앞두고, 한국정부 측에서도 변화가 일어났다. 1964년 8월, 한국 원자력병원 방사선의학연구소가 보건소와 도립병원을 통해서 재한 원폭피해자 실태조사를 실시했다. 그 결과, 히로시마 164명, 나가사키 39명, 합계 203명의 피해자의 존재가 밝혀졌고, 다음 해 1965년 3월 20일에 라디오 서울방송에서 이 사실이 보도되었다. 또한 8월에는 대한적십자사가 전국적으로 피폭자 조사를 하여, 약 600명의 피폭자가 신고했으며, 피폭 장소, 피폭 상황, 생활상황 등이 기록된 조사표 449통이 반송되어 왔다고 하였다.153)

---

152) 平岡敬, 「被爆朝鮮人の怒りと悲しみ」, 竹中勞編, 『見捨てられた在韓被爆者-日・韓兩政府は彼らを見殺しにするのか』, 日新報道, 1970년, 116~117쪽.

제5장 한일조약을 둘러싼 한국내의 갈등

또한 이 시기에 재한 원폭피해자의 존재가 처음으로 일본에 전해지게 된다. 1965년 5월, 재일 대한민국 거류민단 히로시마현 지방본부와 동 청년동맹이, 25인의 재한 원폭피해자 실태조사단을 한국에 파견하여, 피폭자와 접촉하는 한편, 보건사회부, 원자력병원, 한국 적십자사 등을 방문하여, 재한 원폭피해자의 실태조사와 의료구제를 호소했다. 특히 앞의 3기관과의 4자회담에서는 ① 재한 피폭자의 실태조사와 정밀조사의 실시 ② 중증의 원폭증 환자의 일본에서의 치료 ③ 일본인 전문의의 한국파견 ④ 한국인 의사의 일본파견, 연수 등 구체적인 대책이 논의되어, 일본의 관계기관에도 압력을 가하기로 결정했다고 보고되었다. 이런 내용이 『츄고쿠 신문(中國新聞)』에 보도되었는데, 일본의 언론계에 재한 피폭자 문제가 공개적으로 거론된 것은 이것을 계기로 한 것이었다.[154]

그런데 위와 같은 조사에 응했던 피폭자, 또는 조사에 응하지 않았던 피폭자는 당시 어떠한 생활을 하고 있었던 것일까? 당시 『츄고쿠 신문』의 기자였던 히라오카 타카시(平岡敬)는, 1965년 11월에 서울을 방문하여 아마 처음으로 재한 원폭피해자를 취재하고, 재한 원폭피해자의 존재를 잡지 『세카이(世界)』에 소개했다.[155] 히라오

---

153) 平岡敬,「在韓被爆者の戰後史」, 在韓被爆者問題市民會議編, 『在韓被爆者問題を考える』, 凱風社, 1988년, 15쪽, 206쪽.

154) 滝川洋,「在韓被爆者をめぐる広島の五年間」, 竹中勞 編, 『見捨てられた在韓被爆者 - 日・韓兩政府は彼らを見殺しにするのか -』, 日新報道, 1970년, 69~70쪽.

155) 平岡敬,「韓國の原爆被爆者を訪ねて」, 『世界』, 1966년 4월호. 히라오카는 아마 일본인으로서는 처음으로 재한원폭피해자를 취재하였고, 재한원폭피해자의 존재를 일본에 널리 알렸으며, 그 후에도 한국을 방문하여 피폭자의 증언을 모았다. 1991년부터는 8년에 걸쳐 히로시마 시장을 역임하였고, 재한원폭피해자의 보상운동에도 협력했다. 또한 히라오카가 수집한 2,000점이 넘는 한국, 조선인피폭자의 수기와

카가 취재했던 7명의 재한 원폭피해자 중에서 유춘성(1965년 당시 49세) 씨와 김복철(동 34세) 씨의 이야기를 예시해 두고자 한다.

유춘성의 창씨명은 야나기사와 하루오(柳澤春郎)였다. 1944년 봄 징용으로 일본에 건너가, 쿠레(吳)의 해군시설부 측량대에서 일하고 있었다. 8월 6일, 출장을 명령받고 히로시마 역으로 향했을 때 피폭을 당했다. "그는 얼굴에 식은땀을 흘리면서 '8시 15분'의 기억을 이야기했다." 퇴직금 1,500엔을 수취하고, 새로운 삶을 꿈꾸면서, 9월 말에 조국으로 돌아왔다. 그 후의 생활은 한국전쟁과 생활난, 그리고 피폭에 의한 후유증, 자식으로의 유전에 대한 공포가 전부였다. 히라오카는 유춘성 씨와 만났을 때를 다음과 같이 서술하고 있다.

'우리나라는 가난하기 때문에(…)'라고 그는 되풀이했다. 그리고 '원폭에 대해서도 일본에 대해서도 원한은 가지고 있지 않다. 생활은 어렵지만, 일본으로부터 약이라든지 원조는 바라지 않는다'며 동정을 거절했다. 음울하고도 암울한 그 말은, 과거에 '일본인'으로서 원폭 피해를 입고, 지금은 원폭 후유증으로 불안을 느끼면서 살아가는 '한국인'의 굴절된 심리표현인 것이다.

1945년 당시, 국민학교 6학년이었던 김복철은, 미유키바시(御幸橋)를 건너고 있던 전차 안에서 피폭을 당하고, 얼굴의 오른쪽 절반부터 목덜미까지 켈로이드(Keloid)가 남아있다. 그녀는 "6·25 당시의 상처가 아닌가라는 질문을 받곤 한다. 다들 원폭에 대해서는 알지 못한다. 몸이 아픈 것을 말해도 잘 이해해 주지 않는다. 그 괴로

관계문헌 등은 2004년 5월에 히로시마대학교 원폭방사선의과학연구소에 기증되었다(『朝日新聞』, 2004년 5월 26일).

움은 원폭피해를 입은 사람이 아니면 모른다"며, 다른 사람들의 동정과 공감을 구하는 것을 포기한 듯했다. 한국의 피폭자는 고립되어 있었다. 피폭자 신고에 대해서는 "그런 것은 해 봤자 소용없다"며 무표정하게 대답했다고 한다.

히라오카에 따르면, 한국인 원폭 피해자에게 있어 공통적인 것은 "그들은 '히로시마의 상처'를 각인받았으면서도, 그 고통을 호소할 방법을 알지 못하고, '그날'의 체험은 다른 사람의 이해를 넘어서는 것으로서 그들의 가슴속 깊이 숨어있다"는 점이었다.

그런데 1965년 8월에 열린 제11회 원수폭금지 세계대회에서는, 일본대표단 명의로「한일조약분쇄」라는 궐기문을 채택하고, 미제국주의, 베트남전쟁, 동북아시아군사동맹, 미츠야작전(三矢作戰) 등을 비판하며, 한일 양국 인민의 연대를 호소했지만, 여기에 재한 원폭피해자문제는 빠져있었다. '한일조약'이 여기에 재한 원폭피해자 문제를 무시했던 것은 말할 것도 없지만, 일본의 원수폭금지운동과 피폭자운동에서도 재한 원폭피해자의 존재가 빠져있있던 것이다. 요컨대 일본인의 시야에는 재한 원폭피해자는 들어 있지 않았던 것이다.156)

한편 '한일조약'이 체결된 후, 한국의 피폭자들 사이에 새로운 움직임이 나타나기 시작했다. 1966년 2월 1일, 피폭자인 김재근, 서석우 등이 '한국원폭피해자 원호협회'의 창립 발기를 했다. 그리고 같은 해 8월 8일, 동양방송(뒤에 KBS로 통합됨)에서 방송된 피폭자와 보건사회부, 대한적십자사, 원자력병원, 학계 대표들의 좌담회를 본 피폭자가 참가하여, 8월 31일에 '사단법인 한국원폭피해자 원호협회'가 정식으로 발족했다. 다음 해인 1967년 2월 11일에는 '한국원폭피

---

156) 滝川洋, 앞의 논문, 71쪽.

해자 원호협회' 창립총회를 개회하였으며, 7월 10일에는 '사단법인 한국원폭피해자 원호협회'로서 보건사회부로부터 정식 인가를 받아, 한국 원폭피해자의 실태조사, 의료, 경제원호, 생활원호를 위한 취직 알선, 전문병원의 설립, 일본에 대한 보상요구 등의 사업계획을 세워 활동을 시작했다.157) 그리고 1971년 '한국원폭피해자협회'로 개칭하여, 그 후 재한 원폭피해자 보상요구운동의 중심이 되고 있다.158)

1965년 가을에 방한한 히라오카의 기사를 다시 한번 인용하도록 한다.

> 일본인이 그들의 비참함을 인식하는 것은, 일본인의 역사적 책임을 자각하는 것이다. 일본이 조선을 식민지로 지배했던 것으로부터 일본 국민정신의 퇴폐가 시작되었다고 하면, 한국의 피폭자의 비참함을 지나치는 것은, 우리들 자신의 현재의 퇴폐에 눈을 감아버리는 것이 된다. 이것을 극복하기 위해서는, 우리들과 그들 사이의 커뮤니케이션을 회복하는 것으로부터 시작해야 한다. 그리고 일본인이 자신의 '부끄러움'을 자각함으로써만 그들과 연대하는 것이 가능하게 될 것이다.159)

---

157) 社團法人 韓國原爆被害者協會, 『沿革·現況·實績-自1967至1988』, 발행년불명[1989년?], 7쪽.

158) 이후의 재한 원폭피해자의 보상요구운동에 대해서는, 市場淳子, 『ヒロシマを持ちかえった人々』(41~101쪽)에 잘 정리되어 있다. 한국원폭피해자협회는 1996년부터 미국원폭피폭자협회, 재브라질원폭피폭자협회, 일본원수폭피해자단체협의회와 공동으로 일본정부에 대해서「재외피폭자에 대한 피폭자원호법의 적용」을 요구하는 운동을 벌여, 현재에도 왕성한 활동을 하고 있다. 또한 상세한 재한원폭피해자의 투쟁의 궤적에 대해서는, 韓國의 原爆被害者を救援する市民の會, 『早く援護を!』(제1-126호)를 참고.

히라오카는 이 글에서 재한 원폭피해자에게 연대의 메시지를 보냈다. 또한 한국의 원폭피해자들도 일본의 시민운동단체와 교류하기 시작하였다.160) 이렇게 1965년은 '한일조약'이 재한 원폭피해자를 방기한 해이기도 했지만, 동시에 재한 원폭피해자에 의한 보상요구와 재한 원폭피해자와 일본인과의 조그마한 연대가 싹튼 해이기도 했다.

3. '징용'·'징병'된 피해자와 유족의 보상요구

전시체제기에 행해진 노동자 강제동원('모집', '관알선', '징용')과 '특별지원'·'징병'에 의한 피해자들은, 1950년대 초에 일본에서 보상요구의 소리를 내게 되었다.

최초로 국가보상을 요구했던 것은, 포로를 감시하는 군속으로 일본의 침략전쟁에 동원되었던 '조선인 전범'이었다. 우츠미 아이코(內海愛子)의 연구에 의해 잘 알려져 있는 바와 같이 1952년 6월 14일 홍기성, 고재윤 등 29명의 '조선인 전범'과 1명의 타이완 출신 중국인이 "평화조약 발효와 함께 일본국적을 상실했기 때문에, 평화조약

---

159) 平岡敬, 「韓國の原爆被爆者を訪ねて」.
160) '한국원폭피해자협회'는 1960년대 후반부터, 일본원수폭피해자단체협의회, 일본핵병기금지회의, 피폭자구원일한협의회 등의 단체·그룹과 교류를 시작했다. 社團法人, 韓國原爆被害者協會, 『沿革·現況·實績-自1967至1988』, 19~21쪽. 在韓被爆者問題市民會議 編, 『在韓被爆者問題を考える』(204~205쪽). 또한 1971년에 발족한 '한국의 원폭피해자를 구원하는 시민의 모임(韓國の原爆被害者を救援する市民の會)'과 현재까지 긴밀한 관계를 유지하고 보상실현을 위해 공동운동을 벌이고 있다(韓國の原爆被害者を救援する市民の會機關紙, 『早く援護を!』).

제11조의 '일본국민'에 해당하지 않으므로, 이에 구속을 받을 법률상의 근거가 없다"며 인신보호법에 의한 석방을 요구하며 동경지방재판소에 제소했다. 그러나 이해 7월 30일에 직접 최고재판소의 대법정이 열려, "전범자로서 형을 받은 당시의 일본국민으로서 구금된 자에 대해서는, 일본국은 평화조약 제11조에 의해, 형 집행의 의무를 가지며, 평화조약 발효 후의 국적 상실, 또는 변경의 위 의무에 영향을 받지 않는다"는 이유로, 그 제소는 기각되었다.161)

그들 '조선인 전범'은 1955년 4월 1일에 '한국출신 전범자 동진회'를 결성하여, 다음 해 1956년부터 국가보상을 요구하는 운동을 시작하였다.162) 이해 8월 16일에 수상 관저를 방문하여 일본정부의 국가보상을 요구했을 때의 「구술요지」에 따르면 '한국출신 전범자 동진회'가 호소한 것은 다음과 같다.

'조선인 전범'은 '당시의 일본국가의 강압과 주위의 정세'에 의해, '막무가내로 우리의 몸을 남방의 전장에 내던지도록 운명지어졌다'. '일본군대 입대 당시', '일본군대 복무 중'에는 '기계보다도 비참하고 노예보다도 슬픈, 이등병님에게도 경례하고 복종하며, 군마·군견보다도 서열이 낮다며 일본 군인으로부터 호통을 들어야 했던, 식민지인의 군속용인'으로서, 가지가지의 '강제'와 '비인간적인 대우', 일본군속과의 차별대우를 받았다. 1945년 8월 15일 이후의 생활은, '새로운 지배자'에 의한 '죽음의 행진'이며 '박해'였다. 그럼에도 불구하고, '연합국의 군인인 포로를 구타한 사실을, 그것이 일본군의 군대교육의 전통의 영향이 상당히 우리들의 행동을 지배했던 것은 있었어도'라며 반성하고 있다는 것이었다.163) 그 반성 위에서 그들은

---

161) 內海愛子, 「朝鮮人戰犯」, 『朝鮮研究』 제121호, 1972년 12월.
162) 內海愛子, 『朝鮮人BC級戰犯の記錄』, 勁草書房, 1982년, 263~266쪽.

제5장 한일조약을 둘러싼 한국내의 갈등

다음과 같이 생각했다.

> 당시 젊었던(평균연령 25세) 우리들은 혹은 사형을 선고받고, 인류의 평화를 마음속 깊이 희구하며, 세계의 복지를 마음으로부터 희원했다. / 이하, 죽음의 직전까지 써 내려간 조문상(趙文相) 군의 수기를 발췌한다. "이 세상에 행복 있으라. 절망의 심연에는 고통은 없다. 원래 희망에는 항상 고통이 수반된다. 이 세상의 모든 것에 절망했을 때, 처음으로 인간은 안심한다. 세상의 부질없는 시간 속에 서로 싸우고 서로 미워하지 않으면 안 되는 것일까? 일본인도 조선인도 없는 것이다. 모두 동양인이 아닌가? 아니 서양인도 마찬가지다. (…)" 인간 상호 간의 비참함은 이제 그만.164)

'한국출신 전범자 동진회'는, 이와 같이 인간 상호 간의 비참함이 없도록 인류의 평화와 세계의 복지를 희망했다. 그러면서 1952년 최고재판소에서 내려진 석방 각하 판결과 일본정부를 다음과 같이 비판했다.

> 우리들에게 남겨진 최후의 신의라는 것에 대한 일말의 신뢰의 실마리도 잘라버리는 무정한 행위였다. (…) 상황이 좋을 때는 '일본인'으로, 상황이 안 좋을 때는 '조선인'이라며 바보취급당하고, 동포로부터는 대일협력자라고 경멸받고, 연합국으로부터는 극악무도한 중죄인이 되어, 이 지구상에 오척의 작은 몸 하나도 기댈 곳 없게 된 우리들이 갈 곳은 잘도 정해준 것

---

163) 韓國出身戰犯者同進會, 「第三國人戰犯者(韓國)の國家補償要請について(昭和31年8月25五日)」(學習院大學東洋文化研究所所藏), 1~7쪽.
164) 위의 글, 7쪽.

이었다. 이것으로 일본에 법이 지켜지고, 도의심이 되살아난다면, 그것이야말로 불가사의가 지구상에 하나 더 늘어나는 것일 것이다. 165)

더하여, 그들은 '국가보상을 요청하는 근거'로서 이하와 같은 것을 열거했다.

① 일본은 국책수행을 위해 종군을 강제했다.
② 종군 중의 차별대우에 의한 부당한 취급에 대한 책임 및 그로부터 발생한 많은 불이익에 대한 요구.
③ 포츠담 선언을 수락하게 된 일본정부는 천황에 대해서는 깊은 고려를 하여 연합국의 양해를 얻으면서도, 우리들 제3국인 전범자의 입장을 고려하지 않는 무책임과 부도의.
④ 샌프란시스코 강화조약 체결 시, 일본정부는 우리들의 존재를 충분히 알고 있으면서도 고려에 넣지 않았던 무책임과 부도의.
⑤ 일본정부의 손에 의한 직접 구금의 도의적 책임과 비인도적 부당성.
⑥ 우리들의 정신적 육체적 손실.
⑦ 모집 시 공표된 본봉 50엔이 남방에 가서는 실시되지 않아서 받을 수 없었던 차액의 요구.
⑧ 강제저금당한 저금의 요구.
⑨ 체포일로부터 출소일까지의 미지불봉급의 요구.

그리고 맺음말에서는 '본봉의 차액', '공제저금', '퇴직금', '10년간의 미지불봉급'을 해당기의 금액으로 환산하여 466만 엔을, 또한 사

---

165) 위의 글, 9쪽.

망자 1인당 500만 엔을 요구하였다.166)

'식민지인의 군속용인'이었던 '조선인 전범'은, 일본의 '동화정책'에서의 '동화'와 '차이화'의 균열 속에 몸을 두고 있었던 것을 예리하게 인식하여, 그들에게 더해졌던 모든 폭력과 차별이 '해방 후'에도 계속되고 있었다는 것을 고발하고 있었던 것이다.

일본정부는 이런 '한국출신 전범자 동진회'의 요구에 응하려고 하지 않았다. 그 후 '한국출신 전범자 동진회'는 제6차 교섭이 본격화되는 1962년부터 국가보상요구운동을 재개하였지만, 1965년의 '재산청구권·경제협력협정'의 체결에 따라 그들의 요구도 "완전히 최종적으로 해결된 것으로 되"는 것으로서, 진정과 면회 요구에 응하려고도 하지 않았다. 또한 '한국출신 전범자 동진회'는, 1978년부터 재차 국회청원활동, 정부에 대한 진정을 했지만, 국가보상은 실현되지 않고, '미해결의 전쟁책임' 문제로서 역사에 남게 되었다.167)

다음으로, 전 사할린재주 조선인의 귀환촉진운동이 1950년대 후반에 개시되었다. 일본 패전 후에 소련영토가 되었던 사할린에는, 주로 노동자 동원에 의해 연행되어 간 약 4만 3,000명의 조선인이 남겨져 있었다. 1956년 12월의 「일본국과 소비에트 사회주의 공화국 연방과의 공동선언」에 의해, 사할린재주 조선인 남성이 일본인

---

166) 위의 글, 13쪽.
167) 內海愛子, 앞의 책, 269~279쪽. 2001년 4월 1일에 「평화조약 국적이탈자등인 전몰자유족 등에 대한 조위금등의 지급에 관한 법률」(法律 제114호, 2000년 6월 7일 공포)이 한시입법(3년간)으로서 시행되어 중도전상병자(重度戰傷病者)에게는 위문금과 생활지원금을 포함하여 400만 원, 유족에게는 260만 원이 지급되어, 상황은 아주 조금이지만 개선되었다. 하지만 그런 대상자가 특별영주자에 한정되어 있었던 것, 중도전상자가 아닌 피해자가 대상 외가 되는 등의 남겨진 문제도 많다(http://shakaihukushi.hourei.info/shakaihukushi171.html).

아내와 동반자로서 일본에 입국하는 것이 가능하게 되었다. 1957년 8월 1일에 제1차 귀환선이 마이즈루(舞鶴)에 도착하고, 26세대의 조선인을 남편으로 둔 가족이 일본에 입국했다. 당시 한국에서도 『한국일보』가 이에 대해 보도하고, 귀환자의 명부를 게재, 한국정부에 대해서 '사할린(樺太) 4만 교포 구출'에 노력해 줄 것을 요구했다.168)

사할린으로부터 귀환한 조선인은, 귀환선 안에서 '제2차 대전 한국인 희생자 연합회'를 결성하고, 귀환촉진을 위한 제1회 탄원서를 일본정부에 제출했다. 그리고 그들은 1958년 2월 6일 '사할린(樺太)억류귀환자한국인회'를 정식으로 발족시켜, 2월 28일에 제1회 진정 행동을 벌였다. 그 후 '사할린억류귀환자한국인회'는 사할린으로부터 온 편지의 정리, 귀환희망자의 명부작성 외에도, 일본정부·국회·국제적십자사·대한적십자사·한국정부 등에 진정, 탄원활동을 전개했다.169)

예를 들면, 1965년 12월 12일 '사할린억류귀환한국인회' 회장 박노학 외 2명이, 이동원 한국 외무장관 앞으로 「사할린억류교포에 관한 진정서」를 제출했다. 그들은 이 진정서에서 '사할린억류한국인의 귀환 지정에 대한 일본정부의 태도'에 대해 적고, 20일에 시이나(椎名) 외상과 회담할 예정인 이동원 외무장관에게 일본 측이 '사할린억류한국인'의 귀환을 촉진하도록 해달라고 호소했다. 진정서에 의하면, '사할린억류귀환한국인회'가 귀환한 교포의 이야기와 사할린으로부터 온 서신을 조사한 결과, "일본정부가 입국허가를 한다면 쏘련정부는 언제든지 출국허가를 한다고 해서 재화동포(在樺同胞)

---

168) 『한국일보』, 1957년 8월 3일, 8월 9일.
169) 風登多紀子, 「戰後なきサハリン在留朝鮮人」, 『朝鮮研究』 제162호, 1977년 1월.

는 귀환을 고대하고 있다." '사할린억류귀환한국인회'는 외무성 동구과, 후생성 인양원호국, 법무성 입국심사과, 일본적십자사를 방문하여 일본에 대한 입국허가를 요청했는데, 법무성과 일본적십자사가 "일본국을 경유하고, 또는 항구에서 수일간 선편관계로 체류하는 것은 허용하겠으나, 일본거주를 목적으로 귀환하는 것은 절대 불허한다"고 했다. 그래서 '사할린억류귀환자한국인회'는 한국 외무부에 대해 "재화교포(在樺僑胞)의 귀환을 촉신시켜 주시기를" 요청했다.170)

그 후 '사할린억류귀환자한국인회'는 일본의 시민운동과도 연계하여 귀환촉진운동을 계속했다. 또한 1971년에는 대구에서 '사할린(樺太) 억류교포귀환촉진회'가 발족되고, 한국에서도 귀환촉진운동이 시작되었다.

한편, 한국전쟁 후 한국에서 노동자강제동원과 '특별지원', '징병'에 의한 피해자와 그 유족들이 보상요구의 목소리를 내기 시작했던 것은, 역시 제6차 교섭시기부터였다.

1963년 8월 24일부 『동아일보』에는 다음과 같은 기사가 게재되었다.

> 2차 대전 때 일본군에 끌려갔다가 전상(戰傷)을 입은 한국불구정년들에게 비인도적인 대우를 가하고 있어 일본정부에 대하여 비난의 소리가 높아감은 물론 이들에 대한 한국정부의 구원조치가 시급해지고 있다. (…) 이들은 본국정부로부터 아무 도움도 못받고 있을 뿐더러 일본정부에서도 "한국인이니 한국정부가 해결할 문제이다"라고 주장, 일본인 전상자에게 주는 군인은급은 물론 다른 아무런 보상도 안 해주고 있어 (…) 이

---

170) 「樺太抑留僑胞에 關한 陳情書」, 1965.12.12, 〈사할린교포 귀환문제, 1957~65〉, 『한국외교문서』, 분류번호 791.44, 1965, P-0003, 05.

러한 사실은 지난 16일 밤 소개된 '잊어버린 황군'이란 제목의 한 테레비 프로로 비로소 세상에 알려졌는데 (…).171)

『동아일보』는 8월 16일 일본에서 '잊혀진 황군'(오시마 나기사〈大島渚〉 감독, 우시야마 슌이치〈牛山純一〉 프로듀서)이 방영되었다고 소개하고, '특별지원'·징병에 의해 일본 군인으로서 전쟁에 참가한 전 조선인병사의 보상문제를 한일 양 정부가 무시하고 있는 현상을 보도했다. 또한 '뜻이 있는 일인'이 "일본정부의 비인도적이며 차별적인 처사를 비난, 이들에게도 일인 전사자처럼 똑같은 보상을 해주어야 한다고 주장하고 나섰다"고 보도하며, 몇 개의 신문지면에 투고된 문장 속에서 토쿄도 세타가야구(東京都世田谷區)의 일본인 주부 스다 하루에(須田はるえ)가 『마이니치 신문(每日新聞)』에 투고한 문장을 소개했다.

'잊혀진 황군'을 본 스다는, "한국인이면서 일본군으로서 제2차 세계대전에 붙들려가, 두 눈을 잃은 사람, 한쪽 팔을 잃은 사람, 한쪽 다리만으로 걸어야만 하는 가슴 아픈 전상자에게, 일본인이 아니라는 이유로, 군인은급도 지급받지 못하고, 아무런 보상도 받지 못하고 있는 사실을 알고 깜짝 놀랐습니다. 가슴 아픈 모습으로 정부에 진정하러 가도, 수상은 만나주지 않고, '당신들은 한국인이므로 한국정부에 요구해야 한다'고 말하는 정부 관리의 차가운 말은 같은 일본인이지만 저는 마음속 깊이 격한 분노를 느꼈습니다"라고 말하고 있다.172)

---

171) 『동아일보』, 1963년 8월 24일.
172) 스다 하루에 외에도 우라와시(浦和市) 거주 시부에 타카오(渋江孝夫), 토쿄도(東京都) 거주 츠루다 잇세이(鶴田一成) 양 씨로부터도 같은 취지의 투서가 있었다(『每日新聞』, 1963년 8월 20일).

한국의 피해자와 유족은, 이 『동아일보』 기사를 읽고, 또한 일본과 한국을 왕래하는 사람을 통해서, 재일조선인의 보상요구운동에 대한 정보를 얻고 있었다.[173]

실은 한국 내에서 '잊혀진 황군'에 대해 보도되었던 시기에, 식민지 지배·전쟁에 의한 피해자와 유족에 의한 대일보상요구운동이 연쇄적으로 일어나고 있었다. 1964년 제41·42회 국회 외무위원회는, 4월 16일부터 5월 12일까지 4회에 걸쳐, 서민호 의원들의 소개로, '사단법인 범태평양동지회 준비위원회'(대표 공성규)가 국회에 제출한 청원서 「대일보상금청구에 관한 청원」에 대해 심의하게 되었다.

사단법인 범태평양동지회 준비위원회라는 단체는, 1947년 초 결성된 태평양동지회의 후신으로, 한국전쟁 후에는 그 활동을 중단하고 있었다. 태평양동지회는 아시아태평양전쟁하에서 '징용', '징병'당한 피해자들이 대일보상요구를 위해 자료수집, 조사, 유골 반환작업을 목적으로 결성된 조직이었다. 외무위원회에 증인으로 나선 김정환 동회 부대표이시의 증언에 따르면, 그 활동은 한국전쟁에 의해 중단되어 있었지만, 박정희 정권 수립 후 제6차 교섭에서 '일본정부하고의 여러 가지 그 타협조건이 발견진행되는 것 같아서' '대일미수금청구협회'로서 '최고회의의장, 정보부장, 각 주요기관에 진정서를 제출'하는 등 활동을 재개했다. 그러나 박정희 의장은, 대일보상요

---

[173] '사단법인 범태평양동지회 준비위원회'가 국회에 제출한 「대일보상금청구에 관한 청원」 속에는 "일본은 미수노임을 지불할 의무가 있고, 재일불구동지가 보상금을 청구하자, 한일회담을 구실로 지불을 거부하고(후략)"라는 서술이 있다. 또한 동회의 김정환은 외무위원회에서의 증언에서, 피해자의 유골을 수집하고 있는 재일조선인이 태평양동지회를 방문하여, 유골의 수집·반환운동을 제의했다고 한다. 『제41회 국회 외무위원회회의록』 제7호, 1964년 4월 16일 및 제8호, 4월 18일, 국회사무처.

구운동은 '시기상조라고 해 가지고서 전부 묵살'했다. 그래서 "최종적으로 (…) 국회에다가 진정을 내서 끝까지 이 관계를 해명해야 겠다고 해서 진정을" 하게 되었다는 것이다.[174] 외무위원회가 이 진정서를 심의했던 것은, 바로 '한일조약' 반대운동이 가장 고양되었던 시기였다.

사단법인 범태평양동지회 준비위원회가 제출한 진정서의 골자는 다음의 세 가지이다.

> ① 미수노임문제. 일본은 제2차 세계대전에 무려 200만의 한국인을 동원·혹사했으며, 약 40만 명의 사망자, 2만여 명의 부상자를 냈는데 이들에 대하여 미수노임과 보상금의 지불이 전후 20년이 경과한 현재까지 미해결상태에 있으므로 정부는 대일청구권 문제가 논의되고 있는 바, 이에 대한 정확한 실태조사에 의하여 해당자에게 미수노임조를 지불하도록 할 것.
> ② 유골반환문제. 제2차 세계대전에 동원되어 희생된 동포의 유골이 일본 후생성 복원국에 8만 3,000주 보관되어 있고, 부산 소재 사원에 3,862주 안치된 채 있으므로 이를 인수하여 유가족에게 송환하고, 남양제도에 방치되어 있는 유골을 수집하여 본국에 이장토록 할 것.
> ③ 소련에 납치된 자의 구출문제. 제2차 세계대전의 종전과 함께 소련에 납치된 자의 수와 명단을 파악하여 이 억류 동포를 구제하도록 할 것.[175]

---

174) 『제41회 국회 외무위원회회의록』 제8호, 한국국회사무처, 1964년 4월 18일.

175) 『제42회 국회 외무위원회회의록』 제1호, 한국국회사무처, 1964년 5월 11일.

외무위원회는 위의 청원서에 대해, 소위원회를 설치하여 조사·검토를 더하여, 다시 한번 외무위원회에서 토론한 결과, 개인보상문제에 대해서 정부에 실태파악과 대책의 수립을 촉구하는 '세 가지 처리방안'을 건의하기로 했다.176) 그러나 이 건의는 국회 본회의에 상정되어 심의되지 못하고, 정부에 '비공식'적으로 제시하는 데 그쳤다. 게다가 이 건의의 내용도, 정부에 대해서 개인보상문제를 해결하기 위한 대책의 수립과 조사, 집행기관의 설치를 강력하게 요구하는 것은 아니었다.177) 이렇게 범태평양동지회 준비위원회가 호소한 보상요구는 외무위원회에서의 심의와 정부에 대한 '비공식' 건의에 그쳐 버리고, 사회의 전면에 모습을 드러내지는 못했던 것이다.

또한 외무위원회의 조사에 의하면, 그 외에 '순국선열 피해자 보상 진정'과 '대일보상청구에 관한 영남지구추진위원회', 오키나와에 징용되었던 그룹, 이오지마(硫黃島)에 징용되었던 그룹의 진정 등, 국회에 같은 종류의 청원이 12건이나 제출되어 있었다. 또한 김원규 보선사회부 사회국상에 따르면, 1962년 3월에 '대일미수금청구협회'가 사단법인 설립허가와 개인의 미수금청구를, 1963년 11월에는 '태평양보건협회'가 사단법인 설립허가와 유골반환을 요구하는 진정을 하러 방문하고 있었다. 또한 황호을 외무부 아주국장에 따르면 대

---

176) 제4장 제5절 참조.
177) 2005년 1월에 한국정부가 공개한 재산청구권관련 외교문서에 따르면, 개인청구권 문제가 한국국회 외무위원회에서 심의되고 있었던 시기인 1964년 5월에, 당시 외무부는 개인청구권 보유자에 대해서 한국정부가 '보상의무를 진다'는 인식을 굳히고 있었던 것이 밝혀졌다(「민간인 보유 대일 재산청구권에 대한 보상 조치」(외무부 장관이 경제기획원 장관으로 보낸 전문, 1964년 5월 8일),〈속개 제6차 한·일회담. 청구권위원회 회의록 및 경제협력문제, 1964〉,『한국외교문서』(2005년 1월 17일 공개분).

통령, 국회의장에 대한 다수의 진정서가 도착했다고 한다.178) 그러나 이런 진정·청원을 한 사람들은 정부의 방침이 미결정인 상태이므로 '시기상조'라며 그 진정·청원이 되돌려지기도 하고, 청구권문제가 타결되어 정책이 확정되면 공포하겠다는 회답을 받았을 뿐이었다.

그럼에도 불구하고, 전시체제기의 노동자 강제동원과 '특별지원'·'징병'에 의한 피해자와 유족이 제6차 교섭시기에 대통령·국회의장·외무부·보건사회부·민주공화당의장 등에게 개인재산의 반환, 유골의 조사·반환, 개인보상을 호소하는 진정 및 청원활동을 집중적으로 하고 있었다는 사실은 주목할 필요가 있다. 이들 진정 및 청원이 피해자와 유족의 '저항'의 최대의 표현이었다고 생각되기 때문이다. 피해자와 유족들은, 청구권문제가 제6차 교섭에서 중점적으로 토의되고, '김종필·오히라 합의'에 의해 대략적인 타결의 틀이 성립되었다는 보도를 접하고, 보상을 요구하는 그들의 호소가 받아들여질지도 모른다는 희망을 가졌기 때문에, 관련기관에 대한 진정과 청원이란 직접적인 행동에 나섰을 것이다. 그 밖에도 진정과 청원은 신문보도와 소문을 접하면서 연쇄적으로 일어났던 것이다.

4. 유족의 유골반환을 요구하는 움직임

1953년 3월 9일, 서울에 거주하던 K씨는 다음과 같은 내용의 「탄원서」를 한국 외무장관에게 보냈다. 한국전쟁 전후에 북한지역으로부터 월남해 온 K씨는, 1938년 12월에 아들 한 명을 일본군에 지원

---

178) 『제42회 국회 외무위원회회의록』 제1호, 한국국회사무처, 1964년 5월 11일.

시켰다. 아들은 1942년에 제대했지만, 1944년 5월에 다시 '응소'되어, 필리핀에 파견되었다. 같은 해 8월까지 연락이 있었지만, 그 후 소식이 두절되었다. 1957년 3월 6일에 열린 일본 중의원에서 후생대신이 답변한 것에 따르면, 사세보(佐世保)나 쿠레(吳)에 유해가 보관되어 있다는 것이다.

"고독하고 가련한 신세 삼십유여 년간 초조하게 지내온 숙원을 해소시켜 주시는 의미에서 유해라도 잔여되있으면 송환 또는 기타 부수되는 문제를 기제(其際)에 완전 해결케 하여주시기를 어원(御願)하나이다"[179]라고 K씨는 호소했다. 지금까지 필자가 확인할 수 있었던 공식자료에서, 유가족이 유골의 반환을 요구하는 청원서를 한국정부에 제출한 최초의 사례이다. K씨가 어떻게 일본의 국회에서의 질의내용을 알고 정부당국에 탄원서를 내기에 이르렀는지는 알 수 없지만, 아마도 탄원서를 내는 것이, 한국전쟁 직후라는 혼란한 상황 속에서 유해마저 돌아오지 않는 자식을 생각하는 늙은 아버지가 할 수 있는 최대의 직접 행동이 아니었을까?

또 다른 자료를 소개해 보도록 한다. 한국 주일대표부 오사카 사무소가 본국 외무장관에 보고한 공문에, 1950년대 말에 재일 한국·조선인의 피해자·유가족들에 의한 유골반환을 요구하는 움직임이 있었다는 것이 기록되어 있다. 이에 따르면, 1958년 5월 15일에 희생자 유골의 조사, 수집, 봉송사업을 적극적으로 추진하는 것을 목적으로 하여, '태평양전쟁 중 희생동포 위령사업실행위원회'가 결성되었다. 동회의 취지서에 따르면,

---

179) 「太平洋戰爭 중 전몰한 한국인 유골에 관한 건」 외무부장관이 주일공사에게, 1957.3.18, 〈재일한국인 유골봉환, 1956~65〉, 『한국외교문서』, 분류번호 791.41, 1965, P-0003, 03(이하 동일).

희생동포의 대다수가 태평양 남방제도에서 폭사, 학살의 원혼이 되었고, 일부는 일본국내의 탄갱·군사·철도 등 시설의 돌관공사장(突貫工事場)에서 비인도적 학대를 받으면서 초중노동을 하다가 아사·학살·병사를 당하였고 또 해방 직후 (…) 부도환(浮島丸, 우키시마호)이 마이즈루항(舞鶴港) 내에서 원인불명인 폭발로 (…) 약 2,000명의 동포가 해방된 조국을 목첩(目睫)에 바라보면서 무참하게 폭사를 당하였다. (…) 이 희생자들의 유골은 그 가해책임자인 일정당국이 당연히 정치적 전책임을 지고 조사, 수집, 송환, 위령사업을 완수할 것임에도 불구하고 그들은 조사자료의 제시까지도 거부하고 있다.[180]

이미 약 8,000여 명의 명부와 그 일부의 유골은 1948년 2월과 6월에 두 번에 걸쳐 GHQ 점령하 일본의 후생성 복원국에 의해 반환되고 있었다.[181] 이것은 일본에 존재한 유골의 극히 일부에 지나지 않았다. 그 후 1952년과 1956년에 일본정부가 한국정부에 일본에 있는 유골반환을 원하는지 여부를 물어왔다. 1956년에 일본정부는 한국정부의 요청에 의해, 후생성에 보관되어 있던 유골의 「한국인 전몰자명부」(2,414명분)를 한국 측에 송부하였다.

그 후, 한일 양 정부 간에 유골반환문제에 대해서 몇 번의 응수가 있었지만, 한일교섭에서 재산청구권 문제가 토의 중이었다는 점, 무엇보다도 한일 양 정부가 유골의 반환문제에 그렇게 적극적이지 않았다는 점 때문에 보류되어 있었다.

이렇게 한국전쟁의 발발과 폐허로부터의 부흥기에도, 피해자와

---

180) 「太平洋戰爭中犧牲同胞慰靈事業實行委員會 趣旨書」, 1958.5.15, 『한국외교문서』.
181) 제1장 제1절 참조.

유가족들에 의한 유골반환보상을 요구하는 독자적인 움직임이 있었다는 점에 주목할 필요가 있을 것이다.

1964년 3월, 한국에서 '한일조약' 반대운동이 본격화되기 시작하던 바로 그 시기에, 재일 한국인으로 '한국인 전몰자 유골봉안회' 회장이었던 강위종이 내한하여, 아시아태평양전쟁에서 희생되었던 2,000여 명의 '한국인' 유골이 일본의 후생성 창고에 보관되어 있다는 것을 3월 20일자 『조선일보』 지면을 통해 밝혔다. 강위종은 해방 후 18년이 경과하여 한일교섭도 13년째가 됨에도 불구하고, 유골반환문제가 해결되고 있지 않은 현상을 비판하고, 유골반환이 빨리 실현되어야 한다고 호소했다. 또한 강위종은 보상문제에 대해서 "일본정부가 2차 대전 때 징용 가서 죽은 일본인 유가족에게는 보상금을 치렀던 일로 미루어 한국인 유가족에게도 보상을 치르도록 한일회담에서 마땅히 논의되어야 한다"[182]고 주장했다.

'전일본군재일한국인상이군인회(元日本軍在日韓國人傷痍軍人會)'가 수상관저와 국회를 방문하여, 전후보상요구를 한 사실에 대해서는, 앞에서 들었던 오시마 감독의 다큐멘터리 영화 '잊혀진 황군'에 묘사되어 알고 있는 사람도 많았다. 그러나 같은 시기에 민간단체 '한국인 전몰자 유골봉안회'가 피해자들의 유골반환 및 보상요구운동을 하고 방한하여 실정을 호소하고 있었다는 것, 그리고 그 신문보도를 계기로 한국 국회에서 논의가 본격화되었다는 것은 지금까지 잘 알려져 있지 않았다.

또한 위의 강위종의 발언을 읽고 알 수 있는 것은, 적어도 그와 '한국인 전몰자 유골봉안회'는 보상문제에서 국적에 의한 차별이 있다는 점을 인식하고, 그 차별의 극복을 목표로 하고 있었다는 점이다.

---

182) 『조선일보』, 1964년 3월 20일.

그리고 한국 내에서는 바로 그 시기에 앞에서 들었던, 사단법인 범태평양동지회 준비위원회가 국회 외무위원회에 청원서를 제출하여, 아시아태평양전쟁의 피해자에 대한 보상과 유골의 반환 등의 전후 보상문제가 본격적으로 처음 한국국회에서 논의되었다는 점이다. 이번에 발견한 자료에 의하면, 그 중심멤버가 앞에 든 『조선일보』 기사를 보고, 준비위원회를 결성하여, 국회에 청원서를 제출했다고 한다.183)

그 후 준비위원회는 5월 3일에 전국임시총회를 열고, 정식으로 '사단법인 범태평양동지회'를 발족시켜, 활동현황보고(재일유골 봉영대책, 보상문제, 무연고유골대책, 제경비 대책 등)와 유골 송환 후의 관리 업무 등의 위촉을 요청하는 「건의서」를 외무부에 보냈다.

동 회의 취지서에는 '일본은 금전적인 상환에 앞서 인도적인 반성이 선행'되어야 하며, 그리고 나서야 '참된 국교의 정상화가 이루어질 것'이며, 이를 위해서도 일본의 '양심의 각성'을 요구하며, 그 위에서 '미수노임'(가족수당, 가족송금, 야전저금, 미지불노임, 장례비, 보상금 등), '유가족원호사업'(극빈자에 대한 후생자금의 지급, 유가족 자녀에 대한 장학사업, 기타 회원복지사업 등) 등의 제 사업을 한다고 되어 있다.184) 또한 민간단체인 '홍익부인회'도 앞에 든 신문기사에서 한국인전몰자가 일본의 후생성의 창고에 방치되어 있다는 것을 알고, 다음과 같은 「청원서」를 외무부에 보냈다.

---

183) 「第二次大戰時에 犧牲된 韓國人(軍人, 軍屬等)의 遺骨問題」, 1964. 7. 2, 『한국외교문서』.

184) "사단법인 범태평양동지회가 외무부장관에게", 「社團法人汎太平洋同志會 趣旨書, 定款」, 「일본국에 보관중인 징병 징용자 유골송환에 대한 건의」, 1964.10.19, 『한국외교문서』.

과거 일제시대에 여학생을 정신대로, 남자청장년은 학도병 혹은 징용으로 억울히 끌려가서 전몰당한 일을 상기할 때에 분노를 금할 수 없을 것입니다. 특히 우리 부인회원들은 시급히 그 유골을 봉환하여 그 원혼을 만분의 일이라도 위령코저 유골 봉환 방도를 각방면으로 문의한 결과, 재일교포인 (…) 강위종 씨와 연락이 되어 방금(사업을 - 인용자)추진중에 있아[185]

라고, 외무부 당국의 협력·지원과 도일 수속에 편의를 제공해 줄 것을 요청했다.

이들 민간단체와 국회 외무위원회로부터 요청 및 건의를 받은 한국 외무부 당국은, 제2차 대전 시의 한국인 전몰자의 유골관련 명부 (육군관계 1,548주, 해군관계 807주, 우키시마호 관계 56주, 합계 2,411주)를 일본 측으로부터 입수했다. 또한 ① 유골은 대한적십자사를 통해서 봉환하고, ② 향료, 매장비 등 지불의 가부를 일본정부 당국에 타진한다는 방침을 세우고 있었던 듯하다.[186]

외무부 당국의 메모에 따르면, 일본 측은 향료와 매장비 등은 재산청구권 경제협력 자금 속에 포함되어 있다는 입장을 표명하고 있었다. 일본 측은 여기서도 재산청구권 경제협력자금으로 모든 것을 "완전히 그리고 최종적으로 해결된 것이 된다"고 하고 싶었을 것이다.

이 문제가 그 후 어떻게 처리되었는지 추적할 수는 없지만, 명부는 1990년 후생성에서 보관, 확인이 되었던 것의 일부였다고 생각한다. 유골에 대해서는, 1969년 한일 정기 각료회의에서 유족으로부터 인수신청이 있으면 반납한다는 약속이 맺어졌고, 2005년 3월

---

[185] "弘益婦人會가 外務部長官에게", 「太平洋戰爭韓國人戰没者遺骨奉還의 件」, 1964.7.23, 『한국외교문서』.

[186] "外務部長官이 駐日大使에게", 「戰没韓國人遺骨問題」, 1964.8.5, 『한국외교문서』.

말까지 8,835주가 한국 측에 반환되었다. 유족과 연고자가 확인되지 않은 1,136주가 지금도 토쿄의 유텐지(祐天寺)에 임시 안치되어 있다.187)

5. 대일민간보상법의 제정

'한일조약' 체결 다음 해인 1966년 2월 19일, 한국정부는「청구권자금의 운용 및 관리에 관한 법률」을 공포했다. 그 제5조에는, 개인보상문제에 대해 다음과 같이 규정되어 있었다.

> ① 대한민국 국민이 가지고 있는 1945년 8월 15일 이전까지의 일본국에 대한 민간청구권은 이 법에서 정하는 청구권 자금 중에서 보상하여야 한다.
> ② 전항의 민간청구권의 보상에 관한 기준·한도 등의 결정에 필요한 사항은 따로 법률로 정한다.188)

한국정부는 여기서 처음으로 민간인의 보상을 실시할 것을 명확히 한 것이다. 이러한 조치는 한일교섭 중에 한국 측이 보여주었던 원칙, 즉 민간인의 대일 보상문제는 한국 내에서 일괄하여 처리한다는 방침을 구체화한 것이다. 또 이것은 1964년 국회 외무위원회가 정부에 건의한 내용이 반영된 것이라고 생각한다.

다음으로, 한국정부는 1971년 1월 19일에 「대일민간청구권 신고에 관한 법률」을 공포하고, 1966년의 법률 제5조 ②의 '민간청구권의 보상에 관한 기준·한도'를 명확히 했다. 즉 제2조에서 '신고대상

---

187) 『朝日新聞』, 2005년 5월 5일.
188) 공보부, 『관보』 제4277호, 1966년 2월 19일.

의 범위'에 관해 1947년 8월 15일부터 1965년 6월 22일까지 일본국에 거주한 일이 있는 자를 제외한 대한민국 국민(법인 포함, 이하 동일)이 1945년 8월 15일 이전 (…) 일본국 및 일본국민(법인 포함, 이하 동일)에 대하여 가졌던 청구권을 신고하도록 규정했다. 또한 구체적인 신고대상에 대해서는 '금융기관에 예입한 예입금과 금융기관이 보유하고 있는 일본은행권 및 일본국 정부의 보조화폐', '유가증권', '일본국 정부기관에 기탁한 기탁금', '보험금', '채권' 등과 '일본국에 의하여 군인·군속 또는 노무자로 소집 또는 징용되어 1945년 8월 15일 이전에 사망한 자'로 규정했다.[189]

그리고 국회는 1974년 12월 1일, 야당 의원 다수가 궐석한 가운데, 「대일민간청구권 보상법안」을 통과시켜, 동년 12월 21일에 「대일민간청구권 신고에 관한 법률」을 제정·공포하였고, 이 법률에 따라 민간보상이 실시되게 되었다. 이렇게 한국정부는 1975년 7월 1일부터 1977년 6월 30일까지, 사망자의 유족 8,552명에 대해 1인당 30만 원씩, 25억 6,560만 원을 지불했다. 또한 재산피해에 대해서는 7만 4,967건에 대해 1엔당 30원 씩, 66억 2,209만 원을 지불했다. 총액은 91억 8,769만 원(약 58억 엔)으로, '무상 공여' 3억 달러(1,080억 엔)의 약 5.4%였다.[190]

---

189) 총무처, 『관보』 제5752호, 1971년 1월 19일.
190) 高崎宗司, 앞의 책, 202~203쪽. 또한 1976년 4월 30일 당시의 「대일민간청구권의 신고및 보상상황」을 보면, 총 신고 수 10만 9,540건, 금액 16억 3,673만 6,000원으로, 이에 대해서 '대일민간청구권신고관리위원회'에서 증거 및 자료를 심사한 결과, 5,750건, 14억 1,732만 원이 증거불충분 및 자료부족으로 보상에서 제외되었다. 이 숫자로부터 알 수 있는 바와 같이, 보상에서 제외된 사람도 많았다. 또한 1976년 4월 30일 현재, 10만 3,221건(재산관계가 9만 3,685건, 피징용 사망자가 9,546명)에 보상금 지급이 결정되어 그 총액은 95억 200만 원(재산관계가 66억 4,100만 원, 피징용 사망자가 28억 6,100만

그런데 이런 한국정부에 의한 민간인의 대일보상정책은 충분한 것이 되지 못했다. 다카사키에 따르면, 1971년 4월 21일 '대일민간청구권 신고관리위원회'가 설치되어, 5월 21일부터 신고접수가 시작되었지만, 수속이 번잡한 데다가 신고기간이 10개월로 제한되어 있었고(그 후 1개월 연장), 홍보도 충분치 못했기 때문에, 신고하지 않은 채 있었던 사람들이 많았다고 한다. 이 문제점에 대해서 『동아일보』는 다음과 같이 보도하고 있다.

> 전주시의 (…) 이영진(50) 씨는 그의 형 정진 씨(창씨명 岩本將夫)의 사망 확인을 정부에 호소하고 있다. 1944년 남양군도 '뉴기니아' 주둔 일본 육군 미우라(三浦) 부대까지 끌려간 뒤 소식 끊긴 지 27년이 지난 지금까지 공식적인 사망통지가 없어 호적 정리조차 못하는 실정이라는 것이다. 따라서 대일민간청구권신고 대상에서 제외되어 있다. 경남합천군 (…) 차진옥(74) 씨는 1944년 코오베 해군소년양성소를 거쳐 출장했다가 전사한 아들 기암(창씨명 三中金太郎) 씨를 신고할 길이 없느냐고 호소했으나 역시 전사통지서가 없어 신고창구에서 밀려나 버렸다. 이 밖에 징병 나가 1945년 8월 18일에 사망한 경우가 있으나 이는 8·15 이후 사망이라 하여 신고 대상에서 제외된 사례가 있다.[191]

또한 피해자의 유족들로부터 "8·15해방된 날 이전에 사망했어야 하며 징병 또는 징용 사망통지서가 있어야 한다는 규정"이 있고, "신고 절차가 까다로워 사실상 대부분이 제외되고 있다는 비난이 나오

원)이었다(대한민국 경제기획원, 『청구권자금백서』, 1976년, 58쪽).
191) 『동아일보』, 1971년 11월 22일.

고 있다." 또한 한국전쟁으로 "증빙서류가 불탔거나 분실된 경우가 대부분이다." 이렇게 "불성실하고 형식에 치우쳐 실질적인 보상의 길을 가로막고 있는 사례는 부당하다는 것이 일반적인 여론"이라며 글을 맺고 있다.

위의 『동아일보』 기사로부터 알 수 있는 바와 같이, 「대일민간청구권 신고에 관한 법」에서는 「사망통지서」와 「전사통지서」 등 증거서류가 없으면 신고대상으로부터 제외되었고, 1945년 8월 15일 이후에 사망한 피해자도 제외되었다. 그뿐만이 아니라, 식민지 지배·전쟁에 의한 부상자, 원폭피해자, 일본군위안부, 조선인 군인·군속, 재일조선인은 신고대상에서 제외되었다.

이러한 「대일민간청구권 신고에 관한 법률」로부터 제외된 피해자 및 유가족의 소리를 대변하기 위해, 1973년 4월에 '태평양전쟁 전사자 유족회'('태평양전쟁 희생자 유가족회'는 이 조직의 후신)가 결성되어, 1974년 10월에는 '보상금 수취거부 전국 유족단결대회'가 열렸다.[192]

이후 식민지 지배·전쟁 피해자에 의한 보상요구의 호소는 조용히 이어지게 된다. 그러나 대다수의 피해자는 대일민간청구 신고를 하지 않든가 또는 할 수 없었고, 빈곤과 사회적 편견 속에서 신체적·정신적 후유증으로 고통받으며, 보상의 공개적인 요구를 못하고 침묵하든지, 피해를 기억의 구석으로 내몬 채 일상을 살아가고 있었던 것이다.

---

192) 高崎宗司, 앞의 책, 202~203쪽.

6. '조용한 저항'의 의의

　제6차 교섭이 진전되고, '김종필·오히라 합의'를 전후한 시기에, 식민지 지배·전쟁 피해자들은 한국의 대통령, 국회의장, 외무부, 보건사회부, 민주공화당 또는 일본정부와 미국정부에 대해 보상을 요구하는 진정 및 청원을 집중적으로 했다. 이들 진정 및 청원은, 1950년대 말부터 1965년의 한일교섭타결을 전후한 시기에 걸쳐, 식민지 지배·전쟁 피해자가 개인 또는 소그룹으로 행한 것이며, 또한 연쇄적으로 일어난 것이었다.

　그러나 이러한 진정 및 청원은 일본정부는 물론 한국정부로부터도 거부당하고, 또는 '시기상조'라고 돌려보내졌다. 또한 한일조약에서 "양 체약국 및 국민(법인을 포함함)의 재산, 권리 및 이익과 체약국 및 그 국민 간의 청구권에 관한 문제가 (…) 완전히 그리고 최종적으로 해결된 것이 된다"는 조문에 의해 국가 간의 조약에서 개인보상청구권이 배제되었다.

　또한 한국정부가 제정한 「대일민간청구권 신고에 관한 법률」에서는, 일부의 피해자와 유가족이 불충분한 보상을 받았지만, 대부분의 피해자와 유족은 보상대상으로부터 제외되어 침묵하던지 잊으려고 노력하는 수밖에 없었다.

　이런 경위를 통해 생각해 볼 수 있는 것은, 냉전과 국가주의라는 상황과 구조가 일본의 식민지주의를 근본적으로 비판하는 소리를 봉쇄하고 있었던 것은 아닐까라는 점이다. 즉 냉전과 국가주의가 강화되는 동안에 만들어진 샌프란시스코 평화조약 제4조와 이에 근거하여 이루어진 한일재산청구권 교섭, 그 결과 체결된 '재산청구권 및 경제협력협정'이 식민지주의를 용인·지속시키는 '제국의 논리'에 기대고 있었고, 식민지 지배 청산과 식민지주의 극복을 요구하는 목소리를 억압한 것은 아니었을까라는 것이다. 특히 일본은 모종의 정치적 의도를 가지고 피해자들의 목소리를 미연에 억압하려고 했다.[193]

그럼에도 불구하고, 피해자의 진정 및 청원, '침묵'과 '망각'은, 식민지주의를 내세우는 '제국의 논리'에 대한 힘없는 사람들의 '저항'의 표현이었다고 말할 수 있지 않을까 생각해 본다. '잊혀진 황군'의 피해자들이 가두에서 호소한 것처럼, 그들의 '저항'은 냉전관과 국가주의로부터 자유로웠고, 본질적으로 피해의 회복과 인간적인 삶을 향수하고자 희구하는 것이었다고 볼 수 있을 것이다. 또한 이 시기에 피해자(한국인), 가해자(일본인)라는 이항대립을 넘어선 초기적 연대가 나타나기 시작하고 있었던 사실은, 앞으로의 '화해'를 위한 하나의 가능성과 희망을 보여주는 역사적 계기로서 생각할 수도 있을 것이다.

이러한 두 가지 의미에서 피해자들의 '저항'은, 그 후 보상운동의 출발점이 되었다. 이렇게 피해자들의 식민지주의·전쟁에 대한 기나긴 투쟁이 시작되었던 것이다.

---

193) 太田修, 「財産請求權問題의 再考 – 脫植民地主義의 視角から」, 『1905년 을사조약에서 1965년 한일협정까지 진정한 한일 우호관계를 위한 반성과 제언』, 주최: 서울대 한국문화연구소, 역사학회, 서울국제법연구소, 2005년 6월 3~4일.

결론

1. 요약

1945년 8월 15일 해방을 맞이한 한민족은 식민지 지배와 전쟁에 의해 발생한 물질적·정신적 피해의 청산과 보상을 일본인과 미군정에 대해 요구하기 시작했다.

먼저 노동조합과 노동자가 일본인 경영자에게 경영권, 미불임금, 상여금, 퇴직금, 제 수당 등을 요구하는 운동이 전국 각지에서 일어났다.

그러나 대다수의 민중은 식민지 지배하의 차별과 폭력, 빼앗긴 가족과 재산에 대한 기억, 일본인에 대한 분노 등을 잊고 싶어도 잊혀지지 않은 채로, 미군정의 피해조사에 응하기도 하고, 피해를 증명할 증거품과 증거서류를 보관해 올 뿐이었다.

식민지 지배·전쟁에 의해 피해를 받은 사람들은, '태평양동지회', '화태·천도 재류동포구출위원회(樺太·千島在留同胞救出委員會)', '중일·태평양전쟁전국유가족동인회(中日·太平洋戰爭遺家族同人會)' 등을 결성하여, 피해와 손해에 대한 보상을 요구하는 운동을 전개했다. 그들은 제헌의회에 청원서를 제출하여, 한국정부에 빠른 대책수립을 요구했다.

해방 직후 민중의 보상요구와 미군정의 피해조사에 대한 협력 또는 침묵에는, 억압으로부터의 회복과 재생에 대한 염원이 담겨져 있었다. 그러나 냉전의 본격화와 한국전쟁의 발발로 인해 대부분의 민중은 또 다른 피해와 손해를 입게 되어, 보상요구운동은 지속되기 어렵게 되었다.

한편, 미군정하 남조선과도정부는 미국의 대일배상정책, 남조선 정재계의 경제부흥전략의 일환으로서 대일배상요구와 민중의 보상요구운동을 배경으로 '대일배상문제대책위원회'를 설치하여, 재무부・상무부・보건후생부・체신부・농무부 등을 중심으로 대일배상요구에 대한 이론적 연구와 자료조사를 개시했다. 그 결과, 남조선과도정부는 1948년 1월의 시점에서, ① 공채와 금괴, 귀금속의 반환, ② 조선선박의 반환, ③ 체신부관계 우편환저금(郵便爲替貯金)의 반환, ④ 조선인에 대한 은급, ⑤ 징병・징용에 대한 배상 등 5항목을 중간결정으로 발표하여, 1948년 4월 말의 시점에서, 잠정적으로 총액 410억 9,250만 7,868엔의 배상을 청구하기로 했다. 동시에 대일배상청구에 관한 이론적 작업도 진척되어, "일본을 징벌하기 위한 보복의 부과가 아니고 폭력과 탐욕의 희생이 된 피해회복을 위한 필연적 의무의 이행"이라는 관점으로부터 배상청구를 하고자 했다. 한일교섭이 개시되기 4년 전인 1947년에, 이미 한국 측의 대일배상청구권의 내용과 금액, 이론적 근거의 원형이 형성되어 있었던 것이다.

1948년 8월 15일에 성립한 한국은 남조선과도정부의 대일배상요구를 계승하여, 1949년 2월 초에, 정부 기획처 내에 '대일배상심의회'를 설치하고, 법무・재무・문교・농림・상공 등의 각 부의 조사와 심의를 거쳐, 3월 25일에 『대일배상요구조서』 제1부를 완성시켰다. 『조서』에는, 요구 총액으로 제1부의 '현물배상' 및 제2~4부 통틀어 합계 314억 97만 5,303엔과 400만 상하이달러, 그리고 "희생과 회복을 위한 공정한 권리의 이성적 요구"라는 이론적 근거를 제시했다.

『조서』의 내용은 1947년 미군정하의 남조선과도정부에서 자료조사와 이론적 검토 작업을 한 것을 계승한 것으로, 여기에 새로운 자료와 검토를 더하여 작성한 식민지 지배・전쟁의 피해에 대한 대일배상요구의 집대성이었다.

한국 건국 직후 이승만 정권이 배상요구를 대일정책의 기본 축으로 한 것은, 일본으로부터의 배상을 경제부흥의 한 수단으로 사용하려 했기 때문이었다는 점은 의심의 여지가 없다. 그러나 한국정부의 대일배상요구에는 다른 측면도 있었다. 한국정부는 한반도의 유일 정당한 국가로서의 지위를 획득하려는 견지에서 보다 많은 지지를 얻기 위해, 식민지 지배와 전쟁에서 발생한 물질적·정신적 피해의 청산과 보상을 요구하는 사람들의 의사를 불충분한 형태이기는 했지만 '흡수'했다. 그런 의미에서 이승만 정권의 대일배상요구정책은 '희생과 회복'이란 관점에 서있었다고 말할 수 있다.

한편, 미국은 한국정부와는 다른 관점을 가지고 대일배상문제에 접근하고 있었다. 미국의 초기 대일배상요구 정책은 엄격한 내용을 가지고 있었고, 미군정은 이에 근거하여 한국 측의 대일배상요구에 대한 검토 작업을 시작했다. 한국 측의 대일배상요구 정책은 이렇게 미군정에서 한 작업에 따라서 결정되었기 때문에, 일본 측에 엄격한 내용으로 구성되었다.

그러나 1947년경에 미국의 대일배상요구 정책에 변화가 발생했다. 미국 국민의 부담경감이라는 '납세자의 논리'와 동아시아지역 전체의 이익이라는 '냉전의 논리'를 내걸고, 대일배상청구의 완화를 결정한 것이다. 미국은 냉전이 본격화됨에 따라 대일배상청구를 사실상 방기하고 이윽고 '대일무배상' 정책을 공언하기 시작했다. 이런 정책의 역전과 함께, 한국정부의 대일배상 청구권도 승인받지 못하게 되었다. 미국은 그 표면적인 이유를 한국이 일본과의 교전국도, 연합국도 아니었기 때문에 대일강화조약에 서명할 수 없으며, 따라서 대일배상요구도 할 수 없다고 설명하게 되었다.

일본 국내에서는 한국과 미국과는 전혀 다른 시각으로 이 문제에 대해 고려하고 있었다. 패전 후 조선으로부터 귀환한 일본인은 '재한일본인사유재산' 보상요구운동을 개시했다. 그들은 패전 직후부터

GHQ에 '재외일본인사유재산'의 반환을 요구하고, 대일강화조약체결 후에는 일본정부에 재외재산의 조사와 보상을 하도록 요구했다. 일본정부는 제1차 한일교섭에서 그들이 주장한 논리를 채용하여, '재한일본인사유재산' 청구권을 주장하기에 이르렀다.

일본정부는 미국의 대일무배상 정책으로의 전환을 환영하고, 일본 경제가 타격을 받는다는 것을 이유로 배상 실시의 중지를 미국 측에 요청했다. 또한 일본정부는 한국 측의 대일청구권은 미군정하의 '재한일본인 재산'의 처분에 의해 소멸되었다는 견해를 가지고 있었다. 이런 견해의 배경에는 조선이 정당한 수속을 거쳐 일본의 영토가 되었고, 조선에 대한 조선총독부의 시정(施政)이 조선의 경제·정치·문화적 향상과 근대화에 공헌하였고, 따라서 조선에서 축적된 일본인 재산의 몰수처분은 재고해야 한다는 일본정부의 역사인식이 있었다.

결국 미국인은 '냉전의 논리'와 '납세자의 논리'를 내걸고, 일본인은 경제부흥과 '식민지근대화론'을 이유로, 한국인의 식민지 지배·전쟁의 피해에 대한 보상요구를 고려 대상으로부터 제외했던 것이다.

한국정부는 대일강화조약 서명국에서 제외된 사실을 1951년 여름에 알게 되었고, 대일강화회의에서 현안 해결이 불가능하게 되자, 그 차선책으로서 한일교섭에 의한 현안 해결이란 방식을 선택하게 되었다. 국내에서는 대일강화회의 참가요구운동과 함께 대일강화조약 수정요구운동이 일어나고 있었다. 정부는 국회·신문·여론의 지지를 등에 업고, 미국 측에 대일강화조약을 수정할 것을 요구하고, 그 결과 제4조를 수정하는 데 일단 성공했다.

1951년 10월에 시작된, 한일교섭의 최대과제는 식민지 지배에 대한 역사인식과 청산의 문제, 그리고 새로운 한일관계의 문제였다. 이들 문제를 구체화했던 것이, 기본조약과 청구권문제였다.

기본조약문제에 관한 논의에서 양 정부는 '구조약 무효확인 조항'의 해석을 둘러싸고 대립했다. 한국 측은 1910년 이전에 한일 간에 체결되었던 모든 조약과 협약은 '불법'이었다고 하는 '시초부터 무효'론을 제기했다. 이 '구조약 무효확인 조항'은 식민지 지배를 비판하는 한국민의 의사·희망·기억을 국가가 '흡수'하고, 일본 측의 역사인식을 비판하는 것이었다. 그러나 직접적으로는 일본 측의 '재한일본인 사유재산' 청구권의 주장을 비판하고, 한국 측의 대일청구권의 정당성을 확보하기 위한 논리적 근거로서 주장되었던 것이었다. 즉, 일본 측의 '재한일본인 사유재산' 청구권에 대한 정치적 대항조치라는 성격이 농후했던 것이다.

이에 대하여, 일본 측은 '국교정상화 이후 무효'론을 제시하여, 1910년 이전의 조약 및 제 협약은 '국제협정'이었다는 해석을 제시했다. 여기에 식민지 지배에 대한 깊은 성찰은 결여되어 있었다.

주목해야 할 것은, 양 정부가 일본의 식민지 지배라는 역사문제를, 법적인 '무효'와 '유효'라는 이분법을 가지고 처리하고자 했다는 점이다. 그러나 '무효'와 '유효'를 판단하는 기준이 근대 국제법이고, 근대 국제법이 제국주의 국가의 식민지 지배를 용인하는 '강자의 법'이었다는 점을 생각하면, 이러한 이분법은 근본적인 한계가 있었다고 할 수 있다.

청구권문제에서 한국 측은 「청구권요항 한국 측 안」을 제출하고, '고서적·미술품·골동품 (…) 지금과 지은을 반환할 것' 등의 8항목을 요구했다. 이 「청구권요항 한국 측 안」은 1949년에 한국정부가 작성한 『조서』의 내용을 축소한 것이었다.

일본 측은 「청구권요항 일본 측 안」을 제출하여, '재한일본인 사유재산' 청구권을 주장했다. 이것은 패전 후에 조선으로부터 귀환한 일본인의 사유재산 보상운동을 배경으로 하여, 「청구권요항 한국 측 안」을 상쇄하거나 대폭적인 양보를 이끌어 내기 위한 정치적인 대항조치였다. 그리고 보다 본질적인 것은, 한국과의 경제적 '재통합'이 가능하게 될 때까지 청구권문제의 타결을 연기해야 한다는 판단에 근거한 전략적인 조치였다고 할 수 있다. 이러한 일본정부의 판단은 1960년대에 표면화한 '경제협력' 방식의 원형이었다고 할 수 있다. 여기에도 식민지 지배에 대한 성찰은 보이지 않았다.

결국 한일 정부는 청구권문제를 둘러싸고 격렬하게 대립하여, 제1차 교섭은 결렬되었다. 쌍방은 기본조약문제에서 근대 국제법을 기준으로 한 '무효'인지 '유효'인지라는 이분법에 의해 역사문제를 처리하고자 하였고, 청구권문제에서도 기본조약문제에서 나타난 주장을 근거로 각각의 청구권을 주장했다. 이것은 국가의 경제발전과 위신이 걸린 충돌이었다. 여기서 중요한 것은 양 정부가 식민지 지배의 본질과 피해에 대해서는 논의하지 않았다는 점이다.

한편 미국은 동아시아 냉전전략의 일환으로서 '지역통합' 구상을 추진하는 입장에서 한일의 정치·경제관계의 강화가 불가결하다고 판단하여 한일교섭의 개최를 지지했지만, 교섭 그 자체에는 직접 '간섭'하지 않는 '불간섭정책'으로 대처하고자 했다. 이 '불간섭정책'은 한일교섭의 복잡함과 곤란함을 고려하여 양자의 대립에 말려드는 것을 회피하고, 1945년 이래 한일문제에 깊숙이 관여한 미국이 책임을 회피하기 위한 정책이었다고 할 수 있다.

이렇게 제1차 교섭에서는 냉전과 내셔널리즘이란 관점이 강조되어, 식민지 지배라는 역사의 본질에 대해서는 언급하지 않았던 것이다.

한일 양 정부는 그 후 1953년 4월에 제2차 교섭을 가졌지만, 실질적인 토의의 진전 없이 휴회에 들어갔다. 10월에 제3차 교섭을 개시했지만, 쿠보타 일본 측 수석대표의 발언이 문제가 되어, 교섭은 또다시 결렬되었다. '쿠보타 발언'을 둘러싸고 한일 양 정부가 대립한 근저에는 청구권문제에 관한 인식의 차가 존재하고 있었다. 한국 측은 '배상' 요구라는 입장을 고쳐서 '순수하게 법률적인 청구권' 요구라는 입장으로 양보해 주었기 때문에, 일본 측도 '재한일본인 사유재산' 청구권을 철회해야 해야 한다고 주장했다. 일본 측은 또다시 '청구권 상쇄의 논리'를 들고 나와 한국 측의 요구를 거부했다. 그리고 그 후 제3차 교섭에서 일본 측은, 일본의 식민지 지배가 "많은 이익을 한국인에게 주었다"고 주장했다. 일본 측의 '쿠보타 발언'과 '재한일본인 사유재산' 청구권이 제3차 교섭 결렬의 원인이 되었던 것이다. 이후 이승만 정권은 제4차 교섭이 시작될 때까지 일본 측에 '쿠보타 발언'과 '재한일본인 사유재산' 청구권의 철회를 계속 요구했다.

이승만 정권은 말뿐이기는 했지만, 제3차 교섭까지는 식민지 지배의 청산을 강조하고 있었다. 그러나 한국전쟁 발발 이후 분단체제가 고착화되어 가는 와중에서 국내적으로는 정치·경제 면에서 위기적 상황에 직면하고, 국제적으로는 냉전 완화에 의한 고립감을 깊이 느끼게 되자, 대일정책의 중점을 '방일' 내셔널리즘으로 변화시키고 있었다.

일본에 대해서는 제1차 교섭개시 직전에 「인접해양에 대한 주권선언」을 발표했고, 제3차 교섭 결렬 직후부터 '평화선'을 침범하는 일본어선을 본격적으로 나포하기 시작했다. 또한 하토야마 정권(鳩山政權)이 사회주의권에 접근하기 시작하자 '용공일본'을 맹렬히 비판하기 시작했다. 이것을 계기로 한국 내에서 일본비판이 고양되기에 이르렀다.

여기에 더하여, '방일' 내셔널리즘은, 미국의 대한경제원조에서 일본으로부터의 원조물자 조달을 엄중히 비판했던 것처럼, 미국의 일본중시정책을 견제하는 힘을 발휘하게 되었다.

이승만 정권의 '방일' 내셔널리즘은, 일본과 미국에 대한 정치・외교적 무기로서 기능함과 동시에, 국내에서는 국민의 '동원'과 '통합'의 수단으로서 기능하기 시작했다. 또한 반공 내셔널리즘과 통합됨으로써 한층 더 폐쇄적인 것이 되고 있었다.

1957년 12월, 한일 양 정부는 일본 측이 '쿠보타 발언'과 '재한일본인 사유재산' 청구권을 철회한다고 기록한 합의의사록에 서명했다. 이에 따라 다음 해 4월에 제4차 교섭이 시작되었다. 그러나 양 정부는 재일조선인의 '북조선귀국사업' 문제를 둘러싸고 격렬하게 대립했고, 한일교섭은 중단을 반복했다. 결국 제4차 교섭에서는 청구권문제에 대해서 거의 논의가 이루어지지 않았다.

1950년대 초에 한일교섭에 참여한 한국 측 대표는, 식민지 지배 청산을 주장했다. 이것은 불충분하지만 식민지하 민중의 체험과 기억을 '반영'한 것이었다. 또한 한일교섭에서 드러난 일본 측의 내셔널리즘과 미국의 '지역통합' 구상에 대해 '평화선'의 설치, 한일교섭의 중단, 한일통상의 단절, '지역통합' 구상 비판 등을 내용으로 하는 '방일' 내셔널리즘을 내걸었다.

한편, 이승만 대통령과 그 측근들이 주도한 '방일' 내셔널리즘을 수정하고자 하는 움직임이, 1950년 중반부터 나타나기 시작했다. 이러한 움직임은 한일통상관계의 회복 및 한일교섭의 재개라는 '현실적' 노선을 우선적으로 추진하고자 하는 것이었다. 그러나 이런 움직임은 1950년대 대일정책의 주류가 될 수는 없었다.

1960년 '4・19혁명' 후에 성립된 장면정권은, 자립경제의 기반구축을 내용으로 하는 '경제제일주의'를 내걸었다. '경제제일주의'를 추진하기 위해서는 외자의 도입이 불가결하였고, 일본으로부터의 자본도입을 축으로 하는 '한일경제협조' 노선을 추진하고자 하는 계획이었다. 지식인과 주요 신문에서는 '한일경제협조' 노선을 둘러싼 활발한 논쟁이 이루어졌다. 경제계의 의향은 단순한 것은 아니었지만, 기본적으로는 '한일경제협조' 노선에 대한 지지를 표명했다. 국회는 '한일경제협조' 노선을 격렬하게 비난했다. 장면 정권은 이런 논의를 받아들여 '한일경제협조' 노선을 국교정상화 후에 추진하겠다고 발표했다.

한편, 일본의 이케다 정권(池田政權)은 한국 측에 대일청구권을 방기시키고, '경제협력'을 통해 해결한다는 '경제협력' 방식을 채택하여, 그 실행을 향해 움직이기 시작했다. 그리고 한국 측에 청구권문제의 '경제협력' 방식에 의한 처리방안을 비공식적으로 제시하고 있었다. 장면 정권은 그 제안을 내부에서 검토하였지만, 공식적인 입장을 표명하지는 않았다.

이런 상황 속에서 제5차 교섭이 개최되어, 한국 측의 청구권 8항목에 대해 본격적인 논의가 이루어졌다.

한국 측은 청구권 8항목의 개요를 설명하고, 일본 측의 회답을 요구했지만, 일본 측은 당초 교섭의 진행에는 소극적이었고 구체적인 토의를 회피하고자 했다. 또한 일본 측은 청구권 8항목의 법적 근거와 증거제시를 요구했다. 그 후, 한국 측은 반론을 시도했지만, 최종적으로는 '정치적' 해결을 도모한다는 입장으로 후퇴하게 되었다.

제5차 교섭에서 또 하나의 주목할 만한 논쟁은, 한국 측이 제시한 청구권 8항목 중에 제5항 한국 자연인의 청구권, 즉 개인청구권을 둘러싼 논쟁이었다. 일본 측이 개인의 청구권은 일본의 법률에 의해 개별적으로 처리해야 한다고 주장한 데 대해, 한국 측은 국가가 처리할 것이라고 주장하여 대립했다. 그러나 5·16군사쿠데타가 일어나는 바람에 이 논쟁은 중단되어 버렸다.

일본 측이 개인청구권을 용인한다는 뜻은 아니었다. 그 진의는 한국 측이 주장한 청구권 8항목 금액을 가능한 한 줄이고, 문제해결을 뒤로 미루자는 의도에서 나온 것이라고 생각된다. 일본 측은, 한국 측이 피해자의 인원수와 금액, 피해의 정도 등 구체적인 증거를 제시해서 입증하는 것이 불가능하다고 판단하고, 최종적으로는 개인청구권을 정치적으로 해결하겠다는 전술을 세웠던 것으로 추측 된다.

한편, "국가가 개인청구권을 처리하겠다"는 한국 측의 방침은, 제6차 교섭에서 약간 수정되었으나, 국교 정상화 이후 한국정부의 개인보상문제를 둘러싼 정책의 기초가 되었다.

일본 측은 시종일관 법이론적 검토와 논거제시를 요구했을 뿐 아니라, 일본 측이 보존하고 있었던 자료를 제시하지도 않은 채, 식민지 지배·전쟁으로 인한 피해문제를 은폐하고, '경제협력'에 의한 문제처리를 도모하고자 했다. 식민지 지배·전쟁에서 피해를 받았던 사람들의 보상문제를 한일교섭에서 제외하는 계기를 제공했던 것은, 명확히 일본 측이었다고 말할 수 있다.

1961년 5·16군사쿠데타로 성립한 박정희 정권은 당초부터 한일교섭을 추진하는 데 적극적이었다. 그리고 경제개발전략으로서 수출지향형 공업화전략을 선택하는 과정에서 청구권문제를 '경제협력' 방식으로 처리하는 방안을 받아들이게 되었다.

한일 양 정부는 제6차 교섭을 개최하고, 청구권 8항목의 제1항부터 재검토를 하게 되었다. 이 교섭에서 한국 측은 청구권 8항목에 대해 처음으로 구체적인 숫자를 들면서 설명했다. 이에 대해 일본 측은 제5차 교섭에 이어 '사실관계와 법률관계'를 무기로 한국 측의 대일 청구권의 대부분을 거절했다.

또한 제6차 교섭에서 일반청구권 소위원회에서는 개인보상문제에 대한 중요한 논의가 있었다. 한국 측은 제5차 교섭에서 가졌던 입장을 약간 변경하여 청구권 8항목의 제1항에서 제5항까지의 내용을 뺀 개인청구권은 한일국교정상화 이후에 개별적으로 주장할 수 있도록 하자고 제의했다. 그러나 일본 측도 제5차 교섭에서 했던 주장을 수정하여, 모든 청구권이 이 교섭에서 해결되어야 한다는 입장을 명확히 함과 동시에 개인청구권에 대해서는 이 이상의 토의를 회피했다.

이렇게 하여 한국 측이 제1차 교섭 이래 계속해서 주장했던 청구권 8항목에 관한 논의는 사실상 이 제6차 교섭에서 종결되었다. 그뿐만 아니라 식민지 지배·전쟁으로 인한 피해에 관한 구체적인 논의가 거의 이루어지지 않은 채, 8·15해방 직후에 나타난 피해자의 전후 보상요구는 국가 간 관계에서는 제6차 교섭에서 봉인되었던 것이다.

청구권 교섭은 일반청구권 소위원회에서 한일 쌍방의 주장이 대립된 채, 교착상태에 빠졌기 때문에, 쌍방의 대표단은 실무 절충의 한계를 인정하고, 정치 절충에 의한 문제해결을 도모하기로 했다. 1962년 3월에 열린 최덕신·코사카 외상회담은 청구권문제의 정치적 해결을 목적으로 열린 최초의 정치회담이 되었다. 그러나 쌍방은 실무 교섭에서의 원칙을 반복했을 뿐으로 거의 아무런 성과도 올리지 못한 채, 회담은 종료되었다.

한일 쌍방은 두 번째 정치회담의 준비 작업을 목적으로, 1962년 8월에 제2차 정치회담 예비절충을 개시했다. 이 교섭에서 한일 양 정부는 일본 측이 지불할 금액과 그 명목을 둘러싸고 논쟁했다. 금액문제에서는 일본 측이 1.5억 달러, 한국 측이 6억 달러를 주장해 합의에 이르지는 못했지만, 쌍방이 제시한 금액을 산술평균적으로 간극을 줄여 간다면 타협 가능 금액이 예상되는 상태였다. 명목문제에서도 일본 측이 '무상 공여'와 '유상 공여'를 사용하는 방법을, 한국 측이 '순청구권'과 '무상 공여'를 사용하는 방법을 제시해 대립했지만, 1965년에 체결될 재산청구권·경제협력협정의 골격을 쌍방이 이 시점에서 제시하고 있었던 점이 중요하다. 이런 의미에서, 제2차 정치회담 예비절충은 한일 양 정부가 청구권 금액과 명목에 대해서 타협해 가는 과정이었고, '김종필·오히라 합의'를 준비하여 가는 과정이기도 했다.

1962년 10월과 11월에 열린 두 번에 걸친 김종필·오히라 회담에 의해, '김종필·오히라 합의'가 작성되었다. 이 합의는, 일본이 한국에 제공하는 것으로 '무상 3억 달러, 유상(정부차관) 2억 달러, 민간 상업차관 1억 달러 이상'이란 틀을 결정한 것이었다. 이렇게 김종필·오히라 회담은 청구권문제를 둘러싼 논의에 종지부를 찍은 회담이었고, 이후 제2차 정치회담 예비절충의 토의 중심은 '경제협력'에 관한 논의로 옮겨갔다.

이렇게 하여, 한일 양 정부는 1965년 6월 22일에 재산청구권·경제협력협정을 체결했다. 이 협정에 의해, 일본은 한국에 3억 달러 분의 생산물 및 역무를 '무상으로 공여'하고, 2억 달러 분의 생산물 및 역무를 '장기 저리 대부'로 조달하게 되었다. 또한 이 협정으로 한일 쌍방은 청구권문제가 "완전히 그리고 최종적으로 해결되었다는 것을 확인"했다. 이 협정은 양국의 국회가 각각 비준함으로써 같은 해 12월 18일에 정식으로 발효되었다.

1960년대 한일교섭의 한국 측 대표는, 1950년대의 대표와 마찬가지로 '청구권 8항목' 주장의 정당성을 주장하였고, 언어상으로는 식민지 지배 청산을 강조했다. 또한 그들도 역시 1950년대의 대표와 마찬가지로, 냉전의 관점으로부터 한일국교정상화를 주장했다. 그러나 그들의 냉전관은 일본의 사회주의권 접근을 세계사 변화의 한 측면으로 인정하고자 하고, 미국과 일본의 냉전관에 순응했던 측면이 있었다는 점에서, 1950년대의 이승만과 그 측근들이 주장한 '방일' 내셔널리즘과는 다른 것이었다.

　더욱이 1960년대와 1950년대의 한국 측 대표의 일본인식이 크게 달랐던 것은, 1960년대의 대표가 한일 '경제협력'의 확대를 통해, 공업화의 촉진을 국가발전 전략으로 자리매김하였으며, 이를 관철하기 위한 대일정책을 기획·입안하여, 일본과 교섭하고 국민에게 선전했던 점이다.

　박정희 대통령과 1960년대의 한국 측 대표가 추진한 수출지향형 공업화전략은, 그 후 국민을 동원하는 새로운 내셔널리즘으로서 기능하게 되었다.

　한편, 1964년과 1965년 한일조약 반대운동은, 박정희 정권의 한일 '경제협력' 확대를 통한 수출지향형 공업화전략을 비판하는 운동을 전개했다. 한일조약 반대운동의 논리는, 첫째 한일조약이 식민지 지배를 청산한 것이 아니라는 점, 둘째 박정희 정권의 대일정책이 '저자세'라는 점, 셋째 한일 '경제협력'에 의해 한국 경세가 일본 경제에 종속될 위험성이 있다는 점을 지적하는 것이었다.

　한일조약 반대운동은 이러한 논리를 공유하고 있었다. 그리고 일부 지식인과 학생은 '한일조약체제'에 대안을 제시하고 있었다. 그들은 첫째 민중성·세계성의 획득을 목표로 하고, 한반도의 통일을 전제로 한 '한국민족주의'를 제시했다. 둘째 미국의 '지역통합' 구상과 한국군의 베트남 파병에 비판적이었던 것처럼, 냉전체제의 일환으로써 '한일조약체제'를 비판했다. 셋째 한일 민간교류를 통한 현안 해결을 제창했다.

　한편, 1960년대에 들어가서 한일교섭에서 청구권문제를 둘러싼 논의가 진전해 가는 중에, 식민지 지배·전쟁 피해자는 보상요구의 목소리를 내기 시작했다. 특히 '김종필·오히라 합의'에 의해 청구권

문제의 틀이 확정되었던 것은, 피해자들이 움직이기 시작한 직접적인 계기가 되었다.

　가장 먼저, 재산을 잃은 피해자가 보상을 요구했다. 일본에서 노무자 또는 저소득자로서 생활하지 않을 수 없었던 사람들은, 8월 15일 해방과 함께 조선으로 귀환했고, 미군정 법령 제57호에 의해 그들이 소지하고 있었던 일본은행권을 은행에 예입하고 증서를 수취하고 있었다. 그들은 1963년부터 그 재산 반환 및 보상을 요구하기 시작했다.

　다음으로, 히로시마와 나가사키에서 원폭피해를 입은 사람들이 보상요구의 목소리를 내기 시작했다. 약 2만 3,000명으로 추산되는 재한 피폭자는 조선에 귀환한 후, 직접적인 피해와 후유증으로 고생하였으며, 어떤 원호조치도 받지 못했다. 그뿐만이 아니라, 한국전쟁에 의한 피해와 빈곤, 사회적 편견이란 곤란 속에서 치료도 받지 못하는 상황이 계속되었다. 그러나 이런 재한 피폭자도 1950년대 말경부터 그들의 피해와 삶에 관해서 공개하기 시작했다.

　전시체제기에 이루어진 노동자 동원과 '특별지원'·징병에 의한 피해자들은, 1950년대 초에 일본에서 보상요구운동을 하기 시작했다. 가장 먼저 국가보상을 요구한 것은 '조선인 전범'이었다. 전 사할린재주 한인의 귀환촉진운동도 1950년대 후반에 개시되었다.

　한편, 한국전쟁 후 한국에서 노동자 동원과 '특별지원'·징병에 의한 피해자와 그 유족이, 역시 제6차 교섭 시기부터 보상을 요구하기 시작했다. 범태평양동지회 준비위원회를 시작으로 하는 피해자 조직이 대통령·국회의장·외무부·보건사회부·민주공화당 의장 등에게 개인 재산의 반환과 유골의 조사·반환 및 개인 보상을 요구하는 진정·청원활동을 전개했다. 이 진정·청원운동은 신문보도와 소문에 의해 연쇄적으로 일어났던 것이다.

한일 양 정부는 1965년에 재산청구권・경제협력협정을 체결하고, 청구권문제가 "완전히 그리고 최종적으로 해결되었다"는 것에 합의했다. 이에 따라 식민지 지배・전쟁에 의한 피해자의 보상문제는 한국정부가 국내문제로서 처리하게 되었던 것이다. 한국정부는 「청구권자금의 운용 및 관리에 관한 법률」, 「대일민간청구권신고에 관한 법률」, 「대일민간청구권 보상에 관한 법률」을 제정하고, 피해자의 개인보상문제를 처리하고자 했다. 그러나 이러한 민간보상은 신고기간이 짧고, 수속이 복잡한 데다가, 신고 대상이 제한되어 있었던 점에서 극히 불충분한 것이었다.

한국에서는 1980년대 후반에 정치적 민주화가 진전되고, 1990년 초에 냉전체제가 종식한 후에, 피해자들의 보상요구운동이 본격화하게 된다.

2. 한일 청구권 교섭과 북일 교섭

1951년부터 1965년까지 계속된 한일 청구권 교섭과 그 결과 체결된 한일조약으로, 식민지 지배・침략전쟁에 의한 피해의 청산과 보상, 특히 개인 보상이 배제된 원인은 어디에 있는 것일까? 마지막으로 이 문제에 대해서 검토하면서 이 연구를 마치고자 한다.

첫 번째 원인은, 일본과 연합군이 체결한 대일강화조약 제4조의 내용에 있다. 원래 한일 간의 청구권문제의 처리와 그 처리방식에 대해 처음으로 규정한 것은 대일강화조약 제4조였다. 따라서 대일강화조약 제4조는 한일 간 청구권문제에서 가장 중요한 '국제법규'라고 할 수 있다.

그러나 이 대일평화조약 제4조에는 몇 가지의 중요한 문제가 은

폐되어 있다. 가장 먼저 지적하지 않으면 안 되는 것은, 이 조문이 주로 미국이 작성하고, 영국이 그 내용에 동의함으로써 성립되었다는 점이다. 한국 측의 요청에 의해 제4종 (b)항이 새롭게 부가되었지만, 미국과 영국은 식민지 지배·전쟁 피해의 해결을 심각하게 생각하고 있지 않았다. 또한 형식적으로도 미국과 영국의 합의에 의해 일본과의 교전국 혹은 연합국의 일원이 아니었다고 하여, 한국은 대일강화조약에 서명할 수 없게 되었다. 이렇게 한국은 식민지 지배·전쟁에 의한 피해에 대한 배상을 일본에 요구할 수 있는 길이 막혀버린 것이다.

또 하나의 문제는, 대일강화조약 제4조가 청구권의 성격과 내용을 명확히 규정하지 않았다는 것이다. 즉 청구권문제의 처리는 한일 간의 '특별협정'에 의해 결정된다고 서술했을 뿐이어서, 한국과 일본이 문제를 해결할 것을 전제로 한 것이 아니었던 것이다.

그런데 대일강화조약만이 식민지 지배의 청산과 보상문제를 다루고 있었던 것은 아니었다. 사실상 근대국제사회를 주도한 많은 구미제국은 1945년 이전에 식민지를 소유하고 있었기 때문에, 식민지 지배를 사죄하고 피지배국과의 합의에 근거하여 그 피해를 청산하는 관점을 가질 수 없었다. 대일강화조약에서도 이 작업에 깊이 관여한 국가가 예전에 식민지를 소유하고 있었던 강대국이었기 때문에, 식민지주의의 청산문제가 조문에 명기될 수 없었던 것은 당연한 귀결이었다. 요컨대 근대국제사회와 국제법은 식민지 지배의 청산과 보상문제를 정면에서 대응하지 않았던 것이다.

2001년 8월부터 9월에 걸쳐, 남아프리카에서 열린 '인종차별반대 세계회의'에서는 9월 8일 「정치선언」이 채택되어, 여기서 처음으로 노예제와 식민지 지배에 대해 '마음으로부터 유감의 뜻'이 표명되었다. 그러나 피해국이 요구한 '사죄'와 보상에 대해서는 어떠한 언급

도 없었다.[1]

식민지 지배·전쟁에 의한 피해가 청산되지 않았던 두 번째 원인은 한일교섭이 이루어진 시기가 냉전이 강화되던 시기였다는 점이다. 서론에서 언급했던 것처럼, 청구권 교섭은 동북아시아의 냉전체제가 강화된 한국전쟁 중에 시작되어, 베트남전쟁이 본격화된 시기에 끝이 났다. 때문에 청구권 교섭은 동북아시아 냉전체제로부터 커다란 영향을 받지 않을 수 없었던 것이다.

미국은 1945년 이후, 공산주의의 괴멸과 자본주의의 패권확대를 희구했기 때문에 한일교섭의 촉진에 강한 관심을 보였고, 때로는 개입을 시도하기도 했지만, 개별적인 교섭 과정에는 기본적으로 '불간섭정책'을 유지했다. 따라서 미국은 한일교섭에 깊이 개입하기 보다는 1945년 9월부터 일본 및 한반도의 38도선 이남을 점령한 결과로 발생한 제 문제에 대해서, 스스로 책임을 회피하려고 했다고 생각하는 편이 타당할 것이다. 특히 한일 간의 식민지 지배에 대한 역사인식을 둘러싼 복잡한 논쟁에 말려드는 것을 극도로 피하고자 했다. 결국 미국은 일본의 식민지 지배·전쟁에 의해 발생한 피해 청산에는 거의 관심을 보이지 않았을 뿐만 아니라, 관심을 갖는 것을 경계하기조차 했던 것처럼 보인다.

그 한편에서 미국은 자본주의 진영의 결속을 강화하기 위해 일본을 축으로 하는 '지역통합' 구상에 근거하여, 한일국교정상화를 추진했다. 요컨대, 한일 양국의 경제적 상호의존관계를 증대시킴으로써, 양국의 경제발전을 촉진하고, 동북아시아에서 자본주의진영을 강화시킬 수 있다고 생각했던 것이다. 미국의 이 '지역통합' 구상에 박정희 정권과 이케다 정권이 접근하여, 청구권문제의 '경제협력' 방식에

---

[1] 『朝日新聞』, 2001년 9월 11일.

의한 처리방안에 합의했던 것이다. 따라서 청구권문제를 '경제협력' 방식으로 처리할 기회를 제공한 것은 미국의 '지역통합' 구상이고, '경제협력' 방식에 의한 처리방안은 냉전의 산물이었다.

세 번째 원인은, 분단체제하 한국에서의 내셔널리즘의 강화와 민주주의의 억압에 있었다. 1948년 남북으로 분단국가가 성립하고, 분단체제가 심화된 결과, 38도선 이남에 성립한 한국과 일본이 청구권 교섭을 하게 되었다. 그래서 청구권 교섭이 추진되는 과정에서 1950년대와 1960년대의 한국에서는 분단 내셔널리즘이 강화되었던 것이다.

1950년대의 이승만 정권이 내건 '방일' 내셔널리즘은, 식민지 지배·전쟁에 의한 피해 청산을 요망하는 민중의 의사를 불충분하나마 '흡수'했는데, 그 본질은 체제유지를 위해 국민의 다수를 동원하는 것이었다. 또한 1960년대 박정희 정권이 경제개발 전략으로서 수출지향형 공업화전략을 선택한 결과, 청구권문제는 '경제협력' 방식으로 처리되었다. 그리고 청구권 교섭이 진전되는 과정에서 1950년대와 1960년대 한국에서는 분단 내셔널리즘이 강화되었다.

1950년대 이승만 정권이 내걸었던 '방일' 내셔널리즘은 식민지 지배·전쟁에 의한 피해 청산을 요망하는 민중의 의사를 불충분하지만 '흡수'했는데, 그 본질은 체제유지를 위해 국민의 다수를 동원하는 것이었다. 또한 1950년대와 1960년대 한국의 분단정권이 북한과 정통성을 둘러싼 체제 간 경쟁에서 승리하기 위해 급속한 국가건설과 경제발전을 중시하는 분단 내셔널리즘을 강화하고 민주주의를 억압한 결과, 식민지 지배·전쟁에 의한 피해 청산이란 관점은 뒷전으로 밀려 버렸던 것이다.

네 번째 원인은, 일본에 의한 식민지 지배 역사의 은폐논리와 내셔널리즘에 있었다. 이것이야말로 식민지 지배·전쟁에 의한 피해

청산이 이루어지지 않았던 최대의 원인이라고 생각한다.

　패전 후 일본은 주로 국제사회에서 위신회복과 급속한 경제부흥, 이어서 경제발전에 커다란 관심을 기울여 왔다. 1950년대 일본은 한일 청구권 교섭에서 항상 식민지 근대화론을 주장하며, 식민지 지배·전쟁에 의한 피해를 청산하고자 하는 태도를 보이지 않았다. 1960년대 일본은 일본이 우위에 선 형태로 한일 '경제협력'을 추진한다는 전제에 서서, 박정희 정권의 '수출지향형 공업화 전략'을 지지했다. 또한 일본정부는 청구권 교섭 과정에서 한국 측에 대해서, 시종일관 대일강화조약 등 '강자의 법'에 입각해서 법리논쟁과 증거논쟁을 제기하여, 식민지 지배·전쟁에 의한 피해의 역사를 은폐하고 말소하고자 했다.

　즉 청구권 교섭 과정에서 일본이 보여준 행동과 태도는 국제사회에서의 위신을 회복하고, 급속한 경제발전을 위해 식민지 지배·전쟁에 의한 피해청산을 배제하고자 했던, 전후 일본의 내셔널리즘의 한 표현이었다고 할 수 있다.

　전후 일본은 한국만이 아니라, 다른 아시아 여러 나라들에 대해서도 기본적으로 동일한 태도를 취했기 때문에, 아시아 여러 나라들로부터 끊임없는 비판을 계속해서 받았고, 과거를 둘러싼 마찰이 끊이지 않았다. 그 결과, 일본은 아시아 여러 나라들과의 사이에 충분한 신뢰관계를 쌓을 수가 없었다. 한국에 대해서도 같은 말을 할 수 있을 것이다.

　결국 일본 국가로서는 한국과의 청구권 교섭이 단기적으로는 '성공'했을지도 모르지만, 장기적인 시야로 바라본다면 실패였다고 결론짓지 않을 수 없다.

　특히 식민지 지배·전쟁에 의한 피해를 받은 민중의 보상문제에 대해서 일본정부는 1965년 재산청구권·경제협력협정을 근거로, "완

전히 그리고 최종적으로 해결되었다"고 계속해서 주장해 왔다. 이러한 일본정부의 주장에 대해 식민지 지배·전쟁에 의한 피해자들은 보상을 요구하여, 1990년대에 들어와 본격적인 보상요구운동이 개시되었다. 일본정부는 개인보상요구에 대해서, "일한협정은 일한 양국이 국가로서 가지고 있는 외교보호권을 상호 방기했던 것으로, 개인의 청구권 그 자체를 국내법적인 의미에서 소멸시켰던 것은 아니다"라고 해석하여, 방기한 것은 국가의 외교보호권으로 개인의 청구권은 소멸되지 않았다는 견해를 보였다. 그러나 일본정부는 재산청구권·경제협력협정 제2조 제3항에 근거하여 제정된 일본의 국내법(법률 144호)에 의해 여전히 개인보상문제는 "해결완료(解決濟み)"라는 태도를 계속해서 취하고 있다. 또한 많은 전후 보상재판에서는, 국가는 그 행위에 책임지지 않아도 된다는 생각과 전쟁은 국민이 똑같이 그 희생을 인내해야 한다는 인내론, 그리고 시효와 배척기간 등에 의해 개인보상요구는 거부당했다.2) 이렇게 일본정부는 근대 국제법 및 국내법의 논리에 근거하여 개인보상요구를 배제하고 있었던 것이다.

　지금까지 기술한 것에서 보면, 한일 간에 복잡하게 착종된 냉전, 그리고 내셔널리즘은 식민지주의의 청산을 저해했을 뿐만 아니라, 식민지주의를 증폭시켜왔다고 할 수 있을지도 모른다.

　2002년 9월 17일, 평양에서 북일 수뇌회담이 열려, 「북일 평양선언」이 발표되었다. 이것을 필자 나름대로 분석해, 마지막으로 북일조약에 대한 제언으로서 두세 가지를 언급해 보고자 한다.

　「북일 평양선언」 속에 '과거의 식민지 지배'에 대해 규정한 제2항은 다음과 같다.

---

　2) 內海愛子, 『戰後補償から考える日本とアジア』, 山川出版社, 2002년, 87쪽.

결론

2. 일본 측은 과거의 식민지 지배에 대해, 조선 사람들에게 다대한 피해와 고통을 주었다는 역사적 사실을 겸허하게 받아들여, 통절한 반성과 마음으로부터 미안한 마음을 표명했다. 쌍방은 일본이 조선민주주의인민공화국에 대해 국교정상화 후 (…) 무상자금협력, 저리의 장기차관공여 및 국제기관을 통한 인도주의적 지원 등의 경제협력을 실시하고 (…) 경제협력의 구체적인 규모와 내용을 성실히 협의하기로 했다. 쌍방은 (…) 1945년 8월 15일 이전에 발생한 사유에 근거하여, 양국 및 그 국민의 전 재산 및 청구권을 상호 방기한다는 기본원칙에 따라, (…) 이것을 구체적으로 협의하기로 했다.3)

이 제2항의 첫 문장의 내용은, 1995년 당시 수상 무라야마 토미이치(村山富市)가 각의 결정에 근거하여 발표한 총리담화의 내용을 답습한 것이다. 그 내용은, 1998년 「한일공동선언」에서도 확인되었던 것으로, 중요한 것은 일본의 식민지 지배에 의한 피해에 대해, 불충분하나마 일본정부가 북한에 '사죄'한 것이었다. 이 '사죄'는 1965년 '한일조약'에는 없었던 것으로, 일본정부가 한일조약에서 취한 입장을 사실상 방기했다고 볼 수 있다.

다음으로 제2항의 두 번째, 세 번째 문장은, 한일조약의 재산청구권·경제협력이란 입장을 전면에 내세운 것이다. '무상자금협력, 저리 장기차관 공여' 등 '경제협력을 실시'하는 것에 의해, '1945년 8월 15일 이전에 발생한 사유에 근거한 양국 및 그 국민의 전 재산 및 청구권을 상호 방기한다는 기본원칙'에 따라 교섭하다고 한다. 그러나 이 내용과 첫 문장 사이에는 논리적 모순이 존재한다.

---

3) 『朝日新聞』, 2002년 9월 18일.

반복해서 이야기하고 있는 것처럼, 대일강화조약 제4조는 한일양국이 상호 '재산'과 '청구권의 처리'에 대해 교섭해야 한다고 지시했을 뿐으로, 식민지주의의 극복과 개인보상을 규정한 것은 아니었다. 이 제4조의 규정에 따라 한일청구권 교섭이 시작되고, 1965년에 재산청구권·경제협력협정이 체결되었던 것이다. 따라서 청구권 교섭과 그 결과 체결된 재산청구권·경제협력협정은 처음부터 식민지주의의 극복과 개인보상의 실현을 목표로 한 것이 아니었던 것이다. 이 부분이 중요한 것이다.

그러나 「북일 평양선언」 제2항의 첫 문장은, 1995년 「무라야마 담화」와 1998년 「한일공동선언」의 입장을 답습한 것이고, 여기에서 보여준 입장은 식민지주의 극복과 피해자에 대한 보상실현이란 방향성을 가진 것이었다. 이에 대해 두 번째와 세 번째 문장은 '경제협력'을 실현하고, 북일 양국 및 그 국민의 '재산 및 청구권을 상호 방기한다'고 규정하고 있는데, 이는 한일 재산청구권·경제협력협정, 여기에 더해서 대일강화조약 제4조의 내용에 기원을 둔 것이고, 식민지주의 극복과 개인보상의 실현을 배제한 것이다. 따라서 첫 번째 문장과 두 번째 및 세 번째 문장은 논리적으로 모순되어 양립할 수 없다.

문제는 두 번째 및 세 번째 문장의 내용에 있다. 일본정부가 일본의 '식민지 지배에 의해 조선의 사람들에게 다대한 손해를 끼쳤다는 역사'를 인정하고, 그 역사를 '통절'히 '반성'한다면, 손해와 배상의 진상을 규명하고, 그 진상규명에 근거하여 식민지 지배·전쟁에 의한 피해를 청산한다는 것을 명기해야 할 것이다.

현재 북일 국교정상화교섭은 교착상태에 빠져있지만, 재개되어 교섭이 타결된다면, 북일조약이 체결될 것이다. 그러나 1965년 이후, 상황은 크게 변화했다. 북일조약의 내용은 이렇게 변화한 역사를 충분히 인식하고 받아들여, 21세기의 수준에 맞추어서 결정되어야 할 것이다.

　무엇보다도, 식민지 지배·전쟁 피해에 대한 사죄가 전문(前文)에 명기될 필요가 있다. 최소한「북일 평양선언」의 '식민지 지배에 의해 조선의 사람들에게 다대한 손해와 고통을 주었'던 사실에 대해 '통정한 반성과 마음으로부터 사과하는 마음을 표명'한다는 내용을 넣어야 할 것이다. 그러나「북일 평양선언」의 근거가 되었던「무라야마 담화」와「한일공동선언」에서의 '반성'과 '사과'는 진상규명에 근거한 것이 아니었기 때문에, 보상이 동반되지 않은 '사죄'가 되고 말았다. 앞으로 이루어질 북일조약에서는 훨씬 더 업그레이드가 필요하고, 진상규명에 근거한 보상실현을 전제로 한 '사죄'가 이루어져야 할 것이다.

　다음으로 북일조약에 한일조약 제2조를 삽입할 것으로 예상되지만, 그렇게 되면 "1910년 8월 22일 이전에 대일본제국과 대한제국사이에 체결된 모든 조약 및 협정은 무효임을 확인한다"고 하여, '이미'라는 단어를 삭제한 것에 불과할 것이다. 혹은 이 조문은 삭제해도 좋을지도 모른다.

　본론에서 본 바와 같이, 한일 양 정부는 제1차 한일교섭 이래, 이 제2조에 대해 서로 다른 해석을 보이고 있었다. 한국 측은 1910년 8월 22일에 조인된 '병합조약'과 그 이전에 조인된 모든 조약 및 협약이 '원천무효(null and void)'였다고 해석했다. 한편 일본정부는 '병합조약' 체결 당시는 유효였지만 1948년 8월 15일 한국정부수립과 함께 '이미 무효'가 되었다고 해석했다. 현재의 한일 양 정부의 입장도 기본적으로 이전과 마찬가지이다.

　그러나 이 '무효확인 조항'을 둘러싼 한일 양 정부의 대립은, 문제의 본질을 건드린 논의는 아니다. 원래 '무효확인 조항'은 제1차 교섭에서 한국 측이 기본조약의 일부로서 제시한 것이었다. 이 교섭에서 일본 측은 과거의 식민지 지배에 대해 일절 언급하지 않았을 뿐 아니라, 역으로 한국 측에 '재한 일본인 사유재산' 청구권을 주장했다. 한국 측은 일본 측의 '재한 일본인 사유재산' 청구권 주장을 차단하고, 한국 측의 대일청구권의 정당성을 주장하기 위한 논리적 무기로서 '무효확인 조항'을 일본 측에 제시했던 것이다. 이후 한일 양 정부는 이 '무효확인 조항'을 둘러싸고 대립하게 되었다. 그 때문에 논쟁은 관료주의적 대립이었고, 식민지 지배·전쟁의 본질과 그에 의한 피해 회복에 대해서 논의한 것은 아니었다고 할 수 있다.

따라서 제2조에서는 '병합조약과 그 이전에 조인된 모든 조약 및 협약이 현재 '무효'라는 것을 확인하는 것으로 충분하다. 또는 전문에서 식민지 지배·전쟁에 대한 사죄가 명기되어 있기 때문에, 가능하면 삭제하는 편이 좋을지도 모른다.

그리고 마지막으로 북일조약에서는 한일조약에는 없는 개인보상 조항을 두는 것이 바람직하다. 그러나 현상에서는 여러 가지 곤란한 문제가 존재한다. 먼저 일본정부가 책임을 인정하고 과거의 피해에 대한 진상규명에 근거하여 보상을 하고자 하는 의지를 보이고 있지 않다. 또 이 보상문제는 북한과의 문제만이 아니라 한국을 필두로 하는 각국과의 사이에 결착되지 않은 문제이기도 하다. 게다가 북한 정부도 국가 보상만을 원하며, 개인보상은 요구하지 않는다고 지금까지 계속 주장하였고, 이번에 '경제협력' 방식으로 처리한다는 방침으로 후퇴하고 말았다.

그래도 식민지 지배·전쟁에 동원된 피해자 보상문제를 해결할 방법을 서둘러 고안하는 것이 긴요하다. 그때, 2002년 6월에 '북일국교정상화를 요구하는 시민연락회(日朝國交正常化を求める市民連絡會)'가 제기한 「북일국교정상화를 위한 시민제언」에 있는 것처럼

'하나오카 평화우호기금(花岡平和友好基金)'과 독일에서 2000년 7월에 제정된 「보상기금설립법」, 또 그에 근거하여 설치된 보상기금 「기억, 책임, 그리고 미래」등이 참고가 될 것이다. 무엇보다도 피해자를 위해 서두르지 않으면 안된다.

1945년부터 반세기가 지난 1995년에 한국의 종합잡지『창작과 비평』에 2명의 한일 역사학자가 21세기의 새로운 동북아시아상을 제시했다.4) 한국의 강만길은 한반도에서 평등하고 평화로운 통일이 달성된다면, 세계사의 대립점이었던 한반도가 완충지대가 되어, 평화로운 '동아시아공동체'를 이루어 갈 수 있다고 주장했다. 일본의 와다 하루키(和田春樹)는 한반도를 중심으로 한 '동북아시아 공동의 집'을 지향할 것을 제안했다.

두 역사학자가 구상한 동북아시아의 지역공동체구상은 전근대사회의 중국을 중심으로 한 중화적 세계질서도 아니고 침략과 착취를 은폐하기 위한 '대동아공영권' 구상도 아니다. 또한 공산주의를 포위하기 위해 정치·경제적 블록으로서의 '지역통합' 구상도 아니다. 21세기의 '새로운 문명사적 이미지' 또는 '새로운 인터내셔널리즘'을 제시하고자 한 시론적 구상이다.

한일조약과 북일조약, 한국과 북한, 일본과의 관계도 동북아시아의 지역공동체구상의 일환으로서 재고할 필요가 있을지도 모른다. 동북아시아가 지역공동체로 전진하기 위해서는 일본이 식민지 지배·전쟁에 대한 사죄와 보상, 그리고 화해를 북일조약에서 명기하고, 보상을 실천하는 것이 전제가 되어야 할 것이다.

한국과 일본의 '최고의 약속'인 한일조약은 직접적으로는 관료와

---

4) 강만길, 「분단 50년을 되돌아보고 통일을 생각한다」, 『창작과 비평』 1995년 봄호(제23권 제1호) ; 와다 하루키, 「동북아시아 공동의 집'과 조선반도」, 같은 책.

정치가가 작성한 것이었다. 새로운 '최고의 약속'은 다양하고 무수한 그룹과 개인이 교류하고, 거기서 이루어진 성과와 약속을 바탕으로 창조되어야 할 것이다.

후기

나는 1980년대 초부터 한국과 일본에 관한 문제에 대해 생각하기 시작했다. 그리고 한국과 일본의 많은 사람들과의 만남 속에서 마음 속 깊이 다음과 같은 막연한 의문을 가지게 되었다.

일본의 식민지 지배·전쟁은 1945년 이후의 역사에 어떠한 영향을 끼쳤던 것일까? 또 이것은 현대에 어떠한 의미를 가지는 것일까?

나는 스스로 이 물음에 대한 답을 찾아보고 싶은 생각을 가지게 되었다. 그리고 약 10년 전에 한일 청구권 교섭사를 쓰는 작업에 착수했다. 한국의 고려대학교 대학원 사학과에서 역사를 공부하고 있었던 때였다.

일단 이 작업을 끝내고 나서 보니, 위의 물음에 스스로는 어느 정도 그 대답을 찾을 수 있었다 하더라도, 결코 이걸로 충분하지는 않다는 기분이 든다. 독자의 솔직한 비판을 기다리고자 한다. 또한 나의 작업이 이후의 연구에 조금이라도 도움이 된다면 기쁘겠다.

이 책은 2001년 고려대학교 대학원 사학과에 제출한 박사학위 청구논문「한일 청구권 교섭사 연구」를 가필 수정한 것이다. 또한 각 장의 내용은 다음과 같은 발표논문에 근거하고 있다.

제1장 「李承晩政權の對日政策―「對日賠償」問題を中心に」, 『朝鮮史研究會論文集』 제34집, 1996년 10월.

제2장 「第一次日韓會談再考―基本條約及び財産請求權問題を中心に」, 『朝鮮學報』 제180집, 2001년 7월.

제3장 「제2공화국의 〈경제협조〉론과 청구권문제」, International Journal of Korean History, Vol.1, Dec. 2000.
제4장 「한일회담과 청구권」, 『근현대사 강좌』 제6호, 1995년 2월.
제5장 「한국에서의 한일조약 반대투쟁의 논리」, 『역사연구』 제9호, 2001년 6월 ; 「한일교섭시기 식민지지배 피해자의 저항」, 『역사문제연구』 제14호, 2005년 6월.

　이 책이 나오기까지 많은 분들의 도움을 받았다. 학부 시절의 모리 코이치(森浩一) 선생님은 현장에서 공부하는 것의 중요함을 가르쳐주셨다. 한국이라는 현장에서 11년 반 동안 공부하게 되었던 것도, 모리 선생님으로부터 배운 '자기 자신의 눈과 몸으로 공부할 것'을 실천한 결과일지도 모른다.
　양민기 선생님은 한국어 선생님이었을 뿐만 아니라 나에게는 한국학의 스승이기도 하다. 술자리에서 한국의 민중문화에 대해 열의를 가지고 이야기하시는 양 선생님의 말씀을 흥분을 잠재우지 못한 채 듣고 있었던 기억이 지금도 선명하다. 나는 한국에 대해서 양 선생님으로부터 정말로 많은 것을 배웠다.
　강만길 선생님은 고려대학교 대학원 시절의 은사이다. "역사학은 99%의 객관적 사실을 엄연히 인정하면서도, 남은 1%의 약동적인 부분을 파헤쳐가는 작업이다. 왜냐하면 1%의 역사에 다음 시대를 여는 새로운 힘이 숨어있기 때문이다"라는 대담한 역사철학을 전개하시는 강 선생님은, 젊은 사람들의 의견과 제안을 소중히 들으시고, 스스로를 반성하시면서 미래를 이야기하는 역사가였다. 강 선생님을 만났기 때문에 지금까지 역사학을 계속할 수 있었다고 생각한다.
　최덕수, 서중석, 정태헌, 이원덕 선생님들에게는 논문 심사를 받았다. 또한 고려대학교 사학과에서 현대사를 함께 공부한 임종명,

허은, 신용옥, 김무용, 송병권, 장원석, 김승은, 이주실 제씨는 셀수 없을 만큼의 토론 속에서 많은 조언을 해 주었다. 무엇보다도 연구회가 끝난 후의 뒷풀이에서 볼 수 있었던 문제제기와 그곳에서 펼쳐졌던 격론은 나에게는 대단히 의미 있는 것이었다. 신선하고 자극으로 가득 찬 유학생활을 보낼 수 있었던 것도 사학과 한국근현대사 전공의 동료들 덕분이다. 그들의 우정에 감사한다.

또한 타카사키 소지, 사사키 류지(佐々木隆爾) 두 선생님은 귀중한 자료를 볼 수 있게 해 주셨다. 운노 후쿠주(海野福壽), 이종원, 미즈노 나오키(水野直樹), 고 나카무라 후쿠지(中村福治), 오무라 마스오(大村益夫), 유효종(劉孝鐘), 기미야 다다시 선생님들로부터는 귀중한 의견을 들었다. 호테이 토시히로(布袋敏博), 후지나가 타케시, 츠키아시 타츠히코(月脚達彦), 키시카와 히데미(岸川秀美), 요시자와 후미토시(吉澤文壽), 와타나베 야스히로(渡邊康弘), 이시자카 코이치(石坂浩一) 제씨, 조선사연구회의 제형들에게도 논문을 집필하면서 많은 도움을 받았다. 그리고 재직하고 있는 붓쿄대학교(佛教大學)는 나에게 쾌적한 연구 환경을 제공해 주었고, 동료 선생님들은 나를 격려해 주었다. 카츠라가와 준(桂川潤) 선생님은 일본어판에 아주 멋있는 장정을 해주셨다. 모든 분께 감사드린다.

이 책을 간행하면서, 일한문화교류기금의 조성을 얻었다. 동 기금의 관계자 각위와 추천장을 써 주셨던 와다 하루키, 타카사키 소지 두 선생님께 감사드린다.

그리고 부모님과 교정을 도와준 아내 미도리(みどり)에게 고맙다고 말하고 싶다.

이 책의 출판을 권해 준 것은, 크레인(クレイン)의 사장이자 대학시절부터의 벗인 문홍수 씨이다. 그가 힘써 권해 주지 않았다면, 출판은 더욱 늦어졌을 것이다. 나의 태만 때문에 원고제출이 아주 늦

어져, 많은 고생을 시켰다. 그럼에도 불구하고 그는 나를 격려하고 용기를 북돋아 주었다. 그의 뜨거운 우정에 감사한다.

2003년 3월
오오타 오사무

역자 후기

번역을 수락하고 벌써 3년이란 긴 세월이 지났다. 그 긴 세월 동안 아무런 불평 없이 기다려 주신 오오타 선생께 감사의 말씀을 드린다.

작업은 송병권(서론, 제1장, 제5장), 박상현(제3장, 제4장), 오미정(제2장, 결론) 세 사람이 분담하여 번역한 후 문체와 술어의 통일을 기하기 위해 다시 작업을 하는 방식을 취했다.

무엇보다도 오오타 선생 자신의 한국어 박사논문의 존재가 커다란 부담감을 주었다. 오랫동안 진행된 번역이라고 해서 완벽한 번역이 되었는지는 여전히 두려움이 앞선다. 긴 세월 동안 이루어진 번역으로 인해 이미 한국에서 한일회담 관련 자료가 공개되어 버리는 초유의 사태가 발생했을 때에는 적지 않게 당황하기도 했다. 그러나 연구자들이 한일회담 자료를 다시 꺼내서 읽는 데 이 연구서가 지침이 될 수 있을 것이라는 믿음이 번역을 지속시키는 힘이 되었다. 또한 오오타 선생의 연구가 엘리트 관료들의 협상자체뿐만 아니라 일반적인 국제관계사 연구 또는 외교사 연구라는 틀에서는 다루기 곤란한 민중들의 움직임과 목소리에 귀를 기울이고 있다는 점에서 보면, 한일회담문서의 공개에도 불구하고 이 연구 성과의 미덕은 조금도 훼손되지 않았다고 생각한다.

다만, 지나칠 정도로 엄격하게 제시된 직접인용문은 저자와의 협의하에 문맥에 변화를 주지 않는 범위에서 대폭 간접인용으로 바꾸었다. 번역 중에 해방 후 한국어로 된 원자료 속에서 여전히 일본식 술어들을 사용하고 있어서 이를 어떻게 처리할지 난감했던 일이 기억난다. 아예 일제시기 일본어 문장이라면 부담 없이 우리말로 번역할 수 있는 환에 해당하는 카와세(爲替) 등 일본어가 식민지청산 문제를 언급하고 있는 직접인용 문장에서도 그대로 재현되는 등 언어의 식민지성도 용어 선택에 커다란 고심을 안겨 주었다.

현대일본의 역사에서 빼놓을 수 없는 개념이 '전후'라는 개념이다. 즉 제2차 세계대전 이후라는 의미이지만, 전후라는 개념은 좀 더 역사적인 술어로서 기능하고 있다. 따라서 본고에서는 전후 일본이라는 표현이 일본현대의 특수한 술어로 사용되는 경우 그대로 전후라고 번역하였다.

정신없이 돌아가는 이 땅의 젊은 연구자들의 삶 속에서 차분히 이 연구서를 번역한다는 것은 생각보다 쉬운 일은 아니었다. 변명처럼 이 번역작업 중, 세 사람에게는 감당하기에 조금 벅찬 개인적으로는 중요한 변화가 있었다는 것만을 기록해 두고 싶다.

끝으로 늦어지는 번역에도 아무런 불평 없이 기다려 주신 도서출판 선인의 윤관백 사장님께도 감사의 말씀을 드린다.

역자일동

참고자료

(1) 미공간 문서

[외교통상부 외교안보연구원 소장 『한국외교문서』 마이크로필름].
「국교정상화 이전의 한일경제정책, 1961~64」, 761.1JA, 1964, C-0002, 02.
「국교정상화 이전의 한일경제협력 정책, 1961~64」, 761.1JA, 1961~1964, M-0002, 02.
「대미경제관계 교섭안 내용 각 항에 대한 연구보고서, 1961」, 761.1US, 1961, M-0002, 03.
「대일 비료공장 건설차관 도입, 1962~63」, 761.65JA, 1962~63, M-0002, 23.
「대일 중공업시설 건설 차관 도입, 1963」, 761.65JA, 1963, M-0002, 22.
「마에다(前田) 일본 외무성 동북아과장 방한, 1961.8.7~16」, 724.62JA, 1961, C-0009, 39.
「사할린교포 귀환문제, 1957~65」, 791.44, 1965, P-0003, 05.
「오오노 반보꾸(大野伴睦) 일본 자유민주당 부총재 및 국회의원단 방한, 1962. 12.10~13」, 724.52JA, 1962, C-0009, 34.
「오오노 반보꾸(大野伴睦) 일본 자유민주당 부총재 박정희 대통령 취임식 참석차 방한, 1963.12.16~20」, 724.712JA, 1963, C-0009, 43.
「이승만 대통령 면담록, 1954~57」, 72.2.9, 1954~57, C-0001.
「이승만대통령의 미Eisenhower 대통령앞 비망록, 1957.1.24」, 72.2.9US, 1957, C-0001.
「일본 중의원 의원단 방한, 1961. 5.6~12」, 724.52JA, 1961, C-0009.
「장기 결재방식에 의한 대일 자본재 도입, 1964」, 761.66JA, 1964, M-0003, 07.
「제네바 정치회담, 1954」, 72.6.23, 1954, D-0001.
「주미대사관 발표문 및 연설문, 1959」, 722.9US, 1959, C-0001.
「Robertson, W. S. 미국무차관보 방한, 1956.12.18」, 72.4.62, 1956, C-0002.

大蔵省理財局外債課, 『日韓請求權問題參考資料(未定稿, 第2分冊)』, 1963년.
鈴木武雄, 『朝鮮統治の性格と實績―反省と反批判』, 外務省調査局, 調三資料 제7호, 1946년.
외무부, 『국정감사자료』, 1958년.
외무부 정무국, 『對日賠償要求調書』, 발행년불명[1949년?].
외무부 정무국 아주과, 『(第六次 韓日會談 關係資料) 韓日會談의 槪觀 및 諸問題』, 발행년불명[1962년?].
외무부 정무국 아주과, 『(韓日會談關係資料) 第六次 韓日會談(平和線一般請求權·船舶)委員會 會議錄(12.22 現在)』(Ⅲ級秘密), 발행년불명[1962년?].
외무부 정무국 아주과, 『(韓日會談關係資料) 第六次 韓日會談 會議錄(Ⅱ)』(Ⅲ級秘密), 발행년불명[1962년?].
외무부 정무국 아주과, 『(韓日會談關係資料) 第六次 韓日會談 會議錄(Ⅲ)－第二次 政治會談 豫備折衝(1962.8.22～1962.12.25)』(Ⅲ級秘密), 발행년불명.
외무부 정무국 아주과, 『(韓日會談關係資料)第六次韓日會談會議錄(Ⅳ)－第二次 政治會談 豫備折衝(1962.12.～1963.5)』(Ⅲ級秘密), 발행년불명.
외무부 정무국, 『第五次 韓日會談 豫備會談 會議錄(一般請求權委員會·船舶委員會·文化財委員會)』(Ⅲ級秘密), 발행년불명.
외무부 정무국, 『평화선의 이론』, 발행년불명[1954년?].
외무부 정무국, 『韓日會談略記』, 1952년.
외무부 정무국, 『韓日會談略記』, 1955년.
외무부 정무국, 『韓日會談略記』, 1960년.
외무부 정무국, 『韓日會談의 諸問題』, 1960년.
외무부 정무국장 편, 『한일관계 참고 문서집』, 1958년.
外務省外交資料館所藏外交記錄マイクロフイルム 第11回公開分, 『賠償問題及び經濟協力問題』.
外務省外交史料館所蔵外交記錄 마이크로필름 第4回公開分, 『調書集』 제2권, 1979년.
外務省外交史料館所蔵外交記錄 마이크로필름 第7回公開分, 『對日平和條約關係―第三次交涉關係』 제1권, 1982년.
外務省外交史料館所蔵外交記錄 마이크로필름 第7回公開分, 『對日平和條約關係―準備硏究關係』 제2·3·5·6권, 1982년.

朝鮮殖産銀行 清算委員會, 『對日請求權關係民願書類綴(1970~1972)』(成業公
　　　社寄贈資料).
朝鮮殖産銀行 清算委員會, 『日本銀行券 回收業務 關係書類』(成業公社寄贈資料).
朝鮮銀行, 『朝鮮銀行의 對日債券一覽表(南朝鮮)〈1947년 9월 30일 調査〉』(成
　　　業公社寄贈資料).
朝鮮銀行淸算事務局, 『對日本財産請求權內譯〈1947년 9월 30일 現在〉』(成業
　　　公社寄贈資料).
朝鮮引揚同胞世話會, 『事業槪況(自昭和21年3月至全年8月)』.
朝鮮引揚同胞世話會, 『引揚同胞』, 1946년.
朝鮮引揚同胞世話會, 『在朝鮮日本人財産額調』, 1947년.
中央日韓協會 譯, 「第一次日韓會談時の韓國代表聲名明一梁裕燦, 昭和26年
　　　〈1951〉10月20日」.
韓國出身戰犯者同進會, 「第三國人戰犯者(韓國)の國家補償要請について(昭和31
　　　年8月25日)」.
穗積眞六郞他, 『在外個人財産補償に關する陳情』, 1947년.

[영문]

Records of the U.S. Department of State Relating to Political Relations
　　　between the United States and Japan, 1950~1954(11reels),
　　　Scholarly Resources, 1987.
RG 59, General Records of the Department of State, Records of the
　　　U.S. Department of State relating to Internal Affairs of Japan,
　　　1945~1954(Decimal File 894 to 1950; then Files 794, 894, 994),
　　　Scholarly Resources, 1990.
RG 59, Records of the U.S. Department of State relating to Internal
　　　Affairs of Korea, 1945~1954(Decimal File 895 to 1950; then
　　　Files 795, 895, 995), Scholarly Resources, 1986.
RG 84, Foreign Service Posts of the Department of State, Japan(Tokyo),
　　　Office of the U.S. Political Advisor for Japan, Classified General
　　　Records, 1950~1952, Japan Post, Decimal 320, Japan-Korea
　　　folder.
RG 331, Records of Allied Operational and Occupation Headquarters,

World War II, General Headquarters, Supreme Commander for the Allied Powers(GHQ/SCAP) Records.

(2) 공간 자료

[한국어]

경제기획원, 『청구권자금백서』, 1976년.
고려대학교 아세아문제연구소 일본연구실 편, 『한일관계자료집(제1집)』, 1976년.
공보처, 『대통령 이승만박사 담화집』, 1953년.
대통령 비서실, 『박정희 대통령 연설문집 1』, 1973년.
대통령 비서실, 『박정희 대통령 연설문집 3』, 1973년.
대한민국 공보부, 『한일협정 문제점 해설』, 1965년.
대한민국 공보부, 『한일회담의 어제와 오늘』, 1965년 5월.
대한민국 정부, 『대한민국과 일본국간의 조약 및 협정 해설』, 1965년 7월.
대한민국 정부, 『한일회담 합의사항』, 1965년 5월.
대한민국 정부, 『한일회담백서』, 1965년.
大韓民國公報處 編, 『週報』, 大韓印刷公社, 1949년 4월 6일~.
大韓商工會議所, 『大韓商工會議所三年史』, 1949년.
민주공화당 선전부, 『한일국교정상화문제-한일회담에 관한 선전자료 보완판 (2)』, 1964년.
민주공화당 선전부, 『한일문제 강연집』, 1964년.
민주공화당선전부, 『한일국교정상화문제-한일회담에 관한 선전자료 보관판 (1)』, 1964년 3월.
민주공화당선전부, 『한일문제강연집』, 1964년.
박정희, 『국가와 혁명과 나』, 향문사, 1964년.
법제연구회 편, 『미군정법령총람』, 1971년.
社團法人 韓國原爆被害者協會, 『沿革·現況·實績-自1967~至1988』, 발행년 불명[1969년?].
외무부 방교국, 『조약집-양자조약 제2권』, 1968년.
외무부 통상국, 『日本의 賠償과 經濟協力』, 1966년 3월.
외무부, 『曺外務長官 演說 및 聲明書』, 1959년 8월.
원용석, 『한·일어업회담은 왜 어려운 문제인가』, 삼화출판사, 1965년.

元容奭, 『韓日會談十四年』, 삼화출판사, 1965년.
유진오, 「대일강화조약안의 검토 (上), (二)~(六), (完)」, 『동아일보』, 1951년 7월 25일~8월 1일.
유진오, 『민주정치에의 길』, 일조각, 1963년.
이도성 편저, 『실록 박정희와 한일회담-5·16에서 조인까지』, 도서출판 한송, 1995년.
이승만, 『일민주의개술』, 일민주의보급회, 1949년.
朝鮮民主主義人民共和國 서울市臨時人民委員會宣傳部, 『政黨社會團體登錄綴』, (社團法人韓國安保敎育協會가 1989년 영인본으로 발간).
조선민주주의인민공화국 서울시임시인민위원회 문화선전부, 『정당사회단체등록철』, 발행년불명.
朝鮮銀行調査部, 『朝鮮經濟年報』, 1948년.
중앙선거관리위원회, 『대한민국정당사〈1968년 증보판〉』, 1968년.
『관보』, 1949년, 1966년, 1971년.
『林炳稷大使外交演說選集』, 문화춘추사, 1958년.
『第1回 國會 速記錄』 제115호, 國會事務處, 1948년.
『第11回 國會 臨時會議 速記錄』 제26·27·29·45·77호, 國會事務處, 1951년.
『第12回 國會 定期會議 速記錄』 제54호, 國會事務處, 1952년.
『第17回 國會 臨時會議速記錄』 제8·12호, 國會事務處, 1953년.
『第32回 國會 臨時會議 速記錄』 제1·44호, 國會事務處, 1959년.
『第37回 國會 民議院速記錄』 제9·16·44호, 民議院事務處, 1960년.
『第37回 國會 參議院速記錄』 제11·44호, 參議院, 1960년.
『第38回 國會 民議院速記錄』 제1·2·4·5·18호, 民議院事務處, 1961년.
『第41回 國會 外務委員會 會議錄』 제7·8호, 國會事務處, 1964.
『第42回 國會 外務委員會 會議錄』 제1·2회, 國會事務處, 1964.
『第49回 國會 會議錄』 제11·12·14·15호, 國會事務處, 1965.
『第52回 國會 會議錄』 제2·11·12호, 國會事務處, 1965년.

[일본어]

『官報(號外)』, 大藏省印刷局, 號外 제135호, 1965년.
大藏省管理局, 『日本人の海外活動に關する歷史的調査』, 通卷 第11冊 朝鮮篇 第10分冊, 出版年不明.

大藏省理財局外債課, 『日韓請求權問題參考資料(未定稿, 第2分冊, 極秘)』, 1963년 6월.
大藏省外資局, 『在外財産等ノ報告ニ關スル大藏省令』, 1945년 11월 8일.
同胞救護議員連盟, 『在外財産問題』, 1952년.
名取義一, 「日韓會談のゆくえ」, 『改造』, 1952년 7월.
森田芳夫, 『朝鮮終戰の記錄―米ソ兩軍の進駐と日本人の引揚』, 巖南堂書店, 1964년.
森田芳夫・長田かな子 編, 『朝鮮終戰の記錄―資料編第1卷日本統治の終焉』, 巖南堂書店, 1979년.
森田芳夫・長田かな子 編, 『朝鮮終戰の記錄―資料編第2卷南朝鮮地域の引揚げと日本人世話會の活動』, 巖南堂書店, 1980년.
外務省, 『時の法令』, 1951~1965년.
外務省, 『時の法令 別冊: 日韓條約と國內法の解說』, 大藏省印刷局, 1966년.
外務省, 『日韓諸條約について』, 1965년 11월.
外務省情報部, 『日本國と平和條約草案の解說』, 1951년 8월 1일.
外務省條約局・法務府法制意見局 編, 『解說平和條約』, 1951년 11월.
外務省, 『日韓諸條約について』, 1965년.
外務省條約局・法務府法制意見局, 『解說平和條約―付日米安全保障條約』, 1951년.
引揚者團體全國連合會特別委員會, 『民主主義新日本建設の基礎條件としての戰爭犧牲の公平なる負擔問題(第一分冊)』, 1947년 6월 15일.
田中直吉, 『日本を動かす日韓關係』, 文敎書院, 1963년.
竹前榮治監修, 『GHQへの日本政府對應文書總集成』 전24권, エムティ出版, 1994년.
中保與作, 『新朝鮮の政治情勢』, 協同出版社, 1946년.
荒敬編集・解題, 『日本占領・外交關係資料集―終戰連絡中央事務局・連絡調整中央事務局資料』 解題, 전10권, 柏書房, 1991년.
『第十三回國會衆議院外務委員會議錄』, 1952년.
戰後補償問題研究會 編, 『戰後補償問題資料集 第8集―GHQ關連文書集〈朝鮮人未拂金政策等〉』, 1993년.

[영문]

Kyung-cho Chung, *Korea Tomorrow: Land of the Morning Calm*, New

York, The Macmillan Company, 1956.
Robert T. Oliver, *Why War Came in Korea*, New York, Fordham University Press, 1950.
United States, State Department, *Foreign Relations of United States*, 1945, vol. Ⅵ / 1951, Vol. Ⅵ / 1946, vol. Ⅷ / 1947, vol. Ⅵ / 1949, vol. Ⅶ / 1951, Vol. Ⅳ / 1951, vol. Ⅵ / 1951, vol. Ⅶ / 1952~1954, vol. ⅩⅣ / 1952~1954, vol. ⅩⅤ / 1960, Vol. ⅩⅧ / 1961~1963, Vol. ⅩⅪ.
한국정신문화연구원 현대사연구소 편, 『5·16과 박정희정부의 성립(주제별 문서철)』 한국정신문화연구원 현대사연구소, 1999년.
HQ, USAFIK G-2 Periodic Report(『주한미군정보일지』 한림대아시아문화연구소자료총서).

(3) 신문잡지, 기타

[한국]

『경향신문』, 『고대신문』, 『대학신문』『동아일보』, 『민주중보』, 『서울신문』, 『영남일보』, 『자유신문』, 『제주신문』, 『중앙일보』, 『조선일보』, 『크리스챤신문』, 『한국일보』.
『無窮』, 『思想界』, 『世代』, 『新天地』, 『신태양』, 『전망』, 『정경연구』, 『청맥』.
『한국인명사전-연합연감 1966년판 별책』, 연합통신, 1966년.
『합동연감(1966년판)』, 1966.

[일본]

『アカハタ』, 『朝日新聞』, 『キリスト新聞』, 『法律時報』, 『每日新聞』, 『讀賣新聞』, 『外務月報』, 『講演』, 『親和』, 『世界』, 『世界週報』, 『引揚同胞』, 『歷史學研究』, 『歷史評論』.
『文藝春秋』.
日本外務省アジア局, 『現代朝鮮人名辭典』, 世界ジャーナル社, 1962년.

NHK, 「NHKスペシャル-調査報告, アジアからの訴え-問われる日本の戰後處理」, 1992년 8월 14일 방송.

(4) 회상, 자서전

權五琦 편, 『現代史 주역들이 말하는 정치증언』, 동아일보사, 1986년.
金東祚, 『回想30年, 韓日會談』, 中央日報社, 1986년.
金溶植, 『김용식 외교 33년 - 새벽의 약속』, 김영사, 1993년.
배의환, 『보리고개는 넘었지만 - 배의환회고록』, 1991년.
변영태, 『나의 조국』, 자유출판사, 1956년.
양유찬, 「남기고 싶은 이야기들 - 주미대사 시절」, 『중앙일보』, 1974년 12월 17일~1975년 1월 17일.
원용석, 『한일회담14年』, 삼화출판사, 1965년.
유진오, 「남기고 싶은 이야기들」, 『중앙일보』 1983년 8월 29일~10월 31일.
유진오, 「한일회담의 회고」, 『시사』, 1961년 11월.
유진오, 「한일회담이 열리기까지 - 전한국수석대표가 밝히는 14년전의 곡절」, 『사상계』, 1966년 2·3월.
이동원, 「나의 이력서」, 『한국일보』, 1973년 11월 6일~12월 29일.
이동원, 『대통령을 그리워하며』, 고려원, 1992년.
李秉喆, 『湖巖自傳』, 中央日報社, 1986년.
林炳稷, 『林炳稷回顧錄 - 近代 韓國外交의 裏面史』, 女苑社, 1964년.
池鐵根, 『平和線』, 汎友社, 1979년.
한표욱, 『이승만과 한미외교』, 중앙일보사(『한미외교 요람기』, 중앙일보사, 1978년의 개정판), 1996년.
홍진기, 『維民 洪璡基 傳記』, 중앙일보사, 1993년.
『財界回顧 2 - 元老企業人篇 Ⅱ』, 한국일보사출판국, 1981년.
「張勉政府 外務部長官 故鄭一亨씨의 미공개 遺稿 - 왜 朴政權의 韓日會談을 反對했나」, 『新東亞』, 1984년 10월호.

エドウィン·O·ライシャワー, ハル·ライシャワー, 『ライシャワー大使日錄』, 講談社, 1995년.
大平正芳, 『春風秋雨』, 鹿島硏究所出版會, 1966년.

Robert T. Oliver, *Syngman Rhee and American Involvement in Korea: 1942~1960*, Seoul: Panmun Book Co. Ltd, 1978.
William J. Sebald, *With MacArthur in Japan-A Personal History of*

Occupation, New York: W.W. Norton & Company, Inc., 1965.

(5) 연구문헌

[한국어]

6·3 동지회, 『6·3 학생운동사』, 1994년.
강만길, 「분단 50년을 되돌아보고 통일을 생각한다」, 『창작과 비평』 1995년 봄호(제23권 제1호).
강만길, 『통일운동시대의 역사인식』, 청사, 1990년.
기미야 다다시, 「한국의 내포적 공업화전략의 좌절」, 고려대학교 대학원 정치외교학과 박사학위논문, 1991년.
김무용, 「해방 직후 노동자 공장관리위원회의 조직과 성격」, 『역사연구』 제3호, 1994년 7월.
김삼연, 『한·일 굴욕회담반대 - 민족학생운동사』, 도서출판 우삼, 1996년.
다카사키 소오지, 「일본 정계의 제2공화국관」, 『한국사학보』 제7호, 1999년 9월.
박동철, 「청구권 협정 I - 한일 국교 정상화와 청구권 자금」, 민족문제연구소, 『한일협정을 다시 본다』, 아세아문화사, 1995년.
박원순, 「일본의 전후 배상정책과 그 실체」, 민족문제연구소, 『한일협정을 다시 본다』, 아세아문화사, 1995년.
박태순·김동춘, 「한일 국교정상화와 6·3운동」, 『1960년대의 사회운동』, 까치, 1991년.
변영태, 「王道와 民主主義」, 1960년(공간된 것이 아님, 소책자).
서중석, 「박정권의 대일자세와 파행적 한일관계」, 『역사비평』 1995년 봄호.
서중석, 「이승만 정권 초기의 일민주의와 파시즘」, 『1950년대 남북한의 선택과 굴절』, 역사비평사, 1998년.
서중석, 「이승만과 북진통일」, 『역사비평』 1995년 여름호.
서중석, 「이승만대통령의 반일운동과 한국민족주의」, 『인문과학』 제30집, 2000년.
서중석, 『조봉암과 1950년대(하) - 피해대중과 학살의 정치학』, 역사비평사, 1999년.
서중석, 『한국현대민족운동연구 2』, 역사비평사, 1996년.
성황용, 『일본의 대한정책』, 명지사, 1981년.

신동호, 『오늘의 한국정치와 6·3세대』, 도서출판 예문, 1996년.
오오타 오사무, 「제2공화국의 〈경제협조〉론과 청구권문제」, *International Journal of Korean History*, vol.1, December 2000.
오오타 오사무, 「청구권문제와 金·大平메모」, 『한일기본조약 및 협정의 역사적 재평가』, 1995년.
오오타 오사무「한국에서의 '한일조약 반대투쟁의 논리에 관한 연구(1964~65)」, 고려대 석사논문, 1993년 12월.
오오타 오사무, 「한국에서의 한일조약 반대투쟁의 논리」, 『역사연구』 제9호, 2001년 6월.
오오타 오사무, 「한일 청구권 교섭 연구」, 고려대학교 대학원 사학과 박사학위논문, 2000년.
오오타 오사무, 「한일회담과 청구권」, 『근현대사 강좌』 제6호, 1995년 2월.
오오타 오사무「한일회담에 관여한 한국 관료의 일본인식」『한국사학보』 제7호, 1999년 9월.
오유석, 「1950년대의 정치사」, 『한국사 17 - 분단구조의 정착 1』, 한길사, 1994년.
와다 하루키, "동북아시아 공동의 집"과 조선반도」, 『창작과 비평』 1995년 봄호(제23권 제1호).
유영렬, 「6·3 학생운동의 전개와 역사적 의의」, 한일조약30주년 학술심포지엄 『한일기본조약 및 협정의 역사적 재평가』, 1995년.
이광일, 「한일회담 반대운동의 전개와 성격」, 민족문제연구소, 『한일협정을 다시 본다』, 아세아문화사, 1995년.
이기종, 「한국군참전 결정 요인 결과 연구」, 고려대학교 대학원 정치외교학과 박사학위논문, 1991년.
이도성, 『실록 박정희와 한일회담 - 5·16에서 조인까지』, 도서출판 한송, 1995년.
李範錫, 『政府施政方針演說』, 1949년 4월.
李相德, 「對日賠償의 正當性」, 『新天地』, 1948년 1월호.
李承晩, 『一民主義槪述』, 一民主義普及會, 1949년.
이승만, 『日本內幕記』(박마리아역〈실제 번역자는 이종익〉), 자유당선전부, 1954년.
이승만, 『日本之裏面』(최덕신 역), 友絃社, 1954년.
이원덕, 「한일협정의 경과」 민족문제연구소, 『한일협정을 다시 본다』, 아세아문화사, 1995년.
이원덕, 「한일회담과 일본의 전후처리 외교」, 『한국과 국제정치』 제12권 제1호, 1996년 봄·여름호.
이원덕, 『한일 과거사 처리의 원점』, 서울대출판부, 1996년.
이재오, 『한일관계사의 인식 1 – 한일회담과 그 반대운동』, 학민사, 1984년.
이재오, 『해방후 한국학생운동사』, 형성사, 1984년.
이종오, 「반제 반일 민족주의와 6·3운동」, 『역사비평』 1988년 여름호.
이종원, 「청구권문제와 김·오히라 메모」, 한일조약30주년 학술심포지엄, 『한일기본조약 및 협정의 역사적 재평가』, 1995년.
이종원, 「한일회담에 관여한 한국 관료의 일본인식」, 『한국사학보』 제7호, 1999년 9월.
이종원, 「한일회담의 국제정치적 배경」, 민족문제연구소, 『한일협정을 다시 본다』, 아세아문화사, 1995년.
이태진 편저, 『일본의 대한제국 강점 – "보호조약"에서 "병합조약"까지』, 까치, 1995년.
임휘철, 「청구권 협정 II – 협정 이후의 한일경제관계」 민족문제연구소 『한일협정을 다시 본다』, 아세아문화사, 1995년.
정대성, 「제2공화국 정부·국회의 일본관과 대일논조 한일관계, 한일통상, 한일회담, "재일교포"를 둘러싼 담론」, 『한국사학보』 제8호, 2000년 3월.
정태영, 『조봉암과 진보당』, 한길사, 1991년.
정태헌, 「일제하 재정·금융기구를 통한 자금 흐름의 실태」, 한국정신대연구회 편, 『한일 간의 미청산 과제』, 아세아문화사, 1997년.
조희연, 「전후 한국사회운동의 발전과정에 관한 연구」, 『동향과 전망』 1989년 겨울호.
중앙일보 통일문화연구소 현대사연구팀 편, 『일본의 본질을 다시 묻는다』, 한길사, 1996년.
최장집, 「박정희 정권과 한국 현대사」, 『계간 대화』 1995년, 여름호.
한국역사연구회 현대사연구반, 「한일협정과 굴욕외교 반대투쟁」, 『한국현대사 3 – 1960·1970년대 한국사회와 변혁운동』, 풀빛, 1991년.
한상범, 「한일기본조약」, 민족문제연구소, 『한일협정을 다시 본다』, 아세아문화사, 1995년.
한상일, 「제5차 한일회담 소고」, 『국민대 사회과학연구』 제8호, 1995년.

한흥수, 「1965 한일협정 비준반대운동 석산 서석순」, 석산 서석순 박사 고희기념문집 간행위원회, 『석산 서석순 박사 고희기념문집』, 1991년.

[일본어]

C. ダグラス ラミス(加地永都子 譯), 『ラディカル デモクラシー』, 岩波書店, 1998년.

M・ウェーバー(世良晃志郎 譯), 『支配の諸類型』, 創元社, 1970년.

T・N, 「日韓交涉の経緯について」, 『調査月報』, 1965년 7월.

加藤晴子, 「戰後日韓關係史への一考察(上)・(下) - 李ライン問題をめぐって」, 『日本女子大學紀要文學部』 제28호(1978년)・제29호(1979년).

高崎宗司, 「日韓條約で補償は解決したか」, 『世界』, 1992년 9월.

高崎宗司, 「日韓會談における文化財返還交涉について」, 『朝鮮史研究會論文集』 제23집, 1986년.

高崎宗司, 「日韓會談の經過と植民地化責任 - 1945年8月~1952年4月」, 『歷史學硏究』 제545호, 1985년 9월.

高崎宗司, 「第3次日韓會談と'久保田發言」, 『思想』, 1985년 8월.

高崎宗司, 「朝鮮植民地支配への『遺憾』・『反省』表明の裏面」, 『季刊三千里』 1986년 가을호.

高崎宗司, 『「妄言」の原形 - 日本人の朝鮮觀・增補版』, 木犀社, 1996년.

高崎宗司, 『「反日感情」- 韓國・朝鮮人と日本人』, 講談社現代新書, 1993년.

高崎宗司, 『檢證日韓會談』, 岩波書店, 1996년.

谷川榮彦, 『ベトナム戰爭の起源』, 勁草書房, 1984년.

金民樹, 「對日講和條約と韓國參加權問題」, 東京大學大學院總合文化硏究科修士學位論文, 2000년.

旗田巍, 『日本人の朝鮮觀』, 勁草書房, 1969년.

吉川洋子, 『日比賠償交涉の硏究』, 勁草書房, 1991년.

吉澤文壽, 「日韓會談における對日請求權交涉の政治的妥結 - 1962年3月から12月までを中心として」, 『朝鮮史研究會論文集』 제36집, 1998년 10월.

吉澤文壽, 「日韓會談における對日請求權の具體的討議の分析 - 第五次會談及び第六次會談を中心として」, 『一橋論叢』 제120권 제2호, 1998년 8월.

大藏省財政史室 編, 『昭和財政史 - 終戰から講和まで』 제1권(總說賠償・終戰處理), 東洋經濟新報社, 1984년.

大藏省財政史室 編, 『昭和財政史 - 終戰から講和まで』 제3권(アメリカの對日占領政策), 東洋經濟新報社, 1976년.
同胞救護議員連盟, 『在外資産問題』, 1952년.
鈴木武雄, 『朝鮮統治の性格と實績 - 反省と反批判』, 外務省調査局, 調三資料 제7호, 1946년.
李泰鎭, 「韓國併合は成立していない (上)・(下)」, 『世界』, 1998년 7월・8월.
李泰鎭, 「韓國侵略に關連する諸條約だけが破格であった」, 『世界』, 1999년 3월.
木宮正史, 「1960年代韓國における冷戰外交の三類型」, 『市場・國家・國際体制』, 日韓共同硏究叢書 4, 慶応義塾大學出版會, 2001년.
木宮正史, 「1960年代における冷戰と經濟開發 - 日韓國交正常化とベトナム派兵を中心にして」, 『法學志林』 제92권 제4호, 1995년.
木宮正史, 「韓國における內包的工業化戰略の挫折」, 『法學志林』 제91권 제3호, 1994년 1월.
梶村秀樹, 「日韓會談と〈日本人の氣持〉」, 『歷史評論』 1963년 9월.
朴根好, 『韓國の經濟發展とベトナム戰爭』, 御茶の水書房, 1993년.
北條秀一・白戸忠愛 共著, 『私有財産論 - 在外財産補償要求運動史』, 構造社, 1971년.
社團法人日韓經濟協會, 『日韓經濟協會30年史 - 戰後日韓經濟交流の軌跡』, 1991년.
山本剛士, 「日韓關係と矢次一夫」, 『國際政治』 제75호, 1983년 10월.
山本剛士, 「日韓國交正常化」, 『戰後日本外交史2: 動きだした日本外交』, 三省堂, 1983년.
森山茂德, 『韓國現代政治』, 東京大學出版會, 1998년.
森田芳夫, 「日韓關係」, 鹿島平和硏究所 編, 吉澤淸次郎 監修, 『日本外交史』 제28권(講和後の外交 I 對列國關係[上]), 鹿島硏究所出版會, 1973년.
西村熊雄, 『日本外交史』 제27권(サンフランシスコ平和條約), 鹿島硏究所出版會, 1971년.
笹川紀勝, 「日韓における法的な『對話』をめざして」, 『世界』, 1999년 7월.
穗積進六郎外四名, 『在外個人財産補償に關する陳情』, 1961년 7월.
市場淳子, 『ヒロシマを持ちかえった人々』, 凱風社, 2000년.
新延明, 「條約締結に至る過程」, 『季刊靑丘』 제16호, 1993년.
永野愼一郎, 「韓國の對日請求權と經濟協力」, 『日本の戰後賠償 - アジア經濟協

力の出發』, 1999년.

吳允臺, 『日韓キリスト教交流史』, 新教出版社, 1968년.

隅谷三喜男・和田春樹 編, 『日朝國交交涉と緊張緩和』, 岩波ブックレットNo.492, 1999년.

殷燕軍, 『中日戰爭賠償問題-中國國民政府の戰時・戰後對日政策を中心に』, お茶の水書房, 1996년.

伊藤哲夫, 「第二次世界大戰後の日本の賠償・請求權處理」, 『外務省調査月報』, 1994년 제1호.

李元德, 「日本の戰後處理外交の一研究-日韓國交正常化交涉(1951~65)を中心に」, 東京大學大學院総合文化研究科博士學位論文, 1994년.

李元德, 「日韓請求權交涉過程(1951~1962)の分析-日本の對韓政策の觀點から」 『法學志林』 제93권 제1호, 1994년 11월.

李庭植(小此木政夫・古田博司 譯), 『戰後日韓關係史』, 中公叢書, 1989년.

李鍾元, 「東アジアにおける冷戰と地域主義」, 『講座 世紀間の世界政治』제3권 (アジアの國際秩序), 日本評論社, 1993년.

李鍾元, 「戰後米國の極東政策と韓國の脫植民地化」, 『岩波講座 近代日本と植民地』제8권(アジアの冷戰と脫植民地化), 岩波書店, 1993년.

李鍾元, 「戰後アジアにおける米國の地域統合構想と韓日關係1945~1960」, 東京大學法學部助手論文, 1991년.

李鍾元, 「韓日國交正常化の成立とアメリカ-1960~65年-」, 『年報 近代日本研究』제16호, 1994년.

李鍾元, 「韓日會談とアメリカ-〈不介入政策〉の成立を中心に」, 『國際政治』제105호, 1994년 1월.

李鍾元, 「アイゼンハワー政權の對韓政策と〈日本〉(一)~(三)」, 『國家學會雜誌』제107권 제1・2호(1994년 2월), 제5・6호(1994년 6월), 제108권 제1・2호(1995년 2월).

李鍾元, 『東アジア冷戰と韓米日關係』, 東京大學出版會, 1996년.

日本辯護士連合會 編, 『日本の戰後補償』, 明石書店, 1994년.

在韓被爆者問題市民會議 編, 『在韓被爆者問題を考える』, 凱風社, 1988년.

田中宏, 「日本の戰後責任とアジア-戰後補償と歷史認識」, 『近代日本と植民地』제8권(アジアの冷戰と脫植民地化), 岩波書店, 1993년.

佐藤健生, 「ドイツの戰後補償, 日本の模範か?」, 『世界』, 1991년 11월호.

佐々木隆爾, 「今こそ日韓條約の見直しを」, 『世界』, 1993년 4월.
佐々木隆爾, 「アジア・太平洋戰爭の戰後補償のために支拂った金額」, 『日本史研究』 No.388, 1994년 12월.
竹中勞 編, 『捨てられた在韓被爆者－日・韓両政府は彼らを見殺しにするのか』, 日新報道, 1970년.
中央日韓協會 譯, 『第一次日韓會談時의 韓國代表聲明－梁裕燦, 昭和二十六年十月二十日』, 1951년.
池明觀, 「日韓文化交流의 課題」, 『福音と世界』, 新敎出版社, 1966년 7월.
池明觀, 『日韓關係史研究－1965年体制から2002年体制へ』, 新敎出版社, 1999년.
千葉眞, 『ラディカル・デモクラシーの地平－自由・差異・共通善』, 新評論, 1995년.
內海愛子, 『朝鮮人BC級戰犯의 記錄』, 勁草書房, 1982년.
內海愛子, 『戰後補償から考える日本とアジア』, 山川出版社, 2002년.
內海愛子, 「朝鮮人戰犯」, 『朝鮮研究』 제121호, 1972년 12월.
塚本孝, 「韓國의 對日平和條約署名問題－日朝交涉, 戰後補償問題에 關聯하여」, 『レファランス』 제42권 제3호, 1992년.
太田修, 「大韓民國樹立과 日本－日韓通商交涉의 分析을 中心으로」, 『朝鮮學報』 제173집, 1999년 10월.
太田修, 「李承晩政權의 對日政策－『對日賠償』問題를 中心으로」, 『朝鮮史研究會論文集』 제34집, 1996년 10월.
太田修, 「第一次日韓會談再考－基本條約 및 財産請求權問題를 中心으로」, 『朝鮮學報』 제180집, 2001년 7월.
坂元茂樹, 「日韓은 舊條約問題의 落とし穴に陷ってはならない」, 『世界』, 1998년 9월.
平岡敬, 「在韓被爆者의 戰後史」, 在韓被爆者問題市民會議 編, 『在韓被爆者問題를 考える』, 凱風社, 1988년.
平岡敬, 「韓國의 原爆被爆者를 訪ねて」, 『世界』, 1966년 4월호.
風登多紀子, 「戰後なきサハリン在留朝鮮人」, 『朝鮮研究』 제162호, 1977년 1월.
海野福壽, 『日韓協約과 韓國倂合－朝鮮植民地支配의 合法性을 묻다』, 明石書店, 1995년.
海野福壽, 『韓國倂合史의 研究』, 岩波書店, 2000년.
海野福壽, 『韓國倂合』, 岩波書店, 1995년.

和田春樹, 「歷史の反省と經濟の論理-中國・ソ連・朝鮮との國交交渉から」, 東京大學社會科學硏究所, 『現代日本社會 7: 國際化』, 東京大學出版會, 1992년.
和田春樹, 『韓國民衆をみつめること』, 創樹社, 1981년.
荒井信一, 「戰後補償と戰後責任」, 『戰後日本占領と戰後改革 第5卷 過去の淸算』, 岩波書店, 1995년.
清水和久, 『ベトナム戰爭の時代』, 有斐閣新書, 1985년.
滝沢秀樹, 『韓國民族主義論序說』, 影書房, 1984년.

[영어]

Bruce Cumings, *The Origins of Korean War vol.2: The Roaring of the Cataract, 1947~1950*, Princeton: Princeton University Press, 1990.

Chong-Sik Lee, *Japan and Korea: The Political Dimension*, Stanford: Hoover Institution Press, 1985.

Herbert Bix, "Regional Integration: Japan and South Korea in America's Asian Policy", Frank Baldwin, ed., *Without Parallel: The American-Korean Relation-ship Since 1945*, New York: Pantheon Books, 1973.

Jiyul Kim, "U.S. and Korea in Vietnam and the Japan-Korea Treaty," the dissertation of the degree of Master of Arts, Harvard University, May 1991.

John Dower, *Empire and Aftermath: Yoshida Shigeru and the Japanese Experience, 1878~1954*, Cambridge, Mass.: Harvard University Press, 1979.

Michael Schaller, *The American Occupation of Japan: The Origins of the Cold War in Asia*, Oxford University Press, New York: Oxford University Press, 1985.

Sung-hwa Cheong, *The Politics of Anti-Japanese Sentiment in Korea: Japanese-South Korea Relations under American Occupation, 1945~1952*, New York: Greenwood Press, 1991.

찾아보기

【ㄱ】

강경옥 127
강문봉 369, 373
강성태 169
강위종 433
경성일본인세화회(京城日本人世話會) 40
'경제협력' 방식 214
'경제협력' 비판 385
경제협력협정 374
고범준 206, 252
곽귀훈 413
구조약무효확인조항 116, 119
국무부 129
국익우선론 195
국제경제협력 300
권병순 387
귀국사업 178
극동위원회의 53
기미야 다다시(木宮正史) 20, 250
기본관계조약 117, 366
기본조약 114, 363
기본조약 제2조 95
김동성 69

김동조 156, 341, 347
김동준 355
김민수 84
김복철 416
김삼연 354
김성용 373
김연수 207
김영선 196
김용섭 359
김용성 206
김용식 112, 171, 172, 217
김용주 199, 206
김원기 323
김윤근 252, 257, 262, 263
김종필 247, 285, 350, 352
김종필·러스크 회담 285
김종필·오히라 메모 284
김종필·오히라 합의 283, 284, 288, 289, 292, 293, 294, 295, 345, 378
김종필·오히라 회담 284
김종필·이케다 회담 286
김홍일 241

【ㄴ】

나미키 요시오(並木芳雄) 136
나카가와 토오루(中川融) 213
나카가와광업(中川鑛業) 41
나카야스 요사쿠(中保與作) 39
남선합동전기 41
남재희 396
내셔널리즘의 문제 26
냉전의 시점 24
노다 우이치(野田卯一) 195, 215
니시무라 쿠마오(西村熊雄) 124
니시하라(西原直廉) 219

【ㄷ】

대일강화7원칙 80
대일강화조약 27, 99, 105
대일강화조약 제4조 104
대일금수조치 163
대일대충수입권 170
대일무배상정책 80
대일민간보상법 436
대일배상문제대책위원회 54
대일배상요구조서(對日賠償要求調書) 33, 70
대일평화조약 381
덜레스(John Foster Dulles) 80, 98, 158
동북아시아군사동맹 400
동아일보 102, 138, 154, 209, 211, 336, 412

【ㄹ】

라이샤워(Edwin O. Reischauer) 269
러스크(Dean Rusk) 81, 308
로스토우(Walter W. Rostow) 393
로스토우 노선 305

【ㅁ】

마쓰모토 슌이치(松本俊一) 112
마에다 토시카즈(前田利一) 245
마이니치신문 137
마이클 샬러(Michael Schaller) 25
매카나기(Walter P. McConaughy) 306
맥아더(Douglas MacArthur) 53
맥아더(Douglas MacArthur Ⅱ) 306
맥아더 라인 155
맥코이(Frank Ross McCoy) 66
맥클러킨(Robert J. G. McClurkin) 132
머피(Robert D. Murphy) 140
모리타 요시오(森田芳夫) 19, 40
무라야마 담화 466
무라야마 토미이치(村山富市) 465
무상 공여 275
무쵸(John J. Muccio) 81, 109, 131
무효확인 조항 328
문철순 238
문형선 361

미수노임문제 428
미야가와 신이치로(宮川新一郎) 252, 254
민관식 202
민국당 101

【ㅂ】

박·이케다 회담 249
박노학 424
박동철 22
박원순 22
박재환 196
박정희 211, 241, 249, 272, 294
박정희·케네디(John F. Kennedy) 회담 242
박태순 355
박환생 203
박희범 392
방일(防日) 64
'방일' 내셔널리즘 157, 160, 165
배상 29
배의환 271, 273, 278, 279, 283, 298, 341, 343
배한경 387
버거(Samuel D. Berger) 311
법적 근거 255
베르사이유조약 29
변태섭 359
보상 30

보상요구운동 42
본드(Niles W. Bond) 107
부완혁 378, 385
북송 190
'북송' 문제 178, 182
북일 교섭 459
북일 평양선언 466
분게이슌쥬(文藝春秋) 137
분단국가주의 27
불간섭정책 109, 176, 312
브라운(Winthrop G. Brown) 316
브루스 커밍스(Bruce Cumings) 26

【ㅅ】

사단법인 인양자단체 전국연합회(社團法人引揚者團體全國聯合會) 90
사사키 류지(佐々木隆爾) 76
사상계 336, 358, 366
사와다 렌조(澤田廉三) 177, 219
사토 다케오(佐藤健生) 30
사토 에이사쿠(佐藤榮作) 325
상금 29
새로운 한일관계 399
서갑호 215
서민호 203
서재식 206
서중석 22
선국교정상화(先國交正常化) 209
성업공사자료 33

성황용 19, 20
세카이(世界) 137
송건호 360, 387, 393
송대순 206, 207
쇼와전공(昭和電工) 41
수산업법 157
순청구권 275
스기 미치스케(杉道助) 248, 277
스미토모경금속(住友輕金屬) 41
스트라이크(Clifford Stewart Strike) 53, 66
스트라이크 보고 86
시게미츠 마모루(重光葵) 173
시모노세키조약(下關條約) 29
시볼트(William J. Sebald) 108, 109, 111
시이나 에츠사부로(椎名悅三郞) 326
시이나 외상 424
식산은행청산위원회(殖産銀行淸算委員會) 33
신민당 203
신식민주의론 351, 363
신일본제국주의론 351
신천지 139

【ㅇ】

6·3동지회 355
아다치 타다시(足立正) 215
아사히신문 137
아이젠하워 158, 189
야마나 스키오(山名酒喜男) 85
야마모토 츠요시(山本剛士) 19, 20
양유찬 83, 98, 110, 111, 128
양호민 366, 370, 373
어업자원보호법 157
예비교섭 110
오노 카츠미(大野勝巳) 113, 173
오오타 오사무(太田修) 21
오정수 54
오카자키 카츠오(岡崎勝男) 135
오히라 구상 274
오히라 마사요시(大平正芳) 271
와다 하루키(和田春樹) 400, 469
외교국 130, 131
요시다 시게루(吉田茂) 140
요시다·덜레스 회담 82
요시오카 에이이치(吉岡英一) 252, 263
요시자와 후미토시(吉澤文壽) 21, 187, 303
우라베 토시오(卜部敏男) 252, 264
우방협회·중앙일한협회자료 34
우에무라 코고로(植村甲午郞) 215
우츠미 아이코(內海愛子) 419
우호조약 117
운노 후쿠주(海野福壽) 95
원용석 19, 20, 350
원자병(原子病) 412
유골반환문제 428
유상 공여 275

찾아보기 497

유연반응전략 305
유진오 31, 99, 113, 127
유창순 219
유춘성 416
윤재술 365, 384
이·시이나 합의사항 332, 333
이강우 215
이구치 사다오(井口貞夫) 110
이동원 369, 424
이동환 206, 245
이범석 69
이상덕 61, 69, 252, 257
이세키 217, 245, 278, 279
이세키 유지로(伊關佑二郎) 195, 276
이승만 98, 140
이승만 라인 158
이승만·덜레스 회담 158
이승만·요시다 시게루(吉田茂) 회담 140
이시바시 탄잔(石橋湛山) 173
이시이 코지로(石井光次郎) 215
이영진 438
이원덕 22, 187
이재오 19, 20, 354
이정식 19, 20
이정오 355
이종원 20, 26, 50
이케다 정권 25, 201
이케다 하야토(池田勇人) 25, 199, 242

이태진 95
이필석 206
이해익 188
인양호조회(引揚互助會) 89
일민주의(一民主義) 64
일본의 내셔널리즘 27
일본의 팽창주의 166
일본인식 353
일본정부 108, 131
일제근대화론 358, 363
임병직 69
임종철 387
잊혀진 황군 426

【ㅈ】

장면 190, 199
장면 정권 200
장준하 389
재산청구권 374
재일한인 106, 113
재조선 일본인 개인재산액 조사(在朝鮮日本人個人財産額調) 89
재한일본인 사유재산 청구권 123, 133
전국애국단체대표자회 102
전면외교 204
'전문' 비판 363
전재동포 47
전쟁피해자단체 43

전진한 203
전택보 188, 206, 207
정경희 397
정성화 21
정일형 191, 193, 373, 386
정체사론 359
정혁자 413
'제2조' 비판 367
'제3조' 비판 371
제1차 스트라이크 보고서 53
제2차 스트라이크 보고서 53
제1차 교섭 112
제2차 교섭 140
제2차 정치회담 예비절충 283
제3차 교섭 143
제4차 교섭 174
제5차 교섭 187
제6차 교섭 237, 251, 341
제7차 교섭 341
제한외교 204
조동필 359
조봉암 169, 171
조서 121
조선 인양동포 세화회(朝鮮引揚同胞世話會) 89
조선경제연보 60
조선은행의 대일채권일람표 55
조선은행청산위원회(朝鮮銀行淸算委員會) 33
조선인 전범 420

조선인쇄 41
조선인의 역사인식 63
조선일보 138, 153, 208, 211, 336
조선총독부 종전사무처리 본부 85
조선특수 162
조선화공기(朝鮮化工機) 41
조희연 355
존 다워(John W. Dower) 25
존스톤(Percy Hampton Johnston) 66
존스톤 보고 86
존슨(Lyndon B. Johnson) 314
중일전쟁·태평양전쟁 전국유가족동인회 44
증정의 형식 147
지명관 403, 404, 405
지역통합 26, 162

【ㅊ】

청구권 31
청구권 비판 379
청구권 상쇄론 145, 148
청구권문제 18, 96, 105
청구권요강 일본 측 안 122
청구권요강 한국 측 안 120
청산우선론 195
최덕신 242
최덕신·코사카 외상회담 251, 267, 270

최영택 278
최장집 391
츄오코론 137
츠루미(鶴見淸彦) 296

【ㅋ】

카네보(鐘紡) 41
카이조(改造) 137
카토 히라타로(加藤平太郎) 41
카펜터(Carpenter) 107
케넌(George Frost Kennan) 66
케네디(John F. Kennedy) 308
코다마 요시오(兒玉譽士夫) 271
코바야시특광업(小林特鑛業) 41
코사카 외상 212
코사카 젠타로(小坂善太郎) 191, 193
쿠보타 발언 144, 152
쿠보타 칸이치로(久保田貫一郎) 144, 148, 151
클라크(Mark W. Clark) 140
키시 노부스케(岸信介) 173

【ㅌ】

타나카 나오키치(田中直吉) 356
타나카 에이이치(田中榮一) 215
타나카 카쿠에이(田中角榮) 215
타니 마사유키(谷正之) 172
타니다 마사미(谷田正躬) 378
타율성이론 359

타카사키 소지(高崎宗司) 22
타카스기 발언 326, 365
타카스기 신이치(高杉晋一) 326
타카하시 소지(高橋宗司) 187
탈냉전 395
태완선 196
태평양동지회 44
트루먼(Harry S. Truman) 대통령 50
특별경제위원회 51

【ㅍ】

평화선 127, 140, 143, 155, 158, 347
평화조약 114
포획심판령 157
폴리(Edwin E. Pauley) 50
피폭체험 414
피해자의 시점 28

【ㅎ】

하우즈(Hamilton H. Howze) 315
하진오 380, 386
하타다 타카시(旗田巍) 401
한국민족주의 388
한국사의 관점 23
한국외교문서 32
한국정부 105
한미합동경제위원회 188

한배호 373
한상일 22, 187
한일경제협력 245
'한일경제협조'론 201
한일경제협회 215
한일공동선언 465
한일관계 311
한일교섭 17, 114
한일교섭 한국 측 회의록 32
한일방공협조 160
한일병합조약 141
한일조약 17, 336
한일회담약기 148, 347
한일회담약기(韓日會談略記) 33
한통숙 199
허버트 빅스(Herbert Bix) 25
허정 190
허혁 203
형평적인 입장 228
호즈미 신로쿠로(穗積眞六郎) 89
홍성유 386
홍이섭 359
홍재선 206
홍진기 147
화태·천도재류동포 구출위원회 44
황용주 395
후지농장(不二農場) 41
후지야마 아이이치로(藤山愛一郎) 173
후쿠다 히로시(福田博) 368
히라오카 타카시(平岡敬) 415, 417, 418, 419
히로나카중공업(弘中重工業) 41

【A~Z】

GHQ/SCAP 27
GHQ/SCAP자료 33
NSC13/3 66

저자약력

오오타 오사무(太田修)

- 1963년 일본 효고현(兵庫縣) 출생
- 일본 도시샤대학교(同志社大學) 문학부 졸업
- 고려대학교 대학원 사학과(한국사전공) 박사 과정 수료
- 동대학원에서 박사학위(문학박사) 취득
- 현재 붓쿄대학교(佛敎大學) 문학부 사학과 조교수
- 전공은 한국현대사, 현대한일관계사

〈주요 저서 및 논문〉

- 『日韓交涉-請求權問題の硏究』, クレイン, 2003년.
- 『岩波小事典現代韓國・朝鮮』(공저), 岩波書店, 2002년.
- 「日朝間の『過去の克服』, 未來のために」, 『現代思想-日朝關係』, 2001년 11월 임시증간호.
- 「第一次日韓會談再考ー基本條約及び財産請求權問題を中心に」, 『朝鮮學報』 제180집, 2001년 7월.
- 「大韓民國樹立と日本ー日韓通商交涉の分析を中心に」, 『朝鮮學報』 제173집, 1999년 10월.
- 「李承晩政權の對日政策ー『對日賠償』問題を中心に」, 『朝鮮史硏究會論文集』 제34집, 1996년 10월 등이 있다.

역자약력

송병권

- 토쿄대학교 대학원 총합문화연구과 박사 과정 수료
- 국사편찬위원회 편사연구사

박상현

- 홋카이도대학교 대학원 문학연구과 박사 과정 졸업(문학박사)
- 경희사이버대학교 교수

오미정

- 토쿄대학교 대학원 인문사회계연구과 박사 과정 졸업(문학박사)
- 한신대학교 겸임교수